말센스연구소 김주하 대표,
(주)더원오토, 유튜브 〈중고차의 모든 것〉 김상원 대표,
건물주아이키우기협회 박익현 대표,
블로그체험단창업스쿨 정강민 대표,
전국미용인협회 임현묵 대표,
포텐셜 김성규 대표,
성공하는 피아노학원연구소 김시연 대표,
행복관계연구소 유지연 대표,
대한인력사무소창업협회 변두민 대표,
퀸라이프 이하은 대표,
OUOU, OKi 박도임 대표,
SUPERGYM 윤도영 대표,
서이너이 김길희 대표,
하우림한의원 김학조 원장,
스튜디오코나 백예진 대표,
서윤영심리상담센터 서윤영 대표,
유나리치 조유나 대표,
중고책창업교육센터 최선옥 대표,
리더의 마케팅 이상규 대표,
(주)컨텐츠플랫폼 이치헌 대표,
TEAM SMART 조재원 대표,
GIL 영어교습소 신선엽 대표,
와이드컴퍼니 배수연 대표,
주말창업협회 이승주 대표,
리셋컨설팅 김필수 대표,
하나복싱 송근수·김하영 대표,
아이티리치 김민형 대표,
도담 강미정 대표,
평강공주리더십연구소 김민수 소장,
질좋은관계연구소 박소영 소장,
1주일자동화마케팅 백종환 대표,
한국영유아협회 정은주 대표,
필라테스칼리지 안현규 대표,
동남아시아셀러연합아카데미 이영주 대표,
병원상담실장사관학교 오은정 대표,
보험설계사만만세 진일원 대표,
인컴에이전시 최재원 대표,
디노랩스 이원재 대표,
사이즈오브 이동진 대표,
개신남 이선광 대표,
강남빌딩연구소 진수현 소장,
반려견주택연구소 박준규·박준영 대표,
부동산메신저캠퍼스 우아한경매 김진원,
슈퍼네트워커 곽미송 등이 있다.

제가
십본

초판 1쇄 펴낸날 2025년 4월 3일

지은이 심길후

펴낸곳 지음과깃듬

기획 이진아콘텐츠콜렉션
디자인 이윤임

전자우편 jngpublish@daum.net

ISBN 979-11-93110-56-0 03320

회사를 다스리는 열 가지 근본

齊家十本

심길후 지음

스스로 성장하고 회사와 하나가 되는 인재양성론

道 權 勢 族 交 學 法 賞 罰 擴

도 권 세 족 교 학 법 상 벌 확

;

리더가 되는 것은 부모가 되는 것과 같고,
회사에 들어가는 것은 새로운 가족의 일원이 되는 것과 같다.
회사는 아플 때나 건강할 때나
직원을 자기 자식처럼 돌봐야 한다.
회사가 그렇게 한다면 직원들은 마치 회사의 이름을
가족의 표식처럼 여기고 충성을 다할 것이다.

사이먼 사이넥, 《리더는 마지막에 먹는다》

'가족 같은' 회사를 위한
시스템 구축 비법

일정 규모 이상으로 성공한 모든 사업은 두 단계를 거친다. 첫 번째는 창업자 혼자서 또는 소수의 주변 인맥과 함께 상품이나 서비스를 만들어 판매하는 초기 단계이다. 먼저 이 첫 번째 단계에서 재능이나 노력에 따라 사업 초기의 성공과 실패가 결정된다.

만약 기대만큼 성과가 좋아 자본을 확충하면, 사업을 좀 더 키우고 싶은 생각이 들면서 두 번째 단계로 진입하게 된다. 회사의 규모를 키우고, 매출을 늘리고, 때로는 사업 영역 자체도 확장하고 싶은 의욕이 솟구친다. 한마디로 회사가 초기의 성공을 기반으로 더 큰 성장을 도모하는 단계이다.

이때 가장 중요하고 핵심적인 문제가 바로 직원 채용에 관한 일이다. 첫 번째 단계의 성공은 창업자 개인의 정신적·육체적 노동만으로도 충분히 이룰 수 있다. 하지만 규모를 더 키우기 위해서는 이제 인력을 뽑아야 하고 결국 그들의 역할이 결정적일 수밖에 없다. 직원 채용이 성공적으로 이루어지지 않는다면 규모를 키우려던 시도가 오히려 사업 최대의 난관이 될 수도 있다.

'지식의 착각Illusion of Knowledge'이라는 말이 있다. 실제 자신이 알고 있는 것보다 더 많은 것을 안다고 착각하는 일을 표현한 말이다. 그저 막연하게 '안다는 느낌'을, 은연중에 '알고 있다'고 확신하고, '남들도 하니까' 명확한 근거도 없이 나도 할 수 있다고 생각하는 경우가 많다.

대부분 사장은 직원을 채용할 때 '지식의 착각' 현상으로 곤란을 겪는다. 지난 2021년 9월 국내 한 인력 채용 플랫폼에서 자영업자들을 대상으로 설문조사를 한 결과 전체의 74%가 "직원 채용에 어려움을 겪고 있다"고 답했다. 이러한 어려움을 근원적으로 해결하려면 직원을 대하는 근본 인식을 올바르게 설정해야 한다.

직원을 '내 사업의 확장을 도와주는 인적 도구'로만 여기는 사장들이 많다. 나 대신 일할 사람 혹은 나와 함께 2~3배의 일을 해내면 내가 좀 더 편해지거나 더 많은 돈을 벌 수 있다고 생각한다. 이러한 계산 아래 '좋은 직원을 뽑아서 가르치고, 잘 대하면 자연스럽게 회사는 커나가지 않겠어?'라고 상상의 나래를 편다. 하지만 정작 현실은 '좋은' 직원이 어떤 사람인지도 모르고, '가르치는' 방법도 잘 모르며, '잘 대해주는 것'이 무엇을 뜻하는지도 알지 못한다. 그러니 직원을 채용하기도 어렵고, 설사 채용했다 해도 자신의 생각대로 일하지 않는 직원 때문에 힘들어한다.

직원 관리가 어려운 이유

문제는 여기에서 그치지 않는다. 이는 사장과 직원 사이에 존재하는 하나의 근본적인 모순 때문이다. 직원은 일반적으로 '최대한의 월급을 받고 최소한의 일'을 하려고 하는 반면에 사장은 '최소한의 월급을 주고 최대한의 일'을 시키려고 한다. 화해할 수 없는 모순이자 불균형이라 할 수 있다. 대체로 이 최대치와 최소치 사이에서 양측이 타협하면서 사업이 진행되지만, 이 둘 사이의 균형 잡기는 언제든 사업 자체를 위협하는 문제로 불거질 수 있다.

직원들은 일이 많다며 끊임없이 불평불만을 늘어놓거나 서로 일을 미루기 위해 불화를 일으키기도 한다. 다른 회사에서 더 많은 월급을 준다고 하면 심지어 회사의 기밀까지 빼서 옮겨 가기도 한다. 연봉을 협상할 때도 신경전이 끊이지 않고, 도저히 타협이 이루어지지 않으면 사장은 그 직원을 내보내야 하는 악역도 맡아야 한다. 그 과정에서 서로 지나치게 감정이 고조되면 사장이 노동부에 고발되는 일도 숱하다. 이 모든 일의 배경에 바로 사장과 직원의 회사 업무에 대한 인식에 본질적인 모순이 숨어 있다.

한 가지 문제가 더 있다. 직원들이 회사를 대하는 태도 역시 사장의 가슴을 철렁하게 만드는 요소다. 직원들은 마치 자신의 숙명이나 되는 것처럼 "늘 가슴에 사표를 품고 산다"라고 말한다. 그런데 입장을 바꿔 사장의 관점에서 생각하면 도통 불쾌하고 불편한 일이 아닐 수 없다. 다음 달도, 내년에도 성실하게 일해주어야 자신의 사업이 유지되는데, 함께하는 직원들이 늘 가슴에 사표를 품고 산다니!

그런 말을 들으면 사장에게는 정말 직원들이 모두 '잠재적 배신자'처럼 보일 수밖에 없다. 사장은 직원이 언제 그만둘지 감시하고 늘 대체 직원을 찾아야 하는 반면 직원은 그런 감시의 눈길 속에서 호시탐탐 다른 회사를 알아본다. 서로가 힘을 합쳐 열심히 일해도 성공할 수 있을지 알 수 없는 상황에서 회사의 내부 사정이 이 정도라면 '막장'이라고 표현해도 부족함이 없을 것이다.

직원이란 과연 어떤 존재일까? 사업 확장의 인적 도구일까? 아니면 나를 도와서 함께 사업을 하는 파트너일까?

프로축구나 프로야구를 생각해보자. 구단주와 감독은 선수 한 명한 명을 영입하면서 온 힘을 기울인다. 사전에 철저하게 조사하고, 장단점을 살피고, 치밀하게 협상해서 선수를 데려온다. 그 이유는 각각의 선수가 경기력을 좌우하는 '핵심 역량'이기 때문이다. 영입한 선수들이 매 경기에서 어떤 활약을 펼치느냐에 따라서 승패가 좌우되고 희비가 교차된다. 그러니 구단에서 가장 중요한 사람은 선수이며, 우리는 이를 '핵심 역량'이라고 부른다.

직원들도 마찬가지다. 그들이 어떻게 업무를 처리하고, 고객을 응대하고, 관리해나가느냐에 따라 사업의 성패가 달려 있다. 직원들은 단순히 내가 월급 주면서 부려먹는 사람이 아니라 사장에게 생명 같은 사업 자체를 성공시키느냐, 마느냐 결정짓는 핵심 역량인 셈이다. 그런데도 다수의 사장들은 마치 구단에서 볼보이나 락커룸 청소 담당자를 뽑는 것처럼 직원을 채용한다.

과연 이러한 여러 골치 아픈 문제를 시원하게 해결할 근본적인 대책은 없을까?

왜곡되어버린 '가족 같은 회사'의 가치

'가족 같은 회사'라는 말이 어느 순간부터 사장들의 폭력을 위장하는, 혹은 좀 더 심하게 말하면 '사기극'을 감추기 위한 표현으로 치부되기 시작했다. '가족'이라는 호칭이 젊은 세대를 착취하기 위한 겉 포장에 불과하며, 직원의 희생을 빨아먹기 위한 속 보이는 잔머리라는 것이다.

물론 이런 평가는 충분히 이해할 수 있는 일이기도 하다. 실제 직원들을 '가족'이라는 이름 아래 일방적인 희생을 요구하는 경우가 많았기 때문이다. 그렇지만 특정한 단어가 나타내는 이상향이 현실에서 이루어지지 않았다고 해서 그 이상향 자체가 지닌 장점과 긍정적 영향력을 무시할 수는 없다.

예를 들어 누군가가 나에게 "나는 너를 영원히 사랑해"라고 말한다고 해서 "세상에 '영원'이 어디 있느냐? 그건 겉 포장일 뿐이며 사기극이야"라고 반박할 필요는 없다. 영원히 사랑하고 싶은 상대방의 마음을 알아주면 되는 일이다. 그뿐만 아니라 사랑이 가진 위대한 힘을 생각해본다면 '영원'이라는 말을 붙인다고 해서 절대 부당한 일은 아니다. '천국이나 지옥' 같은 말은 어떨까? 비종교인의 처지에서는 그 실존에 대해 비판할 수도 있지만, 분명 우리의 삶에는 천국 같은 즐거움도 있고 지옥 같은 괴로움도 있게 마련이다. 그러니 천국과 지옥이라는 말이 '사기극'이라고 할 수는 없다.

'가족 같은 회사'라는 말도 마찬가지다. 정말로 가족이 아니라고 해서 가족이 가진 끈끈함과 단결력, 어떤 어려움도 힘을 합쳐 헤쳐나가려는 그 마음가짐을 사장과 직원이 회사에서 이뤄내려는 노력을 무시할 수는 없다. 그리고 이런 '가족 같은 회사'가 단지 비유적인 표현으로만 존재하는 것은 아니다. 실제 가족 같은 회사들이 더 좋은 성과를 내고 승승장구하고 있다는 사실은 전 세계의 많은 경영 사례에서 증명되고 있기 때문이다.

가족처럼 서로를 아끼고, 챙기고, 헌신하는 일이 회사에서도 분명히 가능하다. 이렇게 회사를 가족 공동체의 모습으로 변화시키는 것이 바로 우리가 추구하는 기업의 방향이다. 이러한 문제의식에서 출발해 나는 사장과 직원이 회사의 앞날을 위해 서로 적극적으로 의사를 표현하고 실천하고 개선해서 개인과 조직의 성장을 이루어 가는 근본 원리를 탐구했다. 더 나아가 탁상공론 같은 이야기가 아닌 바로 실천할 수 있는 구체적이고 본질적인 노하우에 집중했다.

제가십본, 경영의 새로운 원리

'제가십본齊家十本'은 집을 다스리는 10가지 근본이라는 의미를 지니고 있으며, 여기에서 집은 곧 회사를 의미한다. 다음의 10가지 근본 원리는 가족 같은 회사를 위한 직원 관리와 그들을 회사의 핵심 역량으로 교육하고 훈련하는 모든 것, 그리고 회사를 가족 공동체로 만들어가는 본질적인 답을 담고 있다.

1. **도[道, 길 도]**: 회사의 방향과 목표를 설정하고 빠르게 목표 달성을 할 수 있는 방법.

2. **권[權, 권세 권]**: 사장이 가진 권력을 잘 활용해 직원의 지지와 협력을 얻는 방법.

3. **세[勢, 권세 세]**: 사장을 도와 회사의 성장 동력이 될 측근 세력의 역할과 그들을 지원하는 법.

4. **족[族, 겨레 족]**: '우리'라는 공동체 정신을 함양하는 방법.

5. **교[交, 사귈 교]**: 직원들의 잠재력을 끌어내기 위해 회사 내 소통을 원활하게 하는 방법.

6. **학[學, 배울 학]**: 개인과 회사의 성장을 위해 배움을 장려하는 방법.

7. **법[法, 법 법]**: 회사의 규칙, 권한, 책임을 정립하는 방법.

8. **상[賞, 상줄 상]**: 회사에 기여하는 인재 양성을 위해 동기부여 시스템을 만드는 법.

9. **벌[罰, 벌줄 벌]**: 실패를 바라보는 관점과 실패했을 때의 대처법.

10. **확[擴, 넓힐 확]**: 회사 발전을 위한 첫걸음인 인재 채용과 관련해 인재상을 정립하고 채용하는 법.

제가십본은 아무리 작은 회사라도 '정교한 시스템'을 구축할 수 있게 해주며, 사장과 직원이 똘똘 뭉쳐 자신들의 사업을 철옹성으로 만들어가는 방법을 알려준다. 그 어떤 사장도 힘들게 일군 자신의 사업을 허망하게 잃고 싶지 않다. 그렇게 되지 않으려면 초창기 사업 이후의 모든 역량을 바로 이 제가십본을 바탕으로 직원과 하나가 될 수 있게 쏟아부어야 하고, 그들이 현장에서 전투적으로 뛸 수 있는 환경을 조성해야만 한다. '그럭저럭 혼자 먹고사는 자영업자'와 '진정한 의미의 기업가'의 차이는 바로 여기서 결정된다.

이 10가지의 원리는 머릿속에서 추상적으로 생각해낸 것이 아니라 지난 20년간 수많은 사업 현장에서 확인하고 검증한 것이다. 또 지금도 현실에서 쓰이고 있는 것들이다. 이 제가십본의 방법은 꼭 비즈니스의 현장에서만 적용할 수 있는 것이 아니다. 기업이나 공공조직, 단체, 동아리 심지어 가족 관계에서 리더와 관리자, 가장과 가족 구성원들이 응용할 수 있는 팁들로 가득하다.

무엇보다 이러한 제가십본의 진실을 깨닫기까지 나 역시 정말로 '엉터리 사장'이었음을 고백하지 않을 수 없다. 직원 채용과 주변 사람과의 비즈니스 관계에서 무수한 실패를 거듭했지만, 도대체 무엇이 문제인지를 파악조차 못 했다. 하지만 제가십본의 모든 원리를 하나하나 체감하고 뼛속들이 경험하면서 나 자신은 물론 한국비즈니스협회 MBA 과정에서 성장하고 있는 CEO들 모두 변할 수 있었다. 그런 점에서 이 책의 여러 원리는 사람과 사람 사이, 그리고 직원과 회사 사이의 관계를 바꾸고 서로가 헌신할 수 있도록 만드는 '근본적인 노하우'라고 확신한다.

마지막으로 제가십본의 원리 이전에 회사 자체가 다루는 아이템이 현재 근본적으로 차별화된 경쟁력이 있는지를 고민해야 한다. 모든 회사는 '무엇을 팔고 무엇을 서비스할 것인가?'라는 질문에서 출발하기 때문이다. 아이템은 사업의 초반부터 미래를 결정하는 핵심 요소다. 사업의 원동력이자 회사의 비전을 올곧게 세울 수 있는 배경으로 작용한다. 또한 직원들에게 회사에 오래 근무하고 싶은 마음이 들게 하는 근본 동기다.

모래성이 파도에 흔적도 없이 사라지는 것은 제일 아랫축 자체가 이미 모래이기 때문이다. 따라서 아이템 그리고 비즈니스 모델에서부터 튼튼한 기반을 구축할 수 있는 새로운 성장 동력이 필요하다. 이를 위해서는 내가 앞서 출판한 저서 《프리리치》의 일독을 권한다.

세상에 해결책이 없는 문제는 없다. 더욱이 인류가 '회사'라는 형태로 비즈니스를 해온 지는 400년이 넘는다. 이 기나긴 세월 동안 전세계의 수억, 수십억 명이 사장의 자리에서 문제를 해결하기 위해 고민하고 땀 흘려왔다. 그러니 지금 자신이 맞닥뜨린 회사의 문제에 대해 고민하고 외로워만 할 것이 아니라 자신감을 가지고 희망을 꿈꾸어야 한다. 그리고 그 과정에서 제가십본은 든든한 동반자이자 어려울 때 길을 밝혀줄 등대가 되어주리라 확신한다.

2024년 봄, 심길후

權; 리더십보다 더 중요한 파워십

勢 ^세; 핵심 측근을 중심으로 한 역량 강화

族 ^족 ; 집단지성과 공동체 의식의 뿌리

交 ; 잠재력 폭발을 위한 소통과 추진력

學 _학 ; 자기효능감을 극대화하라

法^법; 자발적으로 만들어가는 사내 매뉴얼

賞 ^상 ; 모두에게 열려 있는 동기부여 시스템

罰^벌 ; 실패를 대하는 자세

擴^확; 조직을 키우는 인재의 조건

道；

도^道, 성공하는 조직을 만드는 길

'도'의 사전적 의미는 '길'이다.
무슨 일을 하든 크고 작은 목표가 있기 마련이다.
그리고 목표에 도달하는 길은 여러 가지다.
사장과 직원은 설정한 목표에 도달하기 위해
정확하고 빠른 길을 찾아야 한다.
그 방법이 바로 여기서 말하려는 '도'의 의미다.
제가십본 중 가장 기본이며 다른 모든 것의 토대가 된다.

01

일에서 의미를 찾게 하라
회사를 움직이는 원동력

직원을 뽑을 때 사장은 회사 일을 좋아하는 사람을 찾는다. 예를 들어 스키장에서는 '스키를 즐겨 타는 직원'을, 영화관에서는 '영화를 좋아하는 직원'을 선호한다. 언뜻 지극히 당연해 보인다. 하지만 과연 이런 '즐기는 마음', '좋아하는 마음'만으로 직원과 회사가 제대로 성장할 수 있을까?

여기에는 아주 명백한 한계가 있다. 회사 일이란 즐거움, 재미 그 자체가 목적인 취미와는 다르다. 직원이 회사 일에서 느끼는 재미보다 더 중요한 것은 '일에서 의미와 정체성'을 찾을 수 있어야 한다는 점이다. 직원이 자신의 삶과 일을 일치시킬 수 있을 때 온전히 몰입할 수 있기 때문이다. 그래야 회사도 개인도 성장한다.

우리가 일을 하는 이유

우리가 일을 하는 원동력은 어디에서 생겨날까? 크게 3가지로 분류할 수 있다.

- 이성
- 감성
- 정체성(의미)

요리사를 예로 들어보자. 이성적인 차원에서 일을 하는 원동력은 당연히 경제적 이유다. '나는 이 일로 경제적 이득을 얻으니까 요리 한다'라고 생각한다. 두 번째 감성적인 차원에서는 '배고픈 사람이 내 음식을 먹고 행복한 모습을 보면 보람이 느껴진다'라는 만족감 이다. 마지막으로 정체성(의미) 차원에서의 동기는 '나는 음식으로 사람의 생명을 살리고, 그들이 건강한 삶을 살 수 있게 한다'라는 생각이다. 감정의 차원을 훨씬 넘어서는 '생명'과 '건강'이라는 근원 적 이유가 바탕이다.

이 중에서 가장 강렬한 동기부여는 단연 세 번째이다. 단순한 감정 을 넘어 보다 높은 차원의 개념인 생명과 건강에 대한 사명감은 요 리사라는 직업을 자신의 정체성으로 매우 확고하게 심어준다.

사장이라면 이 3가지 중에서 어떤 동기로 일하는 사람이 가장 필 요할까?

이성으로 일하는 직원이라면 계속해서 월급을 올려주어야 하고, 복지 등에도 많은 신경을 써야 한다. 직원은 자신에게 경제적 이득 이 되지 않는다고 생각하면 언제든 회사를 떠날 준비를 할 것이다. 물론 대기업이라면 계속 월급을 올리는 일이 가능하겠지만, 규모 가 작은 회사라면 보통 부담되는 일이 아니다.

두 번째로 감성으로 일하는 직원 역시 사장에게는 불안해 보일 수밖에 없다. 좋아하고, 기쁨을 주는 대상은 언제든지 바뀔 수 있기 때문이다. 20대에는 끌렸던 일이지만 30대가 되면서 그다지 매력을 느끼지 못할 수도 있다. 게다가 아무리 좋아하는 일이더라도 그것이 '힘든 노동'이 되면 완전히 다른 문제가 된다. 예를 들어 캠핑을 좋아하는 사람에게 "1년 365일간 캠핑하라"라고 하면 마치 노숙자가 된 기분일 것이다.

일에 의미를 두는 직원이 회사를 성공으로 이끈다

일에서 인생의 의미를 찾고 자신의 정체성을 구축한다면 끊임없이 발전을 모색하고 더 잘할 수 있는 길을 찾는 데 몰입할 수 있다. 지금 내가 짓고 있는 이 건물이 '사람의 생명을 살리는 공간'이라고 여긴다면 더 정성스럽게 건축할 것이며, 지금 내가 쓰는 글이 '사람의 마음을 치유하는 일'이라면 온 마음을 다할 것이다. 채소 하나를 팔아도 소비자의 건강을 진심으로 생각한다면 허투루 상품을 다루지 않을 것이다. 일에서 의미와 자신의 정체성을 찾는다면 누구나 더 온전하고, 성실하고, 더 나은 방향으로 나아가려는 자발적 동기가 끊임없이 생겨난다.

'역치閾値 값'이라는 말을 들어본 적이 있는가? 생물이 외부 환경 변화에 반응하는 데 필요한 자극의 최소 한도를 말한다. 이 역치 값에는 한 가지 특징이 있다. 자극이 반복될수록 점점 더 높은 강도가 필요하다는 것이다. 경제적 이득 때문에 일하는 직원은 그 이득이 계속 늘어야 만족하고, 감성으로 일하는 사람은 그 감성의 강도가 점점 강해져야 한다. 하지만 현실에서 점점 증가하는 역치 값을 지속해서 만족시키기는 쉽지 않다.

하지만 마지막 세 번째, 자신이 하는 일에서 삶의 의미와 정체성을 찾는 사람은 확연히 다르다. 그들은 경제적 이득이나 감성적 즐거움보다는 내적 성장과 발전에 더 큰 의미를 둔다. 회사 일을 통해 자신이 성장한다는 기쁨을 맛본다면 자연스레 적극적이고 능동적으로 일하게 된다. 당연히 회사는 발전할 수밖에 없다. 특히 이렇게 자기 성장에 대한 의지가 있다면, 설사 처음에는 마땅찮아 하던 일도 점차 좋아진다. 이것이 회사가 직원이 일에서 의미를 찾고 자신의 정체성을 확립할 수 있도록 도와야 하는 이유다. 내가 운영하는 한국비즈니스협회에서는 미래에 능력을 펼치고 싶은 사업부가 적힌 명함을 만들어주거나 '한영인의 친정아빠', '한영인의 나폴레옹'처럼 사내에서 개인의 정체성이 담긴 별칭을 지어 부르면서 각자의 지향점을 명확히 할 수 있도록 도움을 주고 있다.

🛡 한국비즈니스협회
KOREA BIZ ASSOCIATION

정 보 한 원장/한영인 MBA 스쿨

H.P 010-1234-5678
Email jestur4@naver.com
Address 서울 강남구 테헤란로 52길 17, ES타워 11층

🛡 한국비즈니스협회
KOREA BIZ ASSOCIATION

주 지 원 센터장/한영인 콘텐츠센터

H.P 010-5678-1234
Email tan8710@naver.com
Address 서울 강남구 테헤란로 52길 17, ES타워 11층

이나모리 가즈오의 동기부여 방법 3가지

교세라의 창업주 이나모리 가즈오는 경영의 신으로 추앙받는다. 그는 젊었을 때 '쇼후공업'이라는 회사에 입사했는데 경영 상태가 말 그대로 엉망이었다. 월급도 제대로 받지 못할 정도였으니, 이나모리 가즈오의 실망은 두말할 필요가 없었다. 그렇다고 딱히 그만두기도 쉽지 않아 머뭇거리는 사이 상황은 더욱 악화했다. 함께 입사했던 동기들은 하나둘씩 회사를 떠났다. 어느 날 이러지도 저러지도 못하며 계속 불평불만을 늘어놓는 자신을 발견했다. 그때 그는 생각을 완전히 바꾸기로 결심했다.

"언제까지 이렇게 불평불만을 늘어놓고 있을 것인가? 차라리 그냥 내 앞에 놓인 일들을 하나씩 해결해나가자!"

그때 그 생각의 전환으로 이나모리 가즈오의 회사생활은 180도 달라졌다. 도전의식이 생겼고 어려움과 싸우고자 하는 의지 역시 강해졌다. 회사에서 먹고 자면서 제품을 개발했고, 온종일 업무에 몰두하곤 했다. 그 후로 놀라운 변화가 일어났다. 불평불만이 사라지고 심지어 일이 점점 더 재미있어지는 것이었다. 더 몰입하다 보니 신제품을 개발할 수 있었고 이는 성공의 발판이 되었다. 그 이후 가즈오는 창업했고 세계 최고의 세라믹 회사로 키웠다.

이나모리 가즈오도 처음에는 자신의 일이 싫었다. 하지만 자신의 정체성을 '주어진 업무를 해결하는 사람'이라고 설정하자 점점 성장과 발전을 꿈꾸게 됐고 이는 그의 인생을 완전히 바꾸어놓았다. 이나모리 가즈오는 당시 상황을 회상하며 다음과 같은 3가지 교훈을 얻었다고 말했다.

- 일은 자신을 단련하는 가장 훌륭한 방법이다.
- 일은 마음을 갈고닦는 좋은 도구다.
- 일은 삶의 가치를 발견하기 위한 가장 중요한 행위다.

앞에서 '사장의 입장에서 가장 좋은 직원'은 바로 일에서 의미를 찾고 정체성을 가지는 직원이라고 했다. 하지만 이는 단지 사장에게만 좋은 것이 아니다. 직원이 일을 통해 스스로를 단련하고 마음을 갈고닦아 삶의 가치를 발견할 수 있다면, 오히려 사장보다 직원에게 더 도움이 되는 일이기 때문이다. 사장이 제공한 기회를 통해서 삶의 새로운 영역으로 진입할 수 있으며, 내적인 기쁨을 느끼면서 일에 몰두할 수 있다.

道

일에서 의미를 찾은 직원들의 놀라운 변화

실질적인 경험을 통해서 '일의 의미'를 찾는 방법이 있다. 펜실베이니아대학교의 와튼 경영대학원 애덤 그랜트[Adam Grant] 교수는 직원들에게 '일의 의미'를 찾아주면 업무 개선의 효과가 얼마나 발생하는지 알아보는 실험을 진행했다. 그랜트 교수가 선택한 실험 집단은 대학 소속의 텔레마케터들이었다. 그들은 모교 출신자들에게 기부금을 권하는 업무를 하고 있었다. 하지만 그들에게는 특별한 소속감도 없었고, 더더구나 일에서 삶의 의미를 찾지도 못했다. 이직률은 400퍼센트에 달했고 평균적으로 재직하는 기간도 고작 3개월에 불과했다. 따라서 그들이 열정적으로 업무에 임하거나 사명감으로 일한다고 평가하기는 힘들었다.

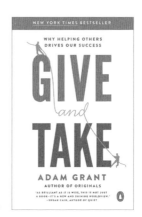

애덤 그랜트 교수의 실험 내용이 담긴 그의 저서,
《기브 앤 테이크》

035

성공하는 조직을 만드는 길

그랜트 교수는 '10분간의 만남'이라는 행사를 주최했다. 그는 텔레마케터들의 활동으로 조성된 기부금을 받은 학생들의 인생이 어떻게 달라졌는지를 알 수 있는 자리를 만들었다. 텔레마케터들은 학생들을 1:1로 면담했다. 그들의 표정, 손짓을 보면서 생생하게 '기부금이 만들어낸 인생의 변화'에 관한 이야기를 들을 수 있었다. 별것 아닌 듯한 이런 이벤트를 하고 나자 놀랍게도 텔레마케터들의 자세가 완전히 달라졌다. 그들이 한 시간에 전화를 건 횟수는 과거보다 2배가 늘어났고, 매주 단위로 집계되는 수익률도 171%에 달했다. 이러한 결과는 텔레마케터들이 '지금 내가 하는 일의 의미는 무엇인가?'를 깨달았기 때문이다. 그들은 단순히 기부금을 모으는 것이 아니라 한 사람의 인생을 변화시키고 있다는 일의 의미를 깨달았고, 이것이 일에 대한 적극성으로 승화됐다.

일의 의미는 사장에게 더 중요하다

일의 의미는 직원에게만 중요한 것이 아니다. 사업을 영위해나가는 사장도 목표를 설정할 때 '의미'를 기준으로 삼아야 한다. 이를 '의미 목표'라고 부를 수 있다. 아래 각기 다른 유형의 3가지 목표를 본다면 의미 목표가 무엇인지 좀 더 쉽게 이해할 수 있다.

道

- 매출을 높이기 위해 고객 서비스를 위한 아이디어를 하루에 1개씩 내자.
- 효율성을 더 높이기 위해서 제품 생산성을 매달 1%씩 높이자.
- 해당 업계에서 가장 칭찬받는 기업, 가장 친근한 기업이 되자.

위의 3가지 예시는 사업 현장에서 실제로 쉽게 찾아볼 수 있는 목표이지만, 구체적으로 분석해보면 첫 번째는 '행동을 위한 목표'이고, 두 번째는 '성과를 위한 목표'이며, 마지막이 '의미를 위한 목표'이다.

앞의 2가지 목표는 매우 구체적이어서 '아이디어 하나, 생산성 1%'면 그 조건이 충족된다. 실질적으로 생산성의 퀄리티가 어찌 됐든, 그저 겉으로 수치상 계산되는 1%면 충분하고, 아이디어의 실현 여부에 상관없이 하루에 하나만 낸다면 끝이다.

그러나 의미 목표는 다르다. 자신이 혼신을 다해서 이뤄내고 싶은 간절한 마음이 담겨 있으며 끝없는 목표이자, 디테일과 퀄리티라는 모든 면에서 최고 수준으로 가겠다는 목표라고 할 수 있다. 사장 자신의 심장을 뛰게 하고, 직원에게 장기적인 비전을 안겨주는 위대한 목표이다. 물론 행동-성과 목표 역시 당연히 필요하지만, 의미 목표를 추가하지 않는다면 장기적이면서도 열정을 잃지 않는 직원들을 육성해내기 힘들다.

사업이든 일이든 그 출발점은 '재미'일 수 있다. 대개 스키를 즐기는 직원이 스키장 아르바이트를 하고 영화를 좋아하는 사람이 영화관에서 아르바이트를 한다. 마찬가지로 운동을 좋아하는 사람이 운동과 관련된 사업을 할 수 있다. 하지만 재미를 통해 얻는 기쁨은 결국 한계가 있을 수밖에 없다. 따라서 어느 시점부터는 '과연 내가 하는 일의 의미가 무엇인가'를 찾아 나서야 한다. 이를 바탕으로 직원을 이끌고 사장 역시 '경영의 의지를 다져나가야 한다.

제가십본에서 가장 첫 번째 출발인 도道. 그리고 그 '도' 중에서도 으뜸으로 중요한 것이 바로 직원이 갖추어야 할 '일의 의미와 정체성'이다. 면접을 보러 온 직원이 처음부터 이런 소양을 갖추고 있다면 더할 나위 없겠지만, 설사 그렇지 않더라도 상관없다. 사장이 이에 대한 기준과 방법을 제시하고 교육과 훈련을 통해 찾아줄 수 있기 때문이다. 결론적으로 직원을 채용할 때 사장은 다음 2가지를 꼭 명심하고 이를 심어주기 위해 노력해야 한다.

- 직원은 이성적·감성적 이유만으로 일을 지속할 수 없다.
- 직원이 일에서 의미와 정체성을 찾는다면 회사와 직원의 운명은 훨씬 나아진다.

Note 1
일에서 의미와 정체성을 찾게 하라

월급을 바라고 일한다면 계속 월급이 올라야 하고, 승진을 바라고 일한다면 계속 승진해야 한다. 이런 방식에는 한계가 따른다. 하지만 일에서 자신의 가치와 의미를 찾고 '정체성'을 느낀다면 월급과 승진이 아니더라도 직원은 온전히 자신의 힘을 다해 일하게 마련이다.

Note 2
'삶과 일'에 대한 대화를 자주 나누어라

직원이 처음부터 정체성을 가지며 일하기는 쉽지 않다. 따라서 자신의 삶에서 차지하는 일의 의미를 묻고 대답하면서 일에 대한 정체성을 가질 수 있도록 도와야 한다. '왜 일하는가?'를 묻고 지금 하는 일이 자신의 삶에 얼마나 큰 도움이 될 수 있는지를 알려주어야 한다.

심길후의 사장론
사업의 의미와 정체성 찾기

직원이 의미와 정체성을 바탕으로 일하려면 우선 사장으로서 자신이 시작한 사업의 근본적 의미와 정체성을 찾아야 하며, 그 후 교육을 통해서 직원들에게 확산시켜야 한다. 아래 질문에 우선 사장이 답해보자.

☑ 나에게 일이란, 그리고 사업이란 어떤 의미인가?

☑ 나는 왜 이런 사업을 하는가?
   (회사의 매출이나 성과가 아니라 일 그 자체의 의미)

☑ 내가 맡은 업무의 의미는 무엇인가?

☑ '우리 회사다움'은 무엇을 말하는가?

☑ 나에게 동료, 선배, 후배는 어떤 의미가 있는가?

각 질문에 대해 생각해보는 시간을 가져보는 동시에 사장과 직원들이 자신의 별명을 지어보게 하는 것도 정체성 확립에 적지 않은 도움이 된다. 예를 들어 사장이 자신의 별명을 '직원을 도와주는 친정엄마'라고 지었다고 해보자. 이 별명을 염두에 두고 있으면 언제든 직원들에게 어려움이 생겼을 때 마치 친정엄마처럼 도와주고 싶은 정체성이 좀 더 강해진다.

02

직원은 실무자가 아니라 실권자다

성장하는 회사의 직원 특징

직원이 자신이 하는 일에서 진정한 의미와 정체성을 찾게 하려면 한 가지 전제조건이 충족되어야 한다. 바로 '자발성'이다. 즉, 누군가가 일방적으로 시켜서가 아니라 자신이 권한과 책임감을 가지고 일해야 한다는 의미다. 아무리 성스럽고 훌륭한 일이더라도 누군가의 일방적 지시에만 따른다면 의미와 정체성을 찾기는 힘들다. 직원은 대부분 단지 기계적으로 일을 반복할 뿐이며 마음으로 의미를 느끼거나 이해하려고 들지 않는다. 이런 점을 고려하여 사장은 직원이 자신을 '실무자'가 아닌 '실권자'로 느끼도록 해주어야 하고, 이를 바탕으로 성장할 수 있도록 도와야 한다. 그래야만 그 속에서 일의 의미와 정체성을 자연스럽게 찾아갈 수 있다.

어떻게 해야 직원이 더 자발적으로 일할까?

지금 시대에도 2천여 년 전 공자孔子가 행한 교육을 강조하는 데는 이유가 있다. 공자는 직접적인 가르침보다는 스스로 알아내고 이해할 수 있도록 제자들을 '유도'하는 방법을 썼다. 시중에서 판매되는 도서를 분류할 때 '자기계발'이라는 분야가 있다. 여기에서의 계발啟發이라는 말 자체가 공자의 교육법에서 유래했다. 계발은 '지능을 깨우친다'는 의미이고 핵심은 바로 '자발성'이다. 공자는 스스로 분발하는 자에게 지식의 문을 열어주었고, 하나를 알고 있다면 그

다음 단계인 둘을 알려주었다. 궁금한 것이 있는 자에게 진리를 알려주었다. 공자의 교육법은 '주입식'이 아닌 자율성에 근거한 자발적인 성장이었다.

회사가 올바른 도道의 길을 찾아가려면 이러한 자발적 성장이 꼭 필요하다. 사실 사람은 누구나 성장을 원한다. 심지어 갓난아기조차도 끊임없이 주변을 탐험한다. 기어다니면서 새로운 물건을 만지거나 입에 넣어보면서 탐색하고, 사람을 보면서 표정을 관찰한다. 인간이 지닌 기본적인 '자발적 성장' 본능 때문이다.

당연히 일단 일을 하겠다고 마음먹은 사람이라면 누구든지 이 자발적 성장에 대한 본능이 크다. 그런데 자율적 판단을 내리지 못하고 윗선으로부터 통제만 받는다면 자발적 성장의 본능은 꺾이게 마련이다. 아이러니하게도 대부분 사장은 일을 일방적으로 지시하면서도 '도대체 저 친구는 왜 더 자발적으로 일하지 않지?'라며 답답해하는 경우가 많다. 가만히 놔두면 스스로 알아서 할 일을 누군가 자꾸 통제하고 간섭하면 정작 당사자는 더 이상 자발성을 발휘할 필요성을 느끼지 못한다. 공부를 강요하면 할수록, 공부가 싫어지는 학생들의 마음과 같다.

통제를 통해서는 직원의 자발성을 끌어낼 수 없다. 아무리 재미 있는 게임이더라도 누군가가 시키는 대로만 해야 한다면 재미와 의욕을 느낄 수 없는 것과 같은 이치다. 사장은 직원들이 지시한 대로 일만 하는 실무자가 아니라 실권자로서 일할 수 있게, 즉 자신의 판단으로 일할 수 있도록 권한을 부여해야 한다. 실권이 생기면 일에 재미를 느끼고, 스스로 일의 의미도 찾는다. 의미를 찾으면 재미가 붙고, 재미를 느끼면 스스로 계획하고 실천하며 피드백하는 등 선순환이 일어난다. 사장은 직원을 '통제'하고 '간섭'하려는 생각에서 완전히 벗어나야 한다. 그래야 직원은 자발적 성장의 본능을 발휘해 회사를 스스로 키워가는 역할을 수행할 수 있다.

이런 사실을 잘 알면서도 사장이 직원에게 쉽사리 권한을 부여하지 못하는 이유는 뭘까? 혹시 직원들이 마음대로 하다가 일이 잘못되지는 않을까 하는 걱정 때문이다. 직원에게 권한을 준다고 해서 이것이 곧 '네 마음대로 해'라는 의미는 아니다. 사장은 전반적인 가이드를 제시하고 이후에 지켜보고 들어주며, 시행착오가 있더라도 끊임없이 소통하는 역할을 맡아야 한다. 직원이 처음부터 실수 한 번 없이 일을 만족스럽게 하길 바라는 것은 이제 막 걸음마를 뗀 아기가 단 한 번도 넘어지지 않고 달리기를 바라는 것과 같다. 직원이 성장하는 데는 꼭 일정한 시간이 필요하다. 몇 번의 실수가 있더라도 권한을 뺏지 않고 자발적 성장 욕구가 완전히 몸에 밸 수 있도록 도와야 한다.

유연성으로 이어지는 자발성

직원이 자발성을 갖추면 사장은 또 하나의 큰 장점을 손에 쥘 수 있다. 그것은 바로 직원이 어떠한 상황에서든 '유연한 대처'를 할 수 있게 된다는 것이다.

일본 자동차 회사 도요타에는 개선을 뜻하는 '카이젠'이라는 조직 문화가 있다. 어떤 문제가 생겼을 때 "다섯 번 '왜?'라고 물어보라"는 것이다. 개선改善이라는 한자어의 일본식 발음이 카이젠이지만 이제 고유명사가 될 정도로 알려져서 영어로도 'Kaizen'이라고 표기한다. 도요타는 카이젠 문화를 통해 극히 낮은 불량률을 유지하면서도 놀라울 정도의 생산성을 올렸다. 이에 미국 자동차 회사 간부가 그 비결을 배우기 위해 도요타 생산공장을 찾았다가 깜짝 놀라고 말았다. 마지막 공정의 작업자 중 한 명이 책임자의 허락도 없이 전체 생산라인을 멈춰 세우는 모습을 목격한 것이다. 책임자의 승인 없이는 어떠한 일이 있더라도 생산라인을 멈추는 것이 용납되지 않는 미국 자동차 공장에서는, 불량이 발생하더라도 일개 조립원이 전체 공정을 스톱시키는 일은 상상할 수도 없었기 때문이다. 미국으로 돌아간 간부는 같은 방식을 도입하면서 불량률을 획기적으로 낮추는 극적인 효과를 보았다고 한다.

제4차 산업혁명 시대에 접어든 지금은 과거보다 훨씬 환경이 빠르게 변하고 변수가 많다. 급격한 변화에 대응하지 못하면 큰 기업도 순식간에 어려워질 수 있다. 하물며 작은 규모의 회사라면 말할 것도 없다. 사장이 끊임없이 통제만 한다면 직원들은 상황에 따른 유연한 대응력을 키울 수 없다. 직원들이 사장이 시키는 대로만 하면 사장이 없을 때는 어찌해야 할지 모른 채 우왕좌왕한다. 이러한 문제로 인한 피해는 고스란히 회사로 돌아올 수밖에 없다.

사장이 직원을 통제하고 간섭하려는 유혹을 이기려면 직원을 대할 때 먼저 조급함을 버려야 한다. 회사 사정이 어려워 직원들이 하루빨리 성과를 내주기를 바라더라도 역시 인내심을 잃어서는 안 된다. 또한 모든 성장에는 소통과 시간이라는 비용이 들어간다. 유연성을 키우기 위해 소소한 것부터 스스로 판단하고 처리할 기회를 제공한다. 통제에서 벗어나 자발성, 그리고 자발성에서 이어지는 유연성이 길러질 때까지 사장은 직원을 지켜보고 이야기를 듣고, 함께 대화해야 한다. 이러한 노력과 성과가 쌓이면 사업의 올바른 길인 도道에 이르게 된다.

道

✎ Note 1
말뿐인 권한이 아닌 실질적인 권한을 줘라

권한의 특징은 심지어 사장에게도 간섭받지 않고 일을 스스로 처리할 수 있는 권리를 말한다. 아무리 말로 권한을 준다고 해도 사후에 간섭하고 질책한다면 '진짜 권한'일 수가 없다. 직원이 스스로 통제할 수 있어야 자발성으로 이어지는 권한이 완성된다.

✎ Note 2
사장의 인내심이 필요하다

자율적인 직원으로 성장하는 데는 시간이 필요하다. 다그친다고 해서 절대로 되는 일이 아니다. 따라서 시간을 들여 지도하고 피드백을 줄 수 있는 인내심이 필요하다. 이렇게 성장한 직원은 흔들리지 않는 바위처럼 회사를 지키는 사람이 된다.

03

소속감과 동질감을 형성하는 법

회사와 직원의 관계

사람들이 혼자가 아니라 조직을 이루어 일하는 데에는 다 이유가 있다. 함께 모여서 일할 때 성과가 3배, 4배로 늘어날 수 있기 때문이다. 이를 협업의 가치라고 한다. 그런데 어떻게 해야 협업이 가능할까? 단지 사람들을 한 공간에 몰아넣는다고 되는 것은 아니다. 일정한 소속감이 있어야 하고, '우리는 하나'라는 동질감이 필수다. 만약 소속감과 동질감이 확립되지 않으면 조직을 이뤘다고 하더라도 그저 모래알을 한 주머니에 담아놓은 것과 같을 뿐이다.

회사가 성장의 대로를 걸어가기 위해서는 직원들이 반드시 소속감과 동질감을 가져야 한다. 이를 바탕으로 하지 않는다면 진정한 '팀워크'가 생겨나기 힘들다. 그런 점에서 회사의 목표는 일차적으로는 '이윤 창출'이지만, 그보다 먼저 '관계 창출'과 '조직문화 창출'이 이루어져야 한다.

소속감과 동질감을 느끼게 하는 4가지 중요한 원리

'인간의 본능'은 소속감과 동질감을 원한다. 영국 노팅엄대학교에서 4천 명을 대상으로 조사한 연구결과에 따르면 특정한 집단에 소속감을 가지고 자기 동일시를 하는 사람일수록 더 행복한 삶을 사는 것으로 조사됐다. 특히 체내의 엔도르핀을 상승시켜 신체 고통까지 더 잘 참을 수 있게 해주었다. 다른 측면의 연구결과도 있다. 호주 퀸즈랜드대학교 연구팀에서 전 세계 15개국 1만 9천 명의 직장인을 대상으로 한 조사 결과, 소속감과 동질감이 부족할수록 무기력과 신체적·정신적 피로감을 훨씬 더 많이 느끼며 결국 번아웃 상태에 접어들게 하는 것으로 밝혀졌다.

이러한 연구결과를 종합해보면, 직장 내에서 느끼는 '우리'라는 소속감과 동질감은 업무 능률을 높이고, 정신건강에도 효과가 있다. 소속감과 동질감을 높이는 방법에는 여러 가지가 있겠지만 제가십본에 따른 비법을 소개하겠다.

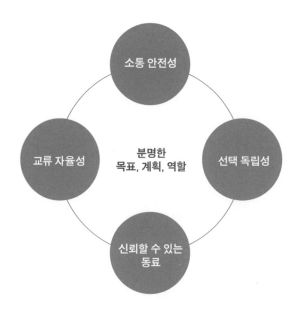

소통 안전성

내가 어떤 말을 해도 회사 내에서 그것 자체로 문제가 발생하지 않는다는 믿음이다. 상사에 대해 비판하거나, 혹은 기존 관행에 어긋나는 파격적인 제안을 한다고 해도 비난받을까 걱정할 필요가 없는 것이다. 비록 토론 과정에서 효율적이지 못한 제안이어서 폐기될 수는 있어도, 문제 제기 자체가 비난의 대상은 되지 않는다.

선택 독립성

회사에서 업무를 수행하기 위해 다양한 방법을 활용할 수 있는 권한이다. 누군가가 "이대로만 따라 하라"고 해서는 독립성이 보장되지 않는다. 그런 경우 직원이 가진 창의성과 자발적인 노력 자체를 억압하는 결과를 낳는다.

교류 자율성

인간이 지닌 기본적인 자유에 관한 문제이기도 하다. 자신이 원하는 다양한 사내 활동을 위해 서로 교류할 수 있고 소통할 수 있는 환경은 직원이 '내 회사'라는 심리적 애착감을 형성하는 데 필요한 기본 요소이다. 조직 내 파벌이 심하면 이러한 기본적 교류의 자율성이 확보되지 않아 회사생활 자체가 부담스럽고 불편해질 수 있다.

신뢰할 수 있는 동료

마지막으로 '신뢰할 수 있는 동료'는 소속감과 동질감을 확보하는 데 무엇보다 중요하다. 사람은 일단 누군가를 신뢰하지 못하면 '저 사람은 나와 달라'라거나 '저 사람과 어울리고 싶지 않아'라는 마음이 들면서 원래 있던 소속감과 동질감마저도 잃어버린다. 그런 점에서 사장은 채용 과정에서부터 이러한 신뢰할 수 있는 동료를 구하는 데 심혈을 기울여야 한다.

소속감을 심어주는 5통5문

직원들이 소속감과 동질감을 느끼게 하는 데 주의할 점이 하나 있다. 이 2가지 요소는 정서적 측면에 속하기 때문에 이를 막연한 '느낌' 정도로 가볍게 치부할 수 있다. 직원들이 "우리는 정말 한 가족처럼 친해", "좋은 동료랑 일하니까 좋아", "회사에서 일할 맛이 나"라고 느끼고 말할 수 있다면 매우 긍정적인 일이다. 그리고 이런 직원이 그렇지 않은 직원보다 더 열심히 일하는 것은 당연하다.

그런데 과연 이 정도 느낌만으로 회사에 대한 소속감과 직원들 간의 동질감이 완성되었다고 볼 수 있을까? 이런 느낌, 서로에 대한 감정도 매우 중요한 부분이지만, 여기에는 보다 구체적이고 이성적인 논리가 결합되어야 한다. 예를 들어 여러 명으로 구성된 팀이 힘든 산행을 한다고 해보자. 이럴 때 산을 오르는 신나는 마음, 함께 먹을 것을 주고받는 애정만으로는 정상에 오르기 힘든 법이다.

지금 우리가 왜 이 산을 오르고 있으며 어떤 경로로 올라가야 하는지, 언제까지 올라가야 하는지, 위급한 일이 생기면 어떤 조치를 해야 하는지, 그 안에서 각자의 역할은 무엇인지를 이성적으로 인식해야만 한다. 그래서 50쪽 도표에서 가운데 부분인 '분명한 목표와 계획, 그리고 각자의 역할'이 중요한 기능을 한다. '소속감과 동질감'이라는 것은 감성뿐만 아니라 냉철한 이성이 함께 결합되어야 완성될 수 있다.

이를 위해 다음 '5통5문'을 가지고 사장도 함께 참여해 직원들과 이야기를 나눠보자. 우선 5통에 대해서 살펴보자.

1. 나에게 일이 갖는 의미
   - 나는 일을 통해 어떻게 자아실현을 이루며, 인생을 보람차게 살 것인가?

2. 동료를 향한 내 일의 의미
   - 동료들에게 어떠한 의미를 주고, 서로의 업무에 어떠한 영향을 미치는가?

3. 고객을 향한 일의 의미
   - 고객에게 어떠한 가치를 주고, 사회에 어떠한 헌신을 하는가?

4. 내 일에 대한 시야
   - 내 일이 미래에 어떠한 형태로 발전될지 알고 있는가?

5. 내 일에 대한 목표
   - 회사의 계획과 목표, 나의 역할을 명확히 인지하고
   이에 관해 주위와 소통하고 있는가?

이러한 질문에 대해 깊이 생각해보고, 서로 공감하고 일치되는 의견이 도출될 때 비로소 직원들은 서로에게 '동질감'을 느낀다. 그리고 서로를 진정으로 이해하면서 진정한 '소속감' 역시 가질 수 있다.

다음으로는 '5문'에 대해서 알아보자. 이렇게 스스로 5가지 질문을 하면 '회사 안에서 나의 존재' 그리고 '내 삶에서 회사와 일의 의미'를 깨달을 수 있다.

1. 이 일은 옳은 일인가?
   - 오로지 돈을 벌겠다는 목적을 위해 도덕적으로 옳지 못한 일을 하는 건 아닌가?

2. 어떤 사명감으로 일하고 있는가?
   - 이 일을 통해 내가 이루고자 하는 바를 추구하는가? 혹시 매너리즘에 빠져 있는 건 아닌가?

3. 내가 하는 일이 사회와 회사에 긍정적 영향을 미치는가?
   - 서로에게 이득이 되는 방향으로 생각하고 행동하는가?

4. 현재 하는 일이 자랑스러운가?
   - 시키는 일을 수동적으로 따르기만 하는가? 그저 돈이나 벌려고 하는 건 아닌가?

5. 우리 회사에 자부심을 갖고 있는가?
   - 우리 회사가 사회에 도움이 되는 일을 하고 있는가? 나는 정말 이 회사에 소속된 걸 자랑스럽게 느끼는가?

회사에서 소속감과 동질감은 그저 입사했다고, 또는 함께 일한 기간이 오래되었다고 해서 저절로 생기지 않는다. 본인의 마음 자세도 중요하지만, 조직문화 자체가 중요하다. 또 이보다 더 중요한 것은 직원을 소속감과 동질감으로 이끄는 방법이다. 앞에서 제시한 '5통5문'은 바로 이를 위해 세워진 정교한 구조이자 지름길이다. 이 질문들과 자신의 답변을 따라가다 보면 직원들은 비로소 생각의 일치, 가치의 일치를 이뤄내면서 하나가 될 수 있다.

✎ Note 1
진정한 소속감을 느끼게 하라

소속감이란 단순히 동료들과 얼마나 친밀한가를 의미하는 것이 아니다. 관계의 친밀성 정도로만 그친다면 말 그대로 느낌에 불과하므로 위기를 이겨낼 수 있는 단단함은 형성될 수 없다. 이를 보다 입체적으로 구조화하려면 별도의 대책을 마련해야 한다. 그중 하나가 5통5문이다.

✎ Note 2
5통5문으로 자주 의견을 나눠라

각자 천차만별의 환경에서 살아온 직원들이 갑자기 회사 내에서 동질감과 소속감을 느끼기란 쉽지 않다. 그러나 5통5문은 이런 개인 간의 차이에도 불구하고 중요한 잣대로서 서로를 하나로 만드는 계기를 만든다.

04

근좌감 대신 근자감을 불어넣어라
직원들의 학습된 무기력 해소법

무기력은 부정적인 감정으로 활력이 사라진 정신적 자세를 뜻한다. 개인의 일상생활은 물론이고 직장생활에도 큰 타격을 입힌다. 회의감, 피로감, 짜증, 의욕 저하가 동시에 작동하면서 일에 집중하지 못한다. 문제는 피할 수 없는 힘든 상황을 반복적으로 겪으면서 무기력을 학습하면 걱정과 두려움으로 움츠러든 정신 상태가 생활에 뿌리 깊이 박힌다는 점이다. 이를 '학습된 무기력'이라고 부른다. 미국의 심리학자 마틴 셀리그만(Martin Seligman)이 처음 사용한 말인데, 그는 무기력이 학습되듯이 낙관주의도 학습될 수 있다고 강조한다. 셀리그만은 "절망적인 환경은 없고, 절망적인 마음 상태만 있을 뿐이다"라고 말한다.

하지만 개인의 힘으로 이런 학습된 무기력을 이겨내기는 쉽지 않다. 자신이 스스로 만들어낸 감정이 아니라 '구조적으로 학습된' 것이기에 그 환경 자체를 제거하지 않는 이상, 개인의 노력만으로 무기력을 극복하기는 어렵기 때문이다. 하지만 이 문제를 제거하지 않는다면, 회사의 도道를 이루는 것도 난망한 일일 수밖에 없다.

같은 환경, 다른 결과를 부르는 근자감과 근좌감

학습된 무기력이 무서운 이유는 자책의 늪으로 이어지기 때문이다.

"지금 상태에서는 내가 할 수 있는 게 없어!"
"내가 나서봤자 무슨 소용이겠어?"

차라리 세상을 탓하고 원망하면 비난의 화살이 자신을 향하지 않는다. 하지만 무기력은 스스로 자존감을 낮추고 의욕과 열정을 꺾는다. 이런 상태가 계속되면 슬럼프가 찾아오고 결국 자기혐오, 우울, 무기력으로 연결될 수밖에 없다. 회사 내부의 구조적인 문제, 한계, 사장이 정해놓은 특정한 울타리를 넘을 수 없는 환경이 바뀌지 않는 한 직원들의 학습된 무기력은 해결되지 않는다.

1957년 존스홉킨스대학교 의과대학의 심리생물학자 커트 리히터 Curt P. Richter는 쥐를 대상으로 이와 관련된 실험을 했다. 쥐는 물을 매우 싫어해서 물에 빠지면 필사적으로 헤엄쳐서 탈출하려는 성향을 보인다. 리히터는 쥐가 빠져나올 수 없는 긴 유리관에다 물을 담고 쥐를 넣었다. 대개는 15분이면 안간힘을 쓰다가 죽음을 맞았다.

다음 실험에서 리히터는 쥐들에게 사전에 특별한 경험을 하게 했다. 그는 일부 쥐들을 물병에 빠뜨린 후 헤엄을 치다가 탈진할 지경에 이르렀을 때 구해주기를 반복했다. 그리고 자유롭게 돌아다닐 수 있도록 한 뒤 다시 물에 빠뜨린 뒤 기력이 다할 때쯤 살려주곤 했다. 이 과정을 몇 차례 반복하자 물에서 버티는 시간이 늘어났

On the Phenomenon of Sudden Death in Animals and Man

CURT P. RICHTER, Ph.D.

커트 리히터의 실험 장면이 담긴 논문.

다. 이들 쥐들은 자신이 물에 빠져도 버티면 살 수 있다는 사실을 알았던 것이다. 그 결과로 어떤 쥐들은 무려 60시간이나 버틸 수 있었다. 물론 이런 사전 경험이 전혀 없는 쥐는 15분 만에 죽고 말았다.

이 실험이 시사하는 점은 '어떤 경험을 하느냐'에 따라서 '학습된 무기력'에 빠질 수도 있고, 정반대로 '학습된 기력'이라는 강한 자세를 갖출 수도 있다는 사실이다. 나는 체감도가 더 높은 용어를 사용하여 이를 설명한다. 바로 '근자감'과 '근좌감'이다. 근자감은 '근거 없는 자신감'이지만, 근좌감은 '근거 없는 좌절감'이다. 이 둘의 공통점은 모두 근거가 없다는 점이지만, 실제로 나타나는 결과는 하늘과 땅 차이다.

쥐에 비유하자면 15분을 버티느냐, 아니면 그 240배에 달하는 60시간을 버티느냐의 문제이다. 사실 오랜 시간을 버틴 쥐와 오래 버티지 못한 쥐는 완벽하게 같은 환경에 처해 있었으나 버티면 살 수 있다는 희망이 무려 240배의 차이를 보인 것이다. 만약 회사에서 일하는 직원이 근좌감이 아닌 근자감을 가질 때, 그 결과가 어떠할지는 충분히 예상할 수 있는 일이다.

'하니까 되네!'라는 경험을 제공하라

사장이 해야 할 일은 직원들에게 '학습된 기력'을 심어주고 그 결과 근자감을 가질 수 있도록 해야 한다. 학습된 무기력이 '해봤자 안 돼!'라는 경험에 의한 것이라면, 학습된 기력은 '하니까 되네!'라는 경험에 의해 생겨난다.

사장이 주목해야 할 부분은 바로 '직원들의 무기력을 유발하는 회사 내의 구조적 문제'이다. 그리고 대체로 이런 문제는 사장 자신이 만들어내거나 혹은 회사 내에서 힘이 센 팀, 예를 들어 돈을 관리하는 팀이나 사내의 인사를 담당하는 팀에서 비롯되는 경우가 많다. 그들은 대체로 갑의 위치에 있어서 을의 사정을 세세히 살피지 못하고, 그 결과 자신들만의 확고한 원칙, 혹은 편견에 빠져 있을 수 있다. 일반 직원은 그 벽을 넘지 못하고 결국 학습된 무기력에 빠져들게 된다.

이를 파악하려면 물론 개개인과의 소통이 중요하다. 그들이 하는 말 중에서도 "제가 하고 싶어도 안 되는 것이 있다"라거나 "다른 부서에서 허용해주지 않는다"라는 등의 구조적인 문제에 관심을 기울이고 그 부분을 충분히 해결해주어야 한다. 그리고 이런 경험을 통해서 '하니까 되네!'라는 경험을 많이 하면 할수록 직원들이 240배까지는 아니어도 최소 50배, 100배에 가까운 용기와 희망을 품으면서 일할 수 있다.

✐ **Note 1**
'근거 없는 자신감'의 중요성을 인식하라

'근거가 없다'는 말은 부정적으로 들릴 소지가 다분하지만, 자신감의 영역에서만큼은 매우 훌륭한 표현이다. 아무리 근거가 없더라도 자신에게 주어진 환경을 이겨나갈 수 있으며, 더 큰 힘을 발휘하게 하는 중요한 계기가 되기 때문이다.

✐ **Note 2**
직원이 무심코 하는 말에서 '구조적 문제'를 발견하라

사장은 직원과의 소통에서 자신이 듣고 싶은 말만 들어서는 안 된다. 직원이 뭔가를 해봤지만 계속 가로막힌다거나, 하려고 해도 실행하기 어렵다고 말하는 부분을 세심하게 듣고 해결해주려고 노력해야 한다.

05

조직문화가 만들어내는 긍정적 선순환
사장의 리더십

리더십은 회사 경영에서 매우 중요한 축이다. 직원의 성장을 통해 회사가 성과를 낸다는 목표에 도달하기 위해 리더십은 다른 모든 경영상의 요소를 조율하는 꼭짓점이라 할 수 있다. 조직문화를 만들고 인재를 양성하면서 궁극적으로 최종 목표를 향해 회사를 견인하는 엔진이 바로 리더십이기 때문이다.

이제 리더십 강화는 과거처럼 권위주의를 통해 달성할 수 없다. 직원들에게 하소연하거나, 주입할 수도 없는 일이다. '사장의 판단과 실천 → 조직문화 활성화 → 인재 양성 → 리더십 강화'라는 선순환 구조를 통해 이루어져야 한다. 이렇게 하면 자연스럽게 리더십이 강화되고 그 영향력이 지속된다.

조직문화로 이어지는 사장의 선택

먼저 '사장의 판단과 실천 → 조직문화 활성화' 부분을 살펴보자. 조직문화 형성에는 수많은 요인이 필요하지만, 그중에서도 왜 사장의 판단과 실천이 가장 중요한지부터 알아야 한다.

여기 두 명의 상사가 있다. 그들의 스타일은 완전히 다르다. A상사는 늘 회사에서 동료와 후배들을 챙기고 부하가 설사 잘못했다고 하더라도 야단치기보다는 함께 문제의 원인을 찾아 해결해나간다. B상사는 동료나 후배를 챙기기보다는 그저 자신의 앞날을 위해서 임원들에게 잘 보이기 위해 노력하고, 심지어 자신을 돋보이려고 부하직원의 공을 가로챘다.

실제 이런 두 명의 상사 스타일에 대해 부하직원들을 대상으로 설문조사한 결과, "A상사 스타일은 인간적으로 존중한다. 하지만 정작 승진하는 사람은 B상사 스타일이기 때문에 이들을 롤모델로 삼는다"라고 말했다.●

여기서 주목해야 할 점은 '승진에 목숨 거는 직장인들의 비애' 같은 것이 아니다. 결국은 B상사 스타일을 롤모델로 삼을 수밖에 없게 만든 사장의 판단과 결정이다. 회사에서 승진을 결정하는 사람은 바로 사장이다. 따라서 사장이 B상사 스타일을 승진시키면 결국 직원들은 B상사를 롤모델로 받아들일 수밖에 없다. 그리고 이러한 인식은 곧 조직문화가 되어 퍼져나간다. 동료와 후배를 챙길 시간에 상사에게 잘 보이기 위해 노력하게 되고, 또다시 이를 배운 직원들은 자신도 그 길을 따라가리라 마음먹는다는 말이다. 결국 회사의 조직문화는 사장이 만들어간다.

● 김봉석(삼정KPMG Advisory Inc. HCG), '스마트한 조직문화가 스마트 인재를 길러낸다', 월간 《인재경영》, 2012년 3월호(제85호).

만약 사장이 A상사 스타일을 우대하고 승진시킨다면 어떻게 될까? 회사 전체에 '동료와 후배들을 잘 챙기고 후배가 잘못했을 때 함께 문제를 해결해나가야 한다'라는 인식이 퍼지고 조직문화로 이어질 것이다. 다시 말해 '사장의 실천과 판단'이라는 인풋Input이 '조직문화'라는 아웃풋Output으로 구체화된다.

특히 우리나라 사회에서는 리더가 이러한 조직문화의 형성에 더욱 앞장서야 한다. 대체로 집단주의가 강한 분위기에서 직원들은 자칫 핀잔을 들을까 봐 두려워 앞에 나서기를 좋아하지 않는다. 전체적인 사회 분위기가 적극적인 조직문화 형성에 도움이 되지 않는 것이다. 결국 사장이 직접 나서서 인풋을 시도하지 않으면, 조직문화라는 아웃풋을 책임질 사람이 없다.

제대로 된 조직문화가 인재를 성장시킨다

다음으로 '사장의 판단과 실천 → 조직문화 활성화 → 인재 양성 → 리더십 강화'라는 전체 구조에서 두 번째 단계인 '조직문화 활성화 → 인재 양성'이라는 부분을 살펴보자. 언뜻 '인재 양성은 교육을 통해 이뤄지는 것이지 조직문화가 무슨 역할을 할까?' 하는 의문을 품을 수 있다. 이는 조직문화가 회사 내에서 어떤 방식으로 기능하는지 잘 몰라서 생기는 오해다.

조직문화는 눈에 보이지도 않고 손에 잡히지도 않는다. 정말로 조직문화라는 것이 존재하는지조차 의문스러워진다. 그러나 한번 형성된 조직문화는 아무리 직원이 바뀌더라도 쉽게 변하지 않는다. 마치 공기처럼 존재해서 개별 직원의 입사나 퇴사에 영향받지 않고 존속된다.

성당이나 사찰을 떠올려보자. 아무도 없더라도 왠지 성당이나 사찰 속 공간에 들어서면 마음이 경건해지고 예의 바르게 행동해야 할 것 같은 느낌이 든다. 신神이나 절대적인 존재를 믿지 않는다고 하더라도, 최소한 그 공간 안에서는 세속적인 행동이나 나쁜 마음을 가져서는 안 될 것 같다. 이는 공간 속에 깃든 압도적인 문화의 힘 때문이다. 조직문화도 마찬가지다. 조직문화는 조직 내의 구성원들이 모두 함께 인정하고 공유하는 사고방식이자 행동 양식이다. 조직의 구성원이 되면 자연스럽게 그 문화에 익숙해지고 그에 걸맞은 행동을 하게 된다.

이 지점에서 조직문화와 인재 양성이 연결된다. 도전적이고 창의적인 조직문화가 완성되어 있다면, 그 안에 들어간 누구라도 서서히 자신을 변화시키게 마련이다. 놀랍게도 1987년 매릴랜드대학교의 심리학과 교수인 '벤저민 슈나이더Benjamin Schneider의 ASA이론'에 따르면 이러한 패턴은 강제성을 띠기도 한다. ASA는 '유인-선발-퇴출 Attraction-Selection-Attrition'의 머리글자만 모은 것이다. 벤저민 슈나이더는 조직의 구성원을 뽑는 과정에서 기존의 조직 구성원들과 비슷한 성격의 대상을 유인하여 선발하고 유사하지 않은 성격이나 조직 가치와 부합하지 않은 가치를 지닌 대상을 퇴출시킴으로써 최종적으로 비슷한 성격이나 가치를 지닌 대상들만 남아 그들만의 문화를 이룬다고 주장한다.

한 개인은 자신과 성향이 비슷한 조직문화에 매력을 느끼고 본능적으로 끌린다. 조직 역시 내부 문화와 비슷한 성향의 사람을 선택하고 경쟁력을 부여한다. 자신의 성향과 이질적인 문화를 가진 조직의 일원이 되더라도 시간이 흐르면서 실제 격차가 생기기 마련이고, 끝내 적응하지 못한다면 결국 퇴출당하는 결과로 이어진다.

입사자가 지원할 회사를 선택하는 일은 낯선 사람들이 서로 친구가 되는 과정과 매우 비슷하다. 친구나 되거나, 회사의 구성원이 되더라도 결국 갈등이 생기면 둘의 관계는 깨진다. 중요한 점은, 그 과정을 통해 남는 사람들끼리는 시간이 흐를수록 개인적 특성이 더욱 유사해지고, 서로를 닮아간다. 그리고 이런 과정을 통해 조직문화가 틀을 잡는다.

예를 들어 도전적이고 창의적이며 열정적인 사람들이 모인 곳에 들어간 사람은 그러한 자신의 성향과 특성이 더욱 강화된다는 이야기다. 인재 양성이란 시간과 비용을 들여 굳이 특별한 절차를 만들 필요 없이 이러한 조직문화만 잘 만들어놓으면 저절로 해결되는 일이다.

'사장의 판단과 실천 → 조직문화 활성화 → 인재 양성'이라는 사이클이 한번 만들어지면 조직의 리더인 사장에 대한 신뢰와 믿음, 존경으로 이어져 마지막 고리인 '리더십 강화'가 완성된다.

대기업이라면 사장 혼자서 이러한 구조를 완성해내기 어렵다. 반면 작은 회사일수록 사장의 영향력은 더 크기 때문에 이런 구조를 빠르고 손쉽게 만들어나갈 수 있다. 창업 초창기부터 이 부분을 염두에 둔다면 분명 사장이 원하는 선순환을 빠르게 형성할 수 있고 더욱 단단히 유지할 수 있을 것이다.

071
성공하는 조직을 만드는 길

🖉 Note 1
조직문화를 구축하는 데 힘써라

사장의 모든 말과 행동, 그리고 사장이 결정하는 회사 내 정책은 직원들에게 '해석의 대상'이다. 그들이 어떻게 받아들일지를 충분히 고민해야 하며, 조직문화에 미칠 영향력 역시 반드시 고려해야 한다.

🖉 Note 2
아웃풋이 마음에 들지 않는다면 인풋을 돌아보라

회사의 조직문화, 인재 양성 등의 분야에서 드러나는 모습들이 마음에 들지 않는다면, 불평불만만 반복할 것이 아니라 인풋을 되돌아봐야 한다. '내가 무엇을 인풋 했길래 이런 결과가 나타났을까'를 돌아보는 것이 더 나은 아웃풋을 위한 도약대가 된다.

06

자율적이고 생산성 높은 조직 만들기
회사 조직의 재창조

사장이라면 누구나 이런 푸념을 한 번쯤 해봤을 것이다.

"내가 이야기하지 않아도 회사가 좀 알아서 돌아갈 수는 없을까?"
"어차피 회사가 잘되면 직원들에게도 좋은 일인데, 좀 성과지향적으로 일할 수는 없을까?"
"직원들이 서로 독려하면서 적극적으로 생산성을 올리려고 한다면 좋을 텐데…."

대개 사장의 이런 푸념은 직원 개개인의 열정이나 노력 부족에 대한 불만에서 비롯된다. 그러니 문제 해결책은 사장이나 회사가 아니라 직원 개개인의 자질에 달려 있다고 생각하기 쉽다. 어디엔가 있을 것만 같은 충직한 마당쇠 같은 직원을 찾아내거나 현재 함께하는 직원들의 천성이 바뀌는 것 말고는 달리 답이 없다고 생각한다.

이제 문제를 정확히 파악하자. 이것은 직원들의 열정이나 노력의 문제보다는 '조직의 구조와 문화' 그 자체와 관련이 있다. 사장이 아무리 직원들을 채근하거나 독려한다고 하더라도 문제 해결은 어렵다. 그렇다면 올바른 '조직의 구조와 문화'에 이르는 도[道], 즉 길은 어떻게 찾아갈 수 있을까? 만약 우리가 이를 제대로 파악할 수 있다면, 자율적이며 생산성 높은 직원과 회사를 만드는 데 큰 도움을 받을 수 있다.

조직의 다양한 구조와 모델

군대에 다녀온 남자들이라면 누구나 예비군 훈련을 받아야 한다. 그런데 예비군 훈련장에 나타나는 남자들의 모습은 과거 군대에서 복무하던 시절과는 완전히 딴판이다. 행동과 발걸음은 왠지 느려지고, 얼굴에는 뭔지 모를 불만이 섞여 있다. 입에서는 언제 어디서든 욕을 할 준비가 되어 있다는 듯 불평이 터져 나온다. 평소에는 성실하고 예의 바른 모습의 사람들이 왜 갑자기 예비군 훈련장에서는 이런 모습이 되는 것일까? 하루 아침에 그들의 성격이나 인성이 바뀌기라도 했을까? 그렇게 볼 수 없는 이유는 집으로 돌아와 군복을 벗으면 곧바로 원래의 모습으로 되돌아오기 때문이다. 문제는 개개인이 아닌 '예비군'이라는 구조, 명령체계, 거기에 참여하는 사람의 어쩔 수 없는 심리 상태에 있다. 결코 개인의 문제가 아니라는 이야기다.

이러한 문제를 매우 종합적이고 심층적으로 다룬 사람이 있다. 바로 세계적인 경영컨설팅 업체인 맥킨지에서 전략, 조직, 인간개발 분야에서 컨설팅을 수행했던 프레데릭 라루$^{Frederic\ Laloux}$이다. 그는 《조직의 재창조$^{Reinventing\ Organizations}$》라는 유명한 책을 통해 인류의 역사 속에서 만들어진 조직의 형태를 분류하고 그 특성을 밝혔다. 더불어 새로운 미래 조직에 대한 비전을 제시했다. 그가 밝힌 과거 조직의 4가지 특성을 이해하면 오늘날 사장이 운영하는 회사라는 조직, 혹은 자신이 개인적으로 속해 있는 조직의 특성에 대해서 훤히 파악할 수 있다. 또한 정말 자신이 원하는 조직을 만드는 방법에 대한 통찰을 얻을 수 있다. 라루는 과거의 조직을 특성에 따라 색깔로 분류해놓았다.

적색 조직	호박색 조직	오렌지색 조직	녹색 조직	청록색 조직

이 중에서 라루는 앞으로 청록색 조직을 지향해야 한다고 말했다. 각 조직의 특징에 대해 한번 알아보자.

적색 조직

인류 역사의 초창기에 만들어진 조직 형태로, 부족을 지키는 군대가 대표적인 예다. 이런 조직은 무리의 대오를 유지하기 위해서 우두머리가 끊임없이 권력을 행사한다는 특징이 있다. 또한 이들은 외부 자극에 매우 즉각적이면서도 혼란스러운 반응을 보이며 두려움에 근거해서 조직이 유지된다. 우두머리는 몇몇 심복을 통해 충성심을 확보하고 조직 내의 문화는 '공포와 복종'에 물들어 있다. 오늘날에는 마피아와 갱단, 조직폭력배가 적색 조직에 해당한다.

이런 조직이 가진 단점은 구성원이 장기적인 관점을 갖기 힘들고 모든 판단이 '현재'를 중심으로 이루어지기 때문에 전략이나 계획을 짜는 일에 매우 서툴다. 내란이나 전쟁 같은 혼란한 상황에서는 꽤 높은 효율을 보일 수도 있지만 평화로운 상태에서 고난도의 과제를 해결하거나 성취를 가져와야 하는 복잡한 업무 수행 능력에서는 현저하게 취약하다.

호박색 조직

이 조직의 가장 큰 특징은 '순응과 위계질서'다. 자신을 규제하면서 위계질서에 순응한다. 그리고 소속감을 느끼며 안정을 추구한다. 톱-다운 방식의 명령체계를 갖추고 있으며 이 과정은 모두 엄격하게 관리된다. 오늘날 상당수의 조직이 이런 형태를 띠고 있다. 예를 들어 카톨릭 교회나 대부분의 정부 조직, 공립학교, 그리고 군대를 연상하면 된다. 또 이들 조직은 예측 가능성을 매우 중요하게 생각한다. 언제나 안정감이 중요한 가치이기 때문에 자신들의 존재를 뒤흔드는 위험 요소를 철저하게 관리하려고 한다.

호박색 조직은 몇 가지 단점이 있는데, 혁신을 이루기 어렵다는 점이다. 예측 가능성과 안정성을 중시하므로 그들에게 혁신이란 자신을 스스로 위험에 빠뜨리는 일이기 때문이다. 또한 '내가 속한 집단 vs. 그들이 속한 집단'이라는 이분법적 사고에 함몰되어 있는 경우가 많다. 예를 들어 '내가 믿는 종교는 천국으로 가는 길이고, 저

들이 믿는 종교는 지옥으로 가는 길이다' 같은 사고방식이다. 군대
도 마찬가지다. 우리는 선^善이고 저들은 악^惡의 화신들이다. 여기에
협력은 없고, 오로지 자신을 구하기 위한 이기적인 방어기제가 작
동할 뿐이다.

오렌지색 조직

오늘날의 대다수 정치계 인물들, 혹은 회사에 속한 사람들이 이 조
직의 모습을 가장 적절하게 보여준다. 이들은 기본적으로 능력을
중요시하고 성취와 결과물을 매우 소중하게 생각한다. 변화와 혁
신에 열정적이며, 여기에 동참하지 않으면 게으르고 무능하다고 여
긴다. 또 이들은 언제나 훌륭한 의사결정을 통해서 최고의 성과를
가져와야 한다고 믿는다. 행동하기 이전에 매우 과학적인 조사를
하고 기업가 정신으로 장애물을 돌파하려고 한다. 성과를 평가하
고 그에 따른 스톡옵션을 제공하면서 동기를 부여하는 시스템을
가지고 있다. 현대인의 상식 측면에서 본다면 가장 효율적인 조직
의 모습일 수 있다. 대부분의 기업들 역시 이러한 오렌지색 조직의
특성을 띠고 있다.

하지만 이런 조직에도 명백한 단점이 존재하다. 성공에 대한 욕구가
지나치게 강한 나머지 물질주의적 사고방식이 지배한다. 소위 말하
는 '영혼 없는' 조직이다. 이러한 시스템에 잘 적응하면 성공 가도가
펼쳐지겠지만, 그렇지 않은 경우에는 패배자로 소외될 수 있다.

녹색 조직

이 조직은 오렌지색이 보여주었던 여러 가지 성공과 실패에 대한 반성에서 나온 결과다. 녹색 조직의 구성원들은 삶에서 성공과 실패 그 이상의 가치가 중요하다고 생각하며, 물질주의를 배격하고 공정성이나 평등, 조화, 공동체, 협력을 매우 중요하게 여긴다. 공동체를 훼손하는 것을 배격하고 사회적 불평등을 없애기 위해 노력한다. 특히 녹색 조직은 구성원의 다양한 관점을 보장하고 하부 의견이 상부로 전달되는 '상향식 프로세스'를 추구한다. 녹색 조직을 경영에 도입하면 부하직원에 대한 과감한 권한 부여가 이뤄지고 문화가 주도하는 가치 중심적 시스템이 회사 안에 자리 잡는다. 또한 리더나 권력자의 이해와 의견만 강요하는 것이 아니라 다양한 관점을 포용하는 시스템이다.

가장 이상적이고 합리적인 조직 형태일 수 있지만, 다른 색 조직이나 그런 성향을 지닌 사람들과는 충돌하기가 쉽고 현실적 대안이 되지 못할 수 있다. 때로는 규칙 자체가 없는 것처럼 보이고 매우 자의적이거나 변덕스러울 수 있기 때문이다.

사명감으로 움직이는 청록색 조직

우리가 흔히 접하는 회사나 조직의 분위기를 살펴보면 적색 조직이나 오렌지색 조직이 많은 것이 현실이다. 물론 그중에서 단연 큰 비중을 차지하는 것은 오렌지색 조직임을 부인하기 힘들다. 하지만 대체로 사장이라면 자신의 회사가 녹색 조직이 되었으면 하고 바란다. 앞에서 예시했던 '사장의 푸념'을 해결하는 방법도 바로 이런 녹색 조직이기 때문이다.

여기서 한 단계 더 진보한 조직의 형태가 있다. 바로 청록색 조직이다. 이 조직은 '두려움에 대한 인간의 본능'을 넘어선다. 우두머리의 권력이나 혹은 상부에서 일방적으로 전해지는 명령에 따라 움직이지 않는다. 오렌지색 조직과 마찬가지로 성과와 성취를 원하지만, 그 방법은 기존의 방식처럼 권력이나 명예, 돈이 아니다. 먼저 '훌륭한 삶'을 최우선 가치로 삼고 명예나 부는 그에 따라 자연스럽게 따라오는 부수적 가치로 여긴다.

사람과 사건을 통제하거나 관리하려고 하지 않고, 실수나 실패는 학습하고 성장해나가는 기회가 된다고 믿는다. 각 구성원이 움직이는 판단 기준은 누군가의 지시나 명령이 아닌, 오로지 '나 자신'이다. '나는 나에게 진실한가, 나는 정말 타인을 위한 봉사의 삶을 살고 있는가, 내가 타고난 재능에 따른 소명감 있는 삶을 사는가'를 매우 중요하게 생각한다.

회사가 청록색 조직이 되면 당장 눈에 보이는 수익성, 시장점유율보다 기업의 근원적 지향점인 '가치의 완성', '소명을 향한 목표'가 더 소중해진다. 회사 내에서의 인간관계 역시 경쟁이나 자신만 위하는 이기주의를 추구하는 것이 아니라 서로가 온전한 자신을 완성해나가는 발전적인 관계를 지향한다.

청록색 조직이 가장 이상적인 형태이기는 하지만, 지금 현재 회사를 경영하는 사장의 눈에는 '꿈같이 허황된 이야기'로 들릴 수도 있다. 실제 그런 식으로 운영되는 기업이 있을까 의문을 품을 것이다. 하지만 청록색 조직의 특성을 전면적으로 빠짐없이 갖춘 기업은 없다고 하더라도 최소한 몇몇 가치가 드러나는 기업은 분명 존재한다. 사실 제가십본이 추구하는 목표 역시 바로 이러한 청록색 조직을 이룬 기업이다. 특히 앞으로 이 책에서 강조할 사명감의 추구, 실수와 실패을 통한 성장, 관리와 통제의 대상이 아닌 자율적인 직원 등은 청록색 조직이 추구하는 가치와 일치한다.

이러한 여러 조직의 형태를 살펴보면 알 수 있는 한 가지가 있다. 어떤 형태가 됐든 조직은 과거부터 존재해왔고, 내가 속한 조직의 문화 역시 앞으로 영원불멸하지 않다는 점이다. 조직에 속한 사람의 생각과 태도에 따라서 얼마든지 고도화될 수 있고, 변할 수 있다는 이야기다. 이는 개인에게도 마찬가지다. 지금 자신의 모습을 보면서 실망하는 사람이 '나는 예전에도 그랬고, 앞으로도 그럴 거야'라고 생각하는 것과 '이것이 내 모습의 전부일 리는 없어. 앞으로 분명 새로운 모습으로 변할 수 있어'라고 생각하는 것은 그 차이가 크다. 현재의 불만스러운 모습이 결코 전부가 아니라고 여기는 것 자체가 이미 새로운 청록색 조직을 향한 변화의 첫걸음이 될 수 있다.

道

⊕⊗제가십본 핵심 노트⊗⊕

🖊 Note 1
현재 회사의 특징부터 제대로 파악하라

조직이 변하기 위해서는 진단이 우선되어야 한다. 적색 조직에서부터 청록색 조직까지 그 특징을 살펴보고 우리 회사는 어디에 속하는지 따져보아야 한다. 그래야 무엇을 배제할 수 있는지, 어떤 점을 발전시켜나갈 수 있는지 알 수 있다.

🖊 Note 2
사명감 있는 청록색 조직이 되라

회사가 청록색 조직이 되면 당장 눈에 보이는 수익성, 시장점유율보다 기업의 근원적 지향점인 '가치의 완성', '소명을 향한 목표'가 더 소중해진다. 회사 내에서의 인간관계 역시 경쟁이나 자신만 위하는 이기주의를 추구하는 것이 아니라 서로가 온전한 자신을 완성해나가는 발전적인 관계가 된다.

權;

권權, 리더십보다 더 중요한 파워십

사장은 본질적으로 '권력'을 가지고 있다.
회사의 소유주로서 권력을 활용해
사업을 잘 운영하려는 '권력자'로 정의할 수 있다.
이때 권력을 어떻게 활용할 것인가에 따라 회사의 명운이 달려 있다.
사장은 세상의 권력자가 그렇듯이 직원의 지지를 얻어
협력을 요구하고, 그들이 기꺼이 동의하면서 함께할 때
회사의 번영을 이뤄나갈 수 있다.
'권權'은 두 번째 제가십본 정신으로,
'사장은 똑똑하고 지혜로운 권력자가 되어야 한다'는 것을 의미한다.

01

사장은 리더가 되어야 한다
사장의 정의

회사를 세우고 대표하는 사람을 '사장'이라고 부른다. 회사를 조직으로 보는 관점에서는 사장이 조직의 '리더'가 된다. 그래서 형식논리상으로 '사장=리더'라고 볼 수도 있다. 문제는 사장이 진정한 리더가 되기 위해서는 훨씬 많은 능력을 갖춰야 하며, 사장에게는 없던 새로운 위상을 획득해야 한다는 점이다. 만약 사장이 진정한 리더의 능력을 갖추지 못한다면 회사 시스템은 제대로 구축될 수 없고, 1인 기업의 한계를 뛰어넘기도 힘들다.

회사는 리더가 어떤 역량과 영향력을 갖추었는지에 맞춰 성장하기 마련이다. 따라서 리더의 역할을 올바로 설정하지 않으면, 회사의 성장이 정체되는 것은 자연스러운 일이다. 회사가 커나가지 못하는 이유를 직원 탓으로 돌리는 사장들이 많지만, 정작 자신의 잘못을 직원들에게 덮어씌우는 것이나 마찬가지다.

리더의 종류 1.

회사를 파멸로 이끈 들로리안

제너럴모터스 자동차 회사의 수석 엔지니어였던 존 들로리안[John Delorean]은 1970년대 후반 회사를 나와 명품 스포츠카 생산을 목표로 자신의 이름을 사용해 들로리안 자동차 회사를 설립했다. 그는 전문 지식을 살려 획기적인 디자인의 자동차를 만들었고 성공 가도를 달렸다. 화려한 스타일을 자랑하며 유명인 및 모델과 함께 찍은 사진이 각종 잡지의 표지에 실리기도 했다.

하지만 초창기 회사의 성공은 오래가지 못했다. 그는 자신의 실력을 자만하고 무분별한 지출로 회사를 재정 파탄에 이르게 했다. 유능한 회사 참모들의 반대에도 불구하고 북아일랜드에 최첨단 공장을 짓겠다고 고집했고 결국 파업 등의 문제로 골머리를 앓았다. 또 본업이 아닌 맨해튼 부동산 시장과 고급 시계를 생산하는 회사에 돈을 쏟아부었다. 결국 1982년 들로리안 자동차 회사는 빚더미에 올라 파산하고 말았다. 경영자의 오만이 성공적인 창업의 길을 걷던 회사를 구렁텅이에 빠트리고 말았다.

리더의 종류 2.
회사를 크게 성장시킨 켈러허

반대로, 사장이 겸손한 자세로 작은 회사를 대기업으로 성장시킨 사례도 있다. 바로 사우스웨스트항공의 공동 창립자이자 전 CEO인 허브 켈러허^{Herb Kelleher}이다. 켈러허는 1967년 사우스웨스트를 공동 설립했을 때 텍사스에서 단 3대의 비행기를 운영하는 소규모 지역 항공사였다. 하지만 켈러허는 항공업계에 혁명을 일으킬 저가 항공사를 만들겠다는 야심 찬 비전을 품었다. 회사의 규모가 작고 자본이 제한적이었지만 켈러허는 겸손하고 현실적인 리더십 스타일로 유명했다. 비행기에 수하물을 싣거나 기내 청소를 하는 등 직원들과 함께 일하는 그의 모습을 자주 볼 수 있었다. 또한 직원들에게 이익 공유 기회와 기타 인센티브를 제공하여 직원들이 회사의 성공에 투자하고 있다고 느끼도록 하는 등 직원들을 잘 대우하는 것으로도 정평이 나 있었다.

켈러허의 리더십 아래 사우스웨스트항공은 빠르게 성장하여 미국 내 다른 지역으로 서비스를 확장하고 저렴한 요금, 친절한 서비스, 독특한 조직 문화로 유명해졌다. 오늘날 사우스웨스트항공은 시가총액이 250억 달러가 넘는 세계 최대 항공사 중 하나가 되었다.

켈러허는 이러한 성공에도 불구하고 경력 내내 겸손한 리더십 스타일을 잃지 않았다. 그는 종종 CEO로서 자신의 주된 역할은 직원과 고객에게 봉사하는 것이라고 말했으며, 회사 내 모든 계층의 피드백에 기꺼이 귀를 기울이고 소통하는 것으로 유명했다.

1인 기업, 소규모 자영업을 벗어나 더 큰 기업으로 가기 위해서 우리는 몇 가지 오해와 착각에서 벗어나야만 한다. 가장 첫 번째로 사업을 더 키우기 위해서는 자신의 능력에 대한 맹신을 버려야 한다는 점이다. 그 이유는 사업 초창기 사장이 가졌던 핵심 능력이 회사를 큰 기업으로 키우는 데에는 방해 요소가 되기 때문이다. 회사가 점점 더 커나갈 때는 사장 1인의 하이퍼포먼스^{High-performance}가 아닌, 다수 유능한 직원들의 조직된 협력이 더 중요하다.

직원의 지혜를 모으고, 그들의 판단을 우선적으로 고려해야 한다. 그러기 위해서는 직원을 회사의 완전한 구성원으로 만들어야 한다. 그러지 못한 상태에서 사장이 계속해서 과거 자신의 능력, 사업 스타일만 앞세우면 회사는 성장 과정을 밟을 수가 없다. 직원 10명의 회사가 100명으로, 매출 10억 원이 100억 원으로, 현재의 규모에서 10배로 바꾸고 싶다면 반드시 그 이전까지 회사를 발전시켜왔던 핵심 역량인 '오너의 능력'을 배제해야만 한다.

회사가 점점 성장하면 오너의 영향력보다는 직원들의 역량이 차지하는 비중이 더욱 커지게 마련이다. 따라서 그때부터는 더 이상 오너의 생각과 판단, 손길이 미치지 못하는 영역이 생기게 마련이고 바로 이런 부분을 직원들이 맡아야 한다. 그런데 만약 오너가 계속해서 모든 것을 관할하려는 욕심으로 사사건건 직접 처리하려 들면 오히려 직원들의 역량은 퇴보하고 이는 결과적으로 업무 효율성이 극도로 줄어드는 결과로 이어진다. '사업 초기에는 오너의 역량이 중요하지만, 시간이 흐를수록 조직원들의 역량이 필수적이고 더 중요하다'는 사실을 무시하면 경영 그 자체에 문제가 발생한다.

가장 대표적인 사례가 바로 앞에서 본 들로리안 자동차 회사의 사례다. 그는 초기에는 자신의 출중한 엔지니어 능력으로 회사의 초기 성공을 이끌었지만 결국 자신의 능력에만 의존했기 때문에 파산에 이르렀다. 다른 기업의 경영자들 사이에서도 이러한 사례를 쉽게 찾을 수 있다. 한때 GE의 잭 월치 회장은 '경영의 천재'라고 불리며 엄청난 카리스마를 자랑했다. 그의 실용적이고 가차 없고, 승부욕이 강한 스타일은 GE의 성공 드라이브를 이끌었지만, 결국 그가 가진 이러한 면모 때문에 퇴임 후 온갖 추문에 휩싸이고 말았다. 만약 그가 자신의 능력만 앞세우지 않고 직원들의 지혜를 경청했더라면 계속해서 존경받는 기업인으로 남을 수도 있었을 것이다.

사업 초창기에는 사장의 능력이 중요하지만 직원이 늘어나고 회사의 시스템을 갖추려고 할 때는, 사장이 재빨리 과거의 자신과 결별하고 변신을 꾀해야 한다. '사장의 오만이 회사를 망친다'는 말이 주는 진짜 교훈은 '그러니 애초에 자신의 능력을 믿지 말라'가 아니라 '자신의 능력으로 흥했더라도 회사를 더 키우기 위해서는 오만을 버려라'로 요약할 수 있다.

리더십보다 더 중요한 파워십

✎ Note 1
확장기에는 과거 '사장의 스타일'을 완전히 버려라

사장 혼자서 하는 사업은 '구멍가게'를 벗어날 수 없다. 결국 여러 인재들의 능력을 모아 회사를 한 차원 업그레이드해야 하며, 그럴 때 기존에 사장이 가지고 있던 스타일이 방해가 될 수 있다. 직원이 늘어날수록 사장의 스타일을 줄여야만 진짜 회사가 될 수 있다.

✎ Note 2
사장의 영향력보다 직원의 역량 강화에 힘써라

1인 기업에서 벗어나 더 큰 규모로 성장하기 위해서는 직원들의 역량을 어떻게 강화할 것인지 연구해야 한다. 자신이 모든 것을 책임지고 다 해결하려던 습성을 버리고 직원 개개인에게 권한과 책임을 부여해 믿고 맡길 수 있어야 한다.

02

직원이니까 무조건 따라야 한다?
권력의 명분

사장에서 진정한 리더로 가는 과정에서 흔하게 발생하는 첫 번째 착각이 사장 자신의 능력에 대한 맹신이라고 했다. 두 번째 오해와 착각은 바로 '내가 사장이니까 직원들은 당연히 내 말을 따라야 한다'는 생각이다. 사실 이것도 얼핏 생각하면 크게 틀린 말이 아닐 수도 있다. 일자리를 주고 월급을 주니까 직원은 사장의 말을 따라야 한다. 그러나 시스템을 갖추려는 우리의 목표에 비춰본다면 직원은 '사장의 말을 따르는 사람'이 아니라 '사장을 좋아하고 적극적으로 지지하는 사람'이 되어야 한다.

이는 마치 정치의 원리와 동일하다. 자신이 좋아하는 정치적 리더가 있다면 지지자는 그를 적극 변호하고 도움을 주고 후원금도 낸다. 그리고 주변 사람에게 그 리더가 얼마나 훌륭한지 알리는 데 주저하지 않는다. 따라서 회사의 사장이 진짜 리더가 되고 싶다면 '직원들은 내 말을 들어야 해'라는 낡은 사고가 아니라 '어떻게 해야 직원들의 마음을 사로잡고 지지를 얻을 수 있을까'를 고민해야 한다.

수많은 역사의 사례에서도 왕이 민심을 잃었을 때는 반란이 일어나고 그 사회의 시스템이 근본적으로 흔들렸다. 회사에서도 리더가 자신의 지지자가 되어야 할 직원들의 마음을 얻지 못하면 시스템이 무너진다. 앞에서는 말을 듣는 척하면서도 뒤에서는 다른 꿍꿍이를 가지고 있고, 시킨 일도 명분을 만들어 게으름을 피운다.

적극적으로 임하면 손쉽게 해결될 수 있는 고객 응대도 짜증 섞인 반응을 보여 오히려 고객을 떠나가게 만든다.

따라서 사장이 리더로 도약하기 위해서는 '안정적인 권력 기반'을 갖추어야 한다. 그러려면 무엇이 필요할까? 무엇보다 직원과 사장 사이에 신뢰가 형성되어야만 한다. '신뢰가 없는 지지'라는 것은 성립할 수 없기 때문이다. 그렇다면 어떻게 직원의 신뢰를 얻어 그들을 나의 지지자로 만들 것인가가 중요한 문제다. 제가십본에서 리더라는 존재는 외부에서 볼 때는 '강한 가장'이지만, 회사 내에서는 '따뜻한 아빠'가 되는 것을 추구한다. 이를 통해 궁극적으로 직원과 사장은 신뢰의 관계를 형성할 수 있다.

미국 스탠퍼드대학교 사회학과 캐런 쿡Karen Cook 교수는 신뢰를 형성하는 방법 중에서 중요한 2가지를 언급한다.

맡겨진 일을 성취할 수 있는 능력	타인을 보호하고 보살피는 능력

이 2가지는 제가십본에서 신뢰를 구축하는 방법과 정확히 일치한다. 리더는 회사의 목표를 하나씩 성취해가는 능력을 증명하는 '강한 가장'임과 동시에 더 나아가 직원들을 보호하고 보살피는 '따뜻

한 아빠'의 모습을 갖춰야 한다. 리더가 바로 이런 일을 해냈을 때,
직원들은 '강력한 지지연합'으로 바뀔 수 있다.

마지막으로 사장이 벗어나야 할 착각은 바로 리더가 가지는 권력,
혹은 권위라는 것이 실제 확고하게 존재한다고 생각하는 것이다.
우리는 권력을 '있는 것'이 아니라 '있다고 여겨지는 것'이라고 봐야
한다. 물론 국가 차원에서 권력자는 권력의 실체를 소유하고 있다.
예를 들어 군대를 움직일 수 있다거나, 혹은 외교에서 나라를 대표
하는 일 등이다. 하지만 대다수의 권력이란 대체로 '관계성'에 방점
이 찍혀 있다고 봐도 무방하다. 하버드대학교 비즈니스 스쿨 줄리
바틸라나^{Julie Battilana} 교수와 토론토대학교 경영대학원 티지아나 카시
아로^{Tiziana Casciaro} 교수가 쓴 《권력의 원리》에는 이런 내용이 나온다.

> 과거 미국 존슨 대통령은 베트남의 독립운동가이자 정치인인
> 호찌민을 상대로 협상을 하려고 했지만, 결국 실패하고 말았
> 다. 미국의 대통령이라면 막강한 권력을 가지고 있을 텐데 그
> 는 왜 협상에 실패했을까? 그것은 바로 존슨 대통령이 '호찌민
> 이 원하는 것'을 가지고 있지 못했기 때문이다. 그는 호찌민이
> 간절히 원하는, 공산주의 이념으로 통일된 베트남을 줄 생각
> 도 힘도 없었다. 따라서 존슨은 호찌민을 상대로 '권력'을 행사
> 할 수 없었다.

이러한 사실을 보면 권력은 객관적 실체가 있는 것이 아니라 '상대방이 원하는 것을 내가 가지고 있느냐'의 문제, 즉 '관계성'에 달려 있다고 할 수 있다. 그래서 "나는 사장이니까 직원들은 내 말을 들어야 한다"거나 혹은 "나는 직원보다 우위에 있으며 직원은 나를 따라야 해"라는 말이 얼마나 공허한지 알 수 있다. 객관적 위치가 '사장'이라고 한들, 정작 직원들이 원하는 것을 주지 못할 때 그 타이틀은 아무런 의미가 없기 때문이다.

결과적으로 사장이 리더로 진화하기 위해서는 과거에 자랑했던 자신의 능력을 뒤로하고, 신뢰를 통해 직원이라는 지지자를 규합해야 한다. 또 그들이 원하는 것을 줄 수 있는 사람으로 거듭나야 한다. 그리고 이런 노력이야말로, 전 직원을 하나로 만들 수 있는 진정한 '권력'을 부여해줄 것이다.

하버드대학교 바틸라나 교수(사진)와 토론토대학교 티지아나 카시아 교수가 쓴 책.
'권력은 관계성에 달려 있다'고 설파하고 있다.

✎ Note 1
권력의 원리를 깨달아라

권력은 누군가의 전유물이라고 흔히 착각하지만 그렇지 않다. 권력은 관계성에서 나오고, 상대가 원하는 것을 내가 가지고 있을 때 유효하다. 직원이 원하는 것을 주지 못한다면 사장의 타이틀을 가지고 있다고 한들 힘을 발휘하지 못한다.

✎ Note 2
직원으로부터 지지를 받아라

사장은 직원에게 월급 주는 사람도, 직원을 관리하는 사람도 아니다. 사장이 직원으로부터 신뢰에 기반한 지지를 얻을 때, 그 회사는 자율적으로 돌아간다. '정말 나는 직원으로부터 지지를 받고 있는가?'를 되돌아보라. 이 지지에는 응원, 동참하고 싶은 열망, 힘들면 나서서 도와주고 싶은 마음 등이 포함된다.

03

'권력자'로서 사장이 지녀야 할 것
사장의 능력

1인 기업이나 자영업을 하는 사람에게 '사장' 혹은 '대표'라는 호칭은 그다지 특별한 의미가 아닐 수도 있다. 사업자등록증이 있으니 당연히 그렇게 불릴 수 있고, 명함에도 으레 '사장' 혹은 '대표'라고 찍혀 있다. 그런데 이들에게 "사장이 갖춰야 할 구체적인 능력은 무엇인가?"라고 물었을 때 제대로 대답하는 사람을 찾기가 쉽지 않다. 단편적으로만 말하거나 혹은 "회사가 잘되게 하는 사람이 사장이지"라는 추상적인 답변이 대부분이다. 문제는 사장의 능력과 역할이 '회사 경영에서 매우 중요한 요소'라는 것이다. 이제 자신의 직원에게 진짜 "사장님"이라고 불리기 위해서는 '사장의 일'이 무엇인지 제대로 알아야 한다.

사장은 무엇을 해야 하는가?

'사장은 무엇을 하는 사람인가'라는 질문에 대한 답변은 다양한 차원에서 가능하다. 때로는 '현명한 관리자'로 바라볼 수도 있고, '솔선수범의 책임자' 혹은 '미래 방향을 제시하는 전략가'라고 볼 수도 있다. 그 어떤 접근이든 사장의 중요한 역할을 반영하고 있다. 그런데 제가십본에서처럼 '권력자'로 정의해보면 사장이 해야 할 또 다른 일들이 부각된다. 이를 통해 회사를 키워나가는 측면에서 이제까지와는 다른 통찰을 얻을 수 있다. 우선 사장이 지녀야 할 6가지 능력을 전체적으로 살펴본 후 머리에 담아두자.

- **명분, 정통성, 비전** | 나로부터 비롯된 현재, 나를 통해 그려지는 미래, 오너로서 정당한 자격이자 방패.
- **방향성 제시에 필요한 근거와 능력** | 선견지명, 신념, 열의, 의사결정력, 판단력, 사고력, 연설 능력, 큰 그림.
- **사내 지지층 결집** | 공감, 흡인력, 존중, 포용력, 경청, 코칭력, 오픈마인드, 인재 육성 능력, 헌신
- **알파로서의 자질 입증** | 자기관리 능력, 순발력, 회복력, 그릇
- **직원들의 미래에 긍정적인 가치 제공** | 정체성, 소속감, 동질감, 울타리, 기회, 기대감, 분배, 터전
- **벌칙에 관한 권한, 위계 확립** | 박탈, 처벌, 강등, 감봉, 파문, 징계위원회

위의 내용을 하나씩 살펴보자.

명분, 정통성, 비전 | 나로부터 비롯된 현재, 나를 통해 그려지는 미래, 오너로서 정당한 자격이자 방패
권력자는 스스로 창업의 명분을 가지고 있어야 한다. 거기서 정통성이 나온다. 동시에 회사의 비전을 제시할 수 있어야 한다. 여기서 말하는 명분이란, 사장이 될 자격이 있는가, 그리고 미래를 이끌어

갈 능력이 내재해 있는가에 대한 증명이기도 하다. 물론 이 부분부터 매우 의아해할 수 있다. 그저 창업하고, 회사를 여기까지 이끌고 왔으니 그 자체로 자격과 명분이 있지 않냐고 항변할 수 있다. 또한 사장은 '회사의 주인'이기 때문에 굳이 이런 걸 따질 필요가 있냐고 반문할 수도 있다. 하지만 사장을 '권력자'의 관점에서 본다면 이는 반드시 필요하다.

세상의 모든 권력자는 '명분'이 있어야 그 자리에 오를 수 있다. 예를 들어 과거에는 장자가 왕이 될 자격이 있다든지, 혹은 큰 전쟁에서 나라를 구한 자가 왕위에 오를 수 있는 명분이 생긴다. 그리고 여기에는 마치 탄생설화처럼 여러 가지 스토리가 엮여 있다. 특별한 사건이 생기고 소명의식이 생겨 도전을 하지만, 시련을 겪고 깨달음을 얻으면서 점차 위대한 인물로 거듭난다는 식이다.

기업인에게도 이런 스토리가 존재한다. 오늘날 삼성그룹을 일으킨 이병철 회장은 과거 몸이 좋지 않아 공부를 그만두고 아버지가 주는 돈으로 살면서 도박에 빠지기도 했다. 그렇게 네 아이의 아빠로 살다가 어느 날 문득 달빛에 비친 아이들 자는 모습을 보는 순간 '악몽'에서 깨어나듯 각성한 뒤 사업을 시작하게 됐다고 전해진다.

꾸며내거나 과장된 이야기일 수도 있겠지만 한 영웅이 탄생하는 과정에는 으레 '고통-시련-깨달음-도전'과 같은 스토리가 이어진다. 이것이 사업의 명분이 되어준다. 도박에 빠졌던 보잘것없는 과거와 그것을 이겨나가는 각성의 원대한 이야기에서 사업에 대한 결기를 느낄 수 있고, 직원은 특별한 대항해의 한 일원이 된 것에 자부심을 느끼게 된다. 특히 이러한 스토리는 궁극적으로 미래에 대한 비전 제시를 동시에 내포하고 있다. 과거의 고통이 만들어내는 찬란한 비전이라면, 평범한 사람들에게 자발적으로 동참하려는 충분한 의지를 만들어낼 수 있기 때문이다.

결과적으로 사장에게 이런 것들이 필요한 것은 '권력'에 대한 인정, 그리고 기꺼이 동참하고, 함께 위기를 겪어도 앞으로 나갈 수 있게 하는 정신적 지렛대 역할을 한다. 그런 점에서 사장들은 자신의 직원에게 들려줄 이러한 자기만의 인생 스토리, 그리고 사업적 명분을 만들고 이를 통해 직원을 심정적으로 하나로 만드는 일을 해야 할 필요성이 있다.

방향성 제시에 필요한 근거와 능력 | 선견지명, 신념, 열의, 의사 결정력, 판단력, 사고력, 연설 능력, 큰 그림
앞을 내다보고 과감하게 결단하며 나아가는 것은 성공하는 경영자의 필수 능력이다. 일본 소프트뱅크의 손정의 회장은 그런 능력을 보여주기에 가장 걸맞은 인물이기도 하다. 그는 늘 '한발 앞서

는 투자'로 사업을 성장시켜왔다. 그는 20여 년 전 처음 중국 베이징에서 알리바바 그룹의 마윈 회장을 만났다. 그 자리에서 단 몇 분 만에 2,000만 달러의 투자를 결정했고, 이후 알리바바가 나스닥에 상장할 때 투자금의 3,000배에 달하는 수익을 거뒀다. 선견지명, 신념, 의사결정력, 판단력, 사고력이 없으면 도저히 일어날 수 없는 일이다.

손 회장은 '정정략칠투頂情略七鬪'라는 경영철학을 가지고 있다. 이는 신사업 진출 원칙인데, '모든 사안을 가장 높은 곳에 올라 멀리 보고 세부적인 것까지 꼼꼼하게 점검한 뒤 승률이 70%를 넘을 때 싸움에 임한다'는 것이다. 사장이 이러한 큰 그림을 제시하고 설득에 나서야만 비로소 직원들은 미래에 대한 희망을 가지고 기꺼이 사장이 가려는 길에 동참할 수 있다.

사내 지지층 결집 | 공감, 흡인력, 존중, 포용력, 경청, 코칭력, 오픈 마인드, 인재 육성 능력, 헌신

회사 내에서 사장과 직원의 관계는 단순히 경제적인 부분에만 머무르지 않는다. 돈의 가치를 뛰어넘는 신뢰를 바탕으로 서로를 존중하고 공감하며 포용할 수 있는 관계를 지향한다. 이런 관계 속에서 사장은 코칭력을 발휘할 수 있고, 꾸준히 회사에서 필요로 하는 인재를 육성할 수 있다. 직원 또한 사장과 함께 회사에 헌신하

고 싶은 마음이 생긴다. 이 모든 것이 '사내 지지층의 결집'을 향한 과정이라고 요약할 수 있다. 이를 위해 밑바탕이 되는 것이 바로 신뢰다.

세계 최대의 리더십 전문가로 꼽히는 켄 블랜차드^{Ken Blanchard}는 "구성원 간의 신뢰가 진정한 경쟁력이며, 이는 경쟁사가 절대로 훔쳐갈 수 없는 것이다", "전쟁에서 이기고 싶다면 직원들과 신뢰부터 쌓아라"라고 조언하기도 했다. 그리고 이렇게 지지층을 결집하면 그때부터 회사 내에서 생길 수 있는 수많은 의심, 분열, 그로 인한 각종 부작용이 줄어들고 하나의 단일대오가 형성되어 어떤 난관에 부닥쳐도 헤쳐나갈 수 있게 된다.

알파로서의 자질 입증 | 자기관리 능력, 순발력, 회복력, 그릇
'알파'란 그리스 문자의 첫 번째 글자로 모든 능력에서 1순위를 상징한다. 회사 역시 위계 구조를 가진다는 점에서 사장은 모든 직원을 이끌어가는 알파로서의 능력을 충분히 보여주어야 한다. 그럴 때 직원들은 안심하고 일에 집중할 수 있으며 사장을 존경한다. 여기서 '자기관리 능력과 회복력'이 필수적이다. 이것이 중요한 이유는 사장이 그 누구보다 스트레스를 많이 받기 때문이다. 사업과 스트레스는 떼려야 뗄 수 없는 관계다. 만성적인 스트레스를 달고 사는 사장이 많지만, 그때그때 멘탈 관리를 잘해야 멀리 오래갈 수 있다.

마이크로소프트에서 운영하는 '경영진 발전 그룹'에서 연구했던 더 글라스 메케나 박사는 "회사 일 가운데 가장 복잡하고 불확실한 것만이 CEO의 책상 위에 놓인다"라고 말한다. 사장에게 스트레스는 불가피한 일일 수밖에 없다. 그렇다고 스트레스에 시달리는 모습을 보여주었다가는 회사 발전에 부정적인 영향을 미칠 수밖에 없다. 또한 사장의 이런 모습은 자신의 '그릇'을 보여주는 일이라고 할 수 있다. 경영의 신이라 불리는 이나모리 가즈오 회장은 특히 이 그릇을 중요하게 생각한다. 그는 "회사는 경영자의 그릇만큼 성장한다. 경영자의 그릇은 작은데 회사만 성장하는 경우는 절대로 없다"고까지 말한다. 따라서 회사를 키우려고 하는 사장이라면, '좋은 직원을 뽑아야 한다'는 생각 이전에 '좋은 사장이 되어야 한다'고 결심해야 한다.

직원들의 미래에 긍정적인 가치 제공 | 정체성, 소속감, 동질감, 울타리, 기회, 기대감, 분배, 터전
경영자가 직원들에게 주어야 할 것은 좋은 회사 건물이나 일하기 편한 환경이 전부가 아니다. 그보다 더 중요한 것은 바로 직원이라는 '사람'이 긍정적인 가치를 가질 수 있도록 돕는 것이다.

일본의 '후지겐'은 세계 1위의 기타 제조 회사이다. 1960년대 외양간을 고쳐서 기타 회사를 만든 이후, 지금까지 후지겐은 전 세계

기타 시장에서 30%의 점유율을 보이며 명성을 떨치고 있다. 이 회사는 오일쇼크로 인해 큰 위기에 봉착한 적이 있다. 하지만 당시 사장인 요코우치는 오히려 직원의 월급을 올리고 생산 시스템에도 과감히 투자했다. 그 이유에 대해 그는 "(경영자가 해야 할 핵심적인 일은) 바로 사람을 만드는 것입니다. 이 공장은 사람을 만드는 공장입니다. 훌륭한 사람을 만들면, 그들이 훌륭한 기타를 만듭니다"라고 말했다. 이는 사장이 직원들에게 긍정적인 가치를 제공하면 회사가 어떻게 변할 수 있는지를 보여주는 단적인 사례다. 사장이 직원에게 정체성, 소속감, 동질감, 기대감을 주고 올바르게 분배하고 삶의 터전을 만들어준다면, 직원 역시 그에 걸맞게 회사를 최고의 수준으로 만들어줄 수 있다. 우선 '사람'에게 희망을 불어넣고 긍정적인 가치를 제공하는 것이 사장이 할 수 있는 최고의 일 중에 하나다.

이 긍정적인 가치 안에는 분배의 문제도 당연히 포함될 수밖에 없다. 역사상 가장 큰 제국을 건설했던 칭기즈 칸은 드넓은 영토 곳곳에 관리가 이동할 때 마굿간과 잠자리를 제공하던 '역참驛站'을 만들었다. 25~40마일마다 세워진 역참에는 몽골의 전통 천막집인 '게르'가 있었고, 병사들이 충분히 쉬어갈 수 있도록 했다. 점차 이곳은 각종 물류와 정보의 중심지가 되었다. 그런데 이 역참은 단순히 군사적인 이유 때문에만 설치된 것은 아니었다. 칭기즈 칸은 전리품을 공정하게 배분하고 보상하는 것으로 유명했다. 그 보상을 받은 군사들이 고향에 있는 아내와 자녀에게 돈과 물건을 보낼 때도 역참은 중요한 역할을 했다. 그러니 군사들 마음속에는 하나의 확신이 생겼다.

> '설사 내가 싸우다 죽어도 분명 보상이 있을 것이고 그것은 역참을 통해 내 가족에게 전달된다. 이제 나는 죽음을 두려워할 필요가 없다!'

역참은 병사들의 충성과 열정을 고스란히 끌어내는 물리적인 시스템이었다. 그런 점에서 사장이 분배의 문제를 얼마나 정확히, 그리고 안정적으로 할 수 있느냐는 자신을 증명하는 매우 중요한 문제이다.

벌칙에 관한 권한, 위계 확립 | 박탈, 처벌, 강등, 감봉, 파문, 징계위원회

사장은 때로 직원을 징계해야 할 일이 생기기도 한다. 그러나 정작 중요한 것은 징계 그 자체가 아니라 사장으로서 권한을 확보하는 일이며 이를 통해 위계를 확립하는 것이다. 사장은 충분히 권한의 박탈과 처벌, 강등, 감봉, 파문할 수 있는 힘을 가지고 있음을 보여주어야 한다. 비록 사용하지는 않더라도 마치 '아우라'처럼 존재해야 회사의 중심이 흔들리지 않는다.

제대로 된 리더이자 권력자로서 사장 역할을 해내기 위해서는 생각보다 많은 역량이 필요하다. 그렇다고 고난도의 수학 문제처럼 어렵지는 않다. 앞에서 언급했던 6가지 덕목을 자신에게 적용시키고 그 능력을 어떻게 좀 더 발전시킬 수 있는지를 늘 생각하자. 부족한 부분을 개발해 자신만의 노하우가 될 때 전방위적으로 사장의 일을 수행할 수 있을 것이다. 그리고 이렇게 할 수 있을 때 군림하지 않되 추대되고, 직원들을 다스리지 않되, 맡은 바 소임을 다하게 하는 '진짜 사장'이 될 수 있다.

⊕⊗제가십본 핵심 노트⊗⊕

✎ Note 1
방향성을 제시하는 권력자의 정체성을 세워라

권력이 있어야만 무리를 이끌 수 있다. 국가의 권력이 부실해지고 무시받으면 제대로 된 나라가 될 수 없다. 회사도 똑같다. 사장은 좋은 의미에서 권력자가 되어야 한다. 명분을 가지고 방향성을 제시하고 자신의 자질을 입증하면서 직원이라는 지지자를 결집시켜야 한다. 그래야 회사의 위계가 서고, 올곧게 전진해나갈 수 있다.

✎ Note 2
올바른 보상으로 자발적 복종을 이끄는 권력을 구축하라

직원들이 권력자인 사장에게 복종하기 위해서는 그만큼의 대가와 보상이 따라야 한다. 단순히 월급만 의미하는 것은 아니다. 인간적인 존경, 정확한 분배, 문제를 해결할 수 있는 능력을 갖추고 있을 때, 비로소 직원은 사장에게 복종할 수 있다.

✎ Note 3
6가지 덕목을 갖추기 위해 힘써라

사장은 조직의 전반적인 운영과 관리를 책임지는 사람으로서 다양한 능력을 갖추었을 때 조직의 성장과 발전을 기대할 수 있다. 6가지 덕목을 늘 머릿속에 새겨 부족한 부분이 무엇이며 어떻게 갈고닦을 수 있을지 고민하라

04

입은 다물고 귀는 열어라
리더의 소통법

현대 사회에서 침묵은 그다지 중요한 미덕이라고 여겨지지 않는다. 특히 의사소통의 중요성이 강조되면서 자신의 의견을 가감 없이 드러내는 일이 무엇보다 중요하다는 인식이 확산됐다. 경영 현장에서는 더욱 그렇다. 수많은 돌발 변수가 존재하고, 보이지 않는 리스크까지 내재한 상황에서 침묵이란 곧 경영의 장애물이며 악재가 되기도 한다. 하지만 문제는 소통의 질이다. 올바르지 않은 방법은 오히려 구성원 간의 원활한 의사 교환을 막고 경영을 악화시킬 수 있다. 그리고 더 큰 문제는 바로 사장이 이러한 소통을 주도한다는 점이다. 사장은 보통 문제가 생겼을 때 빠르게 해결하기 위해 대화 전반을 지배하면서 한두 사람의 이야기만 듣고 전체를 판단하는 오류를 범하기도 한다. 그리고 자신은 소통의 의무를 다했으며, 그 것으로 경영의 중요한 잣대를 마련했다고 믿어버린다. 그런 점에서 때로 사장은 침묵에 중점을 두는 소통법을 익힐 필요가 있다.

소통하지 않으면 일어나는 일

미국 MIT 경영대학원 교수 팀은 6년간 수백 명의 임원을 인터뷰한 뒤 '불완전한 리더Incomplete Leader'라는 개념을 내놓았다. 일단 '불완전하다'라고 하니까 왠지 이러한 리더는 사업을 할 자격이 부족하고, 불안하다는 이미지가 떠오를 수도 있다. 하지만 교수 팀은 이러한 불완전한 리더야말로 가장 뛰어난 경영자라고 말한다. 이러한 리더란 스스로 부족한 부분을 충분히 인지하고 있으며 타인과의 소통을 통해서 자신의 약점을 보완하는 사람을 말한다. 실제로 사람이 완벽할 수 없듯, 리더 역시 결코 완벽할 수 없다. 따라서 자신감과 자부심이 넘쳐 타인과 제대로 소통하지 않는 리더보다는 이러한 불완전한 리더가 더욱 안정적이고, 변수에 잘 대응할 수가 있다.

리더인 사장이 오해하는 부분도 바로 여기에 있다. 대체로 사장은 자신이 사업장을 완벽하게 장악해야 한다고 생각한다. 또한 회사나 직원의 오류를 용납해서는 안 된다고 믿는다. 이러한 사장일수록 완벽주의에 대한 추구가 강하고, 직원은 무조건 자신의 말을 따라야 한다고 믿는다. 여기서 문제가 발생한다.

사장은 마음이 다급해질수록 혼자 질문하고, 혼자 답변하며, 혼자 해결하고, 혼자 결정하고, 혼자 지시하는 악순환에 빠진다. 평소 직원들과 소통을 염두에 두고 있더라도 그저 형식에 지나지 않는다. '직원의 말을 충분히 들어야 한다'라고 생각하더라도 현실적으로는 건성으로 듣기 쉽고, 오히려 자신의 의견을 강요하는 측면이 강해진다. 이런 방식의 소통은 완고한 부모와 아이의 대화 방식과 비슷하다. 부모는 아이의 말을 충분히 듣겠다고 입으로는 말하지만, 정작 결론은 늘 부모가 원하는 방식을 강요하는 식이다. 이럴 때 아이는 속으로 '또 결론은 엄마가 원하는 대로군!'이라며 허탈해한다. 이런 식의 대화는 겉으로는 소통하는 것처럼 보이지만 실제로는 직원에게 심리적 압박만을 가하면서 사장의 독단을 발휘하는 것일 뿐이다.

특히 이런 사장일수록 '달변'일 때가 많다. 현재 상황, 직원의 마음, 직원의 행동을 낱낱이 분석해 제시하고, 그 대안까지 일방적으로 내놓는다. 이런 상태에서 직원이 이를 '소통'이라고 받아들이기는 힘들다. 또한 사장이 자신의 권위를 앞세우거나 사소한 행동과 태도에서 '나 사장이야!'라는 모습을 보일 때마다 직원은 더욱 대화하기를 꺼린다. 더욱 큰 문제는 직원은 자신의 말이 부정적인 피드백을 받을까 봐 걱정하고, 결과적으로 아무 말을 하지 않으면 최소한 책임질 일도 없다는 함정에 빠진다. 이렇게 되면 회사 전체에 무사안일 분위기가 팽배해지고 새로운 변화나 혁신은 강 건너 불구경이 될 수밖에 없다.

말하는 대신 들어라

이러한 문제점을 해결하는 것이 바로 '침묵'이다. 여기에서 침묵이란 사장이 직원의 질문과 제안에 묵묵부답으로 일관하라는 의미가 아니다. 직원들이 소신껏 입을 열 수 있는 소통의 공간, 대화의 빈틈을 만들어주라는 뜻이다. 사장이 달변이더라도 침묵하면서 경청하려는 태도를 보이면 직원은 열린 자세로 자신의 목소리를 낼 수 있다. 사장이 최대한 귀는 열고, 입은 닫고 있을 때 비로소 사장과 직원 간의 침묵을 통한 진짜 소통이 가능해진다.

미국의 연설가 데일 카네기가 옷을 하나 샀는데 바랜 듯 옷의 색상이 이상했다. 그는 환불받기 위해 옷을 들고 가게를 찾았다. 판매원에게 옷의 문제를 말하자 "저는 이런 옷을 수천 개 팔았지만 당신처럼 까다로운 고객은 선생님이 처음입니다. 저희는 환불해드릴 수가 없습니다. 마음에 들지 않으면 다른 옷으로 바꾸세요"라고 말했다. 카네기는 판매원의 태도에 화가 났고 격렬히 논쟁을 벌였다. 이때 사장이 다가와 카네기와 상의하며 이 문제를 해결했다. 사장은 어떻게 카네기를 만족시킨 걸까? 사실 그는 어떤 말도 하지 않고 그저 조용히 카네기가 까다롭게 옷의 품질 문제에 대해 말하는 것을 듣고 있었을 뿐이다. 카네기가 다 말할 때까지 기다렸다가 사장은 그제야 입을 열었다. 옷이 왜 바랬는지 모르겠으나 그 사실을 인정하면서 카네기에게 물었다. "제가 이 옷을 어떻게 처리하길 원하시나요? 어떤 요구를 하시든 다 받아들이겠습니다."
이 말을 듣자 카네기는 곧장 화를 가라앉혔고 이 옷을 환불받으려던 마음도 접었다.

비단 고객과의 소통뿐만 아니라 직원과의 소통에서 침묵은 이렇게 중요한 역할을 한다. 침묵하며 상대방의 말에 귀를 기울일수록 문제 해결은 더욱 수월해진다.

사장의 이러한 소통 방법을 실제 회의 진행 과정에서 적용하기 위해서는 '튜닝Tuning'이라는 개념을 염두에 두면 도움이 된다. 튜닝이란 없는 것을 새로 만드는 것이 아니라 주어진 상태에서 기능을 최적화하는 일이다. 한마디로 사장은 조율하는 역할만 잘해도 회의를 원활하게 이끌면서 직원과 제대로 소통할 수 있다.

우선 제기된 의제를 직원과 공유하고 충분히 생각할 시간을 주어 준비하게 하는 것이 첫 번째 단계다. 그다음으로는 별도의 회의 진행자를 선임한다. 대체로 작은 회사에서는 사장이 회의 진행자를 겸할 때가 많다. 하지만 그렇게 했다가는 초반부터 소통의 문이 닫힐 수 있다. 사장도 회의의 참여자가 되어야 한다. 만약 직원이 한 명밖에 없다면 그 직원을 회의 진행자로 선임하면 된다. 만약 직원이 "사장님이 하셔야 하는 것 아닌가요?"라고 반문할 수도 있지만, 결국 일이란 직원이 하고, 현장에서 문제가 생겨도 직원의 판단을 따를 수밖에 없기 때문에 직원이 회의를 진행하는 것이 바람직하다.

의제와 관련해 해결책을 도출하는 과정 역시 사장이 끼어들기보다는 직원들 스스로 풀어가도록 하는 것이 적합하다. 사장은 대체로 침묵하면서 직원들이 잘못 알고 있는 부분을 바로잡고 전체 방향만 잡아주는 역할이면 충분하다. 그리고 목표와 계획 역시 직원들이 잡게 하고 사장은 전체 과정을 지켜보면서 성과를 인정하고 보상하는 역할을 한다. 이 모든 과정에서 사장은 '조율하는 사람', '튜닝하는 사람'으로서 기능한다.

경영환경이 어려울수록, 미래가 불투명할수록 사장의 마음은 다급하고 초조해진다. 그럴 때일수록 침묵하는 태도를 중심에 놓고 소통의 질을 확보하는 것이 오히려 더 빠르게 앞으로 달려가는 길이다.
조직 내에서 효과적인 소통을 유지하는 것은 중요하다. 사장이 소통할 때 고려해야 할 몇 가지 중요한 요소이다.

權

- **명확한 메시지 전달**
  사장은 자신의 의견과 목표를 명확하게 전달해야 한다.
  모호하거나 애매한 의사소통은 팀원들의 혼란과 오해를 불러일으킬 수
  있다.

- **듣기**
  사장은 팀원들의 의견과 걱정을 들어줘야 한다.
  이를 통해 팀원들이 자신들의 목소리를 내고,
  조직의 발전을 위해 아이디어를 공유하고 논의할 수 있다.

- **열린 의사소통**
  사장은 팀원들이 자유롭게 의견을 표현할 수 있도록 이끈다.

- **다양한 의사소통 방법 활용**
  사장은 이메일, 전화, 면담 등 다양한 의사소통 방법을 활용한다.

- **피드백 제공**
  사장은 팀원들에게 피드백을 제공한다.

- **예의**
  직원들과 소통할 때 예의를 갖춘다.
  직원들을 존중하고 친절하게 대하면서 대화를 진행한다.

權

Note 1
일단 직원의 이야기를 들어라

자신이 말을 잘한다고 생각하는 사장일수록 직원과의 소통은 어려울 수 있다. 스스로 정확하게 상황을 분석하고 대안을 알고 있다고 생각한다면 더욱 그렇다. 사장이 말을 많이 하면 직원은 부정적인 피드백을 받을까 두려울 수밖에 없다. 일단 말하고 싶은 것을 참고 직원의 이야기를 들어야 한다.

Note 2
직원과 직원, 일과 일 사이에서 조정자 역할을 하라

소통의 궁극적인 목적은 일이 잘 굴러가도록 하는 것이다. 설사 아무리 소통이 잘된다고 하더라도 회사 일에 진전이 없다면 아무런 소용이 없다. 직원들의 이야기를 듣고 조정자 역할을 하는 것만으로도 충분히 소통하고 있다고 볼 수 있다.

05

상징적 권력과 실질적 권력의 투 트랙 전략
권력의 분할

작은 회사의 사장일수록 '직원들의 자율성'이라는 말을 들으면 불안해한다. 자율이란 직원이 권리와 책임을 동시에 지니고서 일에 임하는 것이다. 하지만 사장은 '자율'이라는 말에서 오히려 '게으름이나 일탈'을 먼저 떠올린다. 특히 직원을 잘 믿지 못하거나, 혹은 과거에 직원으로 인해 트라우마를 겪은 사장일수록 더 민감하게 반응한다.

하지만 사장 역시 늘 직원들 옆을 지키면서 관리하고 지시할 수 없다는 사실을 잘 알고 있다. 그래서 흔히 생각해내는 대책 중 하나는, 평소에는 직원의 자율에 맡기지만 예고 없이 들이닥쳐서 일의 진행 상황을 점검하는 식이다. 이렇게 하면 직원은 사장이 없을 때도 일상적인 경계심을 느낄 수 있기 때문에 직원 관리에 효율적이라고 생각한다.

그러나 이 역시 정상적인 리더십이라고 볼 수 없다. 직원은 '사장이 언제 들이닥칠지 모르니 열심히 하자'라고 생각하기보다는 '언제 들이닥치더라도 문제가 없을 만큼 최소한만 해놓자'라는 또 다른 꼼수로 대응할 것이기 때문이다. 따라서 이때 필요한 것이 바로 '상징적 권력'과 '실질적 권력'이라는 투 트랙 전략이다.

리더십보다 더 중요한 파워십

고인이 된 그들이 아직도 회자되는 이유

애플의 스티브 잡스가 고인이 된 지도 이미 10년이 지났다. 하지만 여전히 스티브 잡스는 여러 잡지의 지면이나 뉴스와 방송의 화면에 계속해서 등장한다. 현재 애플이라는 기업이 세계 경제에서 차지하는 비중을 생각한다면 우리가 스티브 잡스의 정신과 가치에서 벗어날 수 없는 것이 이상한 일도 아니다. 삼성의 이건희 회장 역시 마찬가지다. 삼성 관련 뉴스가 나올 때마다 그의 이름은 여전히 자주 등장하고, 심지어 그가 생전에 했던 여러 주장은 아직도 강한 설득력을 보여준다.

이미 고인이 된 그들이 지금도 존재감을 발휘하는 것은 업적이 크고 위대해서만은 아니다. 그들은 세상 사람들의 존경심을 불러일으켰고, 남들이 생각하지 못한 새로운 차원의 가치를 제시했으며 또한 강한 카리스마를 남겼다. 그들은 여전히 '상징적 권력'을 가지고 있으며, 바로 이것이 오늘날에도 그들이 계속해서 거론되는 이유이기도 하다. 바로 여기에 사장들이 느끼는 직원의 자율성에 대한 불안을 해소할 수 있는 비밀이 담겨 있다.

만약 사장이 '상징적 권력'을 확보할 수 있다면, 회사를 움직이는 '실질적 권력'은 얼마든지 직원들에게 맡겨도 된다. 이것은 권력을 두 개의 차원으로 나누어서 다루는 것이며, 이렇게 투 트랙 전략으로 갈 때 회사는 더욱 효율적이고 기동성 있게 움직일 수 있고 더 탄탄한 관리체계를 갖출 수 있다.

이러한 상징적 권력과 실질적 권력에 관한 문제는 사실 현대 사회가 되어서 등장한 것은 아니다. 이미 수천 년 전부터 인류는 '창업^{創業}과 수성^{守城}'이라는 주제 아래 이 문제에 대해 깊이 고민해왔다.

왕과 신하의 대화를 정리한 《정관정요》라는 고전에서는 '창업과 수성 중 어떤 것이 더 어려운가?'를 주제로 나눈 이야기가 기록되어 있다. 한쪽은 "천하가 어지러우면 군웅이 다투어 일어난다. 적을 공파^{攻破}하여 항복을 받고 싸워 이겨야만 겨우 세상을 평정한다. 이런 연유로 창업하는 것이 어렵다"고 주장한다. 또 다른 한편에서는 "창업은 하늘이 주고 백성으로부터 받는 것. 그러나 일단 천하를 얻은 뒤에는 마음이 교만해지고 음란한 데로 달려가게 된다. 나라가 쇠락하고 피폐해지는 것은 언제나 이로부터 발생한다"고 말한다. 각자의 말만 들으면 정말로 무엇이 더 어려운지 헷갈릴 수가 있다.

이렇게 명확한 답을 내리기 힘든 문제를 해결하는 '솔로몬의 지혜'와 같은 방법이 있다. 만약 창업도 헤아리기 힘들 정도로 어렵고, 수성도 그에 못지않다면 최고의 방법은 바로 창업을 잘하는 사람은 창업을, 수성을 잘하는 사람은 수성을 맡아서 하면 될 일이다. 창업 군주가 수성까지 하기에는 역부족이니 권력을 투 트랙으로 나누면 각자의 장점으로 창업에 이어 수성까지 원만하게 해결할 수 있다.

회사가 성장할수록 사장의 영향력을 줄인다

창업자인 사장이 직원들을 뽑는다면 일단 '창업' 자체는 성공했다고 볼 수 있다. 그다음부터는 수성을 위해 실질적인 권력을 구성원들에게 넘겨주어야 한다. 그들이 효율성과 기동성을 기반으로 일을 진행하고, 스스로 자신과 동료의 목표를 체크하고 피드백할 수 있도록 해야 한다. 이러한 방법은 사장이 권력의 5가지 원천에서 가장 상위에 있는 2가지 권력을 획득하는 것을 의미하기도 한다. 보통 권력은 다음과 같이 나뉜다.

❶ 처벌이나 위협에 의한 강압적 권력(Coercive Power)

❷ 조직 내 지위를 활용한 합법적 권력(Legitimate Power)

❸ 돈과 승진 등의 보상을 통한 보상적 권력(Reward Power)

❹ 전문적인 기술이나 지식 혹은 정보를 통한 전문적 권력(Expert Power)

❺ 인간미, 존경심, 개인적 카리스마를 통한 준거 권력(Reference Power)

여기에서 ❶, ❷, ❸의 권력은 얼마든지 실무진에게 넘겨주어도 무방한 실질적 권력이다. 또한 시스템이 마련된다면 그 안에서 모든 것을 해결할 수 있다. ❹, ❺는 상징적 권력의 영역에 속한다. 만약 사장이 끊임없이 신기술, 신상품에 대한 아이디어를 내거나 전문적 기술을 제공하고 거기에 카리스마, 인간미, 존경심까지 더할 수 있다면, 심지어 현직에서 멀어졌다고 해도 권력을 지키는 것은 물론이고 공고하게 회사를 운영해나갈 수 있다.

창업 초기에는 사장의 영향력이 절대적일 수밖에 없다. 반면, 회사가 조금씩 성장할수록 사장의 영향력은 줄어들고 직원의 영향력이 커진다. 한 명의 사장이 10명의 직원을 고용해서 100이라는 결과물을 만들어낼 때 과연 사장의 실질적 역할은 얼마나 될까?

물건을 직접 만들고 포장하고 서비스를 제공하는 일은 결국 직원이 99%의 역할을 한다. 이런 상황에서 사장이 실질적 권한을 직원에게 넘겨주지 않으면 직원들은 영향력이 커짐에도 불구하고 역량이 성장하지 못하고 결국에는 효율성과 성과가 떨어질 수밖에 없다.

직원들이 자율성을 가진다고 방만해질까 봐 불안해하는 사장이 있다면, 그 자신이 권력에 대한 이해와 권력을 발휘하는 기술이 현저하게 낮다고 자인하는 꼴이다. 업무의 구체적 과정에 직접 관여하지 않으면서도 견제와 균형을 이뤄내고, 사장으로서 권위를 인정받을 수 있어야 한다. 이러한 힘을 갖출 수 있다면 그러한 불안은 현저하게 줄어들면서 회사의 발전을 극대화할 수 있는 새로운 차원의 조직 관리 방법을 구축할 수 있을 것이다.

權

🖉 Note 1
사장은 상징적 권력을, 실질적 권력은 직원에게 넘겨라

사장은 회사 내에서 분명한 권력자이다. 하지만 국가의 권력이 분산되어도 대통령의 권력이 흔들리지는 않는 것과 마찬가지로 직원들에게 맡겨야 할 권력은 최대한 나누어주고 사장은 꼭 필요한 전문적·준거적 권력만 가지고 있으면 된다.

🖉 Note 2
99%의 일은 직원들에게 맡겨라

회사가 점점 커지면 사장의 역할은 줄어들게 마련이다. 투자와 확장 등 미래 비전에 관한 일을 제외하면 사장이 할 수 있는 일은 점점 사라진다. 따라서 '내가 주인', '이 회사는 내 회사'라는 마인드는 줄여라. 이렇게 마음을 먹으면 직원에게 권력을 넘겨주는 일이 훨씬 수월해진다.

06

원 보스 투 리더 원칙
권력의 견제술

직원 중에서 사장의 신임을 얻어 권한을 많이 갖게 되면 자부심과 자만심이 지나쳐 자칫 특권의식에 빠질 수 있다. 특권의식에 빠지면 다른 사람들보다 자신이 우월하다고 생각하고, 자신들이 받는 대우가 다른 사람들보다 더 나아야 한다고 믿는다. 이러한 태도는 종종 자기중심적이고 이기적인 행동으로 이어지며, 다른 사람들을 배려하지 않고 자기 이익만을 좇게 만든다. 이런 사람이 조직 내에서 지나치게 영향력을 행사하거나 리더십 포지션을 독점하게 되면 내부 분위기를 분열시킬 수 있다. 또한 조직 내에서 다양한 의견과 아이디어가 제한되며, 창의성과 혁신을 억누를 수 있다. 또한, 다른 잠재적인 리더들의 성장과 발전을 저해한다.

규모가 크든 작든 조직에서 권력이 한곳에 집중되면 여러 부작용을 낳게 마련이다. 부당한 혜택을 누리려 하거나 권력을 남용할 수 있다. 권력의 집중을 해소하기 위해서 조직 내에 분산된 리더십이 필요하다.

권력의 견제술 1.

원 보 스 투 리 더

권력의 집중으로 인한 부작용과 문제를 예방하려면 이른바 '원 보스, 투 리더(한 명의 보스에 두 명의 리더)'라는 원칙이 바로 서야 한다. 이는 곧 보스 옆에 두 명의 리더를 두는 것을 말한다. 조선 시대에는 왕의 친위세력으로 승정원과 의정부가 서로 견제하는 관계 속에서 왕에게 충성을 바치는 구조였다. '왼팔과 오른팔'이라고 부를 수 있는 우의정과 좌의정이 왕을 보좌했다. 이렇게 양쪽에서 경쟁하면 어느 한쪽으로 치우치지 않는 투명성과 객관성을 확보할 수 있다. 또 사장은 강력한 캐스팅보트$^{Casting Vote}$ 권한으로 양 세력 간의 균형을 유지할 수 있다. 또한 둘 중 본분을 잃어버린 리더가 있다면 사장이 의도적으로 무시하여 이미지를 실추시키는 방법으로 견제할 수 있다. 그러면 당사자는 재빠르게 자신의 역할을 자각하고 초심을 되찾는다.

권력의 견제술 2.
거리감에 따라 세 그룹으로 분류

또 하나의 견제술로 수직적 구조에서는 친위세력, 근거리 세력, 원거리 세력을 둔다. 사장과 가장 가까운 거리에 있는 최근거리 친위세력은 언제든지 회사의 핵심 위치에서 제외될 수 있다는 점을 강조하며 철저히 관리한다. 가장 핵심 세력이 특권의식을 가지고 자리에 안주하려고 하면 조직에 치명적인 해악을 끼치기 때문이다. 근거리 세력은 핵심 지위로 상승할 수 있다는 가능성을 열어두고 지속적으로 성과를 높일 수 있도록 동기부여하고 지원을 아끼지 않는다. 가장 멀리 있는 원거리 세력과는 항상 소통 창구를 유지하며 그들의 목소리에 귀 기울이고 피드백을 제공한다. 이렇게 세 그룹으로 나누어 관리하면 권력의 집중을 막을 수 있다.

권력의 견제술 3.

역할을 나눠 균형 유지

수평적 구조에서도 다양한 방법으로 관리할 수 있다. 먼저, 각 세력 간의 견제 기능을 활용하여 업무의 오류나 문제가 발생한 경우 빠르고 적절하게 바로잡을 수 있어야 한다. 서로 균형을 유지하여 각각의 역할이 골고루 수행되도록 한다. 정기적인 업무 평가를 통해 각 인재의 성과를 인정하고 조직 내에서 신뢰와 존중을 받게 한다. 권력 행사와 가장 밀접하게 관련된 것이 의사결정권이다. 구성원들 간에 리더십 역할을 공유하고, 업무와 의사결정에 대한 책임을 분담한다. 조직 내에서 리더십을 분산시키는 또 다른 방법이다. 팀원들은 역할과 책임을 공동으로 결정하며, 의사결정에 대한 자율성을 갖는다. 이는 팀원들의 참여와 책임감을 높이며, 조직 내의 협력과 혁신을 촉진할 수 있다.

리더십보다 더 중요한 파워십

만약 핵심 측근을 운영하는 데 있어 공정함과 투명성이 확보되지 않으면 회사는 폐쇄적 조직에 의해 운영되고, 회사 발전에 도움이 되기는커녕 일반 직원들의 불만만 양산할 수 있다. 그리고 그로 인해 생기는 결과는 변화와 혁신이 아니라 불만과 시기, 이전투구일 뿐이다.

`權

Note 1

적절한 견제와 균형을 생각하라

권력이 집중되면 쉽게 특권의식에 빠질 수 있다. 이를 경계하기 위해서는 적절한 견제와 균형이 필요하다. 수직적 구조든 수평적 구조든 서로 견제할 수 있도록 두 명 혹은 두 팀으로 나누어 관리하면 효과적이다. 양쪽에서 경쟁하고 견제하면 어느 한쪽으로 치우치지 않는 투명성과 객관성을 확보할 수 있다.

Note 2

권력 집중을 막기 위한 방법을 찾아라

회사 내 정보를 공유하고 투명하게 의사결정 과정을 전달하여 조직 내부에서 권력이 남용되는 일이 없도록 한다. 권한을 단순히 상위 리더나 경영진에게 집중하지 않고 팀원들에게 일정 수준 권한을 부여하여 권력을 분산시키는 것도 중요하다.

07

직관적으로 표현하라
권력자의 퍼포뮤니케이션

'백문百聞이 불여일견不如一見'이라는 오래된 고사성어가 있다. 사람은 누구나 듣는 것보다 보는 것에 더 큰 영향을 받는다는 것을 말해 준다. 마음을 움직이는 이미지는 때로 사람에게 평생 잊지 못할 동기부여가 되는 긍정적인 역할을 한다. 사장이 제대로 권력을 발휘하고자 한다면 긍정적 역할을 하는 보여주기 커뮤니케이션이 필요하다.

사장이 직접 보여주는 커뮤니케이션은 직원들에게 동기를 부여하는 데 효과적이다. 이를 '퍼포뮤니케이션Perfo-munication'이라고 부른다. 이 용어는 '퍼포먼스Performance'와 '커뮤니케이션Communication'의 합성어로 특정한 성과와 성취, 행동으로 커뮤니케이션하는 것을 뜻한다. 사장이 직원들과 퍼포뮤니케이션으로 소통하면 수월하게 일체감을 형성할 수 있다.

직접 눈으로 보게 하는 놀라운 현장의 힘

퍼포뮤니케이션이 일반적인 커뮤니케이션과 가장 강력하게 차별화되는 지점은 단연 '직관성'이다.

우리가 일상에서 소통하는 형태를 살펴보면, 질문을 던지고 이에

대한 응답으로 고개를 끄덕이거나 때론 감탄사를 터뜨리기도 한
다. 하지만 감동을 받거나 강력한 동기부여가 되는 커뮤니케이션
은 쉽게 이루어지지 않는다. 물론 일상적 소통만 잘 하더라도 직원
들을 변화로 이끌어낼 수 있지만, 더 효과적인 방법이 있다. 다소
충격적이며 강력한 의지를 표명해서 극도의 효율성을 만들어내는
방법이 바로 퍼포뮤니케이션이다. 특히 주목해야 할 점은 이 방법
이 직원들이 제기할 수 있는 소모적인 반론을 사전에 제거할 수 있
다는 점이다.

과거 삼성의 이건희 회장이 삼성 핸드폰 500억 원어치를 전 직원이
보는 앞에서 불태우라고 지시한 적이 있다. 첫 휴대폰이 출시된 당
시에 불량률이 12%에 달하자 핸드폰 15만 대의 화형식을 지시한
것이다. 퍼포뮤니케이션의 가장 대표적인 사례라 할 수 있다. 이러
한 화형식은 하나의 '퍼포먼스'이지만, 이 과정을 통해서 이건희 회
장은 직원들에게 '완벽한 품질관리'라는 메시지를 강렬하게 전달했
고 직원들은 그 메시지를 가슴 절절하게 받아들이는 소통이 이루
어졌다. 그해 8월, 삼성 핸드폰 애니콜은 모토로라를 제치고 국내
시장 점유율 51.5%를 기록했다.

어떻게 보면 하나의 '보여주기'일 뿐이라고 치부할 수 있고, 좀 극단
적으로 표현하면 '쇼'라고 볼 수도 있다. 하지만 이를 통한 효과는

결코 무시하지 못할 정도로 강렬하다. 직원은 이 회장의 진심을 알수 있었고, 그가 전하는 메시지를 그 어떤 조건도 없이 받아들였기 때문이다.

이건희 회장이 그저 전 직원을 모아놓고 단상에 서서 "여러분, 우리는 완벽한 품질관리를 해야 합니다"라고 말로만 강조했으면 어땠을까? 물론 그렇게 해도 이 회장의 의지가 전달되겠지만, 당장 눈앞에서 500억 원어치가 불에 활활 타는 모습을 보는 것보다는 직관적인 충격이 덜할 수밖에 없다. 게다가 단순히 말만 들었을 때 직원들은 속으로 '여기서 뭘 더 열심히 하라는 거야?'라는 불만을 가질 수도 있다. 하지만 자신들이 만든 소중한 제품이 뜨거운 열기를 내뿜으며 불 속으로 사라지는 모습을 보면 어떤 반론도 쉽게 꺼내기 힘들다. 그저 눈앞의 장면에서 깊은 반성을 할 수밖에 없다.

퍼포뮤니케이션 응용 사례

실제 퍼포뮤니케이션을 통해 성공한 세계적인 경영자들의 대표적사례들은 이제 규모를 막 키우기 시작한 사장들에게 많은 통찰을제공한다.

비용 절감을 몸소 보여준 아마존의 제프 베이조스

사업 초창기 비용 절감 방안을 고심하던 아마존의 CEO 제프 베이조스는 번쩍이는 아이디어를 떠올렸다. 자신을 위해 값비싼 책상을 구입하는 대신 쓰지 않던 문짝을 뜯어 다리를 달고 페인트를 칠해 사용했다. 사장이 구구절절 비용 절감의 중요성을 강조하는 대신 직접 몸으로 보여주자 천 마디의 말보다 더 효과가 컸다. 이는 검소한 기업문화로 자리 잡아 절감한 비용을 고객에게 돌려준다는 아마존을 대표하는 문화로까지 발전했다.

매출의 신, 노보루 사장의 아침 청소 30분

매출의 신이라 불리는 일본 고야마 노보루 사장은 출근한 후 30분간 직접 책상을 닦고 바닥을 쓰는 일과로 하루를 시작한다. 직원들은 사장의 이런 모습을 보며 자연스럽게 업무 공간을 정돈하고 매사에 솔선수범하는 자세를 갖춘다. 차분하고 집중된 분위기의 사무실에서 직원들은 업무에 집중한다. 고야마 노보루 사장이 경영했던 주식회사 무사시노는 '군대보다 강한 조직'이라는 평가를 받으며 심각한 불황을 겪었던 일본 경제환경 속에서도 10년 연속 수익이 증가하는 놀라운 실적을 기록했다.

자포스 사장의 고객 서비스 전화 응대

구멍가게 수준이었던 온라인 신발 쇼핑몰 자포스를 미국 최고의 기업으로 키워낸 마케팅의 전설 토니 셰이 사장은 고객 중심 문화를 직원들에게 강조하기 위해 자신이 직접 고객 서비스 전화와 이메일에 응답했다. 직원들은 사장이 고객 불만 사항을 대하는 자세와 처리 방법을 구체적으로 따르기 시작했고, 그저 매뉴얼을 따를 때보다 시장의 평가는 확연히 달라졌다. 토니 셰이는 회사를 무려 1조 원이 훨씬 넘는 가격에 매각하고 다시 꿈꾸던 신사업에 도전할 수 있었다.

하워드 슐츠의 직원 개발 프로그램

스타벅스의 CEO였던 하워드 슐츠는 직원 개발에 대한 투자가 회사의 성공에 매우 중요하다고 믿었다. 그는 자신의 생각을 직원들에게 보여주기 위해 사내에 '기회로 가는 길'이라는 프로그램을 만들었다. 자신이 직접 첫 대상자들을 선발해 상담 서비스부터 학비 환급까지 지원을 아끼지 않았다. 이 프로그램을 통해 성장한 직원들의 모습은 회사 전체의 분위기를 바꿨고 스타벅스가 세계적 대기업으로 발돋움하는 데 필요한 직원들의 자발적 헌신을 이끌어냈다.

퍼포뮤니케이션은 다양한 행사, 위촉, 시상식, 대회, 이벤트를 통해서도 구현할 수 있다. 예를 들어 "여러분, 매일 정해진 시간에 퇴근하세요"라고 말을 하는 것보다는 퇴근 시간에 회사 셔터문을 내려버리는 것이 훨씬 효과적이다. 그저 말로만 듣는 것보다는 '퇴근 시간이 지나면 정말로 회사 밖으로 나갈 수 없다!'라는 충격적인 절박감이 좀 더 직관적이고 충분한 효과를 발휘한다.

마찬가지로 "회사 제품을 아껴 쓰시고 낭비하지 마세요"라고 말하는 것보다는 '이번 달의 짠돌이 짠순이 상'을 제정해서 매달 시상식을 열고 표창장을 주면 보다 확실한 퍼포뮤니케이션이 된다는 이야기다. 이외에도 칭찬릴레이, 워크숍, 발표회, 임명식 등은 이러한 직관성을 높이는 매우 훌륭한 소통 방법들이다.

금전적 보상보다는 보상감이 중요하다

직원들의 동기부여를 위한 퍼포뮤니케이션은 '보상'과도 관련이 있다. 사장이 실제로 보상을 하는 퍼포뮤니케이션을 꾸준히 하면 할수록 모두가 하나가 되어가기 때문이다.

사장은 직원에게 보상과 관련해서 어떤 퍼포뮤니케이션을 해야 할까? 그것은 바로 '지금 당장 받는 월급도 중요하지만, 그보다 사장과 함께하면 반드시 미래에 큰 사업가가 될 수 있고 부자가 될 수 있다'는 신념과 믿음을 주는 것이다. 이것이 가능하려면 직접적인 돈으로 보상하는 것이 아니라 보상감을 느낄 수 있는 일련의 조치를 취하는 것이 효과적이다.

예를 들어 '사내 부서 운영'이 있다. 회사 내에 교육을 매우 잘하는 직원이 있다고 해보자. 그러면 이 직원에게 '몇 명 이상을 교육하면 보너스를 주겠다'는 것은 직접적인 돈으로 하는 보상일 뿐이다. 반면 "회사 내에서 스쿨 형식의 교육 사업부를 만들어서 그 누구의 간섭도 없이 자유롭게 운영해보면 어떨까요? 그리고 일정한 성과가 이뤄지면 회사 내에서 자신의 사업을 시작할 수 있고 그에 맞게 회사의 지분을 줄게요"라고 제안할 수 있다. 이렇게 하면 직원은 주주로서 권리를 획득하게 되고 이 역시 보상감을 주기에 충분하다. 이는 당장의 직접적인 금전 보상은 아니지만 오히려 보상감을 통해 내적·외적 동기부여를 확실히 할 수 있는 방법이다.

직원은 현금보다 더 큰 미래의 비전을 가슴에 품을 수 있고, 회사와 함께 나아가겠다는 희망을 품을 수 있다. 이것이 '보상'이 아닌 '보상감'이다. 이러한 보상감을 주려면 먼저 아래와 같은 사항이 충족되어야 한다

● 회사 내에서 권한의 확장
● 독립 프로젝트의 운영
● 타인보다 높은 명예와 자존감

이 3가지 사항이 충족된 후에야 비로소 그에 걸맞은 장기적인 외재적 보상의 가능성이 제 역할을 한다.

돈으로 살 수 없는 애정과 헌신

회사 내에서 이뤄져야 할 매우 중요한 또 다른 한 가지는 바로 '안전에 대한 위협'을 제거하는 일이다. 안전에 대한 위협은 현재 받고 있는 당장의 급여도 급여이지만, 미래에 대한 두려움으로 직원들이 현재의 일에 집중하지 못하는 상황을 말한다. 자꾸 딴생각을 하게 되고, '투잡을 뛰어야 하나?' 하는 생각에 다른 투자처를 찾으려고 하기도 한다. 게다가 노후 대비를 제대로 하지 못했을 때 닥칠 고통에 대한 두려움, 더 나아가 자녀를 돌봐야 할 부담 때문에 몸이 아파도 계속해서 일을 해야 하는 상황을 상상하면 덜컥 걱정이 되지 않을 수 없다. 따라서 사장이 인재들과 함께 장기적으로 사업을 해나가려면 이 같은 불확실한 미래에 대한 불안 문제를 해결해야 한다.

한 사례로, 내가 운영하는 한국비즈니스협회에는 '3대 안정화 사업'이 있다. 이는 민생 안정, 주거 안정, 미래 안정으로 구성되어 있다. 이 3가지 사업을 요약하면 다음과 같다.

민생 안정	사내 대출, 차량 지원, 교육비 지원, 자녀 학비 지원, 취미 지원 등 돈 때문에 크게 근심하는 일이 없도록 하는 것이 목표.
주거 안정	월세 10~50% 지급. 향후 월세 90%까지 확대 지원할 예정.
미래 안정	회사채, 유상증자, 회사가 부동산에 투자할 때 함께 참여.

민생 안정은 부모님이 아프실 때, 이사할 때, 목돈이 들어갈 때 등 갑작스럽게 돈이 필요한 순간 낮은 이율로 회사에서 대출해주는 제도다. 기본적인 생활이 안정되도록 회사가 직접 신경을 써줘 업무에 집중할 수 있게 한다.

주거 안정이란, 회사에서 월세의 일부를 지원하는 제도다. 처음에는 10%로 시작하지만 50%까지 높여주는 방식이다. 회사가 내 월세까지 걱정하고 도움을 준다면 주거에 대한 불안감이 훨씬 줄어들어 안정적인 마음으로 회사 일에 집중할 수 있다.

미래 안정은 주식이나 비트코인에 위험하게 투자하지 말고, 회사와 함께 안정적으로 투자할 수 있는 길을 열어주는 방법이다. 이렇게 하면 투자한 상품의 시세를 들여다보느라 업무에 지장을 받지 않고, 또 투자를 전혀 하지 않는 데 따르는 불안감 역시 제거할 수 있다.

현재 한국비즈니스협회에서는 3대 안정화 사업을 실제로 운영하고 있으며 앞으로도 확대해나갈 예정이다. 주거 안정은 2024년까지 월세의 90%로 지원을 늘려갈 예정이며, 미래 안정은 스마트폰 주식 계좌를 열어보면 한국비즈니스협회 채권을 주식처럼 잔고에서 직접 확인할 수 있도록 했다.

특히 미래 안정 제도에서 회사채는 매우 좋은 효과를 발휘한다. 회사에 대한 소속감을 더욱 강화하는 것은 물론이고, 자신의 노력에 따라서 회사가 발전하면 그 성과를 나눌 수 있어 '나와 회사는 한 몸'이라고 인식하기 때문이다. 이 역시 앞에서 언급했던 '퍼포뮤니케이션'의 일환이기도 하다.

하지만 이런 의구심이 들 수 있다. '우리 회사가 돈 많은 재벌회사도 아닌데, 이걸 다 어떻게 해주지?' 하지만 안전에 대한 위협을 제거하는 일은 사장 혼자서 모든 책임을 떠안는 것이 아니다. 억지로 대출을 통해 해결해야 할 문제도 아니다. 처음에는 규모가 작을 수도 있지만 차근차근 시작해 좀 더 확대해나가면 된다. 이런 과정을 통해 직원들은 자신의 일이 실질적인 보상으로 돌아온다고 확신한다. 직원들은 직장을 내 사업처럼 여기고, 당장 오늘 아침부터 사장의 마음으로 출근해 주동적으로 일할 것이다. 함께 회사를 키우는 이러한 방법이야말로 내재적 보상감을 최대화하는 길이다. 다만 회사가 성장해도 이러한 약속을 하지 않는 사장이라면, 비록 지금 월급을 얼마나 많이 주든 직원은 끊임없이 불안한 미래를 고민할 수밖에 없다.

앞서 예를 들었듯이 회사에서 일부 업무를 마치 자신의 사업처럼 운영하는 것, 3대 안정화 사업, 함께 회사를 키우면 사장은 나에게 보답을 해줄 것이라는 확신은 모두 내재적 동기와 외재적 동기를 균형 있게 조화시키는 퍼포뮤니케이션이라고 할 수 있다. 이런 모습을 지켜본 직원들은 비록 자신이 해당자는 아니어도 '나도 언젠가는 반드시 저렇게 될 수 있구나'라고 생각하며 강한 동기부여를 받을 수 있다.

직원들은 지인들이 물어보는 "너는 왜 따로 독립해서 창업을 하지 않느냐?"는 질문에 대해 "내가 지금 현재 하고 있는 것이 내 사업이고 그 권리를 이미 우리 회사만의 다양한 시스템으로 충분히 받고 있다. 미래에 더 많은 보상을 위해서 나 자신이 일등공신이 되려고 한다"라고 자신감 있게 답한다.

돈으로 사랑을 살 수는 없다. 마찬가지로 단순한 금전적 보상이나 기계적 복지만으로 직원들에게 지속적인 행복을 줄 수 없으며, 회사에 대한 헌신과 애정을 끌어내기도 힘들다. 이제는 내재적·외재적 보상이 결합한 신뢰 있는 방침과 그것을 보여주는 퍼포뮤니케이션으로 새로운 정비를 해야 할 때다.

權

Note 1
'보상'이 아닌 '보상감'에 집중하라

회사 내에서 직원의 보상감을 자극하는 방법은 매우 많다. 권한, 명예, 지위, 자존감을 올려줌으로써 일하는 과정 자체가 보상이 된다는 사실을 느낄 수 있게 해야 한다.

Note 2
퍼포뮤니케이션에 관한 치밀한 전략을 짜라

직원이 사장을 신뢰하면 못 해낼 것이 없다. 다만 믿지 못하기 때문에 금전을 요구하고, 투잡을 뛰려고 하고, 다른 회사로 이직하려고 한다. 단계적인 보상감과 철저한 이행을 통한 퍼포뮤니케이션을 해나가면 회사에 대한 신뢰가 생겨 직원들은 더욱 회사 일에 몰입할 수 있게 된다.

08

신뢰를 구축하는 방법
권력자의 신뢰술

사장이 회사에서 권력을 올바르게 활용하려면 기본적으로 신뢰가 바탕이 되어야 한다. 사장과 직원 간에 신뢰가 쌓여 있다면 사장의 말에 무게가 실리고 직원은 사장을 믿고 따른다. 신뢰란 무엇일까? 신뢰는 다른 사람이나 조직, 제도 등에 대한 믿음, 확신, 의지할 수 있다는 기대를 말한다. 인간관계와 비즈니스, 정치 등에서 신뢰는 중요한 역할을 한다. 신뢰가 높은 조직의 직원들은 업무 참여도와 성과가 높으며, 이러한 성과는 권력의 강화로 이어진다. 반면 신뢰가 부족한 곳에서는 갈등과 불신, 불만 등이 발생하기 쉽다. 사장에 대한 신뢰가 있는 조직과 그렇지 않은 조직은 하늘과 땅 차이를 보인다. 하지만 신뢰는 사실 매우 근거가 없고 취약하다.

직원들은 사장이 24시간 하는 모든 행동과 말을 낱낱이 평가한 후에 신뢰하는 것이 아니다. 어떻게 보면 매우 단순한 몇 가지 사실에 근거하기도 한다. 그래서 신뢰를 얻기가 매우 쉬운 것처럼 보일 수도 있지만, 그만큼 무너지기도 쉽다. 과연 사장은 어떻게 직원들의 신뢰를 얻고, 그리고 유지할 수 있을까? 이를 아는 것은 경영을 하는 데 크나큰 무기를 손에 쥐는 것이나 마찬가지다.

우리는 왜 누군가를 신뢰하는가?

'신뢰'라는 말은 참으로 사람의 마음을 편안하게 해준다. '신뢰하는 가족, 신뢰하는 연인, 신뢰하는 동료'를 떠올리기만 해도 흐뭇한 미소를 짓게 만드는 힘이 있다. 그뿐만 아니라 자신이 신뢰하는 사람에게 누군가를 소개받으면, 자세히 알아보지 않아도 막연히 신뢰하는 경향마저 보인다. 따라서 어떻게 보면 이 신뢰의 기반은 매우 취약하다고 볼 수도 있다. 문제는 신뢰의 기반이 이렇게 취약한 데는 그럴만한 충분한 이유가 있다는 점이다. 이는 신뢰라는 것이 바로 사람의 '본능'이기 때문이다. 이것은 신생아의 모습을 보면 알 수 있다. 신생아는 태어난 지 단 1시간 만에 자신을 쳐다보는 사람을 바라보기 위해 고개를 돌리고 눈을 맞춘다. 때로는 표정을 흉내 내기도 하고, 목소리가 들리면 그쪽 방향으로 귀를 쫑긋 세우기도 한다. 이러한 모습은 인간이 태어날 때부터 누군가 신뢰할 만한 상대방을 찾으며, 그에게 의존한다는 사실을 보여준다. 그래서 혹시 신뢰할 만한 상대를 찾지 못하면, 그때부터 '분리불안' 증상이 나타난다.

미국 UCLA 대학교 심리학과 셜리 테일러^{Shelley Taylor} 석좌교수는 자신의 저서 《건강 심리학^{Health Psychology}》에서 '신뢰'의 근원에 대해 이렇게 이야기했다.

과학자들은 두뇌를 발달시키는 결정적인 요소로 상대를 배려하고 사랑하는 인간의 특성을 꼽는다. 배려와 사랑은 부모와 자식 간의 유대관계, 조직문화, 기타 온건한 사회적 관계 등에서 나타난다. 이것은 하나의 생물체로서 인류가 생존하고 성공할 수 있었던 이유이다.

결국 신뢰라는 것은 매우 자연스러우며 본능적인 것이다. 따라서 복잡한 과정을 거치거나 아주 어려운 단계가 필요하지 않다.

자신의 일상을 되돌아봐도 쉽게 알 수 있다. 내가 신뢰했던 친구와 상사가 자신을 배신하지 않으리라는 과학적 증거가 없음에도 우리는 신뢰를 유지한다. 또한 주변의 아는 사람들이 누군가를 신뢰하

저명한 미국 사회심리학자 셜리 테일러 교수와 그녀의 저서.
＊출처: 미국 UCLA 대학교

면 자신도 모르게 그를 신뢰하는 경향을 보이기도 한다. 정작 자신은 그 누군가에 대해서 단 한 번도 검증해본 일이 없음에도 말이다.

신뢰는 매우 사소한 일을 통해서도 형성될 수가 있다. 미국 버클리 대학교 심리학과 대처 켈트너Dacher Keltner 교수는 '상대방에 대한 가벼운 터치가 신뢰에 어떤 영향을 미치는가?'에 대한 실험을 한 적이 있다. A라는 사람이 B에게 게임 룰을 설명해주면서 가볍게 등을 두드려주었다. 게임이 시작되자 B는 A와 경쟁하지 않고 매우 적극적으로 협력했다. 반면 이러한 접촉이 전혀 없던 사람과는 매우 경쟁적으로 게임에 몰입했다. 어떻게 보면 매우 놀라운 결과가 아닐 수 없다. 등을 가볍게 두드려주는 것이 도대체 뭐라고 협력을 이끌어낸다는 말인가?

하지만 우리는 일상에서 처음 만난 사람과 악수만 하더라도 약간의 경계심이 사라지는 것을 느낀다. 물리적으로 따지고 보면 악수란 그저 사람의 피부와 피부가 잠시 맞닿는 것에 불과하다. 그런데 바로 이런 행동에서 소중한 신뢰가 싹튼다. 그래서 미국 스탠퍼드 대학교 경영대학원에서 조직행동 분야를 강의하는 로더릭 크레이머Roderick M. Kramer 교수는 인간의 이러한 특성을 '가정에 기초한 신뢰 Presumptive Trust'라고 부른다. 결국 신뢰란 것은 아주 돈독하고 단단한 근거가 있는 것이 아니라 일종의 가정에 불과하다는 의미다.

신뢰를 쌓는 빠르고 효율적인 방법

신뢰 형성이 쉽다고 해서 악용해서는 안 된다. 신뢰가 비록 가정에 근거하더라도 그 신뢰에 대한 배신은 돌이킬 수 없는 상처를 남기기 때문이다. 한 번 무너진 신뢰는 다시 돌이키기 힘들다. 그 사람의 모든 행동과 말을 의심하게 되고 더는 믿을 수 없어 관계가 깨지고 만다. 이제 신뢰의 소중함을 인식하고 회사에서 신뢰 관계를 어떻게 형성해가야 할지 고민해보자.

제가십본에서는 신뢰를 형성하는 방법을 아래와 같이 정리한다. 앞에서 봤듯이 '가볍게 등 두드리기'를 통해서도 신뢰감이 생긴다는 점을 감안한다면 다음과 같은 방법이 얼마나 빠르고 효과적일지 짐작할 수 있다.

- **개입** | 시간, 노력, 비용, 육체적 노동, 감정을 투자해 상대방에게 도움을 주면서 개입하면 신뢰감이 상승한다.
- **일체감** | 소속, 방향성, 같은 꿈을 가지고 있다는 점을 강조한다.
- **대적자** | 공동의 적, 경쟁 상대, 경계할 집단의 존재를 언급하면 '우리는 하나'라는 의식이 형성될 수 있다.
- **버팀목** | 내 삶의 안정, 안전을 책임지는 대화, 선언 행위를 한다.
- **멘토** | 꿈을 격려하고, 과거의 실패를 위로하고, 두려움을 덜어주고, 이끌어준다.
- **언행일치** | 사장으로서 약속을 일관되게 지키는 모습을 보여주면 신뢰를 쌓는 첫걸음이 되며, 리더에 대한 사내 분위기를 조성할 수 있다.

- **모든 행동의 명분화** | 돌발행동을 하는 사람을 신뢰하긴 힘들다.
  따라서 늘 합리적이고 누군가 고개를 끄덕일 수 있는 명분을 제시하면
  그때부터 '신뢰할 수 있는 사람'이라는 인식이 형성된다.

- **투명성** | 사장이 조직 내부의 정보와 의사결정을 투명하게 공개하면
  직원들은 그를 신뢰한다.

- **배려와 관심** | 사장이 직원들에게 이해와 배려를 보이며 관심을 가지면
  직원들은 그를 신뢰한다.

- **공정성** | 사장이 조직 내부의 일을 공정하게 대하면 직원들은 그를 신뢰한다.

- **외모 + 미소와 인사** | 같은 조건에서 더 신뢰받는 사람은 깔끔한 외모와 미소를
  머금은 인사를 하는 사람이다.

- **인정 + 칭찬** | 타인을 인정해주고, 칭찬하는 사람을 신뢰하지 않는 것이
  더 어려운 일이다.

- **공통점 인지** | 함께할 수 있는 공동체 의식, 공통점, 유사성을 강조하면
  내부 인원에 대한 신뢰가 형성된다.

이러한 방법 하나하나는 나와 다른 외부인, 다른 조직의 사람들, 혹은 경쟁조직과의 관계에서는 찾아볼 수 없다. 이른바 우리 그룹에 속한 사람들 사이에서 찾아볼 수 있는 덕목들이다. 따라서 위의 방법들은 개별적으로 신뢰 형성에 도움이 되고, 전체적으로는 '우리 그룹 효과'를 통해서 단결과 신뢰를 더욱 강화한다.

또한 서로 '비슷한 면'이 있다면 신뢰는 더욱 강화된다. 남녀가 처음 만나 대화할 때도 서로 비슷한 취미나 경험, 성향이 있다면 급

속하게 가까워지면서 신뢰성이 높아지는 일이 흔하다. 또 사회생활에서도 나이가 비슷하거나 고향이 같으면 마찬가지로 전혀 그렇지 않은 사람에 비해 빠르게 가까워질 수 있다. 목표가 같거나 사상이나 정체성이 비슷한 사람들에게도 동일한 효과가 발생한다.

알파테크닉으로 신뢰를 쌓아 충성심을 끌어낸다

신뢰를 구축하는 것은 효과적인 리더십의 필수 요소이며, 보디랭귀지는 직원과의 신뢰를 구축하고 충성도를 높이는 데 중요한 역할을 한다. 제가십본에서는 이를 '알파테크닉'이라는 이름으로 다음과 같이 정리한다. 알파테크닉은 어느 정도 상하 관계를 명확히 할 필요가 있는 관계에서 특히 유용하다.

눈을 마주쳐라

눈맞춤은 주의, 관심, 존중을 전달하는 중요한 비언어적 신호이다. 리더가 직원과 눈을 맞추면 직원의 말에 집중하고 있다는 것을 보여줄 수 있다. 이는 리더와 직원 간의 친밀감과 신뢰를 구축하는 데 필수 요소다. 한편으로 눈을 뚫어지게 쳐다보면서 상대를 제압할 수 있기도 하다. 중학생들끼리 기싸움할 때 눈을 응시해 주도권을 가져오듯이 말이다. 강렬한 시선에 압도당해 상대는 눈을 피해버리는데, 이때 상대의 잠재의식에 상하 관계가 자리 잡는다.

미소를 짓고 표정을 활용하라

미소는 따뜻함, 긍정성, 친근함을 전달하는 간단하면서도 강력한 방법이다. 리더가 미소를 지으면 직원들을 편안하게 하고 보다 개방적인 분위기를 조성하는 데 도움이 된다. 마찬가지로 고개를 끄덕이거나 눈썹을 올리는 등의 표정을 사용하면 동의 또는 이해의 신호를 보내고 직원들과 친밀감을 형성하는 단초가 될 수 있다.

개방적인 보디랭귀지를 사용하라

팔과 다리를 꼬지 않고 화자 쪽으로 몸을 약간 기울이거나 고개를 끄덕이는 등 개방적인 보디랭귀지로 개방성, 솔직함, 친근함의 신호를 보낼 수 있다. 이를 통해 직원들이 자신의 생각과 우려 사항을 공유할 수 있는 보다 편안하고 안락한 분위기를 조성할 수 있다. 반대로 팔짱을 끼거나 다리를 꼬는 등 닫힌 보디랭귀지는 방어적이거나 무관심하다는 신호로 리더와 직원 사이에 장벽을 세운다. 또한 개방적인 보디랭귀지는 직원들에게 리더로서 권위를 갖게 하는 측면도 있다.

직원의 보디랭귀지를 미러링해라

미러링은 리더가 대화 중인 직원의 보디랭귀지를 미묘하게 모방하는 기법이다. 이는 리더와 직원 사이에 친밀감과 유대감을 형성하는 데 도움이 될 수 있다. 예를 들어, 직원이 앞으로 몸을 숙이고 있다면 리더도 앞으로 몸을 숙여 관심과 참여의 신호를 보낼 수 있다.

직원들의 개인 공간을 의식하라

개인 공간은 개인이 자신의 공간이라고 생각하는 근접 영역이다. 다른 사람이 개인 공간을 침범하면 방해가 되거나 공격적으로 보일 수 있으며, 너무 멀리 떨어져 있으면 분리감이나 무관심을 유발할 수 있다. 개인 공간을 인식하고 적절한 거리를 유지하는 리더는 존중과 프로페셔널한 느낌을 준다. 적절한 때에 개인 공간을 침해하면 직원의 잠재의식은 리더를 갑으로서 인식하게 하는 데 도움이 된다. 반면에 수시로 침범한다면 반감을 살 수 있으므로 적절하게 개인 공간을 침범하거나 스킨십을 한다면 리더의 권위를 높일 수 있다.

자세를 통해 자신감을 전달해라

어깨를 뒤로 젖히고 가슴을 내밀고 똑바로 서 있으면 자신감과 권위를 전달할 수 있다. 또 회의실을 돌아다니며 제스처를 사용하는 리더는 에너지와 열정을 전달할 수 있다. 이는 직원들 사이에 활기와 참여의식을 불러일으킨다.

따뜻하고 친근한 어조와 차분하고 절제된 어조를
구분해서 사용해라

따뜻하고 친근한 목소리 톤을 사용하는 리더는 친근감과 접근성을 높일 수 있다. 이는 신뢰를 쌓고 긍정적인 업무환경을 조성하는 데 도움이 된다. 차분하고 절제된 목소리 톤을 사용하는 리더는 안정감과 통제감을 전달할 수 있다. 이는 존중받는 권위를 보여줌으로써 직원들과의 신뢰감을 형성하고 충성심을 높여준다.

어떤 면에서 신뢰란 마치 유리그릇과도 같다. 매우 쉽고 간단하게 형성될 수도 있지만, 일단 한 번 깨지면 다시 이어 붙일 수가 없다. 본드로 얼기설기 붙여봐야 결국 '이미 깨졌던 유리그릇'에 불과할 뿐, 원래의 순수한 모습으로 돌아가는 것은 불가능하다. 반면 신뢰를 통해 형성된 사장의 권력이 갖는 파급력은 대단하다. 조직 내에서 직원들이 사장을 잘 따른다면 그때부터 많은 일이 일사천리로 진행될 수 있다. 사장이 자신의 역할을 제대로 수행하고, 신뢰가 깨지지 않도록 약속을 제대로 지키거나 문제가 생겼을 때 사전에 소통하는 것만으로도 신뢰 관계를 계속 유지할 수 있다. 직원들의 충성심을 끌어내고 리더십을 통해 조직 전체를 진두지휘할 수 있다. 신뢰를 손에 쥔 사장은 모든 것을 해내는 마이더스의 손이 될 수 있음을 잊어서는 안 된다.

權

✎ Note 1
작은 것부터 당장 실천하라

신뢰가 가진 힘은 대단하지만, 그것을 만들어나가는 방법은 생각만큼 대단하거나 복잡하지 않다. 아주 사소한 것들을 수행해내는 과정에서 매우 자연스럽게 만들어지며 당장 오늘부터라도 실천 가능한 것들이다. 사소하지만 정겨운 스킨십, 부드러운 미소, 따뜻한 조언, 상대에 대한 인정 등 아주 작은 노력만으로도 얼마든지 신뢰를 쌓아나갈 수 있다.

✎ Note 2
신뢰가 깨지면 그 영향은 회사 전체로 퍼진다는 것을 명심하라

신뢰는 한 번 깨지면 다시 쌓기가 무척 어렵다는 점을 늘 염두에 둬야 한다. 상대방이 자신에게 쉽게 신뢰를 주었다는 생각에 소홀하게 다뤄서는 안 된다. 특히 한 명이 느낀 배신감과 좌절감은 주변 사람에게 전염된다. 조직 내에서 자신을 신뢰하는 사람이 사라질 수 있음을 알고 늘 주의를 기울여야 한다.

09

분위기가 성과를 좌우한다
권력자의 응집술

신뢰를 기반으로 공동체 의식을 확보한 조직은 그 자체로 이미 훌륭한 경영의 첫걸음을 뗀 것이나 마찬가지다. 그러나 이렇게 하나된 의식이 생겼다고 하더라도 그 신뢰의 탄탄한 기반이 유지되는 것은 다른 이야기다. '사람의 마음은 흔들리는 갈대와 같다'라는 오래된 명언도 있듯이, 조직 내에 비록 신뢰가 형성되어 있다고 하더라도 조직원들은 계속해서 분열과 흩어짐, 그리고 단결과 응집을 반복한다. 이런 사실을 알고 대처하지 않는 한 어느 순간 리스크로 비화할 수 있다.

미국 예일대학교 법대 에이미 추아[Amy Chua] 교수는 《정치적 부족주의》라는 자신의 저서를 통해 '집단 본능'이라는 개념을 설명한다.

예일대학교 에이미 추아 교수와 그녀의 저서.
*출처: 개인 트위터

인간에게는 '집단 본능'이라는 것이 존재하고, 태어나는 그 순간부터 특정 집단에 소속되려는 매우 강한 본능을 가지고 있으며, 이를 '부족 본능', '소속 본능'이라고 부르기도 한다. 우리는 소속된 곳에서 끊임없이 유대감과 애착을 갈구한다. 그 결과 클럽이나 팀, 동아리, 가족에게 신뢰를 주고 사랑하게 된다는 것이다. 그래서 조직원들은 계속해서 계파를 나누면서 또 다른 부족, 소속, 집단을 만들어 응집하려는 성향을 보인다. 그런데 이는 회사에 독이 되는 측면도 있지만, 잘만 다루면 오히려 이런 개별적 응집을 회사 전체의 단합으로 연결하는 계기로 만들 수도 있다. 에이미 추아 교수는 이렇게 말한다.

어떤 집단은 자발적이고 어떤 것은 그렇지 않다. 어떤 부족은 즐거움과 구원의 원천이고, 어떤 것은 권력을 잡으려는 기회주의자들의 증오 선동이 낳은 기괴한 산물이다. 하지만 어느 집단이건 일단 속하고 나면 우리의 정체성은 희한하게도 그 집단에 단단하게 고착된다. 개인적으로는 얻는 것이 없다고 해도 소속된 집단의 이득을 위해 맹렬히 나서고, 별 근거가 없는데도 외부인을 징벌하려 한다. 또한 집단을 위해 희생하며 목숨을 걸기도 하고 남의 목숨을 빼앗기도 한다.

'해로운 응집'은 어디서 시작될까?

우리에게 있는 집단 본능은 회사에 꽤 긍정적인 영향을 미칠 수 있다. 자신이 소속된 집단에 충성하며, 그 안에서 유대관계를 잘 만들면 심리적으로 행복감을 느끼기 때문이다. 하지만 매우 큰 폐해의 가능성 역시 잠재되어 있다. 에이미 추아 교수는 그녀의 연구에서 '해로운 응집Toxic Cohesiveness'이라는 개념을 제안했다. 이는 특정 집단이 서로 강하게 묶여 있지만, 그 집단의 목표나 행동이 부정적인 방향으로 전개될 수 있다는 것을 의미한다.

밖에서 바라보면 '집단 본능'은 곧 다른 집단에 대한 '배제 본능'이며, '차별 본능'이기 때문이다. 매우 심각한 상황까지 치달으면 결국 전쟁, 테러를 통해 다른 집단을 공격하게 된다. 추아 교수는 오늘날 전 세계에서 벌어지는 수많은 대립과 혐오, 차별 등이 모두 이러한 집단 본능의 결과물이라고 말한다.

전쟁이나 테러는 우리 일상과는 별로 관련이 없어서 이 집단 본능이 우리에게 어느 정도의 영향을 미치는지 실감이 잘 나지 않을 수도 있다. 하지만 정도가 낮은 공격 행위를 잘 살펴본다면 집단 본능이 우리의 일상에서도 매우 쉽게 나타난다는 것을 알 수 있다. 당장 회사 내에서는 '라인'이 생겨난다. 누군가의 뒤에 줄을 서서 끼리끼리의 이익을 도모하고 회사 내 다른 사람들에 대한 공격을 일삼는다. 직장 갑질, 직장 내 따돌림 역시 모두 이런 부류의 문제이다. 여기에 인간이 원래부터 가지고 있는 권력욕까지 결합하면 문제는 더 심각해진다.

우리는 '단결'이라거나 혹은 '응집된 힘'이라는 말에 대해 매우 긍정적인 이미지를 가지고 있지만, 그것이 잘못된 방향으로 전개되었을 때는 회사의 조직문화를 황폐화할 수도 있음을 알아야 한다. 권력자로서 사장은 신뢰를 통해 형성된 권력에 '응집술'의 능력을 더함으로써 조직원들이 가지고 있는 집단 본능을 최대한 긍정적인 결과로 이끌어보자.

먼저 직원들이 부정적인 응집을 하는 원인을 제거해야 한다. 이를 위해서는 '조직은 사장의 말을 먹고산다'는 점을 기억할 필요가 있다. 우리가 먹는 것이 우리 몸의 체질을 결정하듯, 사장이 어떤 말을 하느냐에 따라 조직의 체질이 결정된다. 편파적이고, 경쟁을 조장하며, 진실을 감추고, 공감하지 않는다면 직원들은 '해로운 응집'에 익숙한 환경에 놓인다. 자연스럽게 동료들과 쌓아왔던 신뢰의 기반이 무너지고 무리 지어 싸우는 일이 빈번해진다.

이러한 사실을 증명하는 매우 흥미로운 연구결과가 있다. 캐나다

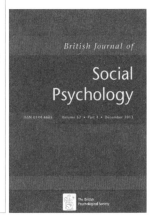

Priming motivation through unattended speech

Rémi Radel, Philippe Sarrazin, Marie Jehu, Luc Pelletier

▶ To cite this version:

Rémi Radel, Philippe Sarrazin, Marie Jehu, Luc Pelletier. Priming motivation through unattended speech. British Journal of Social Psychology, 2013, 52 (4), pp.763-772. 10.1111/bjso.12030 . hal-00947433

HAL Id: hal-00947433

https://hal.science/hal-00947433

Submitted on 17 Feb 2014

레미 라멜 교수의 실험 내용이 담긴 논문과
이를 게재한 학술지《브리티시 저널 오브 소셜 사이콜로지》.

오타와대학교 레미 라델Remi Radel 교수를 주축으로 한 연구팀은 피실험자를 두 그룹으로 나누어 각각 틀린 그림을 찾게 하고 단어를 완성하는 테스트를 진행했다.

한 그룹에는 테스트를 진행하기 전에 '흥미Interest'나 '즐거움Pleasure'이라는 단어를 들려주었다. 이 단어들을 아주 크고 명확하게 들려준 것이 아니라 그냥 무의식중에 흘려듣는 정도였다. 또 다른 그룹에는 아무런 단어도 들려주지 않았다. 실험 결과는 단어를 들은 그룹이 틀린 그림을 더 많이, 빨리 찾아냈으며, 단어를 완성하는 데도 시간이 덜 걸렸다.

심리학에서는 이를 '점화^{Priming} 효과'라고 말한다. 아주 가볍게 긍정적인 단어를 언급하는 것만으로도 동기부여가 된다는 것이다. 이를 거꾸로 해석하면, 만약 사장이 불평불만이 가득한 단어와 짜증섞인 말을 쏟아내면 정반대의 효과가 나올 수 있다. 이는 사장이 평소에 하는 말 한마디, 행동 하나가 구성원들에게 어떤 영향을 미치는지를 충분히 알 수 있도록 해준다. 무의식중에 들은 단어조차 피실험자에게 영향을 주는 것을 감안하면, 정기적으로 또렷한 발음으로 들려주는 사장의 훈시나 회사 내에서의 대화는 더욱 파급력이 강할 것이다.

다양한 구성원들을 응집하게 하는 법

사장은 구성원들이 하나 될 수 있도록 어떻게 응집술을 발휘할 수 있을까? 응집술의 대표적인 비유로 '깃발'을 들 수 있다. 수천 년 전부터 사용되어온 깃발은 매우 다양한 상징과 의미를 담고 있지만, 무엇보다 모두의 시선을 집중시키며 그에 속한 사람들을 하나로 만드는 역할을 해왔다. 지금도 이러한 깃발의 한 형태인 국기는 사람들의 마음을 뭉클하게 만들고 서로에 대한 신뢰를 보내며 단결하게 하는 데 큰 역할을 한다. 또 정반대로 적군의 깃발이 있는 위치는 집중적인 공격의 대상이 되고, 깃발이 쓰러진다는 것은 곧 패배를 의미한다. 그만큼 깃발은 상징성이 강하고 '응집'을 대표하는 사례다.

오늘날 직장에서도 응집을 위해서는 이런 깃발의 역할이 필요하다. 이는 곧 모두를 하나로 만들 수 있는 '소통의 주제'라고 말할 수 있다. 사장은 시의적절하게 의견을 나눌 수 있는 소통의 주제를 던져줌으로써 직원들이 응집할 수 있는 토대를 만들어준다.

제가십본에서는 이러한 응집력을 높이는 소통의 주제, 즉 깃발의 역할을 하는 주제들을 총 5가지로 분류한다.

❶ 응집시키는 주제

- **비전** | 회사와 직원이 최종적으로 함께 구현해야 할 비전은 모두를 한 방향으로 이끄는 강한 힘을 발휘한다. 예를 들어 앞으로 이 책에 나올 '크림슨 칼리지'나 '집현전'은 이러한 비전을 밝히는 기관들이다.

- **사명감** | 사명감이란 눈에는 보이지 않지만, 각자의 마음에 품으면 그 무엇보다 강한 응집력을 발휘한다. 순수한 마음에서 우러나오는 열정 그 자체가 가진 힘은 무한하다고까지 표현할 수 있다.

- **목표** | 장기적 혹은 단기적 목표는 직원들의 정신을 집중시키는 역할을 한다. 일단 목표가 가슴에 박히면 분산되고자 하는 마음을 막아준다.

- **정체성** | 자신을 어떻게 규정하느냐에 따라 같은 조직 구성원에게 동질감을 느끼며 응집할 수 있다. 예를 들어 '독립군'이라는 정체성을 가진 사람들이라면, 그 어떤 어려움도 이겨내려는 마음이 우선 들 것이다.
- **협업, 상호 이익** | 응집한 후 성과를 달성했을 때 얻게 되는 협업의 보람과 주어지는 상호 이익을 제시하면 더욱 응집할 수 있다.

사장은 기회가 있을 때마다 이러한 주제로 직원들과 소통을 이어가보자. 회사가 먼저 솔선수범하면서 직원의 협조를 최대한 구한다. 그런데 경우에 따라서 '응집시키는 주제'와 비슷하긴 하지만, 꼭 필요하지 않은 주제, 오히려 해가 되는 응집의 주제도 있다. 이를 헷갈려서는 안 된다.

❷ 활용할 수는 있지만, 꼭 필요하지는 않은 주제
다음의 소통 주제들은 어느 정도 응집력을 주기는 하지만, 그렇다고 회사 업무에 썩 도움이 되는 것은 아니다. 직원들과의 관계를 조금 더 부드럽게 해줄 수는 있지만, '깃발'로서 역할을 기대하기는 힘들다.

- **취미** | 조기 축구회 등과 같은 취미로 응집하는 것은 의미 없고 배타적인 단결을 불러올 가능성이 있다.
- **나이** | 또래 모임은 사회적으로 매우 강한 단결력을 발휘하기는 하지만, 그 내용은 공허한 형식적인 주제에 불과하다.

- **처한 상황** | 구원, 힐링, 교제, 안정감 등을 주제로 단결, 응집하는 것 역시 회사라는 조직에는 어울리지 않는다. 회사는 사람의 영혼을 구원하는 곳이 아니라 일을 하고 삶에서 성장하고 발전하는 조직이다.

- **공통점** | 학연, 지연, 혈연도 마찬가지다. 사람들을 범주화하고 따뜻한 친밀감을 느끼게 할 수는 있지만, 회사의 발전을 위한 응집과는 거리가 멀다.

- **출신이나 배경, 역사** | 해병대 전우회 등과 같은 모임이나 주제도 마찬가지다.

❸ 오히려 해가 되는 응집의 주제들

다음의 주제들은 응집하게는 하지만, 오히려 해가 되는 주제들이다. 지나치게 부정적인 면이 많아서 상대를 배제하거나 누군가를 차별해야만 가능한 응집의 주제들이다. 이런 주제들이 직원들 사이에 싹 트기 시작한다면 하루 빨리 이를 다른 주제로 대체해야한다.

- **사상** | 정치적 이념을 중심으로 하는 모임.

- **불편, 불만, 데모** | 회사에 대한 문제점을 중심으로 응집되는 무리.

- **지역** | 호남 향우회, 영남 향우회.

조직 분위기가 중요한 이유

우리는 이러한 응집력을 통해 구체적으로 이루고 싶은 한 가지가 있다. 바로 조직 구성원 사이의 '화기애애한 분위기'다. 회사 분위기는 업무에 상당한 영향을 미친다. 우리가 분위기를 무시하지 못하는 이유다. 직원들이 일하는 환경과 분위기가 긍정적이고 지지력이 강하면, 직원들은 업무에 더욱 적극적으로 참여하며, 협력적이고 창의적인 방법으로 문제를 해결할 가능성이 커진다.

반면에, 부정적이고 불편한 분위기는 직원들이 일에 불만을 갖게 만들어 업무 집중도와 생산성이 떨어지고 일하는 동안 스트레스를 더 많이 받을 수 있다. 이러한 분위기는 회사의 인재 유출, 업무 성과의 저하, 그리고 전반적인 회사의 신뢰도 저하와 같은 부정적인 결과를 초래할 수 있다. 사장이 회사 분위기 조성에 신경을 써야 하는 이유다.

그렇다면 '화기애애한 분위기'란 무엇일까? 서로 부드럽게 대화를 주고받고 상대방에게 호의적인 감정을 느끼며 서로를 위해주는 직원들이 만들어내는 분위기를 말한다. 어떤 이들은 "분위기는 분위기일 뿐, 그게 업무랑 직접적으로 연결될 리는 없다"고 반문할지 모른다. 하지만 이는 분위기의 중요성을 전혀 모르는 사람이 하는 말이다. 사내 분위기는 직원들의 감정, 생각, 판단에 영향을 미치기 때문에 '생각보다 훨씬 광범위하고 강하게' 성과와 연결되어 있다.

일단 '삭막한 분위기, 냉담한 분위기'의 회사생활을 한번 떠올려보자. 그곳에서 직원들이 느끼는 심리 상태는 어떨까? 불안하고, 기분이 다운되어 있으며, 자유롭거나 행복하다는 느낌을 받기는 매우 힘들 것이다. 이러한 상태는 우리 뇌에 매우 직접적인 영향을 미친다.

2019년 미국 하버드대학교 경영대학원 테레사 애머빌[Teresa M. Amabile] 석좌교수는 국내의 한 경영전문지와의 인터뷰에서 이에 대한 견해를 밝힌 바 있다.

> "직원들이 긍정적인 감정으로 업무 추진을 위한 강력한 동기를 가지면서 동료를 우호적으로 인식하는 상황, 즉 '직장생활의 내면 상태[Inner Work Life]'를 만족스럽게 유지하는 것이 매우 중요하다. 많은 사람이 인간은 이성만 있으면 최상의 선택을 내리고, 최고의 결과물을 만들어낼 수 있을 것이라고 믿는다. 그러나 이는 사실이 아니다. 감정이 없이는 어떠한 선택도 내리기 어렵다는 것은 실험으로 증명되어 있다. (…) 감정이 배제된 상태에서는 결정장애가 발생한다. 그만큼 감정은 인간을 지배하는 요소다." ●

● 이미영, "'직원이 일하는 방법을 스스로 정하게' 업무환경만 바꿔도 창의성이 폭발", 《동아비즈니스리뷰》, 2019. 3.

그녀가 말하는 '직장생활의 내면 상태'란 곧 조직의 분위기이며, 이 것이 최상의 상태가 되었을 때 이를 '화기애애'라고 표현할 수 있다. 이뿐만 아니라 이 화기애애는 통찰력과도 관련이 깊다.

미국 노스웨스턴대학교 심리학과 마크 비먼^{Mark Beeman} 교수는 감정 상태와 통찰력의 관련성에 관한 실험을 진행한 바가 있다. 그는 번 뜩이는 아이디어가 발생하는 순간을 '유레카 모먼트^{Eureka Moment}'라 는 통찰력의 순간이라고 정의하는데, 감정 상태가 평온할수록 더 강화되는 반면, 불안감이 높아지면 그렇지 않다고 한다. 두뇌가 불 안한 상태를 해소하게 위해 많은 에너지를 쓰느라 통찰력을 위해 서는 쓸 에너지가 남아 있지 못하기 때문이다.

캐나다 웨스턴온타리오대학교의 루비 나들러^{Ruby Nadler} 교수 역시 조 직의 분위기와 성과가 어떻게 연결되는지를 연구한 적이 있다. 연 구팀은 87명의 참가자들에게 유튜브에서 수집한 3가지 부류의 음 악과 동영상을 제공했다. 그 내용은 1)즐겁고 긍정적인 내용 2)우 울하고 심각한 내용 3)긍정적이지도, 부정적이지도 않은 중립적인 내용으로 구성되었다. 참가자들은 각각 이러한 내용을 시청한 후 에 문제들 속에서 특정한 법칙을 찾아내는 실험을 실시했다. 그 결 과 즐거운 음악, 긍정적인 내용의 동영상을 본 그룹의 성과가 가장 뛰어났으며, 중립적인 그룹과 부정적인 그룹 사이에서는 큰 차이를

마크 비먼 교수와 그의 실험 결과가 담긴 저서《The Eureka Factor》.
그는 연구를 통해 불안한 조직 분위기에서는 뇌가 통찰력을 발휘할 수 없음을 밝혔다.

알파 인사이트 효과

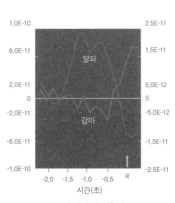

감마 인사이트 효과

발견하지 못했다. 이 실험 결과를 회사에 적용해본다면, 회사 분위기는 밝고 화기애애해야 한다는 사실과 중립적인 회사 분위기 역시 별로 도움이 되지 않는다는 것 역시 알 수 있다. 이외에도 조직 분위기와 성과가 밀접한 관련이 있다는 실험 결과는 많다.

사장의 권력으로 응집술을 발휘하는 것은 그다지 어려운 일이 아니다. 적절한 소통의 주제를 정하고, 해로운 주제를 배제하며, 평소에 긍정적인 말을 하는 것만으로도 충분히 효과가 있다. 그리고 직장 내 분위기를 화기애애하게 만들어 직원들의 창의성과 통찰력을 깨워내는 것만으로도 얼마든지 목표를 달성해낼 수 있다.

Note 1
응집과 관련해 조직의 건강을 늘 체크하라

사람이 모인 곳에서 이합집산은 반드시 생겨나는 필연적인 일이다. 다만 그것이 조직 전체에 긍정적인 영향력을 미치는지, 아니면 그 반대인지는 확인할 필요가 있다. 조직의 건강성을 점검해야 하는 사장의 입장에서는 부정적인 응집이 이루어지지 않도록 각별한 주의를 기울인다.

Note 2
'요즘 세대의 행복과 만족감'에 대해 연구하라

행복감과 만족감은 시대에 따라, 세대에 따라서 달라진다. 나이가 많은 세대는 일과 성과로 행복을 느꼈지만, 요즘 세대는 꼭 그렇지 않다. 사장의 입장에서 생각하지 말고 실제 대화를 통해 요즘 세대의 행복을 연구하고 적절한 사내 정책을 세운다.

勢;

세^勢, 핵심 측근을 중심으로 한 역량 강화

회사 내에서 '측근'이라는 말은 일부 인물이나 그룹의 이익을 위해
부적절하게 활동하는 것을 의미해 부정적으로 들릴 수 있다.
하지만 측근은 창의성과 혁신을 전파하는 등
전 직원에게 중요한 역할을 할 수 있으며,
조직 내부의 역량을 강화하는 데 도움이 될 수 있다.
조직 내부에서 세력이 형성되면 소규모 단위의 동력이 되어
전반적인 성장을 촉진할 수 있다.
따라서 측근 활동이 발생하면 부정적으로 바라보기보다는
그 역할과 의미를 이해하고 지속적으로 관찰하며
필요한 경우 지원을 아끼지 말아야 한다.

01

변화와 혁신을 추구하는 친위세력을 만들어라

핵심 측근의 의미와 구축

조직에서 '핵심 측근'이라고 하면 왠지 부정적 이미지가 강하다. 대체로 정치계에서 많이 쓰이는데, 한 명의 보스를 중심으로 소수의 사람들이 밀실에서 야합해 자신들에게 유리하게 권력을 행사하는 것처럼 느껴지기 때문이다. 하지만 긍정적인 것도 부정적인 면이 있듯이, 아무리 부정적인 것도 그 활용법에 따라 긍정적인 면이 있는 법이다.

사장이 직원들에게 자율성을 충분히 부여하더라도, 회사가 꾸준한 변화와 혁신의 길을 걸어가는 데 충분하지 않을 수 있다. 이럴 때는 사장을 중심으로 한 핵심 측근이 하나로 단결해 변화와 혁신의 주체이자 담당자가 되어 향후 꾸준하게 조직문화를 관리해야 한다. 그런 점에서 핵심 측근의 형성과 이들을 토대로 하는 회사 내 컨트롤 타워의 구축은 지속 가능한 발전에서 매우 중요한 요소다.

누가 친위세력이 될 수 있는가?

세종대왕은 정치, 경제, 과학 분야 등에서 조선 최고의 전성기를 만들어낸 위대한 왕이다. 그런데 그가 제4대 조선의 왕위에 오르자마자 한 일이 있다. 바로 집현전의 부활과 강화였다. 학문 연구 기관이자 참모 기구였던 그곳에 최고의 인재들을 모아놓았다. 그들은 3년마다 치러지는 국가시험에서 뽑힌 33명의 인재 가운데서도 1위에서 5위까지의 인물을 다시 추려 선택되었다. 또한 집현전에는 특별한 혜택도 주어졌다. 왕이 먹는 희귀한 과일인 귤을 쌓아놓고 마음껏 먹을 수 있었고, 자유롭게 술도 마실 수 있게 했으며, 집에서 책을 읽을 수 있도록 하는 일종의 '유급 휴가'도 하사했다. 심지어 궁내의 감찰도 면제했으니 집현전의 인재들은 자유로운 분위기에서 조선 사회의 유교적 기틀과 학문을 권장하는 풍조를 위해 최선을 다할 수 있었다.

김학수 작(作), 〈집현전 학사도〉.
집현전 내부의 모습을
사실적으로 잘 보여주고 있다.

오늘날의 회사와 비교해보면, 집현전의 인재들은 핵심 측근들이다. 사장을 보좌하면서 변화와 혁신을 이끌어내는 선봉대의 역할을 한다. 중요한 점은 과연 무엇을 기준으로 핵심 측근을 선발하느냐 하는 점이다.

혼자서 경영하던 회사가 점점 커지면서 여러 직원을 뽑아야 하는 순간이 온다. 이때 한 가지 기억해야 할 점이 있다. 직원이라고 다 같은 직원이 아니라는 것이다. 핵심 측근은 사장에게 큰 힘이 될 친위세력이다. 이를 불공정한 차별이라고 말할 수는 없다. 어차피 사람마다 능력 차이가 있을 수밖에 없기 때문이다. 이들은 사장의 뜻을 조직 전반에 확산하고, 직원의 생각과 행동을 긍정적으로 이끌어내면서 스스로 성공으로 질주하는 이들이다. 비유하면 이들은 '자가 발전기를 달고 있는 직원'이며, 따라서 누군가의 조언과 지속적인 자극이 필요한 '충전식 건전지를 달고 다니는 직원'과는 확연히 다른 존재들이라고 할 수 있다.

한마디로 이들은 회사 내의 변화와 혁신을 앞에서 이끄는 중추 세력이다. 사장의 세력을 강화하면서 유지하고 구성원들을 돈독하게 만들고, 향후 그 세력을 더욱 확장하는 데에 가장 앞서나가는 이들이다. 또한 이후 꾸준한 동기부여의 동인이자 조직의 문화를 유지하고 컨트롤 타워로 활동하는 이들이다. 사장이 만약 이러한 친위세력을 갖추고 있다면, 직원이 아무리 많아도 흔들리지 않는 리더십으로 회사를 이끌어갈 수 있다.

먼저 사장과 같은 꿈을 꾸고, 참목표를 제시하면 사장이 생각하는 그 이상으로 완벽하게 업무를 진행하는 친위세력을 선발해보자. 그들이 사장 뜻에 따라 사내 개혁을 함께 해나갈 진정한 최측근이 맞는지를 3가지 테스트를 통해 따져본다.

勢

첫째, 의도적으로 추진하는 프로젝트에서 친위세력을 배제시켜본다. 이때 사장의 뜻을 존중하여 다시 참여할 때를 기다리는지, 강경하게 자신의 목표를 관철시키려 하는지 살펴본다.

둘째, 구체적인 지시 없이 목표만 제시한 후 어떻게 업무를 수행하는지 지켜본다.

셋째, 테스트 기간임을 알려 성장을 독려한다. 누군가가 지켜보고 있다는 사실은 일을 더 잘하려는 동기부여가 되기도 한다.

회사 내의 모든 직원을 일사불란하게 움직이게 하려면, 내 뜻이 구석구석까지 전달되어야 한다. 이를 위해 친위세력을 양성하고 리더로 키워내는 과정이 필요하다.

진입장벽을 만들어라

누구나 할 수 있으면 흥미가 떨어지는 법이다. 친위세력이 되는 것을 어렵게 만들어라. 현자를 만나려면 산을 올라야 하고, 미인을 만나려면 용기가 있어야 하듯, 가치 있는 활동을 하는 것도 마찬가지다. 어느 정도 어려움이 따라야 가치를 인정받을 수 있다. 요즘 흔히 사용하는 줄 세우기 같은 마케팅처럼, 쉽게 가질 수 없어야 더 소중하게 여기는 것이 사람의 마음이다.

첫 친위세력을 구축할 때는 소수의 인원을 대상으로 진정성 있는 대화를 나누며 뜻이 통하는 사람들과 진행하라. 단 어느 정도 성장하고 많은 인원이 활동할 수 있게 되면 사장과 함께하는 친위세력 그 자체로 가치가 생성된다. 아무나 함께하는 것이 아닐 때에 더욱 함께하고 싶고, 함께하고 싶은 사람들이 많아질 때, 현재 함께하는 사람의 자부심과 소속감이 올라간다. 아무나 들어오지 못할수록 조직에 대한 헌신과 자발적인 의지를 끌어올릴 수 있으며, 기존 구성원들에게는 자부심이 생긴다.

친위세력을 구축하기 전에 필요한 것들

친위세력 구축은 언제 어떻게 해야 할까? 아무나 수시로 뽑아서도 안 되고, 절차나 준비 없이 해서도 곤란하다. 이러한 세력이 회사에 미치는 영향이 강력하기 때문에 일반 직원 입장에서 '사장이 자기 마음대로 뽑는 사람들'이라고 인식하면 오히려 조직에 폐해가 더 크다. 따라서 친위세력을 만들기 위해서는 철저한 준비가 필요하다. 이를 요약하면 다음과 같다.

문호 개방 기준 마련

당연하지만, 가장 먼저 핵심 측근을 선발해야 한다. 하지만 이것은 사장 혼자서 은밀하게 진행하는 것이 아니라, 직원 전체에 공개하고 투명하게 선발한다. 자격 조건을 정한 다음 누구나 도전할 수 있도록 문호를 개방해야 한다. 이것은 마치 특정한 위원회의 위원장을 공개 모집하는 것과 크게 다르지 않다.

기존 주요 세력과 신규 세력 간의 화합

만약 기존에 이미 자연적으로 형성된 주요한 세력이 존재하고 있다면, 둘 간의 화합을 위한 대책이 있어야 한다. 기존 세력을 일방적으로 무시하면 부작용이 생길 수 있다. 한쪽으로 흡수를 한다든지, 혹은 친위세력 내에서 역할을 다르게 하는 방법 등이 있다.

장기적인 비전과 보상 정책 수립

핵심 세력이 달성해야 할 구체적인 비전을 명시한다. 단순히 '사장과 가까운 사람'이라는 부정적 인식이 퍼지지 않도록 하려면 그들이 어떤 일을 하는지, 어떤 방식으로 운영될지를 명문화하고 그에 대한 보상도 분명히 밝힌다. 이렇게 하면 직원들은 회사에서 어떤 일이 진행되고 있는지를 알 수 있고, 친위세력을 따라서 함께 회사의 변화에 동참하겠다는 의지를 다질 수 있다. 성장과 발달, 성취에 따른 체계적인 등급 제도, 등급 달성 조건과 그에 맞춰 생겨나는 권한, 권리, 조직 규모, 권력, 명예도 함께 밝히는 것이 좋다.

조직문화를 위한 원칙 마련
친위세력인 조직을 대외적으로 밝히고, 그들을 단단하게 묶기 위해서는 조직명, 구호, 그룹명, 명분, 문양, 규칙을 공표해야 한다. 이렇게 하면 핵심 세력과 친위세력 역시 자부심을 가지고 차별화된 노력을 쏟아부을 수 있다.

심리적인 부분 고려
일에 대한 사명감, 일의 의미, 동료와의 관계, 미래에 대한 기대감, 자부심, 공동체 의식을 심어줄 필요가 있다. 그래야 일반 직원들과 분리되지 않고 온전히 초심을 지키며 회사의 동력이 될 수 있다.

정기적 학습, 토론, 회합의 규칙 마련
핵심 세력은 늘 토론을 통해 방향을 잃지 않도록 해야 하고, 이러한 학습·토론이 조직에 긍정적인 영향을 미칠 수 있다는 것을 인식하고 의무감을 갖도록 해야 한다. 이러한 모습은 전 조직원에게도 긍정적인 영향을 미친다.

위와 같은 전반적인 구조를 만들었다면 이제 구체적으로 어떤 기준에 근거해 핵심 측근을 뽑느냐의 문제가 남는다. 조선 시대에는 과거시험이라도 있었지만, 소규모 기업에서는 그간 일을 해왔던 성과나 주변의 평가가 유일한 기준이다. 하지만 그럼에도 사장이 주목해야 할 부분은 바로 생존 능력이 극대화된 사람, 역경을 겪었지만 극복한 경험이 많은 사람, 이를 통해 학습된 무기력에서 언제든 스스로 탈출할 수 있는 사람이다.

한마디로 요약하면 '탁월한 생존력과 회복력으로 성공을 많이 경험한 사람'이다. 이런 직원들은 자신이 겪은 경험을 바탕으로 그 회사의 내실을 채우고 미래 성장의 방향을 결정할 수 있는 능력을 지니고 있다. 더구나 이런 직원은 핵심 측근이 되었다고 하더라도 자신의 권한을 함부로 사용하지 않을 가능성이 크다. 그 자신도 여러 경험과 고난을 겪으면서 다른 직원들의 감정에 잘 공감하기 때문이다. 이런 직원이야말로 조직의 분위기를 잡아나가는 데 최적화되어 있다.

그들과 함께 친위세력 문화를 만들고, 과감하게 혁신과 개혁을 이뤄나가야 한다. 결국 이것이 목적인 만큼, 사장은 그들이 얼마나 강한 힘으로 전 직원들과 단결하며 애초에 부여된 그 목표를 이뤄나가는지를 확인하고 그들이 동력을 잃지 않도록 북돋아주어야 한다. 우선 친위세력의 문화를 만들어나가는 방법을 알아보자.

친위세력을 구축하는 방법

입회식을 만들어라

친위세력은 입회 그 자체가 특별해야 한다. 그들을 환영하는 특별한 입회식을 통해 자긍심을 부여하고 조직에 대한 충성도를 높인다. 사회에서 볼 수 있는 규모가 있는 단체나 기업을 보면 다소 거창한 입회식을 갖추고 있다. 이것은 구성원들에게 공동체 의식을 심어주는 데 효과적이다. 이를 통해 특별한 소속감을 느끼게 할 수 있다. 입회식의 핵심은 나를 내려놓고, 조직의 일원으로 새로 태어나는 것을 직관적으로 표현하는 것이다. 새로운 곳에서 새로운 일원으로 새롭게 시작한다는 것을 그자리에 함께한 모두가 느낄 수 있는 내용으로 구성하면 된다.

리더 그룹으로서 의식, 사명과 목적

리더 그룹의 구성원들에게는 그에 걸맞은 의식이 있어야 한다. 회사 전체를 조망하는 관점, 개인의 이익보다는 전체의 이익을 위해 큰 그림을 그릴 수 있는 의식을 지녀야 하고, 그것을 자신의 사명으로 받아들이고 애초에 친위세력에게 부여된 목적 달성을 위한 태도가 분명해야 한다. 한국비즈니스협회를 예로 들자면, 다음과 같다.

핵심 측근을 중심으로 한 역량 강화

> **우리의 사명감** | 한국비즈니스협회는 사람을 살린다.
>
> **친위세력의 정체성** | 집현전은 한국비즈니스협회의 경영진이다.
>
> **우리가 활동하는 이유** | 집현전은 사람을 살리기 위해 한국비즈니스협회 전체의 성장과 발전을 만들어내는 활동을 한다.

친위세력으로서 뭉쳐서 학습과 모임을 지속하는 이유는 모두의 뜻을 이루고, 원하는 미래를 만들기 위해서다. 회사의 방향과 친위세력 구성원들의 방향이 일치하고, 그 방향을 스스로 원하도록 우리만의 철학을 정비함으로써 소속감과 자부심을 강화할 수 있다.

특별한 세리머니(또는 리추얼)

특별한 조직에는 특별한 세리머니(또는 리추얼)가 필요하다. 여기서 세리머니는 구성원들끼리 공유하는 특정 행동, 격식, 생각 등을 말한다. 세리머니는 단체에 소속된 사람들의 마음을 경건하게 만들어주고, 소속감을 느끼게 해준다. 교회에서 대예배 전에 마련된 각종 의례 순서나, 월드컵 한일전 길거리 응원에서 하는 퍼포먼스를 떠올리면 이해하기 쉽다. 이 세리머니는 시각, 청각, 촉각 등 자극을 줄 수 있는 공통분모를 공유하는 것으로 구성되며 굿즈, 옷, 노래, 언어, 호칭, 인사, 춤, 스킨십 등으로 표현된다. 단체의 응집을 끌어내며, 단체를 향한 구심력이 강해지고, 신성함이 깃드는 효과가 있어 구성원 간의 상호 신뢰가 상승한다. 친위세력을 중심으로 세리머니를 도입해보자.

명령 계통

친위세력에게 명령 계통이 애매하면 이미 생명이 다한 것이나 마찬가지다. 혼선이 있거나 애매하거나 정확한 위계질서가 잡혀 있지 않으면 친위세력은 힘을 잃고 만다. 그 무엇보다 명령의 라인이 살아 있도록 주의해야 한다.

그룹 간 유대감 형성하기

친위세력이라고 해서 바다 위에 떠 있는 섬과 같은 존재가 되어서는 안 된다. 그들만의 문화가 있더라도 다른 그룹들과 늘 협조적이면서 유화적인 태도가 필요하다. 결국 친위세력이 하려는 일도 다른 그룹들과 손잡고 혁신을 이끌어가는 것이다. 유대감을 키우기 위해 해야 할 일이 2가지 있다. 첫째, 해낸 일들에 대해 서로 인정하고 격려, 칭찬하는 자리를 마련한다. 얼마나 중요하고 의미 있는 일을 하는지 재인식하는 시간이다. 이는 회사의 상황에 따라 주기와 시간대를 조율해서 진행한다. 둘째, 일주일에 한 번씩, 미니 워크숍을 한다. 거창한 워크숍이 아니라 간단한 다과, 회식, 영화 관람도 좋다. 그저 편안한 대화를 나누면서 서로의 개인사를 알아가며 서로 간의 감정 애착을 형성하는 자리다. 이 또한 회사의 상황

勢

에 따라 주기와 시간대를 조율해서 진행하면 된다.

비밀 지식은 오직 내부자들만 공유
지식과 정보는 어느 정도 폐쇄적일 때 그룹을 더욱 단결시킬 수 있다. 다른 직원을 일방적으로 차별하는 방식이 아닌, 프로젝트의 원활한 진행을 위한 최소한의 비밀은 반드시 지켜져야 한다.

신비스럽고 증명할 수 없는 루머를 만들어라
친위세력과 핵심 측근의 활약을 약간은 과장해서 확산시킬 필요도 있다. 나쁜 의미에서가 아니라, 그들이 얼마나 활발하게 활동하고 성과를 만들어내는지를 알려주면 이를 중심으로 단결력이 더 강해질 수 있다. 다만 지나친 과장과 루머는 피해야 한다.

친위세력의 소속감과 성장도 꾸준히 독려
친위세력이라고 해서 성장이 끝난 직원은 아니다. 그들도 계속해서 성장해야 하는 회사 조직의 일원이다. 따라서 그들이 계속해서 성장할 수 있도록 독려하고 그 후기를 작성해서 자신을 되돌아보도록 하는 것이 좋고 이런 과정을 통해 소속감도 더욱 강해질 수 있다.

헌신과 일관성

기꺼이 헌신할 수 있는 태도가 없다면 친위세력으로서 존재 가치가 사라진다. 그들이 늘 헌신적인 자세로 일관되게 애초에 부여된 역할을 해낼 수 있도록 사장은 끊임없이 독려해야만 한다.

조직 내부에 이렇게 친위세력 문화가 구축되었다면, 그때부터는 핵심 세력을 중심으로 하는 친위세력이 회사의 혁신 방향을 프로젝트화하여 최선을 다해 추진해간다.

다만 이러한 핵심 측근의 구성과 활용에서도 경계해야 하는 점이 있다. 바로 그들이 스스로를 핵심 측근으로 인식하면서 자신이 중요한 사람이라는 특권의식에 빠져들 수 있다는 점이다. 이는 회사에도 좋지 않은 영향을 미칠 수 있지만, 문제의 직원에게도 부정적인 영향을 미칠 수밖에 없다. 자칫하면 현실에 안주해 복지부동하며 자기 발전이 정체될 수 있기 때문이다. 또 이렇게 핵심 측근 자체가 '고인 물'이 되어버리면 일반 직원들 역시 그들이 가진 특권과 특권의식에 대한 저항감으로 회사에 대한 불만이 쌓일 수밖에 없다.

Note 1
사장을 보좌할 '핵심 측근'을 선별하고 관리하라

평소 직원들을 눈여겨본다면 누가 일을 잘하고, 누가 인성이 좋고, 누가 불만이 많은지를 알 수 있다. 따라서 이들 중에서 사장을 가까이에서 보좌할 핵심 측근을 선택하고 그들이 회사 발전의 원동력이 될 수 있도록 만들어야 한다.

Note 2
투명성과 객관성을 보장하라

핵심 측근들이 복지부동하지 않도록 그들 사이에 건전한 상호 견제가 유지되어야 한다. 또한 누구나 핵심 측근이 될 수 있다는 가능성을 열어두어야 한다. 그래야 '고인 물'이 가진 문제가 해소되고 늘 건강한 긴장관계가 형성될 수 있기 때문이다.

Note 3
꾸준히 독려하라

친위세력을 둔 취지를 잊지 말아야 한다. 과감하게 혁신과 개혁이 필요할 때 많은 직원을 단결하게 하는 중추 역할을 하는 세력이다. 이러한 목표를 잘 이뤄나가는지 지켜보며 동력을 잃지 않도록 사장으로서 독려한다.

02

친위세력 관리 시스템 구축
핵심 측근의 관리

친위세력은 특별한 사명감을 지녀야 한다. 첫 번째 사명감은 회사의 성장과 발전에 어떤 기여를 하는지, 동료에게 어떤 영향을 미치는지, 그 속에서 자신은 성장하고 있는지 등을 살펴보고 아는 것이다. 이때 필요한 것이 메타인지^{Metacognition}다. 1970년대에 발달심리학자인 존 플라벨$^{J. H. Flavell}$이 창안한 용어로, '자신의 생각에 대해 판단하는 능력'을 말한다. 한마디로 자신의 생각이나 지식을 곧이곧대로 받아들이지 않고 자체적으로 검증을 거치는 것이다. 메타인지력이 높을수록 자신의 능력과 한계를 분명히 알고 시간이나 노력을 적절한 곳에 쏟아 효율성을 올릴 수 있다. 두 번째 사명감은 어떻게 우리가 사명감을 성취할지 선포하고 구체화하며 등급을 설정하는 단계이다.

예를 들어, 한국비즈니스협회에서 운영하는 친위세력이라 할 수 있는 크림슨 칼리지에서는 비기너, 주니어, 시니어, 엑스퍼트, 마스터의 단계를 거치며 우리의 사명감을 함께할 수 있는 조직을 키울 수 있는 리더십과 실무 영업력을 키워나간다. 이로써 전체 회사의 성장에 기여한다. 집현전에서는 한국비즈니스협회의 방향성을 결정하는 사람으로 성장하기 위해 경영진이 되는 공부를 하고, 나아가 주위 직원들이 임원으로 성장할 수 있도록 이끄는 공부 환경을 만들어나간다.

친위세력의 핵심가치

조직문화에서 중요한 것이 핵심가치다. 중심이 되는 가치를 일컫는데 사업을 하면서 하게 되는 판단, 결정, 선택 등에서 중요한 역할을 한다. 기업이 존재하는 목적을 달성하기 위해 어떻게 해야 하는지에 대한 답을 핵심가치에서 찾을 수 있다. 만약에 친위세력이 추구하는 바가 가족 같은 회사라면, 핵심가치는 공동체 의식이고, 서로를 향한 시너지와 전체의 성장과 발전일 수 있다.

핵심가치는 사장의 선택, 구성원들과 소통을 통해 정해진다. 이것은 그저 존재하는 것만으로 의미가 있는 것이 아니기에 모든 구성원 간의 공감과 이해가 필요하다. 한 번 정해진 핵심가치는 바꾸기 어려우므로 처음 정할 때 신중해야 한다.

아래는 다양한 핵심가치의 예시다. 이외에도 조직의 특성에 따라 추가할 수 있다.

- **회사에 대한 구심력, 조직력, 화합력 강화를 위한 핵심가치**
  단결성, 나눔, 배움, 이끎, 헌신, 봉사, 협력, 소통, 원칙,
  전체의 성장과 발전 등
- **구성원 개인의 성장 강화를 위한 핵심가치**
  도전, 성장, 용기, 창의, 개선, 열정, 실천, 감사, 긍정, 초심, 뚝심 등

이러한 핵심가치가 만들어지면, 그다음으로 지속적으로 이어질 수 있도록 다음과 같이 준비한다.

선포하기

"이것은 우리의 핵심가치다"라고 명확하게 선포한다. 인사법이어도 좋고, 행사 전후로 쓰이는 구호여도 좋고, 늘 외워야 하는 리스트나 숙제, 소통법이어도 좋다. 명확하게 선포하고, 이 선포가 왜 필요한지를 가르치고 공유한다.

공유하기

핵심가치의 소중함을 경험할 수 있는 자리를 기획한다. 우리들의 핵심가치로 소소한 성장의 기쁨과 보람, 일하는 의미를 느끼고, 스스로 해낸 것에 대한 자부심을 느낄 수 있도록 인정하는 환경을 만들고, 필요하다면 그런 것을 축하하는 행사를 기획한다.

친위세력 내 인적 자원 관리 시스템

신입 교육 절차 마련

처음 조직된 친위세력은 모두 신입 구성원이기 때문에 첫 출발은 그냥 정기적인 학습을 하는 것으로 진행하면 된다. 하지만 나중에

합류하는 직원들은 선발하여 뽑는 절차와 현역 멤버로 합류하는 신입 교육 절차를 별도로 마련하여 기존 멤버들과 섞이기 전 그동안 받지 못한 교육을 진행해 동질성을 키워준다.

소속감 강화

내가 속한 집단에 수용되는 느낌, 소속감, 일체감을 가지고 활동할 수 있게 한다. 이를 위해 한국비즈니스협회 학우회 안에서 활용하는 방법으로 자기소개와 공통점 찾기, 격려하기 시간이 있다. 협회 내에서는 실제 업무에 대해 피드백하는 자리 외에, 격려를 하는 시간을 별도로 마련하여 서로에 대한 화합을 이끌어낸다. 지속해서 하다 보면 회사의 문화로 자리 잡게 된다.

도전하기

친위세력이 된 직원들이 해야 할 숙제 같은 일이 바로 도전이다. 도전 과제를 스스로 돌파하고, 지금까지 자신의 모습과는 다른 새로운 모습으로 서로를 인식하고 친위세력의 일원으로 받아들이는 과정이다. 그동안 미뤄왔던 도전을 시킬 수도 있고, 새로운 업무에 뛰어들게 할 수도 있으며, 서로 간의 업무 피드백을 할 수도 있고, 주위에 우리의 뜻을 전파하게 하는 업무를 맡길 수도 있다. 밀려 있는 학습거리를 모두 공부하게 하는 것도, 외워야 할 모든 문화 매뉴얼을 숙지하는 것도 도전 과제 중 하나이다.

勢

우리가 추구하는 핵심가치를 잘 느낄 수 있는 이벤트를 직접 기획, 실천하여 다른 직원들이 느낄 수 있게끔 프로젝트를 진행하며 진정한 일원이 되어가는 느낌을 주는 것도 도전의 과정이다. 스스로의 한계를 뛰어넘고, 우리의 핵심가치를 강화시키는 데에 도움이 되고, 그것을 해낸 자신을 자랑스러워한다.

정체성 강화

친위세력의 구성원으로서 보람, 즐거움, 자부심 등을 유지하게 한다. 핵심가치를 되풀이해서 인지하고, 선포하고, 대화를 나누는 활동을 기본으로 하되, 친위세력의 활동이 회사의 성장과 개개인 모두에게 얼마나 중요한지를 주제로 대화함으로써 활동의 중요성을 스스로 느끼고 강화해갈 수 있게 한다.

파면하기

핵심가치에 위배되는 행위를 한 구성원을 퇴출시킴으로써, 기준을 명확히 세우고 기강을 잡을 수 있으며 남아 있는 조직원들의 구심력과 응집을 이끌어낼 수 있다. 단, 파면의 절차가 감정적이거나 편파적일 경우, 근거 없는 두려움과 무분별해 보이는 이미지를 유발할 수 있으니 절차를 미리 마련해놓는 것이 좋다. 파면하긴 하되 일반 직원으로 돌아가 업무에 집중할 수 있게 배려하는 것도 잊지 않는다.

기밀유지협약

통상적인 기밀유지협약(NDA) 계약서는 비밀유지의무, 비밀정보를 취급할 임직원 등을 대상으로 한다. 이 말은 계약 당사자는 그럴 만한 권한이 있는 사람이라는 것이다. 접근할 수 있는 정보의 수준에 따라 권력의 등급이 나뉘는 것처럼 이는 나의 위치가 상승했음을 느끼게 해주는 세리머니가 된다. 이 협약은 우리가 함께 활동하는 친위세력의 중요성과 필요성을 인식시켜주고, 우리 집단의 자부심을 키워주고, 소속감을 강화시켜주는 장치가 되기도 한다.

보상과 안정감

어떤 일을 성공적으로 수행하거나 노력을 기울였다면 그에 대한 보상을 바라는 것이 인지상정이다. 보상은 사회적 동기부여를 위한 중요한 요소다. 보상이 있으면, 사람들은 그 일을 더 열심히 하거나 더 잘하려고 노력하기 때문이다. 보상에는 다양한 형태가 있는데 일반적으로는 금전적 보상이 가장 많이 사용되고 이외에도 상장, 인센티브, 수익 참여 등이 있다. 금전적 보상과 같은 단기적이고 즉각적이며 외재적 동기 측면의 보상이 있는가 하면 그와 다른 개념으로 안정감, 성장, 성취, 보람, 즐거움, 기쁨, 인정 등을 통해 동기를 올려주는 내재적 동기 측면의 보상도 있다.

勢

친위세력 활동의 성과 후기

친위세력이 활동하며 성장한 내용을 정리해 공유한다. 선망의 대상이 되게끔 인터뷰와 기록을 남긴다. 능력, 업적, 감사 등 이 모든 것이 친위세력의 가치를 올려준다. 그룹 내부에서도 어느 정도 구별이 되고, 나아가서는 대외적으로 드러내 보일 수 있는 형태로 게시, 공지하여 회사 내 모두가 알게 한다.

勢

✎ Note 1
핵심가치를 규정하라

기업에서 핵심가치는 그 기업이 추구하는 가치나 목표를 대표하는 중요한 개념이다. 기업의 미션, 비전, 전략 등과 밀접하게 연결되어 있으며, 기업의 존재 이유와 방향성을 제시한다. 친위세력은 정해진 핵심가치를 전파하고 거기에 따라 모든 행동과 의사결정을 수행하므로 미리 구성원들과 소통하여 핵심가치를 정하는 것이 중요하다.

✎ Note 2
친위세력을 잘 관리하라

자부심과 소속감을 느낄 수 있도록 활동 후기에 대한 소감을 나누고, 적절한 보상을 하는 등 시스템을 구축하여 지속적이고 일관되게 관리한다.

03

회사를 하나의 '세력'으로 만드는 법
회사의 경쟁력

표면적으로 사장과 직원은 회사 일을 매개로 월급과 노동을 맞바꾸는 사이라고 볼 수 있다. 성실하게 일하고 그에 맞는 월급을 받아가는 것은 직원의 선善이요, 그들의 노동으로 회사 매출을 늘리는 것은 사장의 선善이다. 이러한 선과 선의 맞교환은 겉으로는 매우 평등해 보이고 큰 무리가 없다. 그러나 사장과 직원의 관계가 이런 교환의 관계에만 머문다면 회사에서 생기는 수많은 문제에 취약해질 수밖에 없다. 언제든 한쪽이 이러한 교환에 불만을 가질 수 있기 때문이다.

불만이 증폭되면 충돌이 생기고, 결국 회사는 사소한 문제에도 뒷걸음질 치고 실적이 하락하는 일이 반복된다. 이런 상태에서는 회사를 키워나갈 수도 없으며, 아무리 좋은 직원이 들어온다고 하더라도 문제는 수면 아래에 가라앉아 있을 뿐이다. 따라서 사장과 직원의 관계는 그 본질이 바로 서로 힘을 합친 하나의 집단, 즉 세력이 되어야 한다. 회사 내 구성원들이 강하고 견고한 세력을 이루고 있다면, 수많은 문제를 돌파하는 힘을 갖출 수 있다. 문제는 회사를 단순한 '사람들의 모임'이 아닌 '힘을 가진 세력'으로 만들기 위해서는 무엇을, 어떻게 해야 하느냐는 점이다.

'업무의 다다익선'이 몰고 오는 결과

사람은 본능적으로 효율성을 따지는 존재다. 어떤 상황에서도 최소한의 노력으로 최대한의 결과를 얻어내려고 하며, 그것은 매우 합리적이고 상식적으로 보인다. 그런데 이러한 합리와 상식을 '회사에서 노동시간과 월급'에 적용하면, 사장으로서 받아들이기 매우 힘든 결과가 나온다. 즉, A라는 직원이 '나의 월급은 나의 노동시간을 들인 결과이다'라고 생각한다면, 효율성을 위해서 최대한 노동시간을 적게 들이려고 할 것이다. 어차피 월급이 정해져 있다면 업무 시간을 어떻게 보내든 일을 덜 해야 효율성의 법칙에 합당하기 때문이다. 하지만 직원들이 이렇게 생각하며 일하지 않는 분위기가 퍼진다면 그 회사는 오합지졸의 모임이 되어 결국 암울한 미래를 맞을 것이다.

따라서 사장은 이러한 분위기를 일신하고 '업무의 다다익선^{多多益善}' 분위기를 만들고, 직원들이 여기에 동참할 수 있도록 해야 한다. 직원의 입장에서는 '업무가 많으면 많을수록 좋다고?'라고 반문하며 일단 난색을 표할 수 있다. 그러나 직원 개인의 성장과 발전의 차원에서 본다면 사실 업무의 다다익선은 지금은 물론 앞으로도 좋은 결과를 가져온다.

아이들이 좋아하는 게임 사례를 들어보자. 여기 두 명의 아이가 있는데, 한 명은 게임을 좋아하지만, 다른 한 명은 그다지 게임을 좋아하지 않는다. 그런데 그들의 엄마는 매일 1만 원을 주면서 PC방에 다녀오라고 한다. 게임을 좋아하지 않는 아이는 1만 원을 쓰기 위해서 시간은 때우겠지만, 몬스터 사냥도 하지 않고 장비를 업그레이드하는 데도 관심이 없다. 그저 게임의 배경이 되는 마을이나 지역을 대충 오갈 뿐이다. 다른 아이는 엄마가 허락해준 1만 원이 너무도 감사한 나머지 한 달 내내 열심히 전투도 하고 레벨업도 하고 무기도 사 모은다. 한 달 뒤 두 아이의 게임 캐릭터와 레벨에는 어떤 차이가 있을까? 당연히 전자의 아이는 보잘것없는 캐릭터에 게임을 하는 능력치도 별로 없겠지만, 후자의 아이는 눈부신 캐릭터로 해당 지역에서 왕으로 군림하고 있을지도 모른다.

이 비유에서 엄마가 주는 1만 원은 '월급'을 의미하고 게임은 '업무'를 말한다. 엄마가 매일 1만 원을 주는 것처럼, 직장인도 한 달이 지나면 월급이 나온다. 게임을 열심히 하는 아이처럼 직장인도 최대한 업무를 많이 소화해야 자신의 능력을 발전시킬 수 있다. 열심히 일을 파고들다 보면 다른 사람은 몰랐던 미묘한 업계의 분위기도 파악할 수 있으며, 정교한 협상 능력이나 비즈니스 관계를 맺는 능력이 훨씬 출중해질 수 있다. 하지만 '어차피 월급은 나오는데 대충 시간이나 때우자'라고 생각하는 직원이라면 아무리 시간이 많

핵심 측근을 중심으로 한 역량 강화

이 지나도 형편없는 실력을 보여줄 뿐이다. 과연 어떤 직원이 나중에 더 큰 이익을 얻을까?

진정한 세력으로 성장하는 지름길, 조직 몰입

업무의 다다익선이라고 해서 결코 사장이 직원을 혹독하게 부려먹기 위한 명분이라고 오해하면 안 된다. 월급을 받는 직원이지만 최대한 적극적으로 일하다 보면 자기 성장을 꾀할 수 있다는 의미다. 여기에 회사가 '진정한 세력'으로 성장하는 지름길이 숨어 있다.

만약 전직원 사이에 '업무의 다다익선이야말로 나의 발전이고 성장이다'라는 분위기가 형성된다면, 그들은 서로 똘똘 뭉쳐 함께 일을 해나갈 수밖에 없다. 반면에 그러한 분위기에 올라타지 못하는 직원이라면 자연스럽게 도태되고, 적응하지 못해 스스로 퇴사하거나 자기 성장과 발전의 희열조차 모르는 안타까운 상황에 처할 뿐이다. 하지만 그런 직원이 탈락한 뒤에 남은 직원들은 더욱 자신에게, 그리고 서로에게 고무되어 세력으로서 힘을 발휘할 가능성이 매우 크다. 특히 기존에 이런 직원들이 있으면, 이후에는 그들이 스스로 다른 직원의 무임승차를 막아내고 세력으로서 조직을 더욱 강화시킬 것이다.

업무의 다다익선에 이어 더 단단한 궁극의 세력으로 하나가 되기 위해 회사는 함께 위기를 이겨가면서 담금질을 하고 작은 성공을 반복하면서 자신이 성장하고 있음을 느끼게 한다. 이것은 마치 친구 사이에서 끊임없이 우정을 확인해나가는 과정과 비슷하다. 이러한 경험을 하면 그때부터 직원은 이제 '문제 해결을 지향하는 사람'으로 변하고 자신과 회사의 동시 발전을 위해 기꺼이 헌신하는 자세를 갖춘다. 이들은 문제를 '문제'로 보지 않고 '성장을 위한 해결 과제'로 인식한다. 한 번씩 회사에서 골치 아픈 문제의 고비를 넘을 때마다 조직과 일체감이 형성되고 그때부터는 회사의 진정한 '세력'으로 동참할 의지를 다지게 되는 것이다.

경영학에서는 이를 '조직 몰입'이라는 말로 설명한다. 전문가들은 이를 '조직의 구성원으로 남으려는 의지', '개인과 조직체의 심리적인 결속의 형태'라고 부른다. 이런 상태가 되었다면 이제 회사는 서서히 세력화되어가면서 자체적인 경쟁력을 갖출 수 있다.

사장과 직원의 관계에서 사장은 자신이 갑^甲이라고 생각하는 경향이 강하다. 그러나 사실 사장은 이제 막 좋은 친구를 사귀는 입장이며, 또 그렇게 되어야만 자신의 사업을 영위할 수 있다. 따라서 '내가 무엇을 받을까'를 생각하는 것이 아니라 '내가 무엇을 주어야 하나'를 생각하는 을^乙의 위치에 있다고 스스로 생각해보자. 여기에

勢

핵심 측근을 중심으로 한 역량 강화

서 갑을의 관계는 권력의 많고 적음이라기보다, 누가 더 정성을 쏟고 심혈을 기울여야 하는지를 알려주는 관계 설정의 의미다.

회사가 언제나 승승장구할 수는 없다. 반드시 위기가 오고 실패의 함정에 빠질 수 있다. 하지만 조직 몰입이 된 상태, 즉 세력화된 상태의 직원들은 분명히 시련을 이길 힘이 있다. 넘어졌을 때 포기하는 사람과 다시 일어나는 사람은 차이가 크다. '직원에게 무엇을 경험하게 해서 더 일체감 있는 세력으로 만들 수 있을까?' 바로 이것은 사장이 회사를 그만둘 그 날까지 생각해야 할 제1의 화두다.

⊕⊗제가십본 핵심 노트⊗⊕

勢

Note 1
'업무의 다다익선' 분위기를 정착시켜라

직원들이 '세력화'하기 위해 중요한 것은 분위기다. 업무의 다다익선 분위기를 통해 스스로 성장의 즐거움, 자기 발전의 희열을 느낀다면 그러한 감정 자체가 직원들을 묶는 끈끈한 힘이 되어준다.

Note 2
사장과 직원이 함께 역사를 써나가라

'역사를 쓴다'라는 말이 추상적인 구호로만 그치는 것이 아니다. 어려울 때 다독이며 함께 힘든 일을 이겨나가고, 즐거울 때 함께 기쁨을 나누는 것만으로도 충분한 역사가 된다. 함께 성장하는 기억을 많이 만들수록 직원은 회사를 움직이는 견고한 세력이 된다.

핵심 측근을 중심으로 한 역량 강화

04

사내 정치는 필연적인가?
조직 내 파벌

직원이 조금씩 늘어나고 조직문화가 활성화하기 시작할 때 생기는 악재가 하나 있다. 조직 내에서 파벌이 생기고 사내 정치가 시작된다는 점이다. 이러한 현상은 치명적인 악영향을 가져온다. 서로 협력하지 않고 자신이 알고 있는 유용한 지식마저 공유하려고 하지 않는다는 점이다. 또한 파벌에 끼지 못하는 사람의 좌절감과 우울감이 극대화되어 해당자의 업무 분야에서 점점 공백이 생긴다. 또 회사 내에서 권력 획득이라는 '사적인 목표'가 중요시되고 그 결과 '조직의 목표'는 안중에 없어진다.

결국 사장으로서 최악의 상황을 맞을 수밖에 없다. 시간이 흐를수록 조율하기가 힘들어진다. 아무리 사장이라고 한들, 이미 공고해진 직원의 파벌 문제에 끼어들기가 어렵기 때문이다. 따라서 1인 사업자를 시작할 때부터 이러한 파벌 문제를 염두에 두고 직원 간에 파벌이 생기지 않도록 유의한다.

결국 문제의 원인은 사장이다

어떤 사장들은 사람이 모이는 곳에서 파벌은 어쩔 수 없는 일이라고 생각한다. 어딜 가든 비슷한 사람들끼리 모이게 마련이고 그렇지 않은 사람을 배척하는 일은 당연하다고 여긴다. 더구나 오랜 기

핵심 측근을 중심으로 한 역량 강화

간 한국에 집단주의 문화가 존재했던 만큼, 회사라는 조직에서도 생겨날 수밖에 없다고 말한다. 그러나 이러한 파벌 문제를 용인하기에는 회사가 겪는 손해가 너무 크다. 특히 이제 막 제대로 된 시스템을 잡아가려는 회사의 경우 큰 걸림돌이 되기도 한다. 중요한 점은 정작 이러한 파벌을 만들어내는 이가 결국 사장일 때가 많다는 것이다. 그리고 한번 파벌이 조성되면 점점 굳어져 회사 전체가 파벌의 대립 장소로 전락하고 만다.

'로버스 케이브의 캠프 실험'이 있다. 미국에서 실시된 이 실험은 11명으로 구성된 초등학교 5학년생을 두 그룹으로 나누어 진행되었다. 모두 백인이었으며, 중산층으로 경제적 상황이 비슷했다. 외모나 부모의 재산이 차별 요소가 되지 않도록 하기 위한 조처였다. 이들은 같은 지역의 각각 다른 곳에서 캠핑을 시작했다. 첫날은 그저 평온하게 캠핑을 했으며 두 그룹 사이에는 아무런 문제가 없었다. 둘째 날부터는 서로 경쟁을 하게 했다. 한 팀은 '방울뱀'으로 이름 짓고, 다른 한 팀은 '독수리'로 이름 지었다. 그리고 야구, 줄다리기, 보물찾기 같은 게임을 하게 했고, 승자에게는 메달은 물론이고 초등 소년들이 매우 좋아하는 스위스 군용 나이프를 주기로 했다. 연구팀은 2박 3일간 진행되는 이 실험에서 양 팀을 격렬하게 대립하도록 만들 계획이었다. 하지만 굳이 그럴 필요가 없었다. 이미 경쟁이라는 것 자체가 시작되자마자 두 그룹은 격렬하게 싸우고 상대방을 조롱했으며 밤에 상대편 캠핑장에 몰래 들어가 모기장을 찢기도 했다. 연구팀은 여기에서 한 걸음 더 나아가 의도적으로 편파적인 판정을 했고 그 결과 시간이 흐를수록 상대방에 대한 증오는 최고조에 달했다.

사실 이 학생들은 캠핑에 참여하기 이전까지는 매우 평범하고 온순한 아이들이었다. 학교나 가정생활에서도 거의 문제를 일으키지 않았다. 하지만 '경쟁' 구도에 들어가고 '편파 판정'을 받자 놀랍도록 변했다. 경기에서 진 팀은 심지어 상대 그룹의 깃발을 불태우기도 했으며, 상대방 텐트의 모기장을 찢는 것을 넘어 본격적인 야간 공격을 하기도 했다.

심리 실험에 참여한 아이들.
때로는 적대적으로 변하기도 하고
때로는 협력적으로 변하기도 했다.

아이들이 상대 팀을 향해 적어놓은
적대적인 문구.
＊출처: littlepsych101.tumblr.com

핵심 측근을 중심으로 한 역량 강화

공동의 목표를 제시해 일체감을 높여라

회사 내에서 파벌이 생기는 과정은 이 실험과 매우 유사하다. 특히 2가지 조건에 들어맞으면 어김없이 파벌이 생긴다. 첫 번째는 직원들끼리의 경쟁, 두 번째는 차별적인 대우이다.

우선 사장이 조직 내에서 직원들 간에 분리를 조장하는 말과 행동을 하면서 경쟁을 유발하면 곧바로 파벌이 형성된다. 예를 들어 직원 간의 능력을 비교해서 우월을 논하거나 등급을 매기는 일이 그렇다. 사장이 A라는 직원에게 "B는 좀 능력이 부족한 거 아니야?" 라는 언급을 하면 A에게 B는 '능력 없는 직원'이라는 낙인이 찍히고, 이는 거리감을 낳는다. 또 일부 사장은 이러한 우월성 평가를 통해서 일부러 사내 경쟁을 유도하기도 한다. 그렇게 하면 회사 발전에 도움이 된다고 생각해서다. 하지만 이러한 경쟁은 일시적으로는 도움이 될지 모르겠지만 장기적으로는 부정적인 결과만 낳을 뿐이다. 경쟁은 결국 상대방이 패배해야 내가 이기는 것이기 때문에 직원들끼리 협력해야 할 이유가 사라지는 셈이다.

두 번째로 사장이 직원들을 편파적으로 대우하면 역시 파벌이 생길 수밖에 없다. 무엇보다 승진과 보상에서 이러한 일이 생기면 상황은 심각해진다. 스포츠 경기에서 편파 판정을 하게 되면 선수들이 항의라도 할 수 있지만, 회사 내에서 사장이 차별 대우하면 직원들은 속수무책이다. '사장의 생각이 그렇다면 할 수 없지'라고 여기고 더 이상 반기를 들지 못한다. 절이 싫으면 중이 떠날 수밖에 없으니 잠자코 있든지, 떠나든지 둘 중 하나다. 이러한 기울어진 운동장에서 직원들은 죽기 살기로 서로를 향해 적의를 품는다.

혹시라도 파벌이 생기려는 조짐이 보인다면 초기에 '공동 목표'를 제시해 문제를 수습한다. 위 실험에서도 연구팀은 두 그룹의 학생들을 화해시키기 위해 공동의 목표를 부여했다. 캠핑장의 수도 공급 시설에 약간의 고장을 낸 뒤 학생들에게 물 공급이 힘들다고 전했다. 학생들은 모두 갈증에 시달렸고 다 함께 해결해야 할 공동의 목표가 생긴 것이다. 학생들은 서로 힘을 합쳐 수도 시설을 고쳤고, 화해의 분위기가 감돌기 시작했다. 그뿐만 아니라 연구팀은 캠핑 중 이동하다가 일부러 버스를 진창에 빠뜨렸다. 그렇게 하자 모두가 힘을 합쳐 버스를 밀면서 협력했다. 또 "주변에 탈옥범이 있는 것 같다"라고 알리고 매일 밤 불침번을 서게 했다. 탈옥범이 특정 그룹만 공격할 리는 없으므로 이들에게 '공동의 적'이 생긴 셈이고, 그 결과 함께 불침번을 서면서 피해를 예방하려고 노력했다.

사장은 어떤 일이 있더라도 직원들이 견고한 하나의 목표를 가지고 대열에서 이탈하지 않도록 해야 한다. 또한 시기나 질투, 성공에

핵심 측근을 중심으로 한 역량 강화

대한 과도한 욕망으로 파벌을 만들려는 사람이 있다면 이에 대해서는 단호하게 조처해야 한다. 조직에서 생기는 파벌은 많은 경우 사장에게서 비롯되지만, 때로는 사장의 총애를 받는 개인이 앞장서서 만들기도 한다. 작은 회사일수록 파벌이 존재하는 한, 회사의 성공은 점점 더 어렵다는 점을 명심해야 한다.

勢

Note 1
사장은 편파적인 말과 행동을 조심하라

조직이라고 파벌이 '자연스럽게' 생기지는 않는다. 사장이 편파적인 말과 행동을 할 때 직원들은 거기에서 배제되지 않기 위해 파벌을 만든다. 사장이 직원들 간에 차별적인 대우를 하고 그들을 경쟁시키면 파벌은 필연적으로 생기게 마련이다.

Note 2
'공동의 목표'를 강조해서 파벌의 싹을 제거하라

공공의 적이 생기면 내부가 단결되듯이, 공동의 목표가 생기면 파벌이 줄어들고 협력할 수밖에 없다. 그런데도 파벌을 끈질기게 유지하려는 직원이 있다면 단호하게 막아야 한다.

05

사내 단체를 만들어 성장을 도모하라

사내 교육의 필요성

2011년 창업자 스티브 잡스가 사망하자 미국 기업 애플의 미래를 우려하는 목소리가 터져 나왔다. "애플이 퇴조할 것이다", "잡스가 없으면 애플은 망할 것이다" 같은 격한 반응이 쏟아졌다. 그러나 10여 년 뒤 이러한 우려는 완전히 불식됐을 뿐 아니라 당시의 전망이 얼마나 의미 없었는지를 보여주고 있다. 2023년 1월 애플의 시가총액은 2조 달러 안팎을 유지하고 있다. 이는 삼성전자의 7배에 육박한다.

애플의 성장세가 변함없이 유지되는 것은 잡스를 뒤이은 CEO 팀 쿡의 뛰어난 능력도 한몫했겠지만, 잡스가 살아생전에 만든 '애플 대학Apple University'의 역할이 매우 컸다고 평가받는다. 애플 대학은 설립된 뒤 수년간 외부에 공개되지 않을 정도로 비밀스러움을 유지해왔다. 그러다 애플의 정신을 구현하는 핵심 교육기관으로 자리매김했다. 대한민국 사장들도 비록 규모가 작더라도 사내 교육기관 혹은 사내 단체를 설립한다면 회사 발전을 훨씬 빠르고 탄탄하게 도모할 수 있을 것이다.

사내 교육에서 기대할 수 있는 2가지

'사내 교육' 하면 어떤 사장이든 그 이유와 필요성에 대해서는 공감

핵심 측근을 중심으로 한 역량 강화

할 것이다. 아마도 '직원들에게 세상 트렌드와 업무 방식을 끊임없이 익히게 하여 더 나은 효율성을 끌어내기 위한 수단' 정도로 이해할 것이다. 제가십본에서 사내 교육은 이보다 더 광범위한 목표를 가지고 있으며 단지 '효율성'을 끌어내는 것 이상의 가치가 있다.

일단 사내 교육의 구조와 방식을 살펴보자. 일반적인 사내 교육은 외부의 전문 강사를 초빙하거나, 혹은 직원 중에서 특정 분야를 깊이 연구한 뒤 강의를 통해 사내에 전파하는 방식을 활용한다. 그러나 우리에게 필요한 방식은 사내 단체를 설립해 자체적으로 교육하는 것이다. 예를 들면 '학우회學友會'가 있다. 이는 말 그대로 '공부하는學 친구友들의 모임會'이라는 뜻이다. 특정한 공부 주제를 정한 뒤 함께 책을 읽고, 대화하고, 토론하는 수평적인 사내 교육이다. 이러한 사내 교육은 자발성과 적극성을 띤다는 장점 외에도 크게 2가지 역할을 기대할 수 있다.

❶ 혁신에 앞장서는 핵심 세력으로 성장한다
직원이 자발적으로 회사를 혁신하는 핵심 세력이 된다는 점이다. 일반적으로 사내에서 혁신을 추구할 때 많은 기업이 '혁신 태스크 포스TF'와 같은 조직을 따로 꾸려 진행한다. 그러나 이런 방식은 사내 직원들에게 거부감을 일으키고 위로부터 내려오는 혁신에 대해 동의와 공감을 하지 못할 때가 많다. 하지만 학우회를 통해서 스스

로 혁신의 필요성을 인지하고 공감하면 위로부터 내려오는 지시에 대한 거부감이 사라지고 자연스럽게 직원들이 일상 업무에서 혁신을 추구하는 결과를 끌어낼 수 있다.

❷ 직원들의 성장을 이끈다

사내 단체의 일종인 학우회 같은 사내 교육 단체는 직원들의 성장을 이끄는 역할을 한다. 단지 업무의 효율성에 그치는 것이 아니라 인격적으로, 도덕적으로 그리고 지식과 업무 차원에서 전반적인 성장을 이끌어낸다. 이러한 성장은 회사 내부에서 발생하는 '파이'의 문제를 해결할 수 있도록 도움을 준다. 일반적으로 사장은 직원들에게 '성과'를 강조한다. 성과가 있어야 회사가 운영되고 직원 월급도 줄 수 있으니 당연하다. 그렇다고 성장만 강조하다 보면 한 가지 문제에 봉착한다.

열심히 일한 직원이 회사의 높은 실적과 매출을 보고 한때는 뿌듯해할 수 있겠지만 결국에는 '그런데 나한테는 이게 무슨 이득이 있지?'라는 생각을 하게 마련이다. 성과란 사장과 직원 모두에게 기분 좋은 일이기는 하지만, 궁극적으로 직원 개인에게 실질적인 이득으로 돌아오지는 않는다는 이야기다. 따라서 이때부터는 성과가 나오더라도 '파이를 어떻게 나누는가?'라는 문제가 제기되고, 회사와 직원 사이에 미묘한 균열이 생기기 시작한다. 물론 충분히 나눌 만큼 성과가 크다면 직원 개인에게도 보상하면 되겠지만, 아직 그럴 여력이 없는 사장에게는 매우 부담스러운 일이다. 설사 보상을 한다고 하더라도 충분히 만족할 만큼 이루어지기는 힘들다. 따라서 사장은 여력이 있으면 경제적 보상을 염두에 두면서도 동시에 또 다른 동기부여로 작용하는 내재적 보상인 '직원의 성장'에 힘써야 한다.

사내 교육의 방법과 운영 노하우

이 과정에서 사내 교육의 필요성이 제기된다. 시행착오를 통해 배우는 것도 좋지만, 계획적이고 효율적인 성과를 얻기에는 부족하다. 그래서 사장은 사내 교육의 필요성을 제기하고, 자체적인 교육기관을 설립해 직원들을 참여시키고 본격적으로 운영하면 직원들은 업무 이외에도 성장에 대한 욕구를 충족할 수 있으며 '나도 성장하고 있구나' 하는 느낌을 받을 수 있다. 이러한 사내 교육은 외부 위탁이 아닌 자체 교육기관을 설립하여 진행하는 것이 바람직하다.

실제 한국비즈니스협회에는 공부를 중심으로 한 여러 사내 교육기관 및 혁신 그룹이 있다. 아래는 현재 운영되는 학우회이다. 각 회사의 사정에 맞게 참고할 만한 그룹이 있다면 도입해볼 것을 권유한다. 직원들은 다음 그룹에 중복해서 가입할 수 있다.

- **집현전** | 이사진과 경영진이 함께 모여 경영과 리더십에 대해 공부하는 모임이다. 회사의 중요한 정책이나 방향, 프로젝트가 이 모임에서 결정되고 업무에 대한 피드백을 주고받기도 한다.

- **크림슨 칼리지** | 영업에 대해 공부하고 관리하는 그룹이다. 영업, 조직관리, 그리고 프로모션에 관해 공부하고 토론하여 회사의 발전에 기여한다.

- **인재개발원** | 앞의 집현전 구성 인원 중에서도 사내 행정이나 관리 분야에 좀 더 적극성을 띤 인재들을 별도로 묶은 그룹이다. 회사의 전체적인 관리 감독이나 서로의 업무 피드백을 해준다.

- **승정원** | 조선 시대 승정원은 왕명의 출납을 담당하는 행정기관이며 오늘날로 치면 대통령 비서실의 역할을 했다. 이곳의 인력들은 처음에는 사내의 여러 공지글을 쓰는 일로 뭉쳐졌다. 어떻게 하면 각종 공지 글을 더 매력적으로 써서 회원들에게 어필할 수 있을지를 공부하고 학습한다.

- **영상수라간** | 바이럴 영상을 만드는 '영상맛집'이 되자는 의미에서 이름을 지은 그룹이다. 영상에 관심 있는 사람들을 규합해서 만들었다.

- **혜민서** | 조선 시대에 일반 서민들의 치료와 질병 관리를 맡던 관청이다. 요즘에는 디자인이 사람들에게 즐거움과 힐링을 주기 때문에 이를 더 발전시키기 위한 디자인 공부 모임이다. 효과적인 디자인을 위한 다양한 방법을 공부하고 서로의 디자인 실력을 발전시켜나간다.

- **선도부** | '선진 도약을 위한 부서'라는 의미다. 집현전 구성 인원 중 일부가 다시 다른 팀원들과 결합해서 다양한 사내 혁신을 주도하고 전파하는 역할을 한다. 집현전에 소속된 직원 중에서도 그 이상의 능력을 가지고 있거나 혹은 그런 능력을 발휘하고 싶은 직원들을 다른 팀과 묶어서 만든 부서이다.

- **특전사** | '특별 전국구 사무국'이라는 이름을 줄인 것이다. 한국비즈니스협회가 사단법인이다 보니 사무국이 별도로 있는데, 이 직원들이 좀 더 많은 공부를 하면서 독립적으로 사업을 이끌어갈 수 있도록 하고 있으며, 한국비즈니스협회를 전국적으로 확산시키는 역할을 맡고 있다.

회사 내에 다양한 그룹을 두는 것은 더욱 견고한 세勢를 만드는 방법이면서 팀 간의 경계를 넘어서는 전반적인 활력을 이끌어내는 장치이기도 하다. 그런데 중요한 점은 누구 하나를 각 학우회의 리더로 내세우고 일방적으로 따르게 하는 것이 아니라 서로 권리와 책임을 나눠 체계를 갖춰야 한다는 것이다. 일단 내부의 전체적인 역할을 살펴보면 각 회사의 사정에 맞게 체계를 구성할 수 있을 것이다.

- **회장** | 학우회 모임 진행, 학우회 운영, 결원 충원, 파문, 정기 모임 관리.
- **감독관** | 각 관리자들이 제대로 진행하고 있는지 관리 감독, 보고.
- **외교관** | 타 학우회와 공동 행사, 회의, 교류 주관 및 보고.
- **시간 관리자** | 회의 시 시간 체크, 지각 결석 조퇴 등의 근태 관리, 정기 모임 공지, 수업 사전 모이기.
- **숙제 관리자** | 숙제 리마인드, 체크, 구글시트 관리, 피드백 관리.
- **점수 관리자** | 미르(회사 내 자체 화폐) 지급 권한, 학우회장의 승인 아래 협회에 제출 후 최종 지급(월 10만 미르).
- **재정 관리자** | 돈 관리, 회비 운용, 벌금 취합.
- **교류 관리자** | 친목, 번개, 행사, 기획 및 진행.
- **학우조 관리자** | 학우조 활동 체크, 극도의 격려, 꼬꼬무 등.
- **학습 관리자** | 10분 강의 진행, 강사 위촉, 학우회 내부 학습 시스템 짜기.
- **열정 관리자** | 에너지 충전, 부정적인 사람에 대한 관리, 공부 후 일의 성공과 실패에 대한 보고.

학우회에 참여하는 인원이 많지 않다면 이 모든 역할을 다 지정할 수는 없으니, 최소한 '회장-숙제 관리자-재정 관리자'라는 3가지 역할은 정하고 간다. 한 사람이 2가지 역할을 맡을 수도 있다.

회사 내의 학우회라고는 하지만 다소 엄격하게 관리하는 것이 필수다. 지나치게 느슨할 경우 단순한 친목 모임이 될 가능성이 있기 때문이다. 따라서 참여 정도에 따라 회비와 벌금 체계를 마련하고 숙제를 자주 하지 않을 경우에는 학우회에서 퇴출도 가능하다. 만약 숙제를 하지 않았을 때에는 벌금을 내는 벌칙을 만들 수도 있다.

학우회를 설립해 '회사의 혁신+직원의 성장'을 도모할 수 있다. 비록 회사 내에서는 좌충우돌 일하며 부딪힐 수도 있지만, 학우회를 통해 '우리는 함께 배우는 친구'라는 인식을 확고하게 심어준다면, 실제 업무에서도 협력할 가능성이 커진다.

🖊 Note 1
어떤 공부가 필요한지 의견을 수렴하라

아무리 좋은 취지로 시작한다고 하더라도 결국 직원들이 관심을 두는 공부 주제를 선택하지 않으면 호응이 줄어들 수밖에 없다. 따라서 직원들이 탐구하고 싶은 주제에 대한 의견을 충분히 수렴한 후 낮은 단계에서 시작한다.

🖊 Note 2
일관된 규칙을 적용하라

직원들끼리 하는 학우회이므로 자칫 모임이 느슨해질 수 있다. 철저한 규칙을 정해 운영해야 제대로 효과를 볼 수 있다. 참여한 직원이 자신의 성장에 도움이 되지 않는다고 느낀다면 다음 레벨로 전진하는 것이 무척 어려울 수가 있기 때문이다. 시간과 돈을 투자하는 교육의 장(場)인 만큼 그 효율성에 집중해야 한다.

06

사내 단체를 만드는 3단계
사내 단체 구축 방법

앞에서 사내 단체의 위상과 역할, 그 기능에 대해서 알았다면, 이제 구체적인 설립 방법과 그 구조를 알아보자. 조직적인 차원에서 이러한 일을 경험해보지 못한 사장이라면 단체를 결성하는 것 자체가 매우 낯설고 어렵게 느껴질 수 있다. 그러나 구체적인 프로세스와 단체를 만들어내는 핵심 원리만 잘 이해한다면 그리 어렵지 않게 도전할 수 있다. 또한 전문적인 지식이 필요한 것도 아니기 때문에 처음부터 하나씩 따라 하다 보면 직원들의 인식이 달라질 수 있고, 자연스럽게 단체 결성을 주도해나갈 수 있다.

다만 여기서 한 가지 잊지 말아야 할 점은 이러한 설립 과정을 통해 전 직원이 '하나'가 되는 것이 궁극적인 목표라는 사실이다. '단체'가 중요한 것이 아니라 '단체를 통해 하나 됨'이 중요하다는 이야기다. 이 부분만 염두에 둔다면 비록 작은 회사라고 하더라도 사내 단체가 만들어내는 강한 힘을 회사의 자원으로 충분히 활용할 수 있을 것이다.

비슷한 점이 많으면 단결하는 인간의 본능

강한 결속력과 고유한 정체성을 갖는 것은 모든 단체가 추구하는 이상적인 목표다. 이를 실현하려면 단체가 형성될 때부터 적용되는 하나의 근본 원리, 즉 '동질성'이 필요하다. 사장은 이러한 동질성을 단체의 결성부터 마무리될 때까지 항상 염두에 두어야 한다. 동질성이 강한 힘을 발휘하는 이유를 이해하기 위해 먼저 동질성이 무엇인지부터 알아보자.

자신과 비슷한 사람에게 매우 호감을 느끼고 신뢰도가 증가하는 현상을 사회심리학 분야에서 '유사성 효과^{Similarity Effect}'라고 부른다. 즉, 우리는 자신과 비슷한 사람이나 물건, 아이디어 등을 더 선호하고, 낯선 사람이나 물건, 아이디어보다 더 긍정적으로 평가하는 경향이 있다. 이러한 편향은 인간의 사회적 상호작용에서 중요한 역할을 하고 우리가 선택하는 제품, 친구, 연인, 정치적 견해 등에 영향을 미친다.

영국 글래스고대학교 리사 드브루인^{Lisa DeBruine} 교수는 '외모의 유사성이 타인에 대한 선호도와 신뢰도에 어떠한 영향을 미치는가?'라는 주제를 연구했다. 이를 위해 컴퓨터 그래픽을 활용해 자신과 닮은 사람과의 관계 설정에 관한 실험을 했다. 그 결론만 요약해본다면, 우리는 자신과 얼굴이 아주 많이 닮은 파트너에 대해서 60% 이상 신뢰하는 반면, 매우 낯선 얼굴의 사람을 신뢰하는 경우는 50% 정도였다. 특히 이러한 신뢰도는 단순히 "저 사람을 믿는다"라는 말뿐인 것이 아니라, 자신의 수익을 배분할 때도 중요한 판단

기준이 된다는 점이 중요하다.

이외에도 외모뿐만 아니라 자신과 비슷한 이름의 사람에게도 유사한 결과가 나오는 연구도 있었다. 예를 들어 '로버트 그리어'라는 이름을 가진 사람은 '밥 그리거'라는 이름을 가진 사람에게, '신시아 존슨'이라는 사람은 '신디 조핸슨'이라는 사람에게 더 높은 신뢰를

THE ROYAL SOCIETY

Received 12 March 2002
Accepted 28 March 2002
Published online 11 June 2002

Facial resemblance enhances trust

Lisa M. DeBruine

Department of Psychology, McMaster University, Hamilton, Ontario, Canada L8S 4K1 (debruilm@mcmaster.ca)

Organisms are expected to be sensitive to cues of genetic relatedness when making decisions about social behaviour. Relatedness can be assessed in several ways, one of which is phenotype matching: the assessment of similarity between others' traits and either one's own traits or those of known relatives. One candidate cue of relatedness in humans is facial resemblance. Here, I report the effects of an experimental manipulation of facial resemblance in a two-person sequential trust game. Subjects were shown faces of ostensible playing partners manipulated to resemble either themselves or a partner or an unknown person. Resemblance to the subject's own face raised the incidence of trusting a partner, but had no effect on the incidence of selfish betrayals of the partner's trust. Control subjects playing with identical pictures failed to show such an effect. In a second experiment, resemblance of the playing partner to a familiar (famous) person had no effect on either trusting or betrayals of trust.

Keywords: kin recognition; phenotype matching; trust; facial resemblance; humans

1. INTRODUCTION

Humans undoubtedly learn who their relatives are by association and verbal communication, but these methods are not equally reliable for all classes of kin. Identification of one's mother and maternal siblings can be achieved by association, but distinguishing maternal half-siblings from full siblings, identifying one's father, or even recognizing offspring (for males), may require additional mechanisms such as phenotype matching (Porter 1987; Pfennig & Sherman 1995; Hauber & Sherman 2001). Phenotype matching refers to an implicit evaluation of relatedness on the basis of some trait-based assessment of phenotypic similarity. This assessment of similarity may be either with reference to one's own phenotype (self-referent phenotype matching) or with reference to the phenotypes of individuals conveying other cues of kinship, such as the patterns of social association characteristic of close family members. Evidence of phenotype matching has been found in several species, including ground squirrels (Holmes & Sherman 1982), baboons (Alberts 1999), golden hamsters (Mateo & Johnston 2000) and rhesus monkeys (Meikle & Vessey 1981), although seldom on the basis of visual cues. People, however, often attend to familial resemblances in appearance, especially on the paternal side (Daly & Wilson 1982; Regalski & Gaulin 1993), making facial resemblance a likely candidate for phenotype matching.

Digital morphing techniques provide an opportunity to

wise, the colour values of each pixel from matching locations on the two faces are also averaged to produce the morph. Morphs generally have smoother-looking skin and are more symmetrical than source faces, but appear realistic. In the present study, all experimental (self-similar) and control faces were morphs, so these effects of morphing were not confounded with cues of resemblance. Of course, facial averaging by digital morph... produce resemblances that are identical to t... from actual relatedness, but this consideratio... work against the hypothesis that experime... lation of resemblance in morphs wil... responses as predicted. There has been littl... whether and how family members resembl... Unrelated people can detect resemblance bet... and infants or children, but their accuracy is ... fect (Nesse et al. 1990; Brédart & French 19... et al. 2000; Bressan & Dal Martello 20... standably, even less has been done on the ab... resemblance of one's relatives to one's s... Porter et al. (1984) found that, after only 1... (average 4.7 h) of post-natal contact, 22 of... could correctly identify their infants from... photographs of infants matched for sex, a... amount of hair, and many of the mothers i... a family resemblance helped them to identif...

If humans use phenotype matching to... decisions and actions, they might be expect...

보냈다. 또 자신과 같은 신념을 가진 사람을 도와줄 가능성도 더욱 높았다. 따지고 보면 외모나 이름 정도가 비슷한 것이 어떻게 사람의 판단력에 영향을 미칠까 의문이 생길 수도 있지만 이는 이성의 영역이라기보다 본능적이고 무의식적인 영역이다. 인간은 원시 시대부터 다른 부족을 만났을 때 가장 먼저 유사성부터 살폈고, 유사성이 많으면 다소 안심하는 과정을 거쳤다.

이러한 인간의 본능은 사내 단체를 결성하고 운영하는 데에도 큰 도움이 된다. '하나의 단체'에 속해 있다는 정체성으로 발전해 그것이 강한 구심력으로 작용하기 때문이다.

사내 단체를 결성하는 체계적인 3가지 방법

사내 단체를 결성하는 방법은 크게 3가지로 나뉜다. 근본적인 방법, 기술적인 방법, 시스템적인 방법이다. 이는 낮은 단계에서 높은 단계로 나아가는 체계적인 방법론이기도 하다. 우선 앞서 이야기했던 동질감, 그리고 유사성의 효과는 그 첫 단계인 '근본적인 방법'에서 매우 효과적으로 작동한다.

勢

핵심 측근을 중심으로 한 역량 강화

STEP 1

사내 단체 결성을 위한 근본적인 방법
- 동질감을 형성하기 위한 가벼운 단계의 운동
- 소속감을 주고, 정기적인 활동을 하고, 이름을 붙이는 행위

여기에서 '가벼운 단계의 운동'이란 실제 스포츠를 의미하는 것이 아니다. 서로 교감할 수 있는 가벼운 사전 행위를 말한다. 소속감을 부여하고 친밀함을 유지하며 특정한 세리머니를 통해서 동질성을 확보하는 과정이다. '초회 모임'이나 '신입 교육' 같은 방식으로 정기적인 활동을 시작한다.

STEP 2

사내 단체 결성을 위한 기술적인 방법
- 1차 회의를 통해 안건 상정과 필요성 언급, 아이디어 모집
- 정리된 회의록 사전 전달과 보완점 공유
- 2차 회의 때 정리본 공유와 함께 피드백
- 회의록 전달 및 공유와 함께 앞으로 행동 계획에 대한 브레인스토밍
- 3차 회의 때 자발적 의사 표현에 따른 내용 취합 후 내용 정리 및 공지
- 프로젝트 예산 조달에 대한 구성원 과금

사내 단체가 추구하는 목표를 이루기 위해 보다 구체적인 방법을 규정하고 매뉴얼을 정한다. 이러한 방법을 통해서 STEP 1에서 확

보된 동질감을 더욱 단단히 할 수 있으며 본격적인 시동을 걸 수 있다.

STEP 3

사내 단체 결성을 위한 시스템적 방법

- 회의를 통해 만들어진 내용을 바탕으로 체크리스트, 투두To do리스트, 매뉴얼 배포
- 해당 내용의 관리 관할이 잘 이루어지고 있는지에 대한 감사 조직 내부 위촉
- 신규 인원 위촉과 신규 인원 교육 및 정규 인원 안정화, 문제 인원 퇴출에 대한 룰 제정
- 각 역할에 맞는 책임과 권한 명시 후 공유, 발표 세리머니, 역할 활동 사례 발표 간증
- 서기, 숙제 관리자, 총무, 감독관, 요약 및 자료 기획
- 입회, 신입 교육, 현역 강화, 파문

마지막 세 번째 단계는 지금껏 만들어진 체계와 규정을 완전한 하나의 시스템으로 구축하는 것을 의미한다. 참여한 개인별로 정확하게 할 일을 지정하고, 입회뿐만 아니라 퇴출이나 파문에 대한 규정을 정하면 엄격한 사내 단체의 위용을 갖출 수 있다. 또한 신입교육과 신규 입회에 대한 규정까지 모두 정해지면 이제는 지속적으로 발전할 수 있는 단체가 된다.

사내 단체란 회사 내에 존재하는 또 하나의 강력한 태스크포스팀

과도 같다. 단순한 취미와 힐링을 위해서 모이는 조직이 아닌 만큼, 명확한 목표 아래 각 개인들도 충분히 성장할 수 있다. 사내 단체를 통해서 회사를 이끌어가는 것은 전례가 없는 경영의 혁신이다. 현재 많은 기업에 사내 단체란 사실 직원들의 친목을 도모하거나 스트레스를 풀어주는 복지 차원에 그치는 경우가 대부분이다. 그래서 자기 성장에 대한 욕구를 충족시키기 어렵다. 물론 이런 단체들도 나름의 효과가 있는 만큼 사내 단체와 더불어 조화를 이룬다면 회사 발전의 원동력이 된다.

勢

✑ Note 1
동질성을 높여라

회사라는 조직 자체도 이미 같은 정체성과 동질성을 갖는다. 그런데 사내 단체는 또 다른 정체성과 동질성을 공유하면서 더 강하게 결속하게 한다. 함께하는 동료와의 성장 자체가 이미 자신에게 큰 도움이 되며, 사장과는 별개로 자신의 미래에 대한 비전을 그려볼 수 있기 때문이다.

✑ Note 2
초보 단계부터 하나씩 실행하라

사내 단체를 처음 결성한다면 부담스러울 수 있다. 처음부터 완벽한 형태로 결성할 필요는 없다. 비록 부족한 면이 있더라도 '최소한의 뼈대부터 갖춘다'는 생각으로 초보 단계부터 출발한다.

族;

족族, 집단지성과 공동체 의식의 뿌리

집단의 운명은 그 구성원들의 의식에 따라 좌우된다.
회사에서도 마찬가지다.
회사에서 인재란 단지 업무 능력뿐만 아니라
서로를 신뢰하고 지지하며 헌신할 수 있는 능력을 갖춘 사람들이다.
회사는 이런한 인재를 키워나가야 하며
그들이 열정을 바쳐 일할 수 있는 환경을 제공해야 한다.
또한 투명한 시스템을 구축하여 서로를 신뢰하며
무임승차하지 않도록 해야 한다.
이러한 공동체 정신을 갖춘 회사 구성원들은
일족一族으로 무장하여 회사를 성장시킨다.

01

자발적 운영 조직, 홀라크라시로의 진화

조직 운영 방식

조직 운영의 고도화로 인해 많은 경영자와 학자들이 어떤 형태의 조직을 만들어야 하는지에 대해 고민하고 있다. 초기 자본주의 발전 단계에서는 수직적 조직이 효과적이라고 여겨졌으며, 실제로 이러한 형태는 많은 성과를 거두었다. 그러나 현재는 변화하는 시대 흐름에 맞춰 수평적 조직이 더 적합하다는 견해가 대세이다.

놓치지 말아야 할 부분은 수평적 조직을 구축할 때 발생하는 다양한 문제점이다. 직원들이 낯선 체계에 적응하는 것이 어렵고, 심리적인 저항감 역시 존재한다. 중요한 과제는 '조직이 스스로 운영되는 시스템을 구축하는 것'이다. 이를 위해 유용한 방법 중 하나가 '홀라크라시Holacracy 조직'이다.

수평적 소통으로 업무 효율을 높이는 '서클'

수백 년간 사람이 손으로 자동차를 운전하는 것에 문제가 제기된 적은 없었다. 너무도 당연한 일이라고 생각했기 때문이다. 마찬가지로 회사의 직급 체계도 수직적 조직으로서 사장, 임원, 부장, 과장, 팀원 등의 권한과 책임이 연령과 근무 경력에 따라 구분되는 것을 당연하게 여겼다. 이는 사업을 오래하면서 경험이 쌓일수록 통찰력과 암묵지가 생기고, 미래를 예측하는 능력이 강해지기 때문이다.

따라서 나이와 근무 경력에 따라서 권한과 책임이 많아지는 수직적인 조직이 적합하다는 데 이의를 제기하는 사람이 많지 않았다.

그런데 지금 경영환경은 이러한 딱딱하고 오래된 체계에 다 담을 수 없을 정도로 엄청난 변화를 겪고 있다. 경험이 많다고 미래를 예측할 수도 없고, 사장이라고 해서 소비자의 트렌드를 다 따라가기도 힘들어졌다. 그러니 이제는 수직적 조직의 강점이 사라질 수밖에 없다. 어차피 팀장이나 사장이나 미래를 알 수 없는 상황은 동일하고, 신입사원이나 부장이나 소비자의 트렌드를 정확하게 맞추지 못하는 것은 마찬가지이기 때문이다. 그런 이유로 새로운 조직의 필요성이 제기됐고, 그 대표적인 사례가 바로 홀라크라시 조직이다.

홀라크라시 조직은 수직적으로 많은 책임이 부여되는 계단식 구성이 아니라 역할 중심의 조직 구조를 채택한다. 소수로 이뤄진 팀, 혹은 개개인이 각각의 독립적인 '서클'로서 존재한다. 그리고 여러 서클이 교집합을 이뤄 전체 회사의 목표에 복무한다. 여기에서의 서클은 회사 내에 필요한 하나의 '역할'이라고 보면 된다. 회사라면 누군가는 생산을 해야 하고, 누군가는 직접 고객을 대면해야 한다. 또 누군가는 문제가 생기면 A/S를 해야 한다. 각 직원은 이러한 역할을 맡는 서클에 해당하는 것이다. 따라서 여기에는 전통적인 개념의 '상사'가 존재하지 않는다. 또한 누군가는 관리하고, 누군가는 관리받는 개념도 존재하지 않는다. 모두가 사장이자 관리자이며, 실무자인 셈이다.

일부 사장들은 수평 조직에 대해 불안감을 느낄 수 있다. '사장이 아닌 각자가 최종 결정을 내리면 잘못된 판단을 하지 않을까?', '혹시 문제가 생겼을 때 누군가 한 명이 최종적인 책임을 지지 않고 서로 문제를 떠넘기지는 않을까?' 등의 걱정을 떨쳐내기가 쉽지 않다. 그러나 이러한 문제점들은 홀라크라시 조직이 추구하는 '상호 피드백'이라는 방식을 통해 충분히 해결할 수 있다.

과거에는 소통이라고 하면 은연중에 직급이 높은 사람과 낮은 사람 사이의 관계를 설정했다. 하지만 '상사'라는 개념이 사라진 새로운 조직에서는 직급의 높낮이와는 상관없이 수평적 소통이 활발해질 수 있다. 무역회사라면 수입을 담당하는 서클과 국내에서 유통을 담당하는 서클이 있을 것이다. 이 둘은 매우 밀접한 업무 연관성이 있기 때문에 서로 대등한 입장에서 상호 교류를 해야 한다. 따라서 홀라크라시 조직에서는 최종 결정을 할 때 잘못된 판단을 할 가능성이 현저하게 줄어든다. 특히 상사에 의한 권위적인 피드백이 사라지면서 온전히 '어떻게 하면 서로 시너지를 내면서 일을 잘할 것인가'에 소통의 초점이 맞춰진다.

집단지성과 공동체 의식의 뿌리

수직적 조직, 수평적 조직, 홀라크라시 조직의 특징을 한 눈에 살펴보자.

수직적 조직	전형적인 상하 관계의 구조를 가진다. 상위 계층에서 하위 계층으로 정보와 지시가 전달된다. 규모가 큰 조직에서는 일사분란하게 일을 처리할 수 있는 장점이 있어 조직의 효율성을 높일 수 있지만, 정보의 흐름이 위에서 아래로만 흐르기 때문에 하위 계층에서의 창의성과 적극성이 억제될 수 있는 단점이 있다.
수평적 조직	조직 내에서 정보와 결정이 상하 관계보다는 팀 간 혹은 조직 내의 각 기능별 팀들 간에 상호작용하며 이루어진다. 이러한 구조에서는 팀 간 의사소통과 협력이 강조된다. 다른 생각이 존중되고 다양한 의견을 들을 수 있으니 더 많은 창의성과 혁신이 이루어질 수 있는 장점이 있다. 그러나 의사결정과 업무를 수행하는 데 일관성이 부족하거나 속도가 느릴 수 있는 단점이 있다.
홀라크라시 조직	전통적인 계층 구조보다는 분산된 결정 구조와 역할 중심의 조직 구조를 채택하므로 조직의 유연성과 민첩성이 높은 편이다. 조직 내 모든 구성원이 자유롭게 의견을 제시하고 의사결정을 하는 과정을 통해 조직의 목표를 달성하고자 하므로 각 구성원은 자신의 역할과 책임을 명확하게 정의하고, 이를 수행하기 위한 자율성과 책임감을 갖는다. 그러나 기존 조직의 구조와 체계에서 벗어나는 만큼 조직문화와 직원들의 태도 등을 바꾸는 작업이 필요하다.

자율적 회사 조직을 완성하는 '링크'의 역할

조직 내에서 문제가 발생하여 서로의 책임을 떠넘기는 상황에서도 '상호 피드백'은 충분한 영향력을 발휘할 수 있다. 기존의 수직적 조직에서는 판매 팀원이 판매 팀장과 소통하여 실무를 결정하고, A/S 팀원은 A/S 팀장과 소통하여 실무를 진행한다. 그러나 두 실무자 사이에 문제가 생겼을 때 이를 보고받은 각 팀장들은 팀의 이익을 지키기 위해 자기 팀원을 감쌀 수밖에 없다. 자연스레 문제는 판매 팀장과 A/S 팀장의 갈등으로 번진다. 반면, 서클 구조에서는 회사의 목표를 최대 과제로 삼는 교차 영역에서 이미 충분한 소통이 이루어지기 때문에 책임 소재의 문제가 상대적으로 명확하게 해결된다.

홀라크라시 조직에는 '링크'라는 역할이 있어 이러한 소통을 촉진한다. 링크는 그 어떠한 권한을 갖지 않는다. 직원에게 명령할 권한도, 강요할 권한도 없다. 다만 각자의 서클이 유연하게 연결될 수 있도록 소통을 요청하고 기다리고 다시 요청하는 역할을 할 뿐이다. 따라서 이런 링크의 역할이 조직 내부의 소통을 자유롭게 계속 이어지도록 만든다. 이를 통해 명령, 지시, 통제 없이 자율적으로 발전해나가는 회사 조직을 완성할 수 있다.

하지만 이러한 조직을 구성하는 데에는 하나의 전제가 필요하다. 그것은 회사에서 일하는 직원을 '자발적인 존재'로 여길 것인가, 아니면 '수동적인 존재'로 여길 것인가에 관한 문제이다. 홀라크라시 조직을 최초로 운영한 온라인 신발 판매회사 자포스^{Zappos}의 창업자인 토니 셰이는 "직원들이 스스로 오너십을 가지고 일할 때 더 효율적이고 창의적으로 일한다"라고 말했다. 오너십을 가진다는 것은 직원을 자발적인 존재로 여긴다는 의미다. 반면, 과거의 전통적인 위계 구조는 '직원들은 자발적으로 일하기를 원하지 않기 때문에, 철저한 관리를 통해 일하게 만들어야 한다'는 가정을 바탕으로 한다. 이러한 2가지 관점에 대해 의견이 분분할 수 있겠지만, 자발적으로 일하는 조직이 더욱 뛰어난 성과를 거두는 것은 누구도 부인할 수 없다. 특히 이러한 자발적으로 일하는 조직이야말로 진정한 의미에서 '알아서 굴러가는 회사'가 될 수 있다는 점이 중요하다.

공동체 의식을 강화하는 방법들

홀라크라시 조직을 완성하고 유지하려면 공동체 의식의 강화를 위해 다양한 세리머니 등을 더해야 한다. 회사 내의 조직은 하나의 물리적 구조일 뿐이어서 그 내용을 채울 수 있는 다양한 콘텐츠가 필요하다. 이러한 콘텐츠는 직원의 마음을 움직이게 하고 공동체 의식을 확장하여 회사 조직을 더욱 단단한 하나의 세력으로 만들어나간다.

예를 들어 한국비즈니스협회는 자체 화폐인 '크림슨'을 도입해 회사 내에서 칭찬할 때 사용한다. 크림슨은 다양한 색상과 1크림슨, 10크림슨, 50크림슨 단위로 구성되어 있으며, 다른 직원들의 긍정적인 영향력을 인정하거나 칭찬하고 싶을 때 일정량을 사용할 수 있다. 이를 위해서는 크림슨을 얼마나 사용할 것인지, 왜 주는지에 대한 이유 등을 지출결의서에 기록해야 한다. 하지만 상호 품앗이 형태의 지급은 허용되지 않는다.

'광합성'이라는 사내 행사도 공동체 의식을 강화하는 하나의 이벤트이다. 예를 들어 특정한 목표를 정하고 성공적으로 달성했을 때, 마치 식물이 광합성을 통해 생명을 유지하고 활력을 되찾듯이, 회사 내의 모든 직원이 오전에 시간을 내서 함께 식사를 하러 가는 행사이다. 광합성은 '그냥 일반적인 친목을 위한 회식'이라고 볼 수도 있지만, 특정한 목표를 달성했을 때 주어지는 구체적인 보상이라는 의미를 담고 있다. 무엇보다 '함께 이룬 성과를 다 같이 나누자'라는 의미가 강하다는 점에서 기존의 단순한 회식과는 차이가 있다.

族

직원이 자율적으로 일하면 사장은 더 많은 시간을 확보해 사업을 키우기 위한 고민에 몰두할 수 있다. 대외적인 활동에 집중하여 회사 차원의 네트워크를 만들어나갈 수도 있다. 이러한 조직문화는 단순히 회사를 편리하게 운영하기 위한 것이 아니라 회사의 규모를 확장하고 발전시키기 위한 핵심 요소이다.

族

✐ Note 1
홀라크라시 조직의 장점을 활용하라

아직은 소규모 회사가 '서클'의 개념을 전면적으로 받아들이기는 쉽지 않다. 하지만 그 조직 구성이 가진 장점을 충분히 생각해본다면 어떤 방식으로든 현재 회사 구조와 연결해 활용할 수 있는 부분이 있을 것이다. 핵심은 '모두가 사장이자 관리자이며 실무자'가 된다는 개념이다.

✐ Note 2
링크의 역할을 담당하는 직원을 배치하라

개별 서클이 있다고 하더라도 서로 문제가 생겼을 때 책임을 떠넘기려고 하거나 감정적으로 부딪히는 문제가 발생할 수 있다. 하지만 원활한 소통이 이뤄지는 회사의 분위기와 이를 담당하는 적절한 인력 배치가 있다면 문제를 충분히 해결할 수 있다.

집단지성과 공동체 의식의 뿌리

02

MZ세대에 대한 오해와 착각

직원에 대한 이해

요즘 사장이 직원을 뽑는다면 거의 대부분 MZ세대일 가능성이 높다. MZ세대$^{Millennial and Gen Z, 밀레니얼과 Z세대}$는 1981년부터 2010년까지 출생한 세대로, 디지털 시대에 태어나 디지털 기술과 소셜미디어에 익숙한 세대를 말한다. 그런데 다수의 사장은 이들 세대의 특징이 자신들과 다르다는 이유로 놀라거나 신기해하고 때로는 고개를 가로젓는다. 최근 수년간 이뤄진 이들에 대한 연구결과를 보면, 회사보다는 개인의 이익과 성취에 더욱 관심이 많으며, 워라밸을 추구하고, 가차 없이 회사를 떠날 가능성이 높다. 따라서 대체로 회사와 MZ세대는 잘 맞지 않으며, 다루기가 매우 까다롭다고 생각하는 경향이 있다.

그런데 한 가지 의문이 들지 않을 수 없다. 대기업들도 분명 MZ세대를 뽑아서 함께 일할 텐데, '젊은 세대 때문에 삼성이나 현대의 실적이 오르지 않고 있다'든가, '구글이나 아마존이 MZ세대 때문에 사업을 하는 데 매우 큰 곤란을 겪고 있다'는 이야기를 들어본 적이 있는가? 누구를 채용하든 잘나가는 기업은 잘나가게 마련이다. 그렇다면 혹시 우리가 내린 MZ세대에 대한 평가가 잘못된 것은 아닐까?

MZ세대의 사회 적응과 뛰어난 능력

미국 통계청에 따르면 2025년에 전 세계 노동인구의 75%가 MZ세대가 될 것으로 전망하고 있다. 당연히 우리나라 역시 예외일 수 없다. 따라서 업종이 어느 분야이든 사업을 하려고 결심한 사람이라면 이들 세대와 함께 일하는 방법에 대해서 알아야 한다. 먼저 이들에 대한 오해와 편견부터 없앨 필요가 있다. 대개 이들은 상사를 '꼰대'라 부르며 별로 엮이고 싶어 하지 않고 회사 일에도 열정이 없다는 오해를 받는다. 하지만 실제로는 정반대다.

새로운 세대를 집중적으로 연구하는 기관인 미국의 CGK^{The Center for Generation Kinetics}는 2천여 명이 넘는 젊은 직장인들을 대상으로 설문 조사를 진행한 적이 있다. 그 결과 Z세대 직원의 20% 이상은 매일, 혹은 하루에도 여러 차례 능력 있는 팀장에게 피드백과 업무 지도를 받을 수 있는 기회를 원했다. 또한 전체의 56%가 넘는 직원들이 '업무에 몰입하기 위해서 상사의 피드백이 매우 중요하다'고 응답했다. 또 구글은 직원들에게 매주 20%의 시간을 주어 자신만의 아이디어를 실현할 수 있는 기회를 주고 있다. 이를 통해 구글의 새로운 서비스는 대부분 MZ세대에 의해서 개발되었다. 이 제도는 시대의 변화에 따라서 사라지기는 했지만, 당시 새로운 세대의 가능성을 발견하는 데 충분한 설득력을 보여주었다.

이러한 사실을 종합하면, 이제는 MZ세대에 대한 오해를 거둘 필요가 있다. 이들은 상사가 업무를 지도해주기를 간절히 바라며, 그만큼 일에 대한 열정도 크다. 또 자신의 아이디어로 세상을 움직이는 서비스를 얼마든지 만들어낼 정도로 똑똑한 능력을 갖추었다.

다만 MZ세대가 살아온 시대 배경을 감안해서 그들을 이해하려는 관점을 가져보자. 기성세대와 비교하면 풍족한 세대이자 부족함이 없는 어린 시절을 경험했다고 할 수 있지만, 그들 역시 나름의 좌절과 고통의 시간을 보냈다. 좁은 취업시장에서 늘 거절당하는 경험을 해왔기에 미래에 대한 불안감으로 가득하고, 아버지 세대가 가차 없이 쫓겨나는 모습을 보면서 회사에 대한 신뢰를 잃어버렸다. 또한 일에 지쳐 번아웃 신드롬에 시달리는 수많은 선배들을 보면서 자신이 회사에 맞추는 것이 아니라 회사가 자신에게 맞춰주기를 원하게 됐다.

이러한 MZ세대의 새로운 특징은 마치 환경에 따라 변하는 생물체의 진화, 혹은 변이와 비슷하다. 북극에 사는 북극여우는 가혹한 추위를 견디기 위해 몸의 지방층을 두껍게 만들고, 체내의 열이 방출되는 것을 막기 위해 귀의 크기를 줄이는 방식으로 진화했다. 진흙탕 속에서 먹이를 찾아야 하는 뱀장어는 진창 속을 쉽게 헤집고 다니기 위해서 몸을 가늘고 길게 만들었다. 하지만 그 누구도 북극

여우와 뱀장어의 진화를 비난하거나 불평하지 않는다. 환경 변화에 맞춰 적응하는 것은 당연한 자연의 속성이다. MZ세대도 마찬가지다. 그들도 그저 살아남기 위해 행복의 기준과 회사에 대한 관점을 바꾼 것일 뿐이다.

새로운 세대를 위한 새로운 업무환경

생명체가 새로운 형태로 진화한다고 해서 본능까지 사라지지는 않는다. 귀가 큰 여우든, 귀가 작은 여우든 여전히 생존에 필요한 먹이를 찾고, 천적으로부터 몸을 보호하며, 번식을 해야 한다. 기성세대와 다른 MZ세대라고 해서 인간이 일에 대해 보여주는 기본적인 본능이 사라진 것은 아니다. 그들 역시 회사에서 인정받고, 성장하며, 일을 통해 자신의 미래를 개척하고 싶어 한다.

아이가 바깥에서 스스로 식사를 해결해야 한다고 생각해보자. 만약 엄마가 집에서 매일 인스턴트 음식과 과자만 주었다면 아이는 바깥에서도 유사한 패스트푸드나 영양가 없는 먹거리를 찾아 식사를 해결하려 할 것이다. 하지만 집에서 맛있고 영양가 있는 식사를 차려준 아이는 바깥에서도 몸에 좋은 음식을 찾아 먹을 것이다. 아이가 건강하게 자라는 데 엄마의 역할은 매우 중요하다. 회사에서는 사장이 엄마와 같은 역할을 해야 한다.

사장은 MZ세대들이 일과 회사의 미래에 충분히 동참할 수 있는 기회를 제공해야 한다. 이는 회사 내에 스낵바를 설치하거나 좋은 책상과 의자를 설치하는 것보다 훨씬 더 중요한 일이다. 그들이 회사의 나아갈 방향과 자신의 역할에 대해서 충분히 이해하고, 자신이 성장할 수 있는 환경이라고 느낀다면 얼마든지 열정적인 자세를 보여주기 때문이다. 특히 '환경 제공'은 매우 중요한 문제이다. '상사와 소통하라'며 교육을 실시하기 이전에 그런 소통이 가능한 분위기 자체를 만들어주어야 하고, '의사결정은 이렇게 하세요'라고 교육하기 이전에 그들이 충분히 독립적인 의사결정을 할 수 있는 권한을 부여해야 한다.

사장이 해야 할 일은 MZ세대에게 편견이나 불편한 감정을 드러내는 것이 아니라 그들을 충분히 이해하고, 자발적으로 일할 수 있는 환경을 제공하는 것이다. 특히 기업 오너는 '지켜보고, 들어주고, 지켜주는 사람'이라는 사실을 잊어서는 안 된다. 이와 동시에 회사라는 조직 안에서 자신의 비전을 찾을 수 있는 기회를 열어주어야 한다. 이러한 조건이 맞을 때, 그들 역시 주저하지 않고 회사가 목표로 하는 비전을 받아들이고, 성과를 달성하는 데 기꺼이 동참할 것이다.

Note 1
MZ세대의 진화를 이해하라

모든 세대가 살아가는 방식은 사회환경에 따라 결정된다. MZ세대는 앞선 세대와는 다른 종류의 불안감과 경쟁 속에서 살아가며, 이에 대한 대처 방식도 다르다. 그러나 그들을 이기적이라고 평가하거나 일에 무관심하다고 단정짓는 것은 올바르지 않다. MZ세대도 자신만의 가치관과 이상을 추구하며, 일에 대한 관심과 열정을 가지고 있다. 이들은 기성세대와는 차이가 있을 수 있지만, 본질적인 사고방식에서는 크게 다르지 않다.

Note 2
MZ세대가 참여할 수 있는 분위기를 만들어라

사회환경의 변화와 함께 세대 간 가치관과 생활 방식 역시 크게 달라졌다. 이제는 과거와 같은 일방적인 상명하복이 더 이상 통하지 않는다. 기성세대가 따랐던 희생과 충성의 가치관을 요구해서는 오히려 반발만 부를 뿐이다. 중요한 점은 MZ세대도 회사에서의 의무와 권리에 대해 충분히 이해하고 있다는 점이다. 회사에서 MZ세대가 참여할 수 있는 공간을 열어주면 함께 성장할 수 있다. 이는 다양한 의견을 존중하고 수용하며, 세대 간 상호 이해와 협력을 바탕으로 이루어져야 한다. 그렇게 함으로써 회사는 MZ세대의 역량과 잠재력을 최대한 끌어내어 더 나은 성과를 이룰 수 있을 것이다.

03

진짜 가족 같은 회사를 만드는 노하우

조직문화

집단주의 문화가 매우 강한 한국에서는 회사도 '가족'의 한 형태로 인식하는 경우가 많았다. '가족적인 분위기', '가족 같은 회사'라는 말이 대표적이다. 문제는 말만 가족이지, 실제로는 원칙과 법규를 무시하고 착취에 가까운 노동만 강요한다는 점이었다. 그 결과 이제 젊은 세대는 "가족 같은…"이라는 말만 들어도 그 회사를 의심의 눈초리로 바라보고, 그런 분위기를 경멸하는 수준에 이르렀다고 해도 지나친 말이 아니다. 하지만 가족을 부당한 업무환경이나 노동을 강요하기 위한 핑계로만 사용하지 않는다면, 오히려 한국인 특유의 집단주의적 장점이 가미된 새로운 형태의 조직으로 나아가는 가치로 삼을 수 있다. 또 이를 통해 서로의 기운을 북돋워주는 더 나은 공동체 문화를 만들어나갈 수 있다.

가족을 대하는 동서양의 관점 차이

'우리는 스포츠팀이지, 가족이 아니다.' 넷플릭스의 조직문화를 설명한 자료에 나오는 한 문구이다. 이는 공동 창업자인 마크 랜돌프 Marc Randolph가 이끌어왔던 넷플릭스의 초기 조직문화에 대한 반성에서 탄생했다. 그가 이끌었던 조직은 매우 창의적이고 자유롭고 화목했지만, 추진력과 결단력이 부족하다는 평가를 받았다. 그는 서로 얼굴을 붉히는 일을 최대한 줄이며 인간미 넘치는 회사, 즉 가족 같은 분위기의 회사를 지향했다. 하지만 매출은 늘 발목을 잡았고, 그 결과 경영권을 물려받은 헤이스팅스$^{Reed\ Hastings}$는 마크 랜돌프를 비롯해 무려 40%에 가까운 직원을 해고했다. 이후 회사는 뛰어난 효율성을 발휘해 오늘날의 넷플릭스로 발돋움했다.

넷플릭스의 사례를 보면 더 이상 가족 같은 회사는 존재 가치가 없다고 볼 수 있다. 그뿐만 아니라 많은 연구결과에서 '가족 같은 회사는 결국 조직력에 심대한 타격을 입고 나락의 길을 걷는다'고 보고하고 있다. 그러나 이러한 연구들이 주로 미국이나 유럽에서 진행되었다는 점에 주목해야 한다.

동양과 서양은 '나'를 바라보는 관점 자체에서도 차이가 있고, 가족의 역할과 의미 역시 다르게 생각한다. 동양에서의 '나'란 '관계 속에서의 나'인 경우가 많고, 가족은 곧 확장된 자신이라고 보는 관점이 일반적이다. 따라서 가족이 가장 중요한 가치 기준이고 가족에 대해 막중한 책임감을 느끼는 경우가 흔하다. 반면 개인주의가 발달한 서양에서 바라보는 가족은 다르다. 물론 애정과 책임감이 없을 리야 없지만, 성인이 되면 집을 나가서 독립해서 살아가는 것이 매우 일반적이며, 부모에 대한 의존도도 낮은 편이다.

이런 측면을 고려한다면 결국 동양에서 보는 '가족 같은 회사'와 서

族

집단지성과 공동체 의식의 뿌리

양에서 보는 '가족 같은 회사'의 다름을 인정해야 한다. 따라서 서양의 연구자들이 말하는 '가족 같은 회사는 나쁘다'라는 연구결과를 일방적으로 받아들일 필요가 없다. 동양의 관점에서 보면 오히려 회사를 가족처럼 만드는 것이 더욱 책임감 있게 조직을 꾸려가는 방법이 될 수 있다. 애정을 가지고 헌신하고 책임감을 가지고 일을 할 수 있기 때문이다. 만약 가족의 부정적인 면만 부각해 "가족 같은 회사는 안 된다"라고 말한다면, 이와 똑같은 논리로 '친구 같은 파트너십'도 절대 추구해서는 안 된다. 친구끼리는 실수도 용납되고 "우리는 친구잖아"라는 말로 허물을 덮고 갈 수도 있기 때문이다. 이렇게 부정적인 면만 강조해서 바라보면 이상적인 '친구 같은 파트너십' 역시 용납될 수 없다. 비록 '가족 같은 회사'에 대한 인식이 매우 부정적이라고 하더라도 그것만으로 긍정적인 순기능까지 모두 부정할 수는 없다. 특히 제가십본에서 말하는 '족族'이라는 것 자체가 강력한 일체감, 동질성을 기반으로 조직을 성장시키는 개념이기 때문에 가족의 장점은 무엇보다 필요한 덕목이 아닐 수 없다.

가족 같은 정체성, 그 밀도를 높이는 방법

조선 정조 때의 문장가인 유한준은 이런 유명한 말을 남겼다.

사랑하면 알게 되고, 알게 되면 보이게 되나니, 그때 보이는 것은 예전과 같지 않더라.

이 말은 애정을 가지고 직원을 대할 때 어떤 일이 생기는지를 잘 알려준다. 가족의 가장 큰 특징 중 하나는 구성원이 힘들고 어려운 상황에 처했을 때도 절대적인 지지를 통해서 극복해낼 수 있도록 돕고 또 다른 기회를 준다는 점이다. 자신이 속한 조직이 이런 정체성을 가졌다면 설사 애초에 타고난 능력이 부족하더라도 분명 놀라운 속도로 변할 수 있다.

이런 가족 같은 지지와 응원이 놀라운 결과를 부른다는 사실은 실험을 통해서도 증명되었다. 심리학자인 에미 베르너[Emmy Werner] 박사는 하와이에 있는 카우아이섬에서 1955년에 태어난 833명 아이의 삶을 40년간 관찰했다. 하와이 북서쪽에 있는 그 섬은 아름다운 풍광을 자랑했지만 마약 중독자, 알콜 중독자, 그리고 실업자 등이 매우 많은 곳이었다. 베르너 교수는 833명 중에서도 가장 열악한 가정환경에서 태어난 200여 명의 아이를 특별 관찰했다. 예상했던 대로 열악한 환경 속에서 자랄수록 아이들은 학교나 사회에 잘 적응하지 못했다. 그런데 그중에서 약 35% 정도는 일반적인 예상과는 전혀 다르게 모범적인 학생으로 자랐다. 그들은 무엇이 달랐을까? 그 이유를 조사한 결과, 그들에게는 모두 자신을 절대적으로

族

에미 베르너 박사의 논문 〈가든 아일랜드의 아이들
(Children of the Garden Island)〉.

지지해주는 사람이 있었다. 가족은 물론이고, 가족이 아니더라도 선생님, 이웃들의 적극적인 지지와 애정을 기반으로 그들은 훌륭하게 성장할 수 있었던 것이다. 안 좋은 환경 속에서도 누군가 응원해주고 믿어주는 사람이 있다면 실패나 역경을 뛰어넘어 결국 성공으로 나아갈 수 있다는 것을 잘 보여주는 실험이었다.

가족 같은 회사를 만드는 또 하나의 방법은 바로 '정체성의 밀도'를 높이는 일이다. 가족의 정체성을 보여주는 조직이라면 서로의 동질감이 매우 강한 집단일 가능성이 크다. 그리고 이런 부분이 강해야 가족으로서 좀 더 똘똘 뭉치고, 힘들 때도 기쁠 때도 서로를 지지하고 응원할 수 있다. 한마디로 '가족으로서의 밀도'가 높다는 이야기다. 회사라는 조직에서 가족으로서 밀도를 높이려면 먼저 '자연성-가연성-불연성 인재'를 이해할 필요가 있다.

자연성自燃性 인재란, 스스로 타오를 수 있는 인재를 뜻하는 말로, 누가 시키지 않아도 열정과 도전정신이 활활 타올라 일에 열심인 사람이다. 가연성^{可燃性} 인재란, 스스로 타오르지는 못해도 주변에서 도움을 주면 언제든 적극적으로 동참할 수 있는 사람이다. 반면 불연성^{不燃性} 인재란 아무리 조언하고 다그쳐도 도대체 타오를 수 없는 사람이다.

썩은 사과와 썩지 않은 사과를 섞어놓으면 모두 썩게 된다는 '썩은 사과의 법칙'이 있다. 마찬가지로 자연성-가연성 인재와 불연성 인재를 함께 섞어놓으면 타오르던 불꽃도 마치 비가 온 듯 사그라들게 마련이다. 불연성 인재의 불평불만, 부정적 감정, 게으른 행동이 전염되듯 조직 전체에 퍼져나가는 것은 시간 문제다. 따라서 최대한 자연성 인재를 중심으로 가연성 인재를 모아두어야 정체성이 확립되고, 더 단단한 밀도를 유지할 수 있다. 그리고 그 결과 '우리는 하나, 우리는 한가족'이라는 인식을 강화할 수 있다.

가족은 너와 나의 구분 없이 모두가 힘을 합쳐 삶을 꾸려나간다. 각자의 역할에서 최선을 다하고 부족한 점은 채우고 더해가면서 세파를 이겨낸다. 이런 모습이 회사에서 실현된다면 최강의 조직이 될 수 있다. 직급이나 나이와 상관 없이 목표를 함께 계획하고, 공유하고, 각자의 자리에서 최선의 역할을 해나가면 그 어떤 외부의 위기도 극복하는 '성장하는 가족'이 될 수 있다.

族

Note 1
직원에게 절대적인 애정, 사랑, 지지와 응원을 보내라

사람은 혼자서는 변하기가 어렵다. 하지만 '가족 같은 회사'에서는 변할 수 있다. 가족 안에서는 사람을 변화시키는 애정, 사랑, 지지와 응원이 가능하기 때문이다. 그리고 이러한 분위기 속에서 직원들은 강력한 단결심을 가질 수 있다.

Note 2
처음부터 제대로 된 인재와 함께하라

좋은 친구를 옆에 두면 자신도 좋은 사람이 되고, 나쁜 친구를 옆에 두면 자신도 어둡고 부정적인 사람이 되기 마련이다. 회사에서도 마찬가지다. 아무리 도움을 줘도 절대 타지 않는 불연성 인재들이 많아지면 회사의 능률과 생산성은 현저하게 떨어진다. 이럴 때는 하루라도 빨리 불연성 인재를 솎아내는 것이 정답이다.

04

무임승차는 개인의 문제가 아니다

조직 내 팀워크

조직 내에서 끊이지 않고 제기되는 문제가 '무임승차'에 관한 건이다. 일명 '숟가락 얹기'라는 용어도 사용된다. 특히 조직의 규모가 커질수록 이러한 문제는 더욱 심각해진다. 보통 사람들은 무임승차를 하는 사람들을 도덕적으로 비난하지만, 엄밀히 말해 이는 도덕 문제라기보다는 환경 문제에 더 가깝다. 즉, 무임승차를 할 수 있는 환경이 마련되어 있기 때문에 그런 인원들이 늘어나는 것이다. 결국 문제의 근본 원인은 그러한 환경을 만들고 방치한 조직의 경영진에게 있다. 특히 무임승차는 직원들 간의 단결력과 팀워크를 심각하게 해치며, 능력 있는 인재들을 이직하게 만든다. '악화^{惡貨}가 양화^{良貨}를 구축^{驅逐}한다'는 말이 딱 여기에 어울린다.

환경과 시스템이 만드는 무임승차

사람은 계산적인 존재일 수밖에 없다. 정도의 차이가 있을지언정, 누구나 근본적인 이해타산의 원리에서 완전히 자유로울 수는 없기 때문이다. 무임승차라는 행위도 이러한 이해타산에 따른 계산의 결과이다. 엄밀하게 따져본 후 무임승차가 자신에게 유리하면 본능적으로 이를 선택하게 된다.

사회학자 로버트 엑스텔^{Robert Axtell}은 무임승차와 관련해 일명 '엑스

텔의 실험'을 진행했다. 이 실험 결과 직원 수가 적을 때에는 개인이 조직에 기여하는 바가 크기 때문에 무임승차 현상이 거의 나타나지 않는다. 문제는 인원이 늘기 시작하면서 한 개인이 조직에 미치는 영향력이 과거보다 줄어들 때 발생한다. 이때 무임승차자들은 남들처럼 열심히 일하지 않고 속임수를 쓴다고 하더라도 자신의 이익이 줄어들지 않는다는 사실을 알아챘다. 이들은 점차 과감해지면서 결국에는 무임승차가 자신에게 훨씬 더 유리하다는 확신을 하고 자신의 행동을 강화한다. 이 실험 결과를 해석하면 무임승차란 처음부터 부도덕하거나 뻔뻔한 사람들에 의해서 시작되는 것이 아니다. '무임승차가 이득이라는 확신'을 강화하는 조직에 문제의 원인이 있다고 보아야 한다.

무임승차는 이를 가능하게 하는 구조 아래에서 생겨나는 문제다. 예를 들어 사장이 내린 업무 지시가 애매하고 불분명하거나 책임소재가 명확하지 않은 경우이다. 이런 상태에서는 자신의 업무 부담을 최대한 줄이려고 하는 직원들이 늘어난다. 처음부터 나쁜 의도로 그러는 것이 아니라 노력을 기울여 업무를 수행하더라도 자신의 기여도를 인정받을 수 없기 때문이다. 이럴 때 '은연중에 무임승차'가 발생한다. 더 나아가 개인 간의 친밀도와 상호 신뢰가 부족할 때는 이런 태도가 들불처럼 번진다. 서로에 대한 믿음이 있다면 이를 배신하지 않기 위해서라도 열심히 일하는 것이 일반적인 사람

族

집단지성과 공동체 의식의 뿌리

의 공통적인 심성이지만, 불신이 가득한 곳에서는 최소한의 업무만으로 때우려는 경향을 보이기 마련이다. 이러한 환경과 시스템 아래에서 무임승차자가 늘어나는 것은 필연적이다.

1913년 프랑스 학자인 막스밀리앙 링겔만$^{Maximilien\ Ringelmann}$은 줄다리기 실험을 통해 집단 구성원들의 공헌도 변화 추이를 측정했다. 개인의 힘 크기를 100%라고 가정했을 때 구성원이 많아질수록 수치가 작아지는 것을 확인했다. 구성원이 많아질수록 익명성 뒤에 숨은 개인이 '나 하나쯤이야' 하는 생각으로 줄을 당기지 않음으로써 개인별 힘의 합계보다 줄을 당기는 힘이 작게 나온 것이다. 규모가 커질수록 무임승차자가 늘어나는 것도 '나 하나쯤이야' 하는 생각에 자신의 역량을 최대한 발휘하지 않기 때문에 일어난다.

무임승차가 가져오는 최악의 결과는 무임승차자가 팀에서 탈락하는 것이 아니라, 정반대로 열심히 일한 사람이 팀에서 탈락한다는 사실이다. 자신의 노동이 누군가에게 '착취' 당한다고 느끼면서도 계속해서 열심히 일하는 사람은 거의 없을 것이다. 따라서 그들은 더 나은 직장을 찾아 떠나거나, 혹은 스스로 창업을 통해서 자신의 노동이 온전히 자신의 성과로 돌아오는 길을 선택하게 된다.

팀워크를 강화하는 2가지 차원의 노력

무임승차를 막기 위해서는 2가지 차원의 노력을 병행해야 한다. 첫 번째는 회사의 물리적인 시스템을 변화시키는 것이고, 두 번째는 조직원의 마음을 변화시키는 일이다. 안팎으로 이러한 노력이 가해지면, 무임승차자가 들어설 공간은 사라진다.

업무 분담을 분명하게 하라

물리적인 회사 시스템의 변화란 직원 각자의 업무 권한과 책임이 투명하게 드러나는 체계를 갖추는 것을 말한다. 보통 사장은 팀 단위로 일을 배분하면서 나머지 역할 분담은 팀에서 알아서 하도록 놔두곤 한다. 하지만 팀에 목표를 주고 각 개인이 어떻게 업무를 맡을지에 대한 주제로 소통하는 과정이 꼭 필요하다. 또 개인의 업무 성과를 측정할 때 보이지 않는 지원을 한 사람의 몫도 빼놓지 않아야 한다. 축구에서도 골을 넣은 사람만이 아닌, 직접적인 어시스트를 한 사람의 공로를 중요하게 평가한다. 마찬가지로 누군가 회사에서 성과를 이뤄냈다면 함께 지원했던 사람의 노력도 인정해 주어야 한다. 이런 평가가 이루어져야 팀이 목표를 향해 가는 과정에서 팀원 각자가 자신이 맡은 업무에 최선의 노력을 한다. 더 나아가 직원들은 작은 노력도 배신당하지 않는다는 사실을 깨닫는다.

서로에 대한 신뢰를 강화하라

무임승차가 나오지 않도록 조직원의 마음을 변화시켜야 한다. 이는 조직 구성원들이 서로에 대한 신뢰를 강화하면서 이루어낼 수 있다. 신뢰가 가진 힘은 대단하다. 사람은 누군가 자신을 신뢰하고 있다는 사실을 느끼면 선하게 행동하려는 의지를 보이기 때문이다. 조직을 속이는 행동을 하려고 해도 자신을 믿고 의지하는 사람이 생각나면 마음을 고쳐먹기 마련이다. 조직원들 사이에서 신뢰가 구축되면 이를 깨뜨리는 무임승차라는 행위는 사라진다.

대체로 조직 구성원의 신뢰를 저해하는 요인으로는 다음의 4가지를 지적할 수 있다.

❶ 안전에 대한 위협

안전에 대한 위협이란 업계 평균보다 급여가 낮아 경제적 안전이 위협받는 것을 의미한다. 아무리 일이 좋아도 월급이 적으면 자존감이 상하고 회사의 사장이나 직원들에 대한 신뢰가 생겨날 리가 없다. 또한 계속해서 '더 많은 월급'을 주는 회사로의 이직을 생각할 수밖에 없고 현재 함께하는 동료와 긴밀하거나 신뢰 있는 관계를 맺으려는 노력을 하지 않는다. 이러한 안전에 대한 위협이 꼭 경제적인 문제와만 관련된 것은 아니다. 전문적인 용어로 표현하자면 '억압적 노무관계' 역시 직원들의 심리를 위협한다.

지난 수년간 국내 기관사들의 자살 건수가 적지 않았는데, 그 배경에는 업무 특성으로 인해 시간 엄수에 대한 극도의 압박감을 가진다는 점, 좁은 터널 내부를 계속해서 응시해야 한다는 점, 2~3분 단위로 정차와 발차를 계속해야 하는 긴장 상황 등이 원인으로 지목됐다. 특히 사고가 발생하면 그들은 제일 먼저 조사와 수사의 대상이 됐고, 특히 기관실 안에 설치된 CCTV가 매우 부담스러웠다는 점도 문제의 원인으로 지적됐다. 일반적인 직장생활에 이를 적용한다면, 계속되는 업무 감시, 성과에 대한 과도한 압박, 문제가 생겼을 때 강도 높은 추궁 등이 직원의 심리를 극도로 불안하게 만드는 요인이라고 볼 수 있다. 그리고 이런 문제들이 직원들 스스로가 '나의 안전에 문제가 있다'고 무의식적으로 생각하게 만든다.

❷ 정체성 공격

정체성 공격은 직원들의 개성과 자아를 인정하지 않거나 존중하지 않을 때 발생한다. 예를 들어, '나는 창의적이고 능력이 뛰어난 사람이야'라는 자부심을 가진 직원에게 사장이 '아무 일도 안 하는 골칫덩이'라는 평가를 하면, 그 직원은 더 이상 자신을 증명하려는 열의를 잃고 동료들에게 믿음을 얻기 위한 노력도 하지 않는다. 또한, 업무를 핑계로 상대방의 인격이나 인성을 비난하면 그것은 정체성에 대한 공격이 된다. 만약 이러한 공격이 상시적으로 일어나는 회사라면, 그곳은 단지 전쟁터일 뿐, 진정한 조직이라고 할 수 없다.

사실 정체성이란 사람에게는 '존재의 이유'라고 할 수 있다. 힘들고 괴로워도 자신의 정체성을 생각하면서 견딜 수 있고 희망을 품을 수도 있다. 따라서 정체성을 공격당하면 사람은 온전한 사회적 활동을 하기 힘들다. 정신의학에 '붕괴형 정신분열증'이라는 것이 있다. 성인이 되었지만 마치 사춘기에나 겪을 법한 정체성에 대한 방황을 겪고, 이것이 심하면 정신분열증으로 이어진다. 정체성에 대한 공격은 이렇게 직원에 대한 심각한 위협이라고 볼 수 있다.

❸ 자기 결정권 침해

컴퓨터 게임이 재미있는 것은 스스로 모든 것을 결정하고 혼자의 힘으로 캐릭터를 키워나갈 수 있기 때문이다. 마찬가지로 자신이 업무에 대한 결정권을 가지고 역량을 키울수 있을 때, 직장 업무에서 보람을 느끼고 팀원과 힘을 합칠 수 있다. 반면 자기 결정권이 침해된다면 누구나 무력감을 느끼게 되고, 조직 내에서 활달하게 교류 활동을 할 의욕을 잃는다. 그러니 더는 조직에 대해 소속 감을 가질 생각도 하지 않는다. 전문적인 용어로는 이를 '보어아웃 Bore-out'이라고 부른다. 프랑스 EM 리옹 경영대학원 조직행동학과 로타 하르주 Lotta Harju 교수는 이렇게 이야기한다. "자신이 하고 있는 일이 아무런 목적과 의미가 없다는 경험을 할 때, 보어아웃 현상이 발생한다." 실제 하르주 교수는 2014년 핀란드에 있는 87개의 회사 노동자 1만 1천 명을 대상으로 만성적인 무력감에 대한 연구를 진행한 후 "보어아웃이 직원들의 이직과 조기 퇴직에 많은 영향을 미칠뿐 아니라 건강을 악화시키고 스트레스 반응을 증가시켰다"고 결론지었다. 직원들의 자기 결정권을 침해하는 것은 회사의 경쟁력과도 연결될 만큼 매우 중요한 사안이라는 점을 인식해야 한다.

❹ 무시와 외면

마지막으로 무시와 외면은 서로의 신뢰를 깎아내리는 최대의 적이며 한 개인의 인격까지 무너뜨리는 결과를 가져온다. 이와 관련된 한 가지 실험이 있다. 2003년, 미국의 아이젠버거[Eisenberger] 교수는 일명 '사이버 볼[Cyber ball]'이라는 실험을 했다. 총 세 명이 컴퓨터상에서 공놀이를 했는데, 참여자 한 명만 인간이고, 나머지 두 명은 컴퓨터 프로그램이 역할을 맡았다. 실험이 시작되자 실제 인간에게

그림 A는 통증에 관여하는 전두엽 내부의 '전측 대상회(Anterior cingulate)'라는 부위이며, 그림 B는 '우측 복측 전전두피질(Right Ventral Prefrontal)'이다. 소외감을 느낄 때 각각 이 부분이 활성화되어 실제 고통을 느끼고 있음을 보여주고 있다.

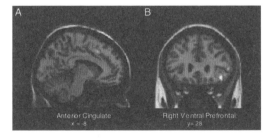

는 공을 던져주지 않고 두 명이 서로에게만 공을 주고받았다. 이때 소외당하는 인간의 뇌 기능을 촬영하고 공놀이가 끝난 후 어떤 기분이었는지 보고하도록 했다. 그러자 신체적인 폭력을 당했을 때와 동일한 뇌의 부위가 활성화되었다.

그저 놀이에서 공을 받지 못했다는 사실만으로도 이토록 심한 타격을 입는다는 것이 놀라울 따름이다. 더 나아가 또 다른 실험에서 한 사람은 실제 공놀이에 참여시키지 않고 한 명이 소외받는 공놀이의 상황을 지켜보게만 했다. 그런데 경기 끝난 후 다시 뇌를 촬영했더니 역시 마찬가지로 동일한 부위가 활성화되었다.

회사에서 무임승차를 막고 팀워크를 강화하기 위해서 사장은 다양한 차원의 시스템을 마련해야 한다. 단순히 그런 직원을 적발해서 지적하고 불이익을 주는 것만으로는 결코 해결될 수 없다. 특히 직원의 무임승차 성향은 전염되는 특징이 있다. '저 사람이 저렇게 하는데 내가 뭐 하러 열심히 해?', 혹은 '저 사람도 저렇게 하는데 나도 그래도 되지 않아?'라는 생각을 퍼뜨리기 때문이다. 이는 모두가 공멸의 길로 가는 부정적인 문화이다. 따라서 사장은 이러한 전염병 같은 생각이 회사 안에서 자라나지 않도록 노력해야 한다.

✎ Note 1
무임승차가 가능한 분위기를 방지하라

사람은 누구나 무임승차를 하고 싶은 욕망이 있다. 하지만 이는 회사 분위기에 따라 달라지게 마련이다. 무임승차를 하는 직원이 보인다면, 가장 먼저 되돌아봐야 할 것은 '우리 회사 어디에 무임승차할 수 있는 분위기가 숨어 있는가?'를 먼저 살펴야 한다.

✎ Note 2
직원의 사소한 노력을 인정하라

겉으로 잘 드러나지 않는 노력이 있다. 해도 그만, 안 해도 그만인 것 같지만, 정작 하지 않았을 때는 크고 작은 불편함이 드러난다. 사장이 이런 부분까지 적극적으로 점검해서 보완하고 칭찬해줄 때, 직원들은 사장을 믿고 사소한 일에도 열심히 노력한다. 당연히 무임승차를 하려는 마음 역시 줄어든다.

族

05

'우리는 하나'라는 에너지를 만들어라

공동체 의식 강화

최근 몇 년 사이 '조용한 퇴사$^{Quiet\ Quitting}$'가 유행처럼 번지고 있다. 실제로 회사에 사표를 내는 것이 아니라, 열정의 온기를 스스로 모두 꺼뜨린 뒤 소극적으로 그저 주어진 일만 하는 처신을 말한다. 당연히 도전정신도, 창의력도 발휘하지 않는다. 미국 일간지 《월스트리트저널》은 이를 '바이러스'라고 표현한다. 전문기관이 조사한 바에 따르면 이미 미국 내 임원 및 직원의 50% 정도가 조용한 퇴사를 하는 것으로 알려지고 있다. 만약 이런 바이러스가 회사 내에 더 확산된다면 긍정적인 발전을 기대하기는 거의 불가능에 가깝다. 여기에 대항하는 백신은 바로 소속감, 단결력 등으로 나타낼 수 있는 공동체 의식이다. 그리고 이런 공동체 의식은 제가십본의 족^{族}을 강화하는 매우 중요한 방법 중 하나이다.

'우리는 하나'라는 감성적 에너지

공동체 의식은 기업, 사회, 국가를 비롯한 모든 모임에서 가장 근원적인 토대가 된다. 이스라엘의 역사학자이자 세계적인 베스트셀러 《사피엔스》의 저자인 유발 하라리$^{Yuval\ Harari}$는 "인간이 세상을 지배할 수 있었던 강력한 원천은 같은 스토리를 가진 자들이 서로 협력해서 외부에 대항했기 때문이다"라고 말한다. 이 말은 곧 공동체 의식이 인류의 운명을 좌우한다는 말이기도 하다. 이는 기업에도

집단지성과 공동체 의식의 뿌리

당연히 적용된다. '조직'의 생리를 가진 기업 역시 단단한 공동체 의식에 기반해야만 성공을 향해 운명을 개척해나갈 수 있다.

군건한 공동체 의식으로 가장 성공한 조직을 꼽으라면 단연 유대인을 꼽을 수 있다. 그들은 과거 역사에서 수없이 많은 박해를 받았지만, '아무리 길고 훌륭한 쇠사슬이라고 하더라도 단 한 개만 부러지면 무용지물이 된다'는 생각으로 공동체를 이루며 살아왔다. 그중에서도 '헤브라이인 무이자 대출협회'가 대표적이다. 실패한 창업자에게 3번까지 무이자 대출을 해주고, 그 실패가 자산이 될 수 있도록 돕는다. 그리고 각 개인은 이런 제도를 활용하면서 자신의 성공이 공동체의 성공이 될 수 있도록 최대한 노력을 아끼지 않는다. 그 결과 유대인들은 전 세계 상업에서 특출한 성과를 이뤄내고 있으며, 여전히 그들만의 끈끈한 공동체 의식으로 오늘도 전 세계의 부富를 장악해나가는 중이다. 만약 '유대인 공동체와 같은 회사'가 존재할 수 있다면, 그들의 성과와 미래가 어느 정도일지를 예상하는 것은 그리 어렵지 않다.

특히 공동체 의식은 직원들에게 책임을 공유하고 공동의 목표를 향해 나아가는 강한 힘을 부여한다. '우리는 하나'라는 인식 속에서 서로의 성장을 위해 있는 힘껏 도움을 주고 회사 내에서 타인의 운명을 자신의 운명처럼 받아들이면서 결속하게 된다. 그런데 이 공동체 의식의 실체는 사실 감성에 기반한다. 생각해보면 월급을 많이 준다고 공동체 의식이 생길 리도 만무하고, 그저 일이 편하고 쉽다고 길러지지도 않는다. 이것은 말 그대로 사람들 개개인이 스스로 간직하고 있는 '감성적 에너지'에서 출발한다고 볼 수 있다.

출근하면서 느끼는 즐거움, 동료를 봤을 때의 반가움과 강한 정서적인 지지, 그들과의 협업이 오히려 삶의 활력으로 돌아오는 감정적인 상태가 바로 '감성적 에너지'의 총체이다. 이는 한편으로 매우 강렬해 보일 수도 있지만, 자칫 훼방하는 요인들이 하나둘 등장하면 순식간에 무너질 수 있다는 단점도 있다. 그럼에도 불구하고 일단 강한 감성적 에너지에 따라 만들어지는 공동체 의식은 매우 큰 힘을 발휘한다.

미국 컨설팅 회사의 조사에 따르면 이런 감성적 에너지가 충만하고 공동체 의식이 강한 기업은 연간 수익률 면에서 보통의 기업에 비해 평균 10%가량이 앞서는 것으로 나타났다.

族

집단지성과 공동체 의식의 뿌리

공동체 의식을 위한 4가지 요소

공동체 의식을 강화하기 위해서, 즉 회사 내에서 '우리는 하나'라는 감성적 에너지를 만들기 위해서 4가지 중요한 요소가 있다.

- **정직성** | 경영진이 직원들을 정직하게 대하면 직원 개개인은 자신이 충분히 존중받고 있다는 느낌을 받는다. 그리고 이러한 정직한 환경 속에서는 성실한 자세로 일할 수 있다. '회사 경영진이 나에게 거짓말을 하고 있다'고 생각하는 상황에서는 직원이 열과 성을 다하기 어렵다.

- **투명성** | 많은 것들이 가려져 있고 파악하기 힘든 회사에서는 자신이 회사, 혹은 팀과 연결되었다는 공감을 느끼기 힘들고, 오히려 나만 단절되어 있는 것은 아닌가 하는 불안감에 휩싸인다. 당연히 공동체 의식 형성에 방해가 될 수밖에 없다. 특히 구성원에 대한 존중과 신뢰가 없는 상태에서 거짓말이 난무할 때는, 어떠한 경우에도 공동체 의식을 가지기 힘들다. 직원들이 편리하게 회사의 모든 것을 알 수 있는 투명성을 갖추고 있다면, 구성원은 '내가 헌신해도 괜찮을 회사'라고 판단한다.

- **언행일치** | 경영진의 언행일치는 직원들에게 안정감을 주면서 '나도 회사의 목표에 헌신하고 기여해도 괜찮겠다'는 의지를 강하게 만든다. 만약 경영진이 앞뒤가 맞지 않는 언행을 반복하면 구성원은 회사가 자신을 속인다는 의심을 하면서 공동체 의식이 약해질 수밖에 없다.

- **측은지심** | 공동체 의식이 형성되기 위해서는 구성원 사이의 관심과 배려가 필요하다. 측은지심은 상대방에 대한 적대적인 인식을 누그러뜨려 보다 손쉽게 공동체 의식을 만드는 역할을 한다.

이러한 4가지 요소는 〈2020 글로벌 인재 트렌드 리포트^{Global Human Capital Trends Report}〉의 결과와도 매우 흡사하다. 이 리포트에 참여한 응답자들은 '소속감을 느끼게 만드는 가장 큰 이유'에 대해서 이렇게 대답했다.

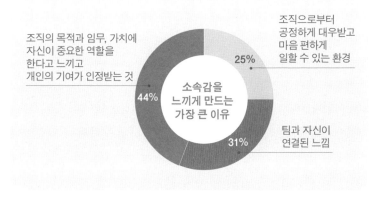

이 리포트에서 나타나는 '공정, 대우, 편한 환경, 연결, 기여에 대한 인정' 등은 모두 앞에서 언급했던 '감성적 에너지를 만드는 4가지 요소'와 직접적인 연관성이 있다.

마지막으로 설명이 필요한 요소가 바로 '측은지심'이다. 그 의미는 '남을 불쌍하게 여기는 마음'이라고 할 수 있는데, 왜 공동체 의식과 연결되는지 이해가 잘 되지 않을 수 있다. 측은지심은 같은 회사 동료라고 하더라도 생길 수 있는 적대감을 한층 완화시켜주는 역할을 한다. 이런 적대감은 꽤 비합리적인 이유에 의해서도 생겨날 수 있는데, 예를 들어 '자신과 완전히 다른 사람'보다는 오히려 '자신과 비슷하지만 약간 차이가 나는 사람'에 대해서 더 강한 적개심을 가질 수가 있다.

실제 미국 다트머스대학교에서 채식주의자들을 대상으로 서로에 대한 적개심에 관한 연구를 진행했다. 실험대상은 비건 집단(완벽한 채식을 하는 집단)과 베지테리언 집단(달걀이나 유제품을 먹는 비교적 느슨한 채식 집단)이었다. 채식을 전혀 하지 않는 사람의 입장에서 보자면 '비건 이든, 베지테리언이든 어쨌든 채식을 중요하게 생각하는 사람이니까 서로 적개심을 가질 이유는 없잖아?'라고 생각할 수 있다. 하지만 그 결과는 매우 놀라웠다. 베지테리언 집단은 비건 집단에 대해 10이라는 적개심을 가지고 있는 반면, 비건 집단은 베지테리언 집단에 대해 무려 30의 적개심을 품고 있었다. 그 이유는 비건의 눈에 베지테리언은 '채식하는 척'만 하는 사람들로 보였고 그것이 오히려 더 적개심을 증폭시켰다.

이는 곧 '같은 회사에서 근무하며 비슷해 보이는 사람'이라고 해도 무조건 서로를 배려의 눈으로 보지는 않는다는 사실을 알려준다. 이럴 때 필요한 것이 측은지심이다. 다만 '상대를 불쌍하게 여긴다'

는 의미를 갑의 자리에서 을을 내려다본다는 뜻으로 해석해서는 안 된다. 공동의 운명을 함께 개척해나가야 하는 의무를 지닌 사람으로서 서로를 위하는 마음으로 보아야 한다. 수고로운 짐을 함께 진 사람에 대한 따뜻한 애정인 것이다. 만약 조직 구성원이 측은지심으로 서로를 바라보면, 비정상적인 적개심은 사라지고 보다 더 단단한 결합이 가능해진다.

회사 내에서 공동체 의식을 기르는 것은 궁극적으로 조직의 발전을 위해서지만, 그 바탕에는 개인의 심리를 안정시킴으로써 사람이 가진 에너지를 조직에 온전히 쏟아낼 수 있게 한다. 철학자 에리히 프롬Erich Fromm은 "분리는 모든 불안의 원천이다. 분리되어 있다는 것은 자신이 인간적 힘을 사용할 능력을 상실한 채 단절되어 있다는 뜻이다 (…) 따라서 분리는 격렬한 불안의 원천이다"라는 말을 했다. 공동체에서 분리되어 있는 사람이 안정감을 가질 리 없고, 그로 인해 '격렬한 불안'을 느끼는 사람이 조직의 목표를 위해 헌신할 수도 없다. 따라서 공동체 의식은 그 어떤 경영의 노하우 중에서도 가장 첫 번째가 되어야 할 매우 중요한 사안이다.

族

집단지성과 공동체 의식의 뿌리

✎ Note 1
직원들의 공동체 의식을 파악하라

직원들의 공동체 의식이 어느 정도 수준인지를 가늠해볼 수 있는 매우 간단한 방법이 있다. 원인이 다소 복잡한 문제가 생겼을 때 직원들이 서로를 어떻게 대하는지, 그리고 그 문제를 어떻게 해결하려는지를 살펴보면 된다. 각자 분열되어 남 탓만 하거나, 혹은 반대로 단결해서 문제를 해결하려는지를 보면 공동체 의식의 정도를 파악할 수 있다.

✎ Note 2
측은지심을 키우는 기회를 만들어라

상대방에 대한 이해가 부족하면 오해가 시작되고, 오해는 미움이나 적개심으로 발전한다. 서로 인간적인 대화를 할 수 있는 시간과 장소를 마련하면 상대방의 입장과 처지를 함께 이해함으로써 측은지심이 생겨날 가능성이 높다.

06

이기적 화학물질이 업무 집중력을 높인다
본능에 근거한 경영 1

"한 기업을 망치는 데는 1백만 가지 방법이 있을 수 있다. 그러나 훌륭한 경영은 한 가지 원칙만 잘 지키면 된다."

경영자에게는 매우 솔깃한 내용이 아닐 수 없다. 1백만 가지의 실패의 길을 피해갈 수 있는 단 하나의 길이라니! 런던 비즈니스 스쿨에서 조직 관련 연구 주임교수로 있는 니겔 니콜슨^{Nigel Nicholson}이 한 주장이다. 그는 인간의 본성을 연구하는 진화심리학에 근거해서 '인간의 본질을 이해'하고 그에 따라 경영하면 매우 효과적으로 경영을 해나갈 수 있다고 단언한다.

니겔 니콜슨 교수 외에도 많은 사람이 이 같은 주장을 한다. 세계적인 글로벌 기업들을 대상으로 워크숍과 강연을 하는 베스트셀러 작가인 사이먼 사이넥^{Simon Sinek} 역시 인간 본성에 대한 탁월한 통찰력으로 '본능을 활용한 경영'에 대한 이야기를 들려준다. 특히 이러한 방법은 공동체인 조직 내에서 어떻게 하면 '족族'의 의식을 더 강화하는지에 대한 지혜와 통찰을 제시해준다.

긴장감을 완화하고 업무 집중력을 높이는 엔도르핀

'인간 중심의 경영', 혹은 '사람 중심 경영'이라는 말을 들어보았을 것이다. '돈보다는 사람이 먼저'라는 의미로 쓰이기도 하고, '종업원을 중심에 놓고 경영을 펼쳐야 하다'는 뜻이기도 하다. 그런데 진정한 인간 중심의 경영이란, 사실 인간의 본능에 가장 가까운 경영을 의미한다. 즉, 인간이 수만 년부터 형성해온 그 본능적 욕구에 따라서 경영을 해나가면 성공할 확률이 매우 높다는 말이다. 이는 상식적으로도 매우 타당하다. 아이들에게 공부를 시킬 때도 재미와 흥미라는 본능을 자극하면 스스로 공부에 몰입하는 경우를 흔히 볼 수 있다. 이와 마찬가지로 회사에서 일하는 직원의 본능을 자극하고, 그에 가장 걸맞은 경영을 해나간다면 모든 것은 자연스럽게 술술 풀려나갈 것이다.

인간의 본능을 파악하는 첫걸음은 우리 몸에서 분비되는 호르몬에 대해 알아보는 것이다. 사이먼 사이넥은《리더는 마지막에 먹는다》에서 엔도르핀과 도파민이라는 '이기적 화학물질'과 세로토닌과 옥시토신이라는 '이타적 화학물질'에 대해 설명한다. 우선은 엔도르핀과 도파민에 대해서 살펴보자.

엔도르핀은 '즐겁고 흥거운 분위기를 통해 일에 대한 집중력을 높이는 것'에 매우 유용하다. 직원들이 집중력을 발휘해 업무에 몰입하는 모습에서는 그 어떤 사장이라도 뿌듯함을 느끼고, 회사의 밝은 미래를 점칠 것이다. 그런데 이렇게 집중력을 높이는 방법은 단

族

순히 "열심히 하지 않으면 우리 모두 죽는다"라거나 "지금과 같은 시기에는 반드시 업무에 몰입해야만 한다"와 같은 독려와 생존에 대한 협박이 아니다. 바로 회사 내에서 웃을 일을 자주 만들어주면 직원들은 본능적으로 긴장감을 풀고 집중력을 발휘한다. 그리고 이를 가능케 하는 호르몬이 바로 엔도르핀이다.

엔도르핀은 우리 몸이 느끼는 각종 고통을 완화시켜주고, 이로써 인간이 비록 고통스럽지만 반드시 해야 하는 일을 수행할 수 있도록 해준다. 과거 원시 시대 인간은 사냥을 하기 위해 걷기, 뛰기, 활 던지기 등의 일을 해야 했다. 마침내 기진맥진한 상태에서 사냥에 성공할 수 있었다. 하지만 잡은 사냥감을 집으로 가져갈 힘이 없었다. 이때 엔도르핀이 분비됨으로써 무사히 집으로 사냥의 결과물을 끌고 올 수 있는 체력을 유지할 수 있었다. 지금도 사람들이 고된 과정을 통해서 무엇인가를 얻어냈을 때 기분이 좋아지는 것은 모두 이 엔도르핀 덕분이다. 엔도르핀은 우리가 웃을 때도 분비되지만, 이 역시 고통을 덜기 위한 일환이다. 격렬하게 웃는 동안 사람의 몸은 심하게 흔들리면서 내부 장기들도 덩달아 움직인다. 그런데 이 상태가 계속되면 고통을 느끼게 된다. 심하게 웃으면 결국 배가 아픈 경험을 하는 것도 바로 이런 이유 때문이다. 따라서 인체는 내부 장기의 흔들림으로 인한 고통을 최소화하기 위해 엔도르핀을 분비한다.

음악 동호회를 활성화하거나 혹은 운동경기를 함께할 수도 있고, 매일 아침 즐거운 대화의 시간을 가질 수도 있다. 함께 티타임을 하면서 긴장을 풀고 농담을 하면, 하루를 상쾌하게 시작할 수 있는 엔도르핀을 얻을 수 있다. 그러나 반대로 "오늘 하루도 업무에 집중하자!"며 엄격하게 말하고 심각한 표정을 짓는 사장이나 상사의 말은 오히려 이런 엔도르핀의 분비를 막는다.

계속해서 일하게 하는 도파민

도파민은 인간이 중요한 과제를 끝내거나 그 목표를 달성했을 때 분비되는 것으로 만족감, 성취감을 느끼게 한다. 그리고 이 도파민은 일을 시작할 힘도 준다. 눈에 보이는 목표가 제시되면 그것을 이루고 싶은 강한 열망이 생겨나기 때문이다. 따라서 도파민은 일의 시작에서부터 완전한 마무리까지 전 과정을 가능케 하는 매우 훌륭한 호르몬이다. 이런 도파민을 활용하기 위해서는 '노력이 필요한 구체적인 목표 제시'가 필요하다. 회사에는 늘 주간 단위, 월간 단위의 목표가 있는데, 이를 설정할 때는 직원들이 할 수 있는 현재 수준보다 약간 높게, 그리고 눈에 정확히 보이는 명확한 목표를 제시하는 것이 좋다. 기존의 경영학에서도 'SMART 목표 설정'이라고 해서 이러한 내용을 담고 있는 전략이 있다.

- **Specific** | 구체적인 목표
- **Measurable** | 측정 가능한 목표
- **Achievable/Action-oriented** | 달성 가능한/행동 중심의 목표
- **Realistic** | 현실적인 목표
- **Time-bounded** | 기한이 있는 목표

피터 드러커 역시 "목표는 바람직한 희망이 아니라, 구체적인 업무를 통해서 제시되어야 한다"라고 말한다.

사이먼 사이넥은 이를 '원시 시대의 과일나무'에 비유해서 설명한다. 석기 시대에는 과일이 달린 나무를 보는 순간, 도파민이 분비되면서 식량을 구하고자 하는 열망이 강해졌다. 나무에 다가갈수록 과일은 점점 더 크게 보이고 그만큼 더 큰 욕망이 솟구친다. 과일을 하나씩 딸 때마다 도파민이 왕성하게 분비되면서 계속해서 딸 수 있도록 자극한다.

한 가지 주의할 점은 너무 쉽게 과일을 딴다면 도파민은 분비되지 않는다는 점이다. 따라서 인간의 본능은 어려운 일에 도전할수록 그에 대한 보답으로 도파민이라는 쾌감을 준다는 이야기다. 이 이야기에서 직원들에게 어떤 과제를 어떻게 제시해야 하는지에 대한

힌트를 얻을 수 있다. '쉽게 할 수 있는 일보다는 조금 더 높은 수준의 목표를 눈에 선명하게 보이게끔 구체적으로 제시해야 한다'는 점이다.

'이기적인 화학물질' 엔도르핀과 도파민을 통해 인간의 본성이 어떠한지 그 일면을 알아보았다. 그런데 이것은 단순히 '직원이 어떻게 일하도록 만들 것인가?'에 대한 해결책만은 아니다. 이러한 이기적인 화학물질 역시 회사라는 하나의 공동체 안에서 발휘되기 때문에 궁극적으로는 공동체의 발전과 연관이 있을 수밖에 없다.

族

✎ Note 1
먼저 직원을 행복하게 하라

직원들의 일거수일투족을 관리한다는 것은 불가능하다. 그들 스스로
의 마음이 움직여야 한다. 그것이 회사의 성과와 경쟁력으로 고스란히
드러난다. 그런 점에서 사장은 '고객 행복' 이전에 '직원 행복'을 먼저 실
천해야만 한다. 직원을 행복하게 하는 환경을 제공하는 방법을 연구한
다. 그중에는 목표와 업무를 분명하게 설정하기, 일의 자율성과 책임감
을 부여하기, 의사소통 환경 개선하기 등이 있다.

✎ Note 2
도파민 분비를 위해 구체적인 목표를 제시하라

중요한 과제를 끝냈을 때 분비되는 호르몬이 도파민이다. 도파민은 다
시 시작할 힘도 준다. 도파민 분비를 활성화하려면 지금보다 살짝 어려
운 수준과 명확하게 목표를 제시하는 것이 도움이 된다. 경영학의 한 전
략인 'SMART 목표 설정'을 활용하라.

07

이타적 화학물질은 협력을 부른다
본능에 근거한 경영 2

많은 연구에서 인간은 경쟁적이고 이기적인 경향이 있음이 밝혀졌지만, 다른 연구에서는 인류의 생존을 위한 필수적인 요소는 인간들 간의 협력과 협동이라는 결론이 나왔다. 그러므로 우리는 서로를 이기적이고 경쟁적이라는 사실을 인정하면서도 동시에 협력할 수 있는 기회를 최대한 활용해야 한다. 이는 개인의 사회적 활동에서뿐만 아니라 회사를 운영할 때도 그러하다. 회사 내에서 직원들이 협력하지 않는다면 경쟁력을 상실하고, 조직 내부가 붕괴될 가능성이 크다. 그러므로 사장은 이제 '이기적인 화학물질' 외에도 '이타적인 화학물질'에도 주목해야 한다.

사장이 먼저 직원을 인정하면 일어나는 일

만약 회사 내에 이기적이고 공격적인 구성원, 협력을 거부하며 스트레스와 불신이 가득한 직원이 있다면 어떨까? 아마도 단 한 명이라도 그런 직원이 있다면 팀에 미치는 영향이 적지 않다. 점차 사내에 연쇄적으로 미치는 여파도 만만치 않다. 특히 그가 팀장급이라면 문제는 더 심각해진다. 한 국내 조사에 따르면, '팀 분위기 형성에 가장 큰 영향을 미치는 사람은 팀장 및 상사'라는 의견이 60%에 육박했다. 이러한 문제를 해결하려면 직원을 인정해주고 개인의 성장을 지원하는 것이 필요하다.

우선 직원을 인정해주는 부분부터 살펴보자. 인간의 기본 욕구 중 인정 욕구가 있다. 이는 다른 사람으로부터 인정받고 존중받으려는 욕구를 의미한다. 사람들은 자신의 능력과 가치를 인정받기 위해 노력한다. 대부분 직원들은 회사에서 인정받고 싶어 한다. 그것이 곧 원활한 회사생활과 승진, 대인관계에서 큰 역할을 한다고 믿기 때문이다. 치열한 경쟁 관계 속에서 직원들은 인정 욕구에 시달린다. 문제는 이렇게 직원이 사장의 인정을 받기 위해 노력하는 가운데 여러 부정적인 결과가 생긴다는 점이다. 동료에 대한 배려보다는 자신의 이익을 먼저 챙기려고 하고, 자신이 인정받는 것에 방해가 된다면 그 누구에게라도 대립적인 감정을 만들어내면서 공격적으로 변한다. 또한 상사와 사장의 의중을 파악하기 위해서 지나치게 눈치를 보고 신경을 곤두세우면서 오히려 일에 집중하지 못하기도 한다.

이런 인간의 기본적인 욕구를 이해하고 직원이 인정받고자 애쓰는 것을 안다면 사장이 먼저 직원을 인정해주면 모든 것이 제자리를 찾는다. 여기에서 '인정'이란 꼭 업무 성과에 대한 인정만 말하는 것이 아니다. 직원을 있는 그대로 인정해준다는 의미도 포함한다.

예를 들어 다양한 기념일을 챙기고, 사내 행사를 통해서 표창하고, 결과가 아닌 과정을 칭찬하는 등 매우 다양한 방식으로 인정을 해줄 수 있다. 직원들끼리 서로 감사의 마음을 표현하는 과정에서도 이러한 인정은 얼마든지 가능하다. 회사에서 마련한 특정한 교육 프로그램을 이수했을 때 상장을 주는 방법도 있다. 중요한 점은 이러한 인정을 받으면 자부심이 생기게 마련이다. 자신의 존재에 대해 회사가 인정하고 있다는 생각에 그때부터는 당당해지고, 자신감이 생긴다는 이야기다. 그리고 여기서부터 직원은 이제 '책임감'을 느끼기 시작한다. 자신을 인정해주었던 사람들, 자신의 자부심을 올려주기 위해 노력했던 그들에 대해서 단단한 책임감을 느끼면서 일을 완수해내려고 하고, 자신이 받았던 인정만큼이나 타인에 대해 헌신과 배려하는 모습을 보여준다. 한마디로 시키지도 않은 '애사심'이 저절로 생겨난다는 말이다.

직원의 불안감을 줄여라

인정 욕구는 가족, 친구, 동료, 상사 등 다양한 사람들로부터 올 수 있으며, 양질의 인간관계가 형성될 때 가장 효과적으로 충족될 수 있다. 그러나 이 욕구가 충족되지 않으면 불안, 무력감, 자존감 하락 등의 문제를 겪을 수 있다. 반대로 인정을 받으면 뇌 속에서 세로토닌이 생성된다. 이 물질은 사람의 기분과 감정을 조절하는 대표적인 물질이며, 뇌에서 분비되는 30가지가 넘는 각종 신경전달물질의 '총지휘자'로 알려져 있다. 세로토닌은 육체적으로 인체에 행복함을 느끼게 해주는 동시에, 스스로에 대한 긍정적 감정인 '자부심'을 느끼게 만들어 자신의 사회적 안정과 지위를 계속 유지하기 위한 행동을 하도록 이끈다.

조직 내의 여러 활동에서 얻은 세로토닌 분비와 자부심이라는 감정은 조직에 헌신하게 만들고 타인과 협력하게 한다. 우리나라의 한 대기업 금융회사 회장은 "리더십은 끌고 가는 게 아니라 끌려오게 하는 것이다"라는 말을 한 적이 있다. 직원을 인정해주고 자부심을 느끼게 해준다면 해당 직원은 사장의 리더십을 따르라고 굳이 말하지 않아도 스스로 따르게 마련이다.

또 안정감과 소속감을 느껴 내적인 불안감이 사라진다. 이러한 문제를 해결해주는 것이 바로 옥시토신이라는 화학물질이다. 이 물질은 흔히 '사랑의 호르몬'으로 불린다. 누군가에게 사랑을 느끼고 그를 보살펴주려고 하고, 기꺼이 자신을 희생하려는 마음을 만들어낸다. 따라서 직장 내에서 옥시토신의 분비를 경험한 직원들은 기꺼이 회사에 믿음을 가지고 신뢰하며 안정적인 생활을 영위한다.

이처럼 사장은 세로토닌과 옥시토신이 분비되는 환경을 조성해주기 위해 애쓴다. 세계 최고의 싱크탱크로 불리는 랜드연구소의 객

族

원 연구원인 사이먼 사이넥은 이를 비유해서 '다 함께 손을 잡고 〈쿰바야Kumbaya〉를 부를 때 느끼는 감정'이라고 표현한다. 〈쿰바야〉는 아프리카 민요로서 백인들로부터 탄압을 받던 흑인들이 하나님을 향해 불렀던 간절한 노래였다. '여기, 우리와 함께하소서'라는 주요 내용을 지닌 가사와 영혼을 울릴 듯한 감동적인 선율을 들으면서 사람들은 '하나'가 될 수 있었다. 이것을 한국적으로 표현하자면 한마디로 '대동단결'일 것이다. 마음과 마음이 하나가 되는 순간, 흑인들은 마음의 안식을 얻고 열린 마음을 가지면서 서로에게 도움을 주는 분위기를 만들어내고, 그 힘든 세월을 이겨낼 수 있었다. 그리고 이것은 모두를 하나로 만드는 '사랑'이라고 볼 수 있다.

언제든 회사가 자신을 기꺼이 도와줄 거라는 믿음이 있다면 어떨까? 그런 회사를 위해 나 역시 마음을 열고 동료를 돕겠다는 마음이 생기지 않겠는가. 세로토닌과 옥시토신은 '협력과 협동'을 끌어내는 매우 중요한 물질이다. 이 호르몬들이 잘 분비될 수 있는 환경을 만들어 자부심을 높여주고, 안정감을 느끼게 해준다면 직원들은 스스로 협력과 협동의 길에서 대동단결할 것이다.

✎ Note 1
직원을 어떻게 '대접'할 것인가 골몰해라

사장은 대접을 받는 상황에 익숙하다. 일자리를 마련하고 월급을 주고 있으니, 그런 대접에 익숙한 것도 무리가 아니다. 그러나 성공적인 경영을 위해서 사장은 오히려 직원을 대접하는 데 익숙해져야 한다. 사장이 그들을 최고로 만들어줄 때, 그들이 회사를 최고로 만들어주기 때문이다.

✎ Note 2
직원들의 업적을 인식하고 인정해줘라

직원들은 자신의 노력과 업적에 대한 피드백과 인정을 받고 싶어 한다. 그것이 꼭 금전적 보상으로 받아야 하는 것은 아니다. 사장이 직원들의 업적을 인식하고 인정해주는 것이 중요하다. 일대일 면담이나 성과 평가 등을 활용해 인정해주거나 때로는 따뜻한 말 한마디로도 충분하다.

✎ Note 3
긍정적이고 협력적인 사내 문화를 만들어라

행복 호르몬이자 이타적 호르몬인 세로토닌과 옥시토닌이 많이 분비되는 환경을 만들고자 한다면 긍정적이고 협력적인 사내 문화 조성이 필요하다. 이러한 사내 문화 개선에 힘써야 한다. 이를 위해 직원 간의 소통 및 협력을 촉진하는 프로그램, 팀 빌딩 활동, 문화 변화를 위한 새로운 정책 등을 고려할 수 있다.

族

08

안정감을 주는 것이 답이다
부서 이기주의

가족 같은 조직을 만들기 위해서는 넘어서야 하는 일이 있다. 바로 부서 이기주의, 사내 정치와 같은 것들이다. 이러한 행동들은 조직의 결속을 깨뜨리고 궁극적으로 회사의 경쟁력을 떨어뜨린다. 내부에 이런 조짐이 팽배해지면 사장은 조직원들의 인성을 탓하기 쉽다. 회사는 충분히 일할 환경을 만들어주었음에도 불구하고 지나치게 이기적인 직원들이 협력을 거부하고 자신만 살기 위해서 노력한다고 생각한다. 그런데 정말로 '개인 인성'의 탓일까?

이를 조금만 더 들여다보면 결국 모든 문제는 회사 자체의 문제이며, 궁극적으로는 사장이 자초한 것이라는 사실을 알 수 있다. 회사가 직원을 보호하지 않기 때문에 직원은 스스로 보호할 필요성을 느끼고, 그 결과 부서 이기주의와 사내 정치가 생겨나면서 회사의 경쟁력이 무너진다.

부서 이기주의로 큰 타격 입은 글로벌 기업

회사 내에서 직원들 간에 이기주의가 싹트기 시작하면, 이는 회사를 망치는 강력한 위기 신호로 봐야 한다. 이런 분위기가 형성된 회사들은 어김없이 이미 갖추고 있던 경쟁력을 잃어버리고 앞으로 나아가려는 동력마저 사라지고 만다.

마이크로소프트^{Microsoft}는 한때 매우 심각한 위기에 처했다. 2010년경, 부사장으로 재직했던 딕 브래스^{Dick Brass}는 한 칼럼을 통해 "마이크로소프트가 굳건하게 성장하고 있는 것처럼 보이지만, 실제로는 내부 분열로 인해 손대는 신사업마다 번번이 실패하고 있으며 회사는 쇠퇴하고 있다"는 사실을 토로했다. 실제 태블릿 PC를 애플보다 먼저 만들었음에도 불구하고 다른 부서가 이를 마음에 들지 않아 한 탓에 많은 투자를 하고도 시장을 선점하지 못했다고 고백했다. 또한 문자의 가독성을 높여주는 첨단기술 역시 다른 부서에서 퍼뜨린 헛소문으로 인해 새로운 시도를 할 수 없었다.

또 다른 사례는 한때 세계 최고의 기업이자 혁신의 중심이었던 일본의 소니^{SONY}다. 소니 내부의 전자산업 부문과 콘텐츠산업 부문이 서로의 이익만 추구하다가 음원의 표준이었던 MP3 파일 포맷을 거부하고 ATRAC이라는 소니만의 포맷을 고집했다. 그 결과 전 세계적인 흐름을 놓쳐서 결국 애플에 1위 자리를 빼앗겨버렸고 이제는 글로벌 세상에서 그 존재감마저 미미한 회사가 되어버리고 말았다.

주목해야 할 부분은 이러한 문제를 해결해야 할 경영자들이 실질적으로 거의 활동하지 못하고 있다는 점이다. 미국 리더십 교육기관인 CCL^{Center for Creative Leadership}에서 조사한 바에 따르면, 경영자나 임원진들이 이러한 문제를 인식하고 있는 비율은 거의 90%에 육박하지만, 이를 해결하기 위해 실질적인 활동을 하는 경우는 7%에 불과한 것으로 나타났다. 그런데 이는 경영자들의 실천 의지가 박약하기 때문이 아니라, 경영자들이 당장 나서서 몇 가지 정책을 시행한다고 해결될 일이 아니기 때문이다. 이는 보다 장기적인 안목으로 진행되어야 하며, 조직문화 자체가 바뀌어야 하는 일이기도 하다.

이 문제에 대해 좀 더 정확하게 접근하기 위해서는 '왜 같은 직장에서 같은 정체성을 가지고 일하는 조직원들 사이에 갈등과 반목, 이기주의가 생기는가?'에 대해 좀 더 근본적인 질문을 던지고 해답을 찾아볼 필요가 있다. 앞서 이야기했듯, 이 문제의 원인을 '이기적인 조직원의 인성'으로 돌려버리는 것은 너무도 근시안적이며, 근본적인 해결책을 찾기 어렵게 만든다. 만약 정말로 그렇다면 부서 이기주의, 사내 정치를 감행하는 직원들을 싹 갈아치우는 것 말고 다른 방법은 없기 때문이다. 물론 이렇게 하는 것 자체도 불가능에 가깝지만, 설사 그렇게 한다고 하더라도 새로 입사한 직원들이 그 전철을 밟지 말라는 법도 없다.

인간적인 회사를 만들 때 경계해야 할 것

우리는 이에 대한 해답을 '인간의 추상화와 대상화'에서 찾아볼 수 있다. 미국의 심리학자인 존 렉터[John Rector]는 《인간은 왜 잔인해지는가?》라는 저서에서 "인간은 인간을 대상화함으로써 사물로서 인식하게 되고, 그때 그 사물에 대해서 악을 행하면서도 죄책감을 느끼지 않는다"라고 설파했다. 마치 사람 모양의 인형 다리가 부러졌을 때 별로 슬픈 감정이 들지 않는 것과 비슷하다. 또 실험실의 해골모형 기자재를 보면서 심드렁한 감정을 느끼는 것과 마찬가지다. 만약에 '사람 모양의 인형'이 아니라 진짜 사람이었다면, 혹은 '해골모형 기자재'가 아니라 진짜 사람의 해골이었다면 어떨까? 아마도 우리는 크게 놀라거나 매우 섬뜩한 감정을 느낄 것이다.

사이먼 사이넥도 《리더는 마지막에 먹는다》에서 인간에 대한 '추상화'가 있기 때문에 사람들은 인간을 대상으로 죄책감 없이 악을 저지를 수 있다고 말한다. 문제는 이런 대상화와 추상화를 부추기는 환경이다. 함께 속해 있는 조직이나 조직의 수장이 강력하게 명령을 내리면 그 밑에서 악을 행하는 사람들은 타인을 사물처럼 추상화하고 대상화한다. 거기에서 생기는 죄책감을 극복하거나 책임을 회피하기 위해 '나는 시키는 대로 했을 뿐이다'라고 합리화한다.

존 렉터와 사이먼 사이넥은 악명 높은 나치 전범 아돌프 아이히만과 그에 대한 부역자들을 사례로 든다. 아이히만은 무려 6백만 명에 이르는 유대인 학살의 총책임자였다. 하지만 그가 혼자서 그 많은 유대인을 학살하기는 힘들다. 그를 도와서 유대인을 잡아서 가스실에 집어 넣고, 가스를 주입하고, 또 시체를 땅에 묻는 일에는 엄청나게 많은 사람들이 필요하다. 이들이 모두 아돌프 아이히만처럼 잔혹한 사람들이었을까? 물론 그렇지 않다. 그들 중 대다수는 평범한 사람들이었고, 독실한 종교적 신념을 지닌 사람들도 있었고, 가족을 무척 사랑하는 이들도 있었다. 하지만 그들이 그런 악에 가담할 수 있었던 이유는 '나는 시키는 대로 했을 뿐이다'라며 핑계를 댈 수 있었기 때문이었다.

이런 상황은 고스란히 회사 내에서도 벌어질 수 있다. 만약 사장과 직원들 사이의 인간적인 거리가 멀다면 직원은 대상화되고 추상화될 뿐이다. 구체적인 인격체로서 인간이기보다는 그저 '회사 노동자'일 뿐이다. 그렇게 되면 직원들이 '숫자'로 표현되고, 그들이 이뤄낸 성과는 '그래프'로 나타날 뿐이다. 직원을 평가하는 데 냉혹한 잣대를 들이대고, 그들을 해고하는 일도 거침없이 할 수 있다.

게다가 사장이 임원들을 가혹하게 물아붙이면 임원들 역시 직원들을 더 가혹하게 다룰 뿐이다. 그리고 그들은 "나는 시키는 대로 했을 뿐이다"라고 말한다. 회사 분위기는 점점 더 불안해지고, 직원들은 자신들의 위치가 매우 위험하다는 사실을 깨닫는다. 그리고 이때부터 발동되는 것이 바로 살아남기 위한 자구책인 부서 이기주의와 사내 정치이다. 회사로부터 보호받지 못하는 그들은 가장 가까운 부서의 팀원들끼리 생존을 도모하면서 다른 직원들을 배제하고, 뜻이 맞는 몇 명이 모여 사내 정치를 하면서 안전을 추구한다.

요약하자면, '직원에 대한 애정 없는 대상화와 추상화 → 더욱 크게 느껴지는 거리감 → 가혹하고 냉정한 대우 → 여기에 동참하는 임원들 → 불안을 느낀 직원들의 생존을 위한 활동'으로 이어진다. 이러한 과정에서 리더가 해야 할 일은 분명하다. 바로 직원들의 숨결과 인격을 느끼고 그들과의 대화를 통해서 회사가 안전한 곳임을 끊임없이 주지시키는 것이다. 흔히 말하는 '조직 내에서의 소통'이라는 것은 단순히 대화를 통해 문제를 효율적으로 해결해내는 일만이 아니라, 이렇게 사람과 사람의 거리를 좁힘으로써 그들의 마음을 이해하고 인격을 받아들이는 일이기도 하다. 이렇게 되면 직원에 대해 어떤 판단을 하거나 결정을 내릴 때 그들을 추상화, 대상화하지 않고 '사람'으로 대함으로써 좀 더 인간적인 분위기의 회사를 만들어나갈 수 있다. 당연히 회사와 사장으로부터 자신이 안전하다고 느낀 직원들은 더는 부서 이기주의나 사내 정치를 할 필요가 없으니 동료를 돕고 회사에 헌신하게 된다.

族

✎ Note 1
직원을 숫자가 아닌 인간으로 봐라

사장은 회사를 파악할 때 숫자에 집착할 수밖에 없다. 매출, 시정점유율 등 모든 것이 숫자로 표현되고 그래야만 직관적으로 이해할 수 있기 때문이다. 그러나 직원마저 숫자로 파악하는 순간, 대상화된 직원들은 위협감을 느끼고 자신을 보호하려는 본능에 시달린다. 숫자가 아닌 '인간'을 보는 것이 진정 사장이 해야 할 일이다.

✎ Note 2
인간적 거리감을 좁힐 기회를 만들어라

요즘 회사는 과거처럼 회식이 많지 않아서 서로 사적인 대화를 할 일이 많지 않다. 하지만 회식은 하나의 형식일 뿐, 인간적인 거리를 좁히려는 사장의 다양한 노력의 하나다. 허심탄회하게 서로의 마음을 열 기회가 부족하면, 결국 사장은 직원들을 추상화, 대상화하게 된다.

집단지성과 공동체 의식의 뿌리

交;

교^交, 잠재력 폭발을 위한 소통과 추진력

모든 사람과 회사는 잠재력이 있으며,
그 방향성과 힘의 강도만 다를 뿐이다.
따라서 문제는 잠재력을 어떻게 끌어낼 것인가다.
이를 위해 소통이 중요하다.
교^交란 기본적으로 소통을 의미하며, 직원들과 함께
새로운 프로젝트를 추진하기 쉬운 환경을 만들어내는 것을 말한다.
자유롭게 의견을 교환하는 분위기를 만들려면
소통의 범위와 독점을 막는 방법에 대한 고민이 필요하다.

01

어떤 상황에서든 솔직하라
사내 소통의 제1원칙

'솔직하다'라는 말은 감추는 것 없이 속 시원하게 대화하고 자신을 드러낸다는 의미이다. 그러나 어디까지 솔직해야 하는지 알 수 없을 때도 있다. 가감없이 자신의 감정을 솔직히 드러냈다가 상대방을 불쾌하게 할 수도 있기 때문이다. 특히 개인 간의 솔직한 대화는 그래도 서로 잘 아는 사이에서 행해지는 반면, 조직 내에서의 솔직함은 좀 더 불편감을 가중할 수 있다. 그럼에도 회사 내에서의 솔직함은 직원을 하나로 뭉치게 하고, 리더의 불안을 줄이는 매우 중요한 요소다. 사장과 직원이 어떤 방식으로, 어느 정도 솔직해질 수 있느냐는 조직을 운영하는 데 중요한 잣대다.

최근 경영의 화두 '솔직함'

최근 실리콘밸리에서 경영의 화두로 떠오른 단어가 '솔직함'이다. 8년간 700명의 구글 직원을 관리했던 킴 스콧Kim Scott, 하버드대학교 경영대학원 종신교수이자 세계적인 경영학의 구루로 불리는 에이미 에드먼슨Amy C. Edmondson 등이 모두 회사 내에서의 '솔직함'에 주목하고 있다. 이러한 키워드가 떠오르게 된 것은 시대적 배경과 관련이 깊다. 지금은 치밀한 전략 없이 경영을 하거나 일을 해서는 도저히 살아남을 수 없는 시대가 되었기 때문이다. 트렌드는 더욱 빨리 변화하고 기술은 초격차의 수준으로 발전해나가고 있다. 문제에 대한 대응 속도는 더욱 기민해져야 하고, 실패를 하더라도 최대한 빨리 정직하게 보고하고 다음 대안을 찾아야 한다. 이러한 혼돈과 불확실한 미래 앞에서 전 직원이 단결해야 하고, 단 하나의 소수 의견도 빠짐없이 경청해서 전략에 반영해야 한다. 이를 위해서는 솔직함이 대전제가 될 수밖에 없다.

하지만 구성원들이 솔직해지기 위해서는 먼저 사장이 솔직해져야 한다. 무엇인가를 감추기에 급급한 사장, 직원들의 조언에 귀를 닫는 사장, 매출에만 신경을 써서 직원들에게 강압적인 명령을 하는 사장이라면 솔직한 사내 문화를 기대하기 힘들다. 특히 사장의 솔직함은 조직원의 심리 상태와 의지와 열정을 좌우할 수 있는 매우 중요한 덕목이다. 일단 사장이 회사의 모든 문제를 숨김 없이 솔직하게 공유하면 직원들의 대처 능력이 빨라진다. 모르는 문제가 갑자기 터지면 직원들도 당황하게 마련이고 해법을 찾는 데 시간이 걸린다. 따라서 부하, 동료, 상사를 막론하고 모든 이에게 모든 정보를 솔직하게 공개해놓으면 그 자체로 회사의 경쟁력을 높이는 길이다. 또 솔직함은 직원들 간의 문제가 생겼을 때도 빠르게 해결할 수 있게 한다. 당사자끼리 얼굴을 직접 맞대고 솔직하게 이야기하면 오해가 금방 사라지기 때문이다.

젊은 세대일수록 더욱 '솔직한 소통'을 원한다. MZ세대는 '공정'이라는 명제를 중요하게 생각한다. 공정이란 '공평하고 올바름'을 뜻하며 여기에는 대화와 정보의 투명성과 솔직함도 당연히 포함된다. 이런 세대와 일하면서 솔직해지지 않으면 그들은 사장이 말하는 '공정'을 의심하고, 불신하는 만큼 자신들의 열정을 쏟지 않는다.

회사에서 솔직한 의사소통을 할 수 있는 분위기가 마련되면 다음과 같은 장점이 있다.

- **문제 해결 능력 강화** | 문제가 발생했을 때 직원들이 서로 솔직하게 의견을 내면 문제를 빠르게 파악하고 해결하는 데 도움이 된다.

- **신뢰도 향상** | 직원들끼리 서로 믿고 협력할 수 있다면 조직 내에서 업무 처리도 원활해지고 조직의 성과도 개선될 수 있다.

- **창의성과 혁신 도모** | 솔직한 의사소통은 새로운 아이디어를 제시하고, 이를 공유하는 데도 도움을 준다. 이를 바탕으로 혁신 제품이나 서비스를 개발할 수 있다.

- **업무 효율성 개선** | 솔직한 의사소통은 업무 효율성을 개선하는 데도 도움을 준다. 업무 처리 과정에서 생길 수 있는 오류나 중복 작업을 최소화할 수 있다.

- **인간적인 조직문화 조성** | 직원들이 서로 솔직하게 대화하면, 서로 간에 감정적인 연결이 형성되고, 조직 내에서의 적극적인 협력도 촉진될 수 있다.

交

솔직함을 위해 굿 보스가 하는 일

조직을 안정시키고 일에 집중할 수 있는 제반 환경을 만드는 데 사장의 솔직함이 필요하다. 예를 들어 회사의 현재 상황을 알 수 없고, 사장은 늘 화가 나 있는 듯하다고 해보자. 직원이라면 불안감을 느끼지 않을 수 없다.

미국 스탠퍼드대학교 경영대학 로버트 서턴[Robert I. Sutton] 교수는 자신의 저서 《굿 보스, 배드 보스》에서 좋은 보스의 특징 중 하나로 '투명성과 솔직함'을 꼽는다. 좋은 보스는 앞으로 괴로운 사태가 닥칠 것 같으면 은폐하지 않고 향후 어떻게 사태가 진행될지를 직원들에게 알리기 위해 모든 수단과 방법을 동원한다고 한다. 좋은 보스들이 이렇게 하는 이유는 직원들을 단결하게 하고 위기에 모두 나서서 대처하기 위함이다. 특히 이러한 솔직함은 미래에 대한 스트레스를 덜어주는 데에도 효과가 있다. 직원이 매일 회사의 앞날을 걱정하는 불안감을 가지고 있다면 제대로 일할 수 없는 것은 당연하다.

그렇다면 과연 사장은 무엇에 대해서 솔직해져야 할까? 한마디로 '회사의 모든 것'과 '회사 내의 모든 의견'이라고 보면 된다. 회사가 해야 할 중요한 목표, 진행 상황, 실천 계획은 물론이고 아이디어의 제안, 개선, 중지, 속행, 모든 진행에 대한 피드백 등이다. 물론 회사 내에서도 오로지 사장 혼자만 솔직해서 되는 일은 없다. 따라서 중요한 것은 '솔직한 문화' 자체를 사장이 나서서 전파해야 한다.

솔직한 조직문화를 조성하려면 절대로 사장이 직원의 말을 무시하거나 거부하는 태도를 보여서는 안 된다. 설사 그것이 비판이라 하더라도 기꺼이 귀를 기울이면 그러한 태도를 직원들이 배우게 되고 그것은 조직문화로 자리 잡는다. 또한 사장이 앞장서서 누군가를 험담하지 말고, 직원이 그 자리에 없는 다른 직원에 대해 이야기하는 것도 허용해서는 안 된다. 사장이 이런 태도를 보이면 직원들 사이에서는 '사장님은 절대로 없는 자리에서 다른 사람에 관한 이야기를 듣지 않는다'는 인식이 확산되고 이 역시 올바른 문화 정착에 도움이 된다.

사실 솔직함은 불편하고 힘들기도 하고 남에게 때로 상처를 줄 수도 있다. 나쁜 의도가 있거나 화풀이를 위한 솔직함, 혹은 진정성 없는 솔직함은 오히려 조직에 해가 될 수도 있다. 그럼에도 회사 내에서 솔직함을 강조해야 하는 이유는 그것이 사라지는 순간 직원들은 불신에 휩싸이고, 문제 해결 능력을 잃고, 회사의 미래에 대해 강한 스트레스를 받기 때문이다. 사장은 솔직함을 유지하되 이러한 부정적인 솔직함을 배격하는 자세까지 함께 갖춰야 한다. 그것이 제가십본 중 교(交)를 가장 잘 안착시키는 방법이다.

Note 1
사장은 항상 솔직함으로 대처하라

솔직하다는 것은 참 좋은 태도임에도 불구하고 현실적인 사회생활에서 솔직하기만 할 수는 없다. 특히 사장은 워낙 많은 문제를 전략적으로 다뤄야 하기 때문에 마냥 솔직하기 힘들다. 그러나 최소한 직원과의 소통과 회사 상황에 대해서는 매우 솔직해야 한다. 이러한 솔직함은 직원의 불안감을 줄이고 경쟁력을 높이는 계기가 되기 때문이다.

Note 2
직원의 비판을 가감없이 들어라

직원이 사장이나 회사를 비판하기는 쉽지 않다. 하지만 이러한 것까지 가능해진다면 그 회사는 정말로 투명하게 운영되고 강력한 경쟁력을 가질 수 있다. 윗사람이 아랫사람의 비판까지 기꺼이 수용하면, 아랫사람도 감동하며 헌신할 수 있다.

Note 3
솔직한 대화를 나눌 수 있는 환경을 만들어라

솔직한 조직문화를 조성하는 데 있어 리더십의 역할은 매우 중요하다. 리더는 자신이 하고자 하는 것을 다른 직원들에게 솔직하게 전달하고, 직원들도 서로 간에 솔직한 대화를 나눌 수 있는 환경을 만들어야 한다.

02

회의는 훈화 말씀 시간이 아니다
회의 시간

회사생활 중 빠지지 않는 것이 회의 시간이다. 소통하고 의사결정을 하는 자리여서 회사가 성장하는 데 꼭 필요하다. 문제는 생각보다 회의가 효율적으로 진행되지는 않는다는 점이다. 지난 2019년 국내의 한 직원 채용 플랫폼에서는 총 2만 5천 명에 가까운 회사원들을 상대로 설문조사를 했다. 그 결과 '회의를 왜 하는지 모르겠다'는 응답이 전체의 40%에 달했고, '회의가 아니라 팀장님 훈화 말씀이다'라는 응답이 14%, '대안은 없고 비판만 한다'는 응답이 15%를 넘었다. 결론적으로 직장인 10명 가운데 7명 정도가 회의에 대해 매우 부정적인 반응을 보였다.

회의가 단지 직장인들의 시간만 낭비하는 데서 끝나는 것이 아니라 일의 효율성과 집중력을 떨어뜨리기 때문에 심각한 문제로 접근해야 한다. 회의 시간을 어떻게 설계하느냐는 곧 회사의 경쟁력과 직결되는 일이다.

'덩어리 시간'을 방해하는 회의

사장들이 가장 걱정하는 것 가운데 하나가 직원들의 업무 집중력이 떨어지는 일이다. 책상에 앉아서 일하는 것처럼 보이지만, 정작 집중력이 떨어지면 효율성도 함께 떨어지기 때문이다. 그런데 이러한 집중력을 떨어뜨리는 중요한 요소가 회의이기도 하다. 일을 잘 하기 위해 계획되었지만, 정작 직장인들의 집중력을 떨어뜨리는 결과를 가져온다.

우선 직장인들의 하루 평균 회의 횟수를 보면 상황이 얼마나 심각한지를 알 수 있다. 앞에서 본 설문조사에서 약 60%가 넘는 직장인이 하루에 '0~1회'라고 대답했으며 '2~3회'라는 응답이 27%에 달했다. 심지어 하루 평균 회의가 '4회 이상'이라고 답한 직장인도 10%에 육박했다. 이 정도면 일하러 출근하는 것이 아니라 회의하러 출근한다고 해도 과언이 아니다.

흔히 사장은 업무 시간에서 회의 시간을 뺀 시간을 '일하는 시간'이라고 생각한다. 하지만 사람은 일을 그렇게 기계적이고 자동적으로 할 수 있는 존재가 아니다. 무엇보다 염두에 두어야 할 것은 바로 '덩어리 시간'이라는 개념이다. 실무자가 일하기 위해서는 '워밍업 → 몰입 → 쿨링다운'이라는 일련의 과정을 거친다. 그냥 책상에 앉는다고 해서 곧장 업무를 기계적이고 자동적으로 시작하는 것이 아니다. 이러한 덩어리 시간이 충분히 확보된 후, 한 번에 쭉 마무리를 지을 때까지 중간에 변수가 끼어들면 안 된다. 회의는 이런 '덩어리 시간'을 깨트리는 역할을 한다. 회의 시간이 1시간이라고 하면 앞뒤로 최소 1~2시간이 더 낭비될 수 있다. 그리고 회의가 끝난 후 퇴근 시간까지 애매하게 시간이 남으면 이 역시 일에 집중하지 못하게 방해하는 요인이 된다. 이런데도 어떤 사장은 관리를 한답시고 매일 회의하는 경우도 있다.

회의로 인한 시간 낭비와 업무 집중력 방해를 없애기 위해서는 '회의가 없는 날의 비율'을 높여야 한다. 매일 회의를 해서는 안 되고 특정한 요일에 몰아서 하는 것이 좋고, 회의 시간 역시 업무에 집중하는 '덩어리 시간'을 깨지 않을 때로 정해야 한다. 차라리 출근 직후나 퇴근 직전이 효율적인 회의 시간이라고 할 수 있다. 또한 가장 생산성이 떨어지는 회의는 준비자가 회의 내용을 일일이 읽고 발표하는 회의이다. 이런 자료들은 모두 사전에 읽고 오면 되지, 현장에서 읽는 것은 시간 낭비일 뿐이다. 효과적으로 회의를 하기 위해서는 다음과 같은 요소를 고려하자.

- **목적과 일정** | 목적과 일정을 미리 공지하여 참석자들이 회의 내용을 준비할 수 있게 한다.
- **참석자 선정** | 회의에는 목적에 맞는 참석자들이 선정되어야 한다. 필요한 사람들만 참석해야 효율적으로 진행할 수 있다.
- **준비 및 발표 자료** | 필요한 자료를 미리 준비해 발표자는 참석자들에게 잘 설명한다.
- **소통** | 회의 참석자들끼리 소통이 원활하게 이루어져야 한다.
- **결론 도출** | 회의 마지막에 결론을 도출하여 다음 단계에서 필요한 일이 무엇인지 알게 한다.

- **회의록 작성** | 회의의 결과와 결론, 다음 단계에 취해야 할 조치 등 회의 내용을 회의록에 잘 정리한다.

차 라 리 워 크 숍 을 열 어 라

회의와 관련해 유의할 점은 시간이 오래 걸린다고 해서 비효율적인 건 아니라는 것이다. 논의해야 할 사항이 있다면 당연히 '충분한' 시간을 들여 회의를 해야 한다. 그런데 문제는 회의를 했음에도 불구하고 의사결정으로 이어지지 못하는 경우다. 계속해서 결정을 미루거나 중구난방 의견만 발표하는 회의는 그 결과가 없기 때문에 아무런 효율성과 생산성이 없는 의미없는 시간 낭비일 뿐이다.

때로는 사내 인력 배치로 인해 비생산적인 회의가 발생하기도 한다. 예를 들어 특정 관리자가 회사의 모든 일을 종합 관리해서 사장에게 보고한다고 해보자. 이 관리자는 실무를 하지 않으면서 100% 관리에만 집중하기 때문에 계속해서 각 부서별로 회의를 열어 자신이 정보를 취합하고 다시 사장에게 보고한다. 이런 구조 속에서는 피곤한 회의가 계속될 뿐이다. 이러한 2인자는 백해무익하므로 차라리 역할을 없애는 것이 낫다. 각 프로젝트 관리자들이 직접 사장과 소통하면 되는 일이다.

사장들은 회의 시간이 줄어들면 직원들의 경각심이 떨어지고 회사

잠재력 폭발을 위한 소통과 추진력

에 대한 충성도가 낮아질 것이라고 우려한다. 회의 시간을 통해 무엇인가를 계속 강조하고 싶고, 자신의 '훈화 말씀'을 전달하고 싶어 한다. 이럴 때는 차라리 회의가 아닌 단 하루짜리 워크숍이 훨씬 더 효율적이다. 워크숍에서는 회의와는 다르게 개별적인 주제를 다루지 않고 회사 전반의 미래 방향, 혹은 지난 성과에 대한 반성 등이 총체적으로 이뤄진다. 또한 대체로 매우 자유로운 분위기에서 여행의 즐거움까지 겸할 수 있기 때문에 매우 긍정적인 마음 상태에서 진행된다. 실제 워크숍을 하면 직원들이 회사의 미래를 고민하는 생각의 양이 크게 증가하면서 타인에 대한 배려 역시 커진다. 또 긍정적인 리더십도 강화하여 워크숍 이후 업무의 몰입 강도를 높이는 것으로 조사되고 있다. 따라서 회의 시간에 훈화 말씀으로 시간을 낭비하기보다는 워크숍이 훨씬 효율적인 회사 운영 방침이다.

회의는 '양날의 검'이다. 회사가 돌아가기 위해 필요하지만 잘못 활용하면 오히려 회사의 경쟁력에 독이 되기 때문이다. 직장인의 불만 1위가 회의 시간이라는 설문조사 결과도 있다. 사장은 회의의 '설계'에 대해서 반드시 고민해야 하며, 직원들의 업무를 방해하지 않는 선에서 해야 한다.

제가십본

✎ Note 1
회의 시간을 줄여라

잦은 회의는 직원들의 집중력을 떨어뜨리는 요인이 될 수 있다. 매일 하는 회의는 최악의 회의 방법이다. 자료는 최대한 각자 숙지해 오고, 회의 시간 자체도 줄일 필요가 있다.

✎ Note 2
차라리 워크숍을 열어라

직원들의 분위기 쇄신을 위해서는 회의보다는 차라리 하루를 통으로 비우는 워크숍이 훨씬 나은 선택이다. 회사에 대해 깊이 고민할 시간이 주어지기 때문에 애사심을 키우는 데 더 많은 도움이 된다.

交

03

사장과 직원은 무엇을 소통하는가?
소통의 범위

커뮤니케이션이 워낙 강조되는 사회이다 보니 소통의 스킬과 관련해서는 많은 정보가 나와 있다. 어떤 자세와 태도를 가질 것인지, 어떤 어투를 사용할지에 대해 연구하고 배우려는 사장들이 많다. 그런데 정작 '무엇을 소통할 것인가?', '소통의 범위는 어디서부터 어디까지인가?'에 대해 물어보면 의외로 선뜻 대답하는 이들이 많지 않다. 사장들은 직원들의 개인 근황에 대해 이야기하는 것을 소통이라고 생각하거나 일터에서의 어려움을 경청하는 것이 소통의 전부라고 여기는 경우가 많다. 하지만 그것은 소통의 내용과 범위를 매우 협소하게 본 정의일 뿐이다.

회사에서 커뮤니케이션은 비즈니스 목표를 달성하는 데 매우 중요한 역할을 한다. 또한 조직 내부의 모든 부서 및 팀 간의 협력과 정보 공유를 용이하게 한다. 회사는 일을 하기 위해 모였으며 더 큰 미래 비전을 위해 힘을 합치는 곳이다. 따라서 소통의 범위 역시 이러한 목적에 부합해야 한다. 회사 구성원 모두가 이러한 인식을 갖는다면 직원들과의 대화 주제가 더 다양해질 수 있고, 피상적인 소통이 아닌 업무에 도움이 되는 실질적인 이야기를 나눌 수 있다.

소통이 아닌 것과 소통인 것

우선 한 가지 사례를 살펴보자. 국내에서 물류 사업을 하는 A사장의 이야기다. 물류라는 사업 분야는 한 사람이 특출한 능력을 발휘한다고 해서 성과를 많이 낼 수 있는 분야가 아니다. 참여하는 모든 직원이 하나가 될 때 비로소 가능하다. 이런 사실을 누구보다 잘 아는 A사장은 평소에 '사업에서는 사람이 전부다'라는 생각이 확고했다. 그런 그가 최근에 직원들에게 제출하라고 한 것이 있다. 그것은 바로 '90세까지 이루고 싶은 자신의 인생 비전'이다. 200명이 넘는 전 직원에게 제출하라고 말했다. 그런데 다소 의아한 부분이 있다. 정년퇴직이라면 보통 60~65세 정도이며, 빠르면 40~50대부터도 퇴직을 준비하는 경우가 허다하다. 그런데 A사장이 직원들에게 90세까지의 인생 비전을 적어달라고 한 이유는 무엇일까? 그는 직원의 인생 전체를 진심으로 소중하게 여기기 때문이었다. 비록 지금 나이가 20살이든 30살이든, 90세라는 개인의 최종적인 목표에 맞춰 지금의 업무를 조정해주고 비전을 찾아주기 위해서였다.

그는 직원들에게서 인생 비전을 제출받은 후 일대일 면담을 통해 그들이 원하는 것을 최대한 직장에서 이룰 수 있도록 끊임없이 토론했다. 단 한 번 면담한 후 "아, 당신의 비전이 이런 것이었군요"라고 말해주는 것에 그치지 않았다. 두 번, 세 번에 걸친 토론을 이어가면서 서로 다시 생각할 부분을 체크하고 계속 만나면서 직원의 인생 비전을 점점 단단하게 만들어주었다. 자신의 회사와 맞지 않는 비전이 있다면 스스로 다른 직장을 알아봐 줄 정도로 직원이 최대한 행복감과 만족감을 가지고 생활할 수 있도록 했다. 직원을 생각하는 경영자로서 마음가짐에 감탄하지 않을 수 없다. 비록 짧으면 1~2년 뒤에라도 회사를 떠날 수 있는 직원, 그리고 어쩌면 평생 다시는 마주치지 않을 수도 있는 사람을 위해 이 정도로 신경 써야 할 필요가 있을까?

A사장의 사례는 '소통의 범위는 어디까지인가?'를 다시 한번 심도 있게 고민할 계기를 준다. 그는 회사에서 직원과 할 수 있는 소통의 범위 중에서도 가장 최상단의 고급 주제까지 다루었다고 볼 수 있다. 보통 사장들은 직원과의 가벼운 잡담으로 거리감을 없애곤 하는데, 때로는 이것이 소통의 전부라고 생각하는 경우가 있다. "휴가 잘 다녀왔어?", "아기는 건강해?", "저녁 맛있게 먹었어?" 같은 대화는 그저 단순한 인사말에 불과하다. 이제라도 사장들은 직원들과 무엇을 주제로 이야기를 나눌 것인지 '소통의 범위'에 대해 진지하게 고민해보자.

交

사장과 직원의 소통 주제

다음의 7가지 내용을 살펴보자.

❶ 일의 의미
❷ 비전, 미래 모습
❸ 업무 관련 문제와 해결
❹ 프로젝트 개설 및 진행
❺ 대인관계
❻ 가정과 개인사
❼ 개인의 정체성

7가지 내용 중에서 ❶과 ❷는 직원의 전반적인 상황에 대한 소통이다. 지금 무슨 생각을 하는지, 무엇에 가치를 두는지, 그리고 미래에 어떤 꿈을 꾸고 있는지에 대해 이야기를 나눈다. 만약 직원이 이 부분에서 자신감이 없거나 명확한 자신만의 꿈이 없다면 일에 대한 동력 또한 떨어지고 있다고 봐야 한다. 직원의 이야기를 경청한 후 적절한 동기부여 방법을 고민하고 실행하는 것이 사장이 해야 할 일이다.

❸ ❹는 직접적으로 일과 관련된 내용이다. 새로 진행하는 일과

프로젝트가 무엇인지, 문제는 없는지, 혹시 사장이 지원해주어야 할 부분이 있는지에 대해 소통한다. 이는 회사의 직접적인 경쟁력과 관련 있다.

⑤ ⑥은 관계에 대한 소통이다. 사회적 동물인 인간은 혼자서 살 수도 없고 혼자 일 잘한다고 성공적인 직장생활을 할 수 있는 것도 아니다. 특히 주변 사람들과의 관계는 한 개인을 절망과 고통으로 몰아갈 수 있다는 점에서 사장이 확인하고 도움을 줄 수 있는 부분을 찾아야 한다. 특히 개인의 가정사는 일에 직접적인 영향을 미친다. 늘 가정사를 체크하고 자주 소통하면서 사장으로서 돌봐줄 일, 혹은 조언할 부분이 있는지 살핀다.

마지막 ⑦은 일반적으로는 '소통의 범주'에 포함된다고 잘 생각하지 못할 수도 있지만, 현실적으로는 매우 중요한 내용이다. 여기에서 '개인의 정체성'이란 회사에서 일과 관련해 보여지는 개인의 단면이다. 함께 일하다 보면 한 개인에 대한 '정체성'이 형성된다. 예를 들어 '한 번 하면 한다는 직원', '겉으로는 부드럽지만 강철 같은 녀석' 등과 같은 정체성이 만들어진다. 사장은 이런 정체성을 중심으로 직원과 소통할 수 있다. 예를 들어 다음과 같은 말들이다.

"역시 자네는 한다면 하는 사람이군. 이번에 정말 대단했어!"

잠재력 폭발을 위한 소통과 추진력

"자네는 원래 저돌적이고 추진력이 강한 사람인데, 이번에는 조금 약했어. 하지만 여전히 잘할 수 있을 거라고 믿어."

이런 대화들은 직원과의 친밀성을 높이고 인간적인 끈끈함을 가져다준다. 이와 함께 해당 직원에게 본인의 정체성을 다시 한번 상기시켜줌으로써 더 성장하고 싶은 욕구를 자극할 수도 있다.

소통을 위한 7가지 범주는 한편으로 '소통의 목적'을 정확하게 규정하는 것이기도 하다. 목적이 없는 배는 바다 위에서 하염없이 둥둥 떠다니게 되고, 목적이 없는 소통은 자칫 잡담으로 흐르거나 아무 의미 없는 '아무 말 대잔치'로 끝날 수 있다. 소통의 범주를 정하는 일은 소통의 목적을 정확히 하며 좀 더 다채로운 대화로 이끈다. 더 나아가 특정한 주제에 대한 심도 있는 대화를 나눌 수 있어 회사의 발전에 도움을 준다.

Note 1
명확한 목적를 가지고 소통하라

별 주제 없이 아무 말이나 떠드는 잡담은 소통이 아니다. 소통에는 '분명한 목적'이 있다. 대개 7가지 범주로 나눌 수 있는데, 직원들과 이야기하기 전에 '무엇을 위해 소통할 것인가' 하는 명확한 목적의식을 가지고 시작한다.

즉 대화를 하기 전에 '소통의 범주 → 소통의 목적 → 그에 걸맞은 대화'로 진행한다.

Note 2
개인의 정체성을 내용으로 이야기해보라

사장들이 간과하는 소통의 목적 중 하나가 바로 '개인의 정체성'이다. 특정한 직원이 일에서 보여주는 모습과 특징을 하나의 간결한 캐릭터로 만들고 그 정체성에 대한 칭찬과 아쉬움을 보여주는 방식으로 소통할 수 있다. 이렇게 하면 개인은 자신의 정체성을 지켜나가기 위해 부단히 노력한다.

交

04

일을 잘 시키는 사장, 그렇지 못한 사장
위임 vs. 방치

사장이 모든 일을 도맡아 할 수 있으면 좋겠지만, 사업의 규모가 커지면 사장 혼자서 처리하기 힘들다. 이때 직원을 뽑아서 사장이 다 감당하지 못하는 일을 위임함으로써 더 큰 회사로 발전을 도모한다. 그런 점에서 이러한 '업무 위임'은 곧 회사 성장의 중요한 발판이자 계기가 된다. 실제 회사를 크게 일군 사장들은 하나같이 '업무 위임의 달인'들이었다.

과거 삼성그룹을 글로벌 회사로 일궜던 이건희 회장 역시 직접적인 의사결정에 대한 욕구가 있었음에도 불구하고 황창규, 권오현이라는 믿음직스러운 부하직원에게 회사 경영에 대한 거의 전권을 일임한 바가 있다. 본인은 거시적인 전략만 제시하면서 부하들을 믿고 의지했다.

그런데 이러한 업무 위임에는 한 가지 딜레마가 존재한다. 그것은 바로 섣부른 위임이 '방치'로 이어질 수도 있다는 점이다. 이럴 때 사장의 업무 위임은 오히려 회사의 발전을 가로막는 장애물이 되어버리고 만다. 사장 자신이 지금 하는 것이 '위임'인지, '방치'인지를 어떻게 구별할 수 있을까?

위임과 방치를 구별하는 방법

하버드대학교 경영대학 린다 힐$^{Linda Hill}$ 교수와 하버드대학교를 졸업한 후 컨설턴트로 활약한 켄트 라인백$^{Kent Lineback}$은 함께 쓴《보스의 탄생》에서 이렇게 쓰고 있다.

> 권한 위임은 직원들 개개인과 함께 일하는 핵심 방법이다. 직원들의 일거수일투족을 감독해야 한다는 생각을 버리지 못한다면, 관리자로서 직원들을 최대한 활용하지 못하고 자신의 능력 또한 발휘하지 못한다. (…) 권한 위임에는 위험이 따르기도 하지만, 직원들에게 권한을 위임하지 않고는 조직에서 성공하기 어렵다.

미국의 '철강왕'이라고 불리던 앤드루 카네기는 자신의 묘비명에 이런 말을 남기고 싶어 했다. '여기 자기보다 나은 사람을 쓸 줄 알았던 사람이 잠들다.' 어떤 면에서 '기업 경영'이라는 것은 곧 '끊임없는 업무 위임의 중단 없는 과정'이라고 봐도 무방하다. 그런데 문제는 정작 사장은 위임이라고 생각하며 일을 맡겨놓았지만 그것이 방치로 변질될 때다. 만약 이 둘이 헷갈리면 회사 경쟁력은 머지않아 곤두박질 친다. 문제는 이 둘을 직관적으로 구별하기가 쉽지 않다는 점이다.

위임과 방치를 가르는 것은 공동체 의식, 목표의식, 주인의식이 있느냐이다. 이 3가지가 있다면 위임이지만, 없다면 방치가 된다. 이것이 있는 상태에서 참참참, CMP, 업무의 다다익선에 대한 개념이 자리 잡고 있는가를 살펴보면 된다.

● 참참참
참목표, 참업무, 참계획을 이르는 말로, 목표를 세워야 목표 달성을 위한 업무를 제대로 수행할 수 있고, 적절한 계획을 세울 수 있다. 예를 들어 사장을 찾아온 손님을 접대하기 위해 비서가 차를 준비하고 있다. 비서에게 왜 차를 끓이는지를 물었더니 업무차 찾아온 손님을 잘 대접해 회사 일이 원활하게 돌아갈 수 있도록 하기 위해서라고 답했다고 하자. 분명한 목표의식 때문에 자신이 그 일을 어떻게 잘할 수 있는지를 깨닫게 된다.

● CMP
사명감(Calling)-의미(Meaning)-과정(Process) 등 3가지의 머리글자다. 마지막 단계인 과정에서는 일하면서 느끼는 보상감도 포함된다.

● 업무의 다다익선
앞에서 말했듯이 직장인이 받는 월급만큼 일하겠다고 생각하는 순간 개인의 발전은 물론 회사의 성장도 거리가 멀어진다. 일을 많이 할수록 성장할 수 있다는 회사 분위기 조성이 필요하다. 최대한 업무를 많이 소화해야 자신의 능력을 발전시킬 뿐만 아니라 잘 몰랐던 업계의 분위기를 파악할 수 있고, 정교한 협상 능력이나 비즈니스 관계를 맺는 능력이 훨씬 출중해질 수 있다. 하지만 '어차피 월급이 나오니 대충 시간을 때우자'라고 생각하는 직원이라면 아무리 시간이 많이 지나도 형편없는 실력을 보여줄 뿐이다.

交

사장 스스로 위임과 방치를 구별하기 위해서 가장 신경 써야 할 첫 번째는 직원들이 얼마나 자주 실수를 반복하느냐 하는 점이다. 특히 어느 정도 근무연수가 된 직원들이 주기적으로 실수를 남발하는 것은 곧 이제까지의 위임이 방치에 불과했다는 사실을 방증한다. 이럴 때 보통 사장들의 반응은 "알 만한 사람이 왜 그러냐? 정신 차려라" 하는 조언을 해주는 정도다.

그러나 문제의 원인은 대부분 단지 직원이 정신을 차리지 못했거나 능력이 부족해서가 아니라, 근본적으로 '내가 왜 이 일을 하고 있는가?'를 제대로 알지 못하기 때문이다. 이것을 잘 알지 못하기 때문에 회사에서 정해준 형식상의 목표나 주어진 수치만을 채우는 데 급급해 자꾸 업무의 본질에서 벗어나는 실수를 한다. 이럴 때 답답한 사장은 '코칭'이라는 명분으로 업무의 기술을 알려주기도 하고, 성격이 급한 사장이라면 자신이 일 처리하는 방법을 알려주면서 "이대로만 하면 된다"라고 말하기도 한다. 그러나 이 역시 문제를 해결하는 방법이 아니다. 만약 그런 식으로만 일하는 직원이라면 '사장이 알려준 것 이상'의 것을 생각해내고 실천하지 못한다. 그 직원은 그저 주어진 일을 반복하는 로봇과 같은 존재일 뿐, 스스로 창의력과 도전의식으로 무장하지 못하고 결국 회사 발전에도 기여하지 못하는 직원으로 머물 뿐이다.

누구에게 일을 맡길 것인가?

로미오와 줄리엣의 이야기를 모르는 사람은 없을 것이다. 그 이야기에서 가장 인상적인 장면은 남들의 눈을 피해 줄리엣의 방에서 몰래 만난 뒤 아침이 오기 전에 창문을 통해 도망치는 장면이다. 만약 둘이 사랑하는 장면이 발각되면 목숨까지 위험한 상황이었다. 그럼에도 왜 그들은 이토록 위험한 일에 도전했을까? 그냥 스릴 넘치는 일을 해보려고? 창문으로 도망치는 기분을 느껴보고 싶어서? 그 본질은 '사랑'이었다. 둘은 사랑이라는 고결한 목표를 품자 그 어떤 위험도 불사하는 도전을 했고, 결국에는 목숨까지 잃었던 것이다. 중요한 것은 겉으로 보여지는 행동이 아니라, 그 행동을 유발하는 진짜 이유이다. 목숨을 거는 것의 본질이 '사랑'이라면, 직원의 실수가 잦은 본질적인 이유는 '업무 목표를 제대로 이해하지 못했기 때문'이다.

일의 본질은 '사장이 알려준 대로 따라 하기'도 아니고 '메뉴얼을 그대로 실천하기'도 아니다. 자신에게 주어진 업무를 더 발전시키고, 과거의 방법에서 벗어나 더 창의적인 방법으로 성과를 내기 위한 것이다. 직원이 계속해서 실수하고 개선 없이 일하는 것은 바로 이러한 일의 본질을 간과하는 데서 비롯한다. 따라서 사장이 직원들의 실수를 대하는 방식은 "제발 신경 좀 써라"거나 "정신 좀 차려라"

交

하고 말하는 것이 아니라 직원이 일의 본질을 알고 그것을 수행하고자 하는 열의가 있는지를 확인하고 이를 북돋워주는 것이다.

진정한 의미에서 '위임'에 성공하려면 당사자가 명확한 주인의식과 일의 본질에 대한 목표의식을 갖추고 있으며, 이와 더불어 다른 직원들까지 염두에 둔 공동체 의식이 있는지를 확인해야 한다. 만약 그렇지 않다면 "너를 믿고 맡겨볼게"는 위임이 아닌 방치로 끝나기 쉽다.

내가 '주인정신 이모'라고 부르는 사람이 있다. 집안일을 도와주시는 분이다. 나는 처음 일하러 오는 사람에게는 늘 30여 장에 이르는 매뉴얼을 드리곤 한다. 집안일을 어떻게 해야 하는지에 대한 꼼꼼한 내용이 담겨 있어서 그것만 숙지하면 크게 어려움 없이 일을 해나갈 수 있다. 그런데 새롭게 일을 시작한 이모에게 이 매뉴얼을 주었더니 매우 인상 깊은 말을 했다.

"저는 이런 것 없어도 잘합니다. 제 목적은 회장님이 보다 편안하고 건강하게끔 살아가는 데 이바지하는 거예요."

그러더니 매뉴얼은 거들떠보지도 않았다. 일단 매우 자신감 있는 모습을 보이셔서 한동안 지켜보자고 생각했지만 별 기대감은 없었다. 그런데 시간이 흐를수록 감탄의 연속이었다. 시키지도 않은 커튼 빨래, 이불 빨래까지 하고 어느 날은 꽃으로 집 안을 장식하고 조그만 텃밭을 만들어서 상추와 고추까지 심는 것이었다. 청소야 알아서 잘하니까 만족스러웠지만 고추와 상추까지는 상상도 하지 못한 일이었다. 그 이유를 물어보니 이렇게 대답했다.

"가끔 아시는 분들 오면 바비큐를 하시던데, 이왕이면 이렇게 집에서 직접 기른 고추랑 상추로 대접하면 더 좋지 않을까요? 또 싱싱한 채소들이니 건강에도 좋구요."

여기까지만 해도 정말로 일을 대하는 놀라운 자세임이 틀림없지만, 어느 순간부터는 자신이 일하는 집을 '회장님 댁'이라고 표현하지 않고 '우리 집'이라고 표현하는 것이었다. 예를 들어 "우리 집 깨끗하니까 참 좋죠?"라거나 "우리 집에 세제가 좀 떨어져 가네요"와 같은 표현이다. 듣는 내 입장에서는 '우리 집'이라는 표현이 약간 부담스러웠지만, 자신의 집을 가꾸는 듯한 열의가 느껴졌다.

경영의 차원에서 이모의 행동과 생각을 분석해본다면, 그녀는 매뉴얼 따위에는 얽매이지 않는 주인정신을 가지고 있다. '회장님의 편안함과 건강'이라는 매우 분명한 목표를 인지하고 있었다. 여기에서 더 나아가 자신의 일터를 '우리 집'이라고 표현할 정도로 공동체 의식까지 갖추고 있었다. 이모의 자세는 업무를 위임하는 데 있어서 거의 완벽한 상태라고 해도 과언이 아니다. 일반적인 회사에서도 이렇게 '주인정신+목표의식+공동체 의식'을 갖춘 직원이 있다면 훌륭한 인재임이 틀림없다. 그리고 이런 직원이라면 설사 실수를 하더라도 스스로 바로잡을 능력이 있는 것은 물론이고 자신에게 위임된 업무를 만족스럽게 달성해내곤 한다.

마침표가 아닌 느낌표와 물음표로 소통하라

업무를 하는 자세는 크게 2가지로 구별된다. 하나는 능동적으로 시작하고 주도적으로 끌고 가는 사람과 또 하나는 수동적으로 시작하고 끌려가듯 일하는 사람이다. 잦은 실수를 하는 사람은 당연히 후자에 속하며 개선을 위한 자구책 역시 마련하지 못한다. 전자는 실수도 잘 하지 않지만, 설사 실수를 했다고 하더라도 재빠르게 실수임을 알아채고 대안을 만들어낸다. 따라서 직원이 능동적으로 업무에 임할 수 있도록 사장은 전체적인 방향과 목표를 설정해줄 뿐, 직접 지시하거나 가르쳐주는 것은 최소화해야 한다. 이런 방법을 한마디로 말하면, '마침표-느낌표-물음표'에 의거한 소통과 경영방식이라고 할 수 있다.

여기에서 마침표란, 더 이상의 양방향 소통을 막아버리는 지시와 분노를 의미한다. 이런 대화에서는 더 이상 주고받는 소통이 아닌, 일방적인 마침표만 찍힐 뿐이다. "왜 제대로 하지 않았어", "이것밖에 못하냐", "이렇게 하면 되잖아"라며 양방향 소통이 이어지지 못하도록 마침표를 찍어버리는 방식은 직원의 적극성을 끌어내지 못한다. 사장이 지시했으니 당연히 그것이 정석이자 전부라고 생각하고 그 이상의 것을 할 필요성조차 느끼지 못한다. 반면 느낌표와 물음표를 활용하면 직원은 수동적인 자세에서 벗어날 수 있다. 예를 들면 다음과 같은 방식이다.

"와, 알려주지 않아도 이 정도를 해냈다니 대단한데!"
"그래 이 정도도 아주 좋아!"
"하지만 여기에서 조금 더 우리의 목표를 달성하기 위해서는 뭐가 필요할까?"
"여기에서 딱 20%만 더하면 아주 좋을 것 같은데, 어떤 방법이 있을까?"

이렇게 서로 공감하는 느낌표와 스스로 생각할 수 있는 물음표의 방식으로 소통하면 그때부터 직원에게 일을 맡기면 된다. 그는 적극적으로 업무에 임할 것이다.

交

잠재력 폭발을 위한 소통과 추진력

방치를 방치라고 알아차리지 못하는 것보다 위험한 상황은 없다. 특히 이런 방치를 하면서도 사장이 위임이라고 착각하면 상황은 더 악화할 뿐이다. 그사이 직원은 아무런 대책도 없이 계속해서 일을 망쳐갈 뿐이기 때문이다. 방치와 위임을 제대로 구분하고 물음표 방식으로 끊임없이 직원들과 소통하는 일, 바로 이것이 업무 효율을 최상위로 끌어올려 줄 수 있다. 그리고 이런 직원이라면, 그 스스로 프로젝트를 이끌어가는 능력을 한층 더 강화할 것이다.

🖉 Note 1
잘 위임했는지 수시로 확인하라

온 마음을 다하고, 온 힘을 다 기울이는 것을 전심전력이라고 한다. 만약 직원에게서 이런 기운이 느껴진다면 그는 충분히 업무를 위임받은 상태에서 스스로 잘 진행하고 있다고 판단할 수 있다. 이런 기운은 직원의 얼굴 표정만 봐도 쉽게 확인할 수 있다.

🖉 Note 2
참참참, CMP, 업무 다다익선에 대한 인식이 있는지 살펴라

업무의 효율성을 향상시키기 위해 업무를 담당하는 사람에게 적절한 권한과 책임을 부여하는 것이 필요하다. 위임을 잘 하려면 무엇보다 구성원들이 참참참, CMP, 업무 다다익선에 대한 개념을 인식하고 있는지 살펴본다. 이러한 개념을 머릿속에 담고 있어야 위임이 잘 이루어져 전체 조직의 역량이 균형적으로 분산되고 유연성과 대응력이 향상될 수 있다.

🖉 Note 3
역량의 한계를 직원 스스로 돌파하게 하라

사장이 계속해서 업무를 지시하고 '이렇게 하라'고 하는 것은 짧은 시간에는 효과가 있을 수 있다. 일단 '그대로' 따라만 해도 당장 큰 문제는 없기 때문이다. 하지만 직원의 업무 역량은 딱 거기서 멈출 뿐 더 이상 자라지 않는다. '어떻게 하면 최선의 결과를 낼 수 있을까?'라는 질문을 던진 후 스스로의 역량이 가진 한계를 돌파해나가는지를 살펴야 한다.

🖉 Note 4
왜 이 일을 하는지 물어라

일의 본질을 알지 못하면 직원의 일에 대한 관심과 성과 모두 떨어지기 쉽다. 자기가 왜 이 일을 하는지 스스로 생각해보고 그것을 주제로 사장과 대화를 나눠도 좋다.

交

05

편안한 분위기에서 도전 과제를 제시하라
직원의 근무 태만

직원의 '근무 태만'은 사장이 가장 신경 쓰는 부분이다. 근무 태만은 퇴사를 권고할 수 있는 이유가 되는 민감한 문제이기도 하다. 대부분 회사의 취업 규칙에는 직원의 근무 태만을 주요한 징계 사유로 정하고 있다.

그만큼 근무 태만을 방지하는 안전장치가 있다. 부하직원이 주어진 업무를 잘 처리하고 있는지 상사가 관리감독을 한다. 그럼에도 불구하고 근무 태만이 일어나고 있다면, 이는 직원 개인의 문제라기보다는 오히려 사장이 '도전적인 과제'를 제시하지 못했을 수 있다. 근무를 소홀히 하는 직원을 다시 활기차게 일하게 하는 방법이 있을까?

근무 태만의 원인은 따로 있다

나쁜 마음을 먹고 근무를 태만하게 하는 게 아닌 이상 대부분 문제는 도전적인 목표 제시가 없는 데 있다. 직원이 가진 능력 이하의 업무를 맡긴다면 일단 마음이 느슨해지면서 소홀히 할 가능성이 크다. 물론 스스로 목표치를 높여 도전적인 과제를 설정하면 더할 나위 없겠지만 현실적으로 해보지 않은 일에 대해 스스로 눈높이를 높이는 일은 쉽지 않다. 이런 경우 업무의 난이도를 가장 잘 아는 사장이 조금씩 도전 과제를 제시하는 방법이 제일 좋다.

사장이 도전 과제를 제시할 때 유의할 점이 있다. 바로 소통할 때의 안전감이다. 이것은 자신의 의견이 상대방에게 전달되고 충분히 소통될 수 있다는 심리적 안전감을 지칭한다. 예를 들어 뭔가 위험한 일에 도전하라는 주문을 받았지만, 자신에게 닥칠 위험에 대해 전혀 지식이 없거나 소통도 되지 않는다면 아예 도전할 생각을 하지 못하고 오히려 공포를 느낄 수 있다. 소통할 때의 안전감은 사장이 도전 과제를 제시할 때 첫 번째로 해결해야 할 문제다. 또한 소통할 때의 안전감과 도전적 목표의 상관관계는 아래와 같이 4가지 층위로 나뉜다.

소통이 안전하고 도전적인 목표 ▼ 적극성	소통이 안전하지만 느슨한 목표 ▼ 안일함	소통이 불안하고 도전적인 목표 ▼ 공포감	소통이 불안하고 느슨한 목표 ▼ 무관심

사장은 도전적인 목표를 제시하기 전에 소통할 때의 안전감과 불안감을 따져서 자신의 요구에 따라 직원이 어떤 심리 상태가 되는지 예상할 수 있어야 한다. 물론 최적의 상태는 '소통이 안전하고 도전적인 목표'일 때이다. 그리고 이러한 단계가 조금씩 이뤄질 때 직원은 소위 말하는 '자기효능감'을 가질 수 있다. 이 말은 교육 심리학 분야의 석학으로 불리는 캐나다 출신의 미국인 앨버트 반두

라^{Albert Bandura}가 만든 말이다. '어떤 상황에서 자신이 특정한 행동을 취함으로써 성공할 수 있다는 가능성을 인식하는 일'을 뜻한다. 자기효능감이 높은 경우 매사 적극적으로 움직이고 두려움을 이겨내는 모습을 보인다.

호주에서 과학을 전공하는 학생들 중 자기효능감이 높은 그룹과 그렇지 않은 그룹을 나누어 도전적인 과제에 대한 실험을 한 적이 있다. 그 결과 자기효능감이 높은 학생들은 자신의 학습을 스스로 통제하고 참여도 또한 높았다. 실습이 동반되는 경험을 매우 선호하는 것은 물론이고 잘 수행해냈다. 하지만 자기효능감이 낮은 학생의 경우 모든 면에서 뒤떨어지는 모습을 보였으며, 도전 과제의 수행 결과 역시 성과가 낮았다. 이를 감안하면 직장생활에서도 소통할 때의 안전감이 확보된 상태에서 사장이 도전적인 목표를 제시하고 자기효능감을 얻도록 도와야 한다. 그래야 직원들은 자신을 발전시켜나갈 수 있다.

직원을 업무 계획자로 만든다

근무 태만도 문제이지만, 정반대로 성과가 잘 나오지 않는 특정 업무에 지나치게 몰입하는 것도 문제다. 역량을 최대한 효율적으로 회사 일에 써야 함에도 불구하고 한 가지에 너무 빠지면 오히려 회사에 독이 될 수 있다. 직원이 성공해야겠다는 생각에 오기를 발동하기 때문이다.

이럴 때 사장이 직원에게 해줄 수 있는 조언은 "일의 처음과 끝을 설계하라"는 것이다. 회사의 전체적인 성장, 그리고 개인의 성장 측면을 고려할 때 과연 언제까지 그런 자세를 끌고 갈 수 있는지를 묻고, 계획을 세워 보고하게 하면 직원은 알아서 그 한계를 정하고 언제 업무 강도를 조절할지 결정한다. "업무의 시작과 끝, 그리고 그 완성도는 결국 실무자이자 실권자인 당신이 결정하는 것이다"라고 확언해주면 분명 직원은 그에 걸맞은 행동을 한다. 이를 통해 다음과 같은 목표를 이룰 수 있다.

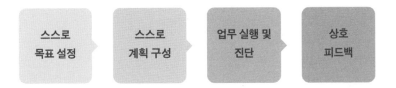

이 정도만 되어도 근무 태만은 사라지고, 업무를 질질 끄는 일도 없어진다. 모든 것을 주체적으로 처리하고 최종적으로 피드백을 받는다면 직원은 계속해서 도전적인 일에 임할 수 있고 처음부터 끝까지 자기효능감을 잃지 않는다.

✎ Note 1
직원과의 소통 과정을 살펴라

도전 과제를 전하기 전에 첫 번째로 중요한 것이 소통할 때의 안전감이다. 할 말을 자유롭게 할 수 있는지, 사장인 내가 말을 하면 그것에 대해 합리적인 토론을 할 수 있는 상태인지부터 확인해야 한다. 이 부분이 담보되지 않으면 도전 과제를 제시하는 것이 오히려 공포감만 심어줄 뿐이다.

✎ Note 2
직원의 어려움을 예민하게 포착하라

사장은 직원과의 소통에서 자신이 듣고 싶은 말만 들어서는 안 된다. 직원이 뭔가를 해봤지만 계속 가로막히는 부분, 하려고 해도 실행이 되지 않는 부분을 예민하게 파악하여 그 부분을 해결해주어야 한다.

✎ Note 3
업무 계획은 직원 스스로 짜게 하라

직원이 지나치게 한 가지 업무에 매달려 헤어나지 못할 때 해결책은 하나다. 스스로 업무 계획을 짜보게 하는 것이다. 업무의 시작과 끝, 그리고 완성도 또한 스스로 결정하다 보면 직원은 알아서 한계를 정하고 업무 강도를 조절한다.

交

06

목소리 큰 사람들을 제한하라
소통의 독점

이제까지 살펴봤듯이 회사 내에서 소통을 다루는 일은 매우 중요한데, 한 가지 문제가 있을 수 있다. 소통이 일부 회사 내의 '목소리 큰 사람들'에 의해 좌우될 수 있다는 점이다. 그들은 언제 어디서든 자신의 의견을 표출하고 싶어 하고, 그것이 관철되면 자부심을 느낀다. 사장과의 대화 자리에는 빠짐없이 참석하고 평소 조직생활에서의 느낌과 생각을 거침없이 쏟아낸다. 사장은 그들의 의견이 전체의 의견인 양 착각할 수 있다. 그들이 워낙 활발하게 의견을 개진하다 보니 사장마저 휩쓸리는 것이다. 이렇게 되면 조직원의 의견을 공평하게 수렴하는 '소통'이 아닌, 누군가에 의해 회사 분위기가 '독점'된다. 이를 막기 위해서는 '목소리 큰 사람들'을 제한하는 사장의 방법이 필요하다.

의견의 다양성이 중요한 이유

살다 보면 유독 말이 많은 사람을 만날 때가 있다. 어떤 모임에서든 소리 높여 대화를 주도하는 사람이 있는가 하면, 그저 가만히 타인의 말을 듣는 데 집중하는 사람도 있다. 일반적인 모임에서야 별 문제가 되지 않지만 회사 내에서는 소통의 문제를 불러일으킬 수 있다.

실제 2012년 《하버드 비즈니스 리뷰》에 실린 한 논문에 따르면, 7~8명의 팀원이 있는 곳에서는 한 명이 대화 점유율이 제일 높고 두 명 정도가 그 뒤를 이어 전체 소통을 독점하는 것으로 나타났다. 놀라운 사실은 그 소통의 독점자들은 자신이 그렇게나 말을 많이 한다는 사실을 깨닫지 못한다는 점이다. 심지어 그들은 자신을 '소통에서 타인을 많이 배려하는 사람'이라고 인식하기도 했다. 이 말은 곧 어느 조직이나 소통의 다양성이 적지 않게 훼손되고 있다는 의미다.

소통에서 '다양성Diversity'이라는 주제는 사실 사장들에게 그리 관심 있는 주제는 아니다. 회사란 단일한 명령 체계에 따라 중요한 몇 가지 원칙이 관철되어야 성과를 올릴 수 있는 다소 딱딱한 조직으로 생각하기 때문이다. 특히 지나친 다양성 추구는 회사의 정체성까지 해칠 수 있다고 본다. 한편 회사 내에서 다양성이 매우 중요한 역할을 한다고 주장하는 사람이 있다. 바로 미국 미시간대학교 스콧 페이지Scott Page 교수다. 그는 다양성의 중요성을 보여주는 대표 사례로 '블레츨리 파크Bletchley Park'를 든다. 이곳은 영국 버킹엄셔주에 있는 정원 딸린 대형 저택이다.

제2차 세계대전이 한창이던 1941년, 영국은 독일 잠수함 U보트의 위력에 꼼짝없이 당하고 있었다. 수백 척의 전함이 U보트가 쏜 어뢰에 침몰했고, 그 결과 영국 군대를 위한 보급로는 거의 파괴되다시피 했다. 이러한 상황에서 벗어나기 위해 유일하게 할 수 있는 것이 바로 U보트를 중심으로 오가는 독일군의 암호를 풀어내는 일이었다. 그런데 어느 순간이 되자 영국군은 독일군 암호의 거의 대부분을 풀어냈고, 그 결과 전혀 두려움에 떨 필요가 없어졌다. 이것을 가능케 한 것이 바로 블레츨리 파크에 모인 1천 명에 가까운 사람들이었다. 중요한 사실은 그들이 암호 해독 전문가들이 아니었다는 점이다. 백화점 간부, 체스 챔피언, 낱말 맞추기 전문가, 현대 언어학 박사, 이집트학 전문가 등 수많은 직업군의 사람들이 모여 있었다. 물론 암호 해독에 다소 특화된 수학자나 과학자, 기술자들도 존재했다.

스콧 페이지 교수는 이러한 수없이 다양한 배경을 지닌 사람들의 '다양성' 덕분에 암호를 해독할 수 있었고, 그 결과 '다양성이 능력을 이긴다'는 주제의 경영 이론을 주장했다. 그는 동질적인 그룹보다는 이질적인 그룹이 훨씬 더 높은 성과를 낸다고 말했다. 이 말을 회사 내의 소통에 적용해본다면, '몇몇 소수의 의견보다는 다수의 의견이 훨씬 더 창의적이고 올바른 문제 해결에 다가설 수 있다'고 할 수 있다. 특히 스콧 페이지 교수는 이 '다양성'이라는 것을 보다 구체적으로 '생각하는 방법이 다른 인지적 다양성'이라고 규정한다. 즉, 하나의 문제에 대해서 수많은 해석과 문제 해결의 대안,

잠재력 폭발을 위한 소통과 추진력

색다른 관점이 있어야 그 문제를 해결하는 데에 훨씬 용이하다. 그런 점에서 소수의 '목소리 큰 직원들'이 사내 소통을 독점하는 것은 매우 위험한 일이다.

의견 수렴을 하는 소통 채널을 만들어라

군대에 다녀온 남성들이라면 누구나 '소원 수리'라는 말을 들어봤을 것이다. 지금은 종이에 요구사항을 적어서 부대 내에 배치된 소원수리함에 넣는 것보다는 인터넷과 SNS에 호소하는 것이 군대 내의 문제점을 해결하는 더 빠른 방법으로 선호되기는 한다. 어쨌든 이 소원 수리는 군대 내 다수의 목소리를 듣기 위한 매우 적절한 제도였다.

이러한 제도는 회사 내에도 분명히 있어야 한다. 문제와 불만을 해결하기 위한 다양성을 확보하는 방법이기 때문이다. 한국비즈니스협회에서는 자체적으로 만든 '한국비즈니스협회 신문고', '한국비즈니스협회 발전소'와 같은 의견 수렴의 창구가 있다. 회사 직원들만 접속할 수 있는 게시판이라고 보면 된다. 공개적인 회의 자리에서 할 수 없는 이야기나, 혹은 따로 시간을 내어 사장에게 면담을 요청하기 쉽지 않은 직원들이 필요에 따라 이용할 수 있다. 그런데 중요한 점은 이렇게 '소통의 장'을 마련한다고 끝나는 게 아니라는 점이다. 그것은 물리적인 최소한의 조건일 뿐, 향후 그것을 어떻게 운용하느냐가 더욱 중요하다.

이때 익명으로 운영할 것인지, 실명을 사용할지도 선택할 수 있는데, 대부분 불이익을 우려해 익명 게시판을 운영하지만 좀 더 책임감 있는 문제 제기와 해결을 원한다면 실명으로 운영하는 것이 좋다. 한국비즈니스협회에서는 직원들로부터 진솔한 의견을 실명으로 듣고 있다. 청와대 신문고와 같이 회사 신문고를 운영하는데, 익명성에 기대어 다른 사람을 괴롭히거나 명예를 훼손할 수 있는 위험을 안는 대신 실명을 밝혀 자신의 책임 아래 솔직한 의견을 제시할 수 있게 하고 있다. 실명으로 신문고를 운영할 때 직원들이 불이익을 당할까 우려하여 문제 제기에 소극적일 수 있는 단점이 있다. 이때 직원이 어떠한 발언을 하더라도 불이익을 주지 않는다는 전제와 신뢰를 심어줘야 한다. 이런 전제가 기본적으로 바탕이 되어야 원활하게 운영할 수 있다. 신부님께 고해성사를 하듯 사장에게 진솔한 생각을 털어놓을 수 있도록 분위기 조성에 신경 쓴다.

익명이든 실명이든 장단점이 있으므로 각 회사의 상황과 구성원의 의견을 수렴해 어떤 식으로든 직원들의 의견을 들을 수 있는 창구가 있어야 한다는 점이 중요하다.

사내에서 소수 직원이 의견을 독점하면 사장과의 불통보다 더 심각한 결과를 초래할 수 있다. 직원과 직원 간에 분열이 생길 수 있고, 의견을 내지 못하는 부류는 계속해서 불만을 속으로 쌓아둔다. 이러한 실타래를 풀어줄 수 있는 것이 바로 제도적 장치이다. 이를 최대한 경청하고 문제 해결을 하려고 사장이 노력해야 바꿀 수 있다.

⊕⊗제가십본 핵심 노트⊗⊕

Note 1
게시판을 설치하라

'좋은 게 좋은 것'이라는 분위기는 일종의 폭력이 될 수도 있다. 기존의 의견에 반대하는 사람이 있다면 '너는 왜 자꾸 분위기를 흐리고 반대를 일삼느냐'는 비난이 가능해지기 때문이다. 직원들이 이러한 폭력에 희생되지 않도록 게시판을 설치해 누구든 솔직한 생각과 의견을 개진할 수 있는 소통 창구를 마련한다. 이때 어떤 이야기를 하든 불이익은 없다는 점을 분명히 하고 신뢰 관계를 구축한다면 자신의 이름을 걸고 책임감 있게 의견을 밝히는 등 적극적인 참여를 끌어낼 수 있다.

Note 2
전담 직원을 배치해 직원의 입장에서 문제를 바라보라

게시판에 올라온 제안을 처리하기 위해 전담 직원을 배치할 필요가 있다. 이는 단순히 업무의 효율화를 위해서만은 아니다. 사장의 눈높이에서 바라보는 것과 직원의 눈높이에서 바라보는 것은 근본적으로 다르기 때문이다. 따라서 사장의 일방적인 판단보다 직원들과 함께 문제를 파악하고 분석하는 일이 중요하다.

交

07

직원과 어떻게 소통할 것인가?
사장과 직원의 소통법

효과적인 소통 기술은 모든 회사에서 공감, 존중, 배려, 협업, 피드백 및 자발적인 업무 추진을 촉진하는 데 필수적이다. 특히 직원이 늘어나는 회사의 도약기를 성공적으로 경영하기 위해서는 더욱 중요한 요소다. 그런데도 대부분 사장들은 직원과의 효과적인 소통 기술을 일관성 있게 또는 효과적으로 사용하는 데 어려움을 겪는다. 여기에는 몇 가지 이유가 있다.

사장이 기본적 소통 기술을 발휘하지 못하는 이유

우선은 근본적으로 직원과의 소통 기술을 체계적으로 배울 수 있는 곳이나 공식적인 교육기관을 찾아보기 어렵기 때문이다. 전문적인 경영 기법을 알려주는 강의나 서적은 많지만 정작 사장이 갖춰야 할 가장 필수 능력인 직원과의 소통 기술을 구체적으로 배울 수 있는 기관이나 자료가 부족하다.

사장은 일상적으로 신경 쓰고 책임져야 할 일이 너무 많아 직원들과 효과적으로 소통할 시간이 충분하지 않다고 느낄 수도 있다. 이로 인해 서두르거나 감정적인 소통이 이루어질 가능성이 크다. 소모적인 긴장 상태나 오해를 불러일으킬 수도 있다. 회사 내 권력의 역학 관계가 직원과의 효과적인 소통을 어렵게 만들 수도 있다. 사

交

잠재력 폭발을 위한 소통과 추진력

장은 때때로 자신의 권위를 강조하거나 특정 이미지를 유지해야 한다고 느낄 수 있고 이 때문에 열린 대화와 협업을 촉진하는 방식으로 소통하지 못하기도 한다. 이는 두려움과 소극적 문화를 조성하여 생산성과 직원 사기에 부정적인 영향을 미치는 결과로 이어진다. 근본적으로는 사장 자신이 선천적으로 내성적이거나 표현력이 부족하여 직원들과 소통하기 어려울 수도 있다. 이런 성격은 공감을 표시하거나 적극적으로 경청하거나 건설적인 방식으로 피드백을 제공하는 데 어려움을 겪는 경우가 많다.

이러한 이유로 사장이 직원들과 효과적으로 소통하기가 어려울 수 있지만, 오래 연습하고 노력하면 누구나 커뮤니케이션 기술을 향상시킬 수 있다. 궁극적으로 효과적인 커뮤니케이션은 회사의 안정적 성장을 위한 핵심 요소이며, 이를 위해 노력하고 배우는 것은 사장의 최우선 과제이다.

언어적 소통의 기본

사장의 말은 명확해야 한다. 이렇게도 저렇게도 해석할 수 있는 모호한 지시를 내려놓고 사장이 사라진다면 직원들은 우왕좌왕할 수밖에 없고, 그 누구도 추진력 있게 업무를 밀어붙일 수 없다. 모든 일의 구체적 사항까지 사장이 일일이 지시해야 한다는 말이 아니다. 직원들에게 위임된 권한 내의 업무는 그냥 맡겨놓으면 되지만 회사가 지향하는 방향이나 사운이 걸린 중대한 사항에 관해서는 아주 분명하고 명확하게, 또 상대방이 알아들을 수 있는 수준의 표현을 사용해서 소통해야 한다.

직원의 말을 중간에 자르지 마라

적극적인 경청은 사장이 갖춰야 할 기본적인 소통 기술이다. 직원의 말을 중간에 자르지 마라. 했던 말을 계속해서 반복하고 있다면 사장은 "그 부분은 충분히 들었고 다른 의견이 또 있나요?"라고 물어 언제든지 경정할 자세가 되어 있다는 것을 직원이 알 수 있게 해주어야 한다. 눈을 맞추고 고개를 끄덕이는 등 직원의 말에 적절하게 반응하는 것은 여기에 당연히 포함되는 기술이다.

직원을 비난하는 투의 말을 삼가라

사장은 직원들을 비교하거나, 비난, 또는 불평하는 투의 말을 삼가야 한다. 또 특정 직원을 낙인 찍는 말을 해서도 안 된다. 이러한 소통은 직원들의 동기부여나 사기를 해쳐서 회사의 성과에 나쁜 영향을 미친다. 직원들은 다음 대상이 자신이 될까 봐 조그만 위험도 감수하려 들지 않고 하던 일만 반복하는 매너리즘에 빠져든다. 팀 간 협업이나 팀워크가 이뤄지기 힘들어 업무 효율성도 떨어진

交

다. 따라서 사장은 자신이 직원들에 관해 부정적 표현을 사용하는 것은 아닌지 수시로 돌아보고 삼간다.

직원의 말을 그대로 반복해 공감을 표현하라

직원은 사장이 자신의 어려움이나 감정에 공감하고 있다는 느낌을 받으면 회사에 대한 충성심이 높아지고 업무에 더 적극적으로 나서기 마련이다. 사장은 적절한 언어적 소통을 통해 직원에게 이런 느낌을 전달할 수 있다. 직원이 했던 말 중 핵심적인 부분을 사장이 직접 자신의 입으로 그대로 반복해주는 것은 기본적인 기술 중 하나이다. 또 직원이 감정적 어려움을 표현하면 "그래서 화가 났군요", "그런 상황에서는 저 역시 당황했겠네요" 등의 말로 공감해주는 것은 대단히 효과적이다. 사장은 이런 간단한 소통을 활용하여 직원과 긍정적 관계를 구축하고 동기부여를 할 수 있다.

비언어적 소통의 기본

직원과의 소통에서 적절한 보디랭귀지를 사용하면 효과는 배가된다. 사람들은 표정과 자세 등으로 상대방의 성격과 심리 상태를 판단하기 때문이다. 우선 상대 직원의 눈을 응시하면 자신이 적극적으로 대화에 참여하고 있다는 것을 보여줄 수 있다. 팔이나 다리를 꼬는 동작은 직원의 말을 거부한다는 인상을 줄 수 있으므로 피해야 한다. 상대방을 향해 몸을 기울이거나 맥락에 따라 고개를 끄덕이고 미소를 짓는 것은 현재 오가는 대화를 잘 이해하고 있다는 것을 보여준다. 상황에 맞는 어조를 사용하는 것도 중요하다. 친근한 사적 대화 자리에서는 당연히 부드러운 말투가 좋지만 중요한 업무 지시를 할 때는 차분하고 분명한 말투를 사용해야 한다.

특히 사장이 직원에게 절대 보여주어서는 안 되는 모습이 있다. 회사 사정이든, 개인적 사정이든, 무언가 심각한 걱정거리 때문에 마음이 불안하더라도 직원들 앞에서 사장이 안절부절못하는 모습을 보여서는 안 된다. 담배를 연달아 피운다거나, 상대 직원의 말을 곧바로 이해하지 못하고 자꾸 되묻는다거나, 자꾸 한숨을 내쉬며 사무실 이곳저곳을 의미 없이 왔다 갔다 하는 등의 행위를 하면 직원들은 부정적인 상상력을 키우며 업무에 태만하게 된다. 이런 분위기는 회사 전체로 감염되기 쉽고 곧바로 생산성 저하로 이어진다. 따라서 정돈된 자세를 보여주기 어렵다는 생각이 들면 회사 외부에서 마음을 추스른 후 출근하는 것이 훨씬 더 나은 방법이다.

스킨십은 사장과 직원 간의 신뢰를 구축하는 강력한 소통 수단이다. 하지만 상대방이 민감하게 반응하지 않도록 경계감을 침범하지 않는 선에서 적절하게 사용할 줄 알아야 한다. 악수나 등을 두

交

드리는 행위는 감사, 축하 또는 지지하는 마음을 전달하는 데 도움이 된다. 어떤 직원이 프로젝트를 성공적으로 완수했다면 사장이 직접 가까이 다가가 등을 두드려주거나 축하 악수를 건넨다면 경제적 인센티브 못지않은 성취감을 선물해줄 수 있고, 또 다른 도전을 위한 충분한 동기부여가 될 수 있다. 만약 개인적 어려움이나 상실감으로 힘들어하는 직원이 있다면 그저 말뿐인 위로보다는 다가가 어깨를 토닥여주는 것이 좋다. 사장 본인에게는 그리 힘들지 않은 행위지만 상대 직원에게는 큰 힘이 된다. 왜냐하면 당신은 바로 그 힘들어하는 직원의 사장이기 때문이다.

하지만 각 직원 개인의 경계를 존중하고 상대방의 반응을 잘 살펴 부적절한 행위로 느끼지는 않는지 잘 살펴야 한다. 대개는 그렇지 않지만 신체적 접촉에 익숙하지 않거나 불편해하는 사람들도 있다. 스킨십을 금기시하는 문화적·개인적 신념이나 관습을 가지고 있을 수도 있다. 특히 상대방 직원의 성별이 자신과 다르다면 더욱 조심해야 한다. 작은 오해로도 회사에 치명적 부작용을 일으킬 수 있기 때문이다.

✐ Note 1
소통의 기본 기술을 반복해서 훈련하라

회사가 커나가려면 사장의 소양 역시 함께 성장해야 한다. 직원과의 기본적 소통 기술을 배우고 익히는 것도 사장에게 꼭 필요한 자질 중 하나다. 하지만 지식이 행동으로 이어지는 것은 그리 간단히 되는 일이 아니다. 출근 전 아침마다 위 내용을 반복해서 숙지하고 거울 앞에서 연습해라. 한꺼번에 모두 익히는 것은 누구에게나 어렵다. 하루에 한 가지씩 차근차근 연습해나가는 것이 효율적이다.

✐ Note 2
직원과의 소통에서 반복하는 실수는 반드시 고쳐라

고치려고 해도 잘 되지 않고 자꾸 반복하는 실수가 있다면 책상 위 잘 보이는 곳에 적어놓는 것도 방법이다. 자리에서 일어설 때마다 한 번씩 읽고 신경 쓰다 보면 어느새 같은 실수를 하지 않는 자신을 발견할 것이다. 무엇보다 직원과의 올바른 소통의 중요성을 이미 인식했다면 자꾸 실수한다고 하더라도 큰 문제는 없다. 자신의 변화와 더불어 회사의 분위기가 어떻게 바뀌어나가는지 잘 살펴본다면 스스로도 동기부여를 받을 것이다.

08

웃는 사장이 결국 성공한다

행복한 조직문화의 비결

육아책을 보면 엄마가 행복해야 아이들도 행복하다는 말이 있다. 많은 시간을 함께 보내는 엄마가 늘 인상을 찌푸리거나 짜증이 나 있는 상태라면 아이들도 부정적 영향을 받기 쉽고 늘 엄마의 심기를 살피느라 눈치가 늘고 주눅이 든다. 회사에서도 마찬가지다. 회사에서는 엄마와 같은 존재가 사장이다. 우리는 일생 동안 가장 중요한 시기에 가장 많은 시간을 회사에서 보낸다. 20대 청년 시절부터 50대 전후까지 인생의 황금기를 함께하는 회사인데 그 시간이 행복하지 못하다면 인생 전체가 불행해진다. 회사에 오는 한 사람 한 사람이 행복한 마음으로 출근한다면 긍정적 에너지가 가득한 조직문화가 만들어지고 그 결과 회사도 성공의 길에 오를 수 있다. 사장의 웃음이 기업에 어떤 영향을 미치는지 실제로 보여주는 사례는 쉽게 찾아볼 수 있다.

스타벅스의 성공을 이끈 하워드 슐츠의 미소

우리 주변에서 쉽게 찾을 수 있는 스타벅스는 미국 시애틀에서 커피 원두와 장비를 파는 작은 소매점에서 출발했다. 스타벅스의 시작은 작은 소매점에 불과했지만 하워드 슐츠Howard Schultz라는 걸출한 사장을 만나 세계적인 기업으로 성장했다. 특히 그의 웃음 경영은 사장의 자세가 기업의 실적에 어떤 영향을 미칠 수 있는지를 보

잠재력 폭발을 위한 소통과 추진력

여주는 사례로 유명하다.

2008년 글로벌 금융위기가 확산되면서 스타벅스 역시 매출이 감소해 매장 폐쇄와 직원 해고를 단행해야 했다. 하워드 슐츠는 스타벅스의 브랜드 가치를 유지하기 위해서는 직원들의 사기가 중요하다는 점을 깨닫고 직원들을 직접 만나기 위해 전국을 순회하며 수백 개의 스타벅스 매장을 방문할 계획을 세웠다. 그리고 '스타벅스 컴백'이라는 슬로건을 내걸고 긴 여정을 시작했다.

사장의 진심 어린 미소와 긍정적인 에너지를 마주한 직원들은 깊은 감동을 받았다. 경영자의 신뢰는 자신이 회사에서 가치 있는 존재이며 현재의 폭풍우를 함께 이겨낼 수 있다는 확신과 열정을 직원들에게 불어넣었다.

하워드 슐츠의 이런 노력은 이후 스타벅스의 실적을 통해 분명하게 드러났다. 사장이 내뿜는 긍정적 에너지는 전염병처럼 직원들에게 퍼지면서 스타벅스 매장의 분위기를 활기차게 만들었다. 힘든 시기에도 사람들은 스타벅스 매장을 찾았고 매출은 빠르게 회복되었다.

이 사례는 리더의 미소가 특히 어려운 시기에 긍정적 변화의 촉매제 역할을 할 수 있다는 것을 보여준다. 하워드 슐츠는 직원들과 개인적으로 소통할 수 있는 능력과 따뜻한 미소, 낙관주의로 직원들의 사기를 진작하고 열정을 다시 불러일으켜 회사가 재도약하는 데 결정적 역할을 했다.

웃음과 유머로 영국 최고 경영자가 된 난독증 고교 중퇴자

글을 읽지 못하는 학습 장애 가운데 하나인 난독증으로 고등학교 조차 졸업하지 못했지만 웃음과 유머를 무기로 세계적인 기업가가 된 사람이 있다. 주인공은 항공, 미디어, 관광 등 다방면의 사업 분야에 6만 명이 넘는 직원을 거느린 영국 버진그룹의 회장 리처드 브랜슨Richard Branson이다.

전문가들은 그의 성공에는 적극적인 유머로 직원들이 긍정적이고 생산적인 업무환경에서 일할 수 있게 한 그의 노력이 큰 역할을 했다고 인정한다. 리처드 브랜슨 회장은 동료애를 쌓고 팀워크를 강화하는 수단으로서 웃음의 중요성을 강조했다. 웃음을 통해 버진 그룹 내에서 재미와 혁신의 문화가 자리 잡도록 장려했다. 행복한 직원이 더 나은 성과를 낸다는 그의 신념에 따라 버진그룹은 계열사에 맞게 다양한 이벤트를 실시하고 있다.

스튜어디스 복장 경연대회

버진 애틀랜틱 항공사는 깔끔하고 독특한 디자인의 승무원 유니폼으로도 유명하다. 회사는 매년 직원들이 참가하는 유니폼 경연대회를 개최한다. 직원들은 각자 아이디어를 짜내 유머러스하고 창의적으로 복장을 한껏 꾸민다. 자신만의 유니폼을 입은 직원들이 한바탕 축제를 벌인다. 2022년에는 남자 승무원도 원한다면 치마

交

잠재력 폭발을 위한 소통과 추진력

유니폼과 하이힐을 착용해도 된다는 성^性 중립 정책을 발표하기도 했다.

사내 월드컵

리처드 브랜슨은 활기찬 직장문화 조성을 위해 스포츠를 활용하는 데에도 관심이 많다. 버진그룹은 다양한 국적의 직원들이 참여하는 사내 월드컵 대회를 개최한다. 토너먼트 형식의 축구 경기를 통해 직원들은 협업과 팀워크의 밑바탕이 되는 신뢰와 협동심을 구축한다. 각 나라를 대표해 경기를 치르며 직원들은 유머와 웃음이 넘치는 사내 분위기를 만들어나간다.

카니발 이벤트

버진그룹은 수시로 카니발 이벤트를 개최하는데, 이는 음악, 게임, 댄스, 음식 등 다양한 공연과 활동으로 구성된다. 이 행사는 버진그룹의 모든 직원과 가족이 참여하여 그룹의 공유가치를 확인하는 기회가 된다. 또 회사가 직원들을 소중하고 감사한 존재로 여기고 있다는 것을 보여주는 시간이기도 하다. 그룹의 최고경영자인 리처드 브랜슨이 직접 테이블 위로 올라가 춤추는 모습을 보여주기도 하며 파격적인 조직문화를 형성하는 데 앞장선다.

회사의 사회공헌 활동과 강력한 마더 테레사 효과

방송이나 기사를 통해 기업의 사회공헌 활동과 관련한 소식을 종종 접한다. 직원 간 단합대회나 회식을 하는 대신 고아원이나 양로원을 찾아 봉사하는 경우도 점점 많아지고 있다. 자세히 들여다보면 실적이 좋고 전망이 밝은 회사일수록 기부나 자선활동에 더 적극적이다. 세계적인 추세도 ESG(환경·사회·지배구조) 경영과 같은 개념을 중요시하면서 기업의 사회적 책임을 갈수록 더 강조하고 있다. 기업의 실적과 사회공헌의 크기가 비례하는 것은 사실 우연의 결과가 아니다.

마더 테레사는 평생을 병들고 가난한 자에게 봉사한 인도의 성녀다. 마더 테레사 효과는 그녀처럼 직접 봉사를 하는 것뿐만 아니라 주변에서 행하는 선한 일을 생각하거나 보기만 해도 신체 내에서 바이러스와 싸우는 면역체가 증가한다는 연구결과를 말한다. 미국 하버드대학교 의과대학에서 진행한 연구에서 의대생들에게 테레사 수녀의 일대기를 기록한 영상물을 보여주자 나쁜 병균을 물리치는 면역체인 인터루킨-6의 양이 뚜렷이 증가하는 현상을 발견했다. 연구팀은 이 연구결과를 토대로 "남을 위해 베풀면 신체가 스스로 치유하는 능력이 향상된다"고 결론지었다.

마더 테레사 효과는 기업의 사회공헌 활동이 조직에 어떤 영향을 미칠 수 있는지를 보여준다. 국내 한 기업에서 실시한 설문조사에 따르면 나눔을 실천하는 기업에 다니는 직원들은 그렇지 않은 기업에 다니는 직원들보다 직장 만족도가 높게 나타났다. 또한 직원들의 사기와 신체적·정신적 건강을 개선하는 데도 큰 역할을 한다. 사장이 긍정적 자세로 나눔을 실천할 때 가장 큰 장점은 따로 있다. 직원들은 사장이 회사의 성과를 독식하는 것이 아니라 함께 나눌 것이라는 믿음이 커지고 형식적인 일 처리가 아니라 헌신적인 자세로 업무에 임하게 된다. 또 회사를 평생 직장으로 생각하는 직원들이 많아진다. 사장이 직원들의 롤모델로서 진정한 존경을 받는 것은 덤이다.

🖊 Note 1
직장 내 웃음을 장려하는 분위기를 조성하라

사장은 출근하기 전에 거울 앞에 서서 자신의 표정을 관리하는 연습을 꾸준히 한다. 사장의 무표정은 직원들에게 중립적인 태도가 아니라 인상을 쓰는 것과 마찬가지로 느껴진다. 사장이 긍정적이고 진취적인 자세로 웃는 모습을 보여주면 직원들도 자연스럽게 활기찬 분위기를 띠게 된다. 사장이 직원들의 긍정적 자세에 적극적으로 반응해주는 것도 중요하다.

🖊 Note 2
사회공헌 프로그램을 운영하라

회사가 지역사회나 불우 이웃을 도울 수 있는 정기적인 프로그램을 운영한다. 자신보다 사정이 어려운 이들을 직접 몸을 움직여 돕는 행위는 직원들의 스트레스를 해소하고 긍정적 사고를 할 수 있게 만들어준다. 계절의 변화에 맞추어 봄에는 천변 쓰레기 줍기, 여름에는 보육원과 자매결연을 맺고 함께 캠핑가기, 가을에는 농촌 일손돕기, 겨울에는 연탄봉사 등 다양한 형태로 운영할 수 있다.

交

學;

학學, 자기효능감을 극대화하라

배움은 개인의 성장과 회사의 성장에 중요한 역할을 한다.
회사가 학습과 훈련을 제공하면 직원들은 더 나은 자기효능감과
능력을 발휘하고 회사는 더 높은 경쟁력을 얻을 수 있다.
다만 기존의 사내 교육 방식은 일방적이고 한정적인 관점에서
진행되어왔다. 제가십본에서의 학學은 이러한 한계를 극복하고
사장과 직원들이 함께 배우고 성장하는 방식이다.
사장이 스승이 되어 직원들을 가르치고, 직원들은 스스로를
셀프 매니지하며 모임을 만들어 지식과 경험을 공유한다.

01

회사는 인생의 마지막 학교
회사의 정의

흔히 "회사는 학교가 아니다"라고 말한다. 회사란 실수가 용인되고 배워가며 일하는 곳이 아니라는 의미다. 일견 맞는 말이다. 사장 입장에서 직원이 매일 출근하는 것 자체가 차곡차곡 비용이 쌓이는 일이며, 설사 직원이 실수를 했더라도 월급은 고스란히 나가야 한다. 그러니 직원이 제 몫을 해내지 못하면 애가 타지 않을 수 없다. 회사가 학교가 아니라고 하는 말의 이면에는 이런 속뜻이 있는 것이다. 하지만 제가십본의 관점에서 회사는 학교가 되어야 한다. 그래야 궁극적으로 회사가 발전할 수 있다.

사장은 직원에게 무엇을 줄 수 있는지를 고민한다

회사는 철저한 이익 추구 집단이며, 직원은 그 이익을 위한 수단이라고 한다면 회사는 학교가 될 수 없다. 실수는 용납되지 않고 더구나 업무 능력이 떨어지는 인재라면 조만간 내보내야 한다. 이러한 회사에서는 냉정한 평가가 뒤따르고 내부 직원 간의 경쟁이 치열하다. 직원들은 이 숨 막히는 외줄타기 직장에서 하루하루 생명을 연장해나가야 하는 운명이다. 물론 이런 방식에서도 직원들은 충분히 성과를 올릴 수 있고 사장은 만족스러울 수도 있다. 하지만 문제는 이런 조직문화 속에서는 직원이 소모품으로 전락해 자발적인 문제 해결 능력과 일에 집중하고자 하는 마음이 사라진다는 점

이다. 좀 더 자세히 들여다보자. 먼저 사람의 업무 능력은 크게 2가
지로 구분된다.

타의에 의한 업무 수행	근면, 성실, 지시 수행, 복종, 수용, 지금 가진 능력만 보여주기.
자의에 의한 업무 수행	열정, 창조력, 창의력, 추진력, 해결력, 확장력, 잠재력, 전체적 시야.

첫 번째 업무 수행에서 전형적으로 나타나는 현상이 바로 '내가 맡
은 업무만 열심히 하자!'라는 마음가짐이다. 물론 겉으로 볼 때 이
런 자세는 그다지 나쁘지 않아 보인다. 최소한 자신이 맡은 업무는
성실하게 다하려는 책임감을 보여주기 때문이다. 하지만 실질적으
로 이런 자세는 '나쁘지 않은 경우'가 아니라 '최악'이라고 해도 과
언이 아니다.

미국의 철강 재벌이었던 앤드루 카네기^{Andrew Carnegie}가 이런 이야기
를 한 적이 있다.

> "평균적인 사람들은 자신의 일에 자기가 가진 능력의 25%를
> 투여하지만, 세상은 50%를 쏟아붓는 사람에게 경의를 표하
> 고, 100%를 아낌없이 쏟아붓는 사람을 존경한다."

'맡은 업무만 열심히 하자' 하는 마음을 가진 대다수 직원은 자신이 가진 능력의 극히 일부만을 사용한다. 이런 직원들은 늘 "지금도 일이 많은데, 왜 자꾸 일을 더 만드는 거지?" 같은 말을 달고 산다. 직원의 입장에서 '추가로 해야 할 일'은 쓸데없는 일이고, 어떤 가치가 있는지도 모르는 일, 그래서 하기 귀찮고, 어떻게 해서든 대충 끝내고 싶은 일에 불과하다. 자신을 늘 쥐어짜야지만 회사생활을 견딜 수 있는데, 이런 직원들이 많다면 회사 성장의 동력이 생길 리 만무하다. 또한 이런 회사에서는 실수에 대한 걱정과 두려움 때문에 자율적 교류라든가 소통이 사라지고 안정감과 소속감을 느낄 수 없다. 이런 상태에서는 회사의 장기적인 발전을 기약할 수가 없다.

반면 자의에 의해 업무를 수행하는 직원에게 자율성을 부여하고 일의 전권을 맡기면 그는 스스로 팀을 짜고 문제 해결의 방법까지 연구하면서 이제까지 보여주지 않았던 잠재력을 발휘한다. 이러한 직원들이야말로 '핵심 인재'라고 할 수 있다.

지난 2019년 미국의 비영리 경제조사기관인 '컨퍼런스보드'에서 전 세계 CEO 605명을 설문조사한 적이 있다. 당시 '회사의 장기전략 수립과 미래 성장에서 가장 중요한 요소는 무엇인가?'라는 질문에 대다수 CEO들은 '핵심 인재 확보'를 들었다. 그리고 대부분의 핵심 인재가 반드시 갖추어야 할 덕목으로 추진력과 창의력, 열정을 꼽았다.

이러한 직원의 능력을 키우려면 회사는 실전을 통해 끊임없이 학습하고 성장하는 인생 학교가 되어야 한다. 한국비즈니스협회에서는 다음과 같은 사내 교육기관을 통해서 자의에 의한 업무 수행 능력을 극대화하고 있다. 이 기관들은 앞에서도 언급되었던 것으로, 각각 특화된 교육을 제공한다.

- 신입직원 교육을 위한 'Leader Of Legend: LOL'
- 경영진 교육을 위한 '집현전'
- 코치팀 교육을 위한 '크림슨 칼리지'

대상에 따라 특화된 교육을 하면 자신의 업무와 역할에 따른 교육을 전문적으로 받을 수 있어 회사도 함께 성장할 수 있다. 사장은 '내가 직원들로부터 무엇을 얻을까?'를 고민하지 말고 '내가 직원을 위해 무엇을 해줄까?'를 고민해야 한다. 그러면 직원은 회사를 '일 터'가 아닌 '꿈터'로 생각하고 '내가 완성되는 곳', '내 삶을 심고 키우는 텃밭'으로 여기며 신명 나게 일한다.

회사는 학교다?

상사들에게 "회사는 학교가 아니야"라는 핀잔을 들어본 적이 있을 것이다. 친절하게 업무를 알려주고 가르쳐주는 곳이 아니라는 의미다. 물론 회사와 학교는 목적과 기능에서 차이가 있어 회사가 학교가 되어야 한다는 주장은 다소 과격할 수 있다. 하지만 회사에서도 꾸준한 학습과 성장이 이루어질 수 있도록 교육적인 환경 조성이 필요하다.

회사는 비즈니스를 수행하는 곳이지만, 그 안에서 일하는 사람들은 급변하는 세상에 맞춰 새로운 기술, 지식, 역량 등을 습득하고 개발해야 한다. 이를 위해 회사에서 교육적인 활동을 지원하고, 학습을 장려하는 문화를 조성해야 한다. 이것은 장기적으로 회사와 직원 둘 다에게 이익이 되는 활동이다.

일단 회사를 학교로 인식하면 직원들의 각자 다름을 인정하고 시간을 투자해 각자에게 맞는 최적의 업무를 찾을 수 있도록 선택지를 제공할 수 있다.

덤으로 직원들의 '워라밸'Work and Life Balance'에 대한 문제도 해결할 수가 있다. 사실 적지 않은 사장은 워라밸에 대해 다소 부정적 인식을 가지고 있다. 특히 치열하게 직장생활을 하면서 성공에 이른 사장들은 쉬고 놀 시간에 더 자신의 성장을 위해 노력해야 한다고 생각한다. 그런데 만약 회사가 '학교'가 된다면 이러한 고민의 맥락이 완전히 달라진다. 학생이 공부를 무척 재미있어 한다면 어떨까? 수업 시간이 끝나면 바로 공부를 접고, '휴식 모드'에 들어갈까? 그렇지 않다. 이 재미있는 공부로 더 성적을 올리고 좋은 대학을 가기 위해서 시간을 쪼개서 일할 것이며, 부모가 말려도 공부에 집중할 것이다.

만약 회사가 학교가 된다면 직원들은 자신을 발전시키기 위해서 사장이 하지 말라고 해도 업무에 몰입하고 더 높은 성과를 위해서 최소한의 휴식만 취하면서 업무에 전념할 수 있다. 물론 이 말은 '직원들이 스스로 일하는 시간을 늘리도록 유도하라'는 차원이 아니다. 회사가 학교가 되었을 때 직원의 삶이 어떻게 바뀌는지, 일에 대한 태도가 어떻게 변하는지에 주목해보라는 것이다. 그야말로 자연스러운 변화다.

'회사는 학교다'라는 말은 아마추어를 용인하는 회사 분위기를 만들라는 것이 아니다. 그들이 스스로 일의 즐거움을 배우고 스스로 알아서 일을 찾아 나서도록 하기 위함이다. 만약 사장이 이러한 일터의 분위기를 만들 수 있다면, 지속 가능한 성장의 동력을 확보할 수 있을 것이다.

✎ Note 1
직원의 배움과 성장에 신경 써라

회사에서 교육 프로그램, 팀 빌딩, 워크숍, 트레이닝 등 다양한 활동을 통해 직원의 배움과 성장을 지원한다. 직원의 충성심을 얻고 싶을 때 동종 업계의 다른 회사를 능가하는 급여를 주든지 아니면 직원들의 배움과 성장을 위한 프로그램이나 환경을 제공하여 정신적 욕구를 충족시켜주든지 해야 한다.

✎ Note 2
'배우고 성장하는 인재'를 양성하라

핵심 인재는 '일만 잘하는 인재'를 의미하지 않는다. 아무리 일을 잘해도 '추진력, 창의력, 열정'이 없으면 회사에서 장기적으로 성과를 내기 힘들다. 직원들이 '회사의 이익은 곧 자신의 이익'이라고 생각하며 열심히 일하게 하려면 회사에서 소모되는 느낌이 아닌, 배우고 익힐 기회를 마련해줘 성장하는 느낌을 줄 수 있어야 한다.

學

02

회사가 학교라면 사장은 스승이다
사장의 역할

앞서 '회사는 학교가 되어야 한다'라고 했다. 회사 내부에서 학습 및 교육이 이루어져야 하는데 이때 사장이 스승과 같은 역할을 한다. 학교에서 스승의 역할이 공부의 재미를 깨닫게 하고 인생에 대한 조언을 하고, 방향을 설정해주는 것이듯 사장도 마찬가지다. 사장은 배움이 가능한 분위기를 조성하고 동기부여를 하는 일에 최선을 다한다. 어떻게 보면 이것이 사장이 하는 일의 80~90%에 해당한다. 그렇다면 구체적으로 스승으로서 사장은 어떤 일을 해야 할까?

회사에서 필요한 스승의 역할

사람들에게 특정한 게임을 권유하면서 이렇게 이야기한다고 해보자.

"자, 이 게임은 우리가 살아가는 치열한 사회의 일면을 보여주는 냉정함 게임이자, 현실에서는 비즈니스의 하나입니다. 비유하자면, 마치 돈 버는 전쟁과 같은 것이죠. 이기는 사람에게는 100만 원의 상금이 수여되고, 그 사람 마음대로 진 사람과 돈을 나눌 수 있습니다."

실제 실험에 따르면 이런 치열하고 전투적이고 경쟁적인 상황을 조성한 후 이긴 사람에게 100만 원을 주면 대체로 이긴 사람은 자신이 90만 원을 갖고 10만 원을 진 사람에게 주었다. 그런데 정반대로 이렇게 설명하면서 게임을 권유한다고 해보자.

"이 게임은 공동체 의식을 함양하고 서로 함께 성장하고 협력하는 마음을 키우기 위한 게임입니다. 일종의 연대의식을 함께 만들어가는 것이죠. 이기는 사람에게는 100만 원의 상금이 수여되고, 그 사람 마음대로 진 사람과 돈을 나눌 수 있습니다."

상금의 액수와 그것을 배분할 권리는 동일하지만, 이런 방식으로 게임을 설명했을 때 이긴 사람은 자신이 50만 원을 갖고, 진 사람에게 50만 원을 나누어주었다. 같은 게임, 같은 상금임에도 불구하고 사람의 마음이 이렇게 달라지는 이유는 무엇일까? 그것은 바로 일정한 분위기 설정이자 개념의 정의 때문이라고 할 수 있다.

위 사례를 보면 사장이 스승의 입장에서 직원들에게 어떤 인식을 심어주어야 하는지를 알 수 있다. 회사는 결코 치열한 내부 경쟁으로 상대를 밟고 올라서는 것이 아니라, 함께 협력하고 각자의 성장을 도모하고 그것을 통해서 자신의 삶을 완성해가는 곳임을 알려주어야 한다. 바로 여기에서부터 직원이 회사를 대하는 태도가 달라진다.

매일 출근할 때마다 '오늘도 치열한 경쟁에서 싸워 이길 거야!'라고 다짐하며 출근하는 직원과 '오늘 하루도 동료들과 협력하면서 나의 성장을 위해서 최선을 다하자!'라고 다짐하며 출근하는 직원의 자세와 태도는 어떻게 다를까? 당연히 후자의 회사생활은 더욱 정성스럽고 열정적이며 동료들에게도 협력적일 수밖에 없다.

이러한 공동체 의식은 실제 현장에서도 이미 증명되었다. 1968년에 설립된 인도의 생태 공동체인 '오로빌Auroville'은 지금도 전 세계 45개국에서 유토피아를 찾기 위해 온 2,500명이 함께 살고 있다. 이곳에서는 기존의 경쟁적이고 전투적인 자본주의의 경제가 아닌 이른바 '선물 경제'가 정착되어 있다. 자신의 노동이나 소유한 물건으로 거래를 하지 않고 '다른 사람과 공동체에 필요한 교환'이 이루어진다. 필요한 사람에게는 많은 혜택이 가고, 여유가 있는 사람은 스스로 자발적으로 일하는 공동체의 철학과 가치가 통용된다. 그곳에서 주민 지원 업무를 맡고 있는 번티라는 사람은 이렇게 말한다.

"나와 내 이웃에 필요한 일에 집중하면 삶의 만족도가 올라간다." •

소속감, 동질감, 공동체 의식은 회사에 대한 직원들의 태도를 좌우하고 그에 따른 삶의 만족도까지 올려주는 힘이 있다.

● 김학준, '50년 동안 실험과 도전 거듭하는 경제공동체, 인도 오로빌', 〈한겨레〉, 2017.3.8.

또 하나 사장이 해야 할 일은 직원을 지원함으로써 회사에 대한 사랑을 이끌어내는 일이다. 일단 누구라도 회사에서 일하면 자신의 부족한 점이 보이게 마련이고, 능력 부족으로 힘들어할 수 있다. 이럴 때 일반적인 사장은 "스스로 노력해서 채워 넣도록 하게. 외부 기관에서 공부가 필요하면 일단 자기 돈으로 교육받은 후 나중에 청구해!"라거나 "일정한 실적이 오르면 그때부터 외부 공부를 시켜줄 테니까 일단 최선을 다해서 해봐!"라고 말하곤 한다. 물론 경비를 따져야 하는 사장으로서 이해가 가지만, 장기적인 회사 성장을 생각한다면 사장 스스로 자신이 '스승'이라는 인식의 전환이 필요하다.

교육 지원은 회사와 직원 모두의 성장을 이끈다

실제 직접 겪은 일이다. 어느 날 한국비즈니스협회의 영상 콘텐츠 담당 직원이 나를 찾아와 "방송 시나리오 작가를 공부해보고 싶습니다"라고 말했다. 회사의 각종 UCC 제작을 비롯해 콘텐츠 제작에 큰 도움이 될 것 같다는 이유에서였다. 사장은 스승으로서 역할도 해야 한다고 생각하는 나는 이렇게 답했다. "좋아요. 배울 수 있도록 지원할 테니까, 잘 배우고 나서 회사의 다른 직원들에게 배운 바를 전수해주는 건 어떨까요?" 직원이 흔쾌히 받아들여 국내 공중파 방송의 아카데미 중 방송작가 프로그램을 수강할 수 있게 했다. 적지 않은 비용이 들었지만, 직원의 자기계발 비용을 지원하는 것은 결국 개인의 성장과 회사의 발전에 도움이 되리라 확신했기 때문이다. 그렇게 몇 달간 방송 시나리오 작가 프로그램을 수강한 후 직원은 후기를 이렇게 털어놓았다.

"함께 수강하던 사람들이 저를 너무 부러워하더라구요. 저에게 '팀장님께서는 정말 회사를 사랑하시나 봐요. 회사 이야기를 자주하시는 데다가 어떻게 회사 이야기를 하면서 웃으실 수 있죠?'라고 묻더라구요. 저 역시 이번 일을 계기로 회사에 대한 자부심도 느끼고 막 자랑하고 싶어졌어요."

스스로 업무에 필요한 일을 찾아냈고, 그것을 회사가 지원했을 뿐인데 그 효과는 대단했다. 회사에 대한 자부심과 자신의 역량 강화도 훌륭한 결과물이지만, 그 직원이 배운 것들이 고스란히 전 직원에게 전파되어 회사 전체적으로 홍보 역량이 한 단계 업그레이드되었다.

한걸음 더 나아가 교육받은 직원이 사내 강사가 되어 자신의 지식을 전파해 직원 교육을 시키는 것도 좋은 방법이다. 학습 과정 중에서 자신의 것으로 완벽하게 체화하는 데 가장 효과적인 방법이 배운 바를 다른 사람에게 가르쳐주는 것이다. 이미 교육받은 직원

자기효능감을 극대화하라

이 다른 직원을 위한 교육 과정을 설계하고 이를 실천할 때, 모두가 더 발전할 수 있다.

물론 이러한 직원 교육에 의문이 들 수 있다. '그렇게 맨날 직원의 성장만 강조하면 당장의 회사 매출에 신경 쓰는 일은 줄어들지 않을까?' 하는 점이다. 하지만 이는 사람이 가진 주체성과 적극성에 대한 인식이 부족해서 생기는 오해다. 사장이 아무리 회사를 학교라고 강조하고 자신을 스승이라고 말한들, 회사에서 일하는 직원들은 자신의 본분을 결코 잊지 않는다.

회사가 학교가 되고 사장이 스승이 된다는 것은 세상에서 가장 안전하고 지속 가능한 비즈니스를 할 수 있다는 의미이기도 하다. 누구나 배움에는 끝이 없다는 사실을 안다. 훌륭한 스승과 늘 함께하고 싶은 마음은 자연스러운 것이기 때문이다.

✏ Note 1
협력과 연대의식을 키워라

사장이 회사를 '치열한 전쟁터'로 묘사하고 같은 인식을 심어주면 직원역시 그 개념에 빠져들면서 전투적인 자세를 갖는다. 결코 도움이 될 리없는 이런 인식을 심어주는 것이 아니라 회사가 연대와 협력, 함께 성장하는 삶터임을 끊임없이 강조해야 한다.

✏ Note 2
직원에게 투자하라

직원이 하고 싶어 하는 것, 혹은 부족한 것에 대해 적극 투자하면 그것은 돈 이상의 가치를 불러온다. 자신을 위해서 이렇게 투자하는 회사를 사랑하게 되고, 그에 감동해서 자신이 배운 것을 회사에 확산하려고 한다. 이는 한 개인에게 투자한 것이지만, 결과적으로 전 직원에게 투자한 것과 같은 결과를 낳는다.

學

03

배움을 습관화하라
셀프 매니지먼트

타인을 통해서도 배우지만, 스스로 배울 수도 있다. 자기 주도 배움은 훨씬 더 강하고, 심층적이고, 오래간다. 이를 '셀프 매니지먼트'라고 부른다. 그런데 이 셀프 매니지먼트에서 중요한 점이 습관화다. 뭔가를 배운다는 것은 변화를 의미한다. 변화가 습관화된다면 꾸준한 성장과 발전을 이룰 수 있다. 사장은 사내 교육 프로그램을 통해 직원을 교육할 수 있지만, 직원 스스로 셀프 매니지먼트를 습관화할 수 있도록 도와야 한다.

일단 시작하면 끝내게 되어 있다

셀프 매니지먼트를 왜 해야 할까? 사장부터 필요성을 자각해야 강력한 의지를 가지고 조직문화로 정착시킬 수 있기 때문에 일단 왜 자기관리가 중요한지부터 알아보자.

먼저 셀프 매니지먼트는 4차 산업혁명 시대의 급속한 변화와 관련이 있다. 과거와 다르게 조직이 점점 더 개인화되고 있다. 이른바 MZ세대는 일에 대한 열정은 있어도 회사보다 개인의 삶을 더 중요시한다. 개인의 사생활이 회사 일로 간섭받는 것을 싫어한다. 앞으로 이들이 조직의 중심 축이 될 텐데 그때는 더욱 회사가 파편화될 수 있다. 이런 시대에 각자 자기 성장을 주도하는 셀프 매니지먼트가 중요해지지 않을 수 없다. 서로 끌어주고 밀어주며 함께하던 문화가 사라지고 개인 혼자서 일과 자기 성장을 위해 분투해야 한다. 두 번째로 과거 수직적 조직 사회에서 수평적 조직으로 경영환경이 변화한 것도 관련이 있다. 각 개인이 스스로 결정해야 할 일이 늘어났다. 그러니 개인의 판단 능력을 높이고 순발력을 키워야 한다.

셀프 매니지먼트에는 시간 관리, 업무 능률 향상, 자기 자신을 통제할 수 있는 리더십, 업무에 대한 목표 설정과 동기부여 등 다양한 요소가 포함된다. 한마디로 자신의 삶과 업무의 능력치를 극대화하는 능력이 모두 포함된다.

그렇다면 이를 어떻게 '습관화'할 수 있을까? 이를 위해서는 '시작하는 힘'에 대해 알아야 할 필요가 있다. 독일의 심리학자 자이가르닉 Zeigarnik 이 기억력 관련 실험을 한 적이 있다. 실험에 참여한 사람들에게 간단한 22가지 일을 하게 했다. A와 B, 두 그룹으로 나누어 A그룹은 22가지 일을 다 끝낼 수 있게 한 반면, B그룹은 일을 다 끝내기 전 중간에 중단시켰다. 그리고 얼마 후 두 그룹에게 그들이 한 22가지 일이 무엇인지 기억해보라고 했다. 그 결과 일을 다 끝내지 못한 채 중단당한 B그룹이 더 많이 기억해냈다.

이 실험을 통해 우리는 미완성한 임무를 더욱 잊지 못하고 마음속에 담아두는 경향이 있어 긴장 상태로 만들고, 더 많이 기억하게 한다는 것을 알 수 있다. 이러한 현상을 '자이가르닉 효과'라고 부른다. 이처럼 어떤 일을 하고자 할 때 가장 좋은 방법은 즉시 시작하는 것이다. 일단 시작하면 자이가르닉 효과가 발휘되어 그 일을 완성하기 전에는 그만둘 수 없기 때문이다. 이것이 바로 시작의 힘이기도 하다.

'결자해지^{結者解之}'라는 말 속에도 시작의 힘이 담겨 있다. 결자해지의 뜻은 '자기가 저지른 일은 자기가 해결해야 한다'이지만, 사실 인간의 본능을 함축하고 있다. 사람은 일단 뭔가를 시작하면 자기 손으로 끝내려고 하는 '종결 본능'이 강하다는 것이다. 따라서 셀프 매니지먼트의 습관화는 바로 이러한 종결 본능을 활용해서 직원 개개인이 셀프 매니지먼트의 습관화를 '시작'할 수 있도록 만들어주는 것이 첫걸음이다. 상담이나 사내 프로그램 등을 통해서 시작하는 직원을 도와준다.

킹핀을 찾으면 연쇄적으로 좋은 변화가 이어진다

습관화에서 또 하나 중요한 점은 '킹핀'이다. 이것은 하나의 핵심 습관이 연쇄적으로 다른 습관의 변화를 이끌어내는 것을 뜻한다. 실제 호주의 두 학자가 다양한 연령층의 24명을 선발해 체력 단련 프로그램을 하게 했다. 이후 두 달 동안 꾸준하게 운동했더니 흡연 습관이 달라져 흡연량이 줄었고, 음식 섭취 습관도 달라져 카페인과 술을 마시는 양이 줄어들었다. 또 TV 시청 시간도 줄어들고 스트레스도 줄었다. 결국 '운동'이라는 단 하나의 습관 변화가 다른 습관도 연쇄적으로 변화시킨 것이다. 셀프 매니지먼트의 습관화는 '시작하는 힘과 킹핀'이라는 2가지 축을 따라 이루어질 수 있다는 이야기다.

물론 습관의 변화는 아주 사소한 것으로 시작해도 된다. 정리정돈하는 습관을 들이면 업무 집중력이 높아지고, 그것이 다시 높은 성취감으로 연결될 수 있다. 따라서 사장은 직원들이 자신의 습관을 되돌아볼 수 있도록 하고, 그 안에서 킹핀을 찾아내 변화할 수 있는 환경을 만들어준다. 더 나아가 셀프 매니지먼트 습관화에는 3가지 중요한 원칙이 있다.

❶	❷	❸
목표와 보상에 대한 자기와의 약속	매일 기록하고 평가하기	스스로 통제하고 피드백하기

여기에서 첫 번째인 '자기와의 약속'은 바로 앞에서 설명한 결자해지와 관련된다. 일단 시작하면 마무리하고 싶은 본능이 생기면서 자신과의 약속을 지키게 마련이다. 또 '보상'이라는 부분도 매우 중요하다. 습관화란 결국 스스로를 제어하고 행동을 바꾸는 인내심이 필요하며 때로는 스트레스가 쌓이는 일이기도 하다. 그런 점에서 습관화를 완성하려면 '보상'이 필수적이다. 이는 개인 차원의 보상도 있으며, 회사 차원의 보상도 있을 수 있다. 중요한 점은 반드시 보상을 통해 단단히 습관화가 되도록 해야 한다는 점이다.

또 '매일의 기록과 평가'도 중요하다. 단순히 하루의 일을 기록할 수도 있고, 매일매일 감사일기를 쓰는 방식으로도 가능하다. 이런 기록은 직원 스스로가 자신의 변화 과정을 깨닫게 한다는 점에서 습관화에 도움이 된다.

특히 이 과정에서 성취감을 느끼면 그것 자체가 개인에 대한 만족감으로 전환되어 보상감을 느낄 수 있으며, 여기에 더해 사장이 지지와 격려, 칭찬과 응원까지 해주면 그 보상감은 더욱 강화된다. 여기에서의 '보상감'이란 자존감을 비롯해 권한이나 명예, 지위에 대한 가치는 물론이고 일 자체에서 오는 기쁨과 보람을 말한다. 이는 향후 회사생활에도 영향을 미친다.

사장이 회사를 운영하기도 바쁜데 직원 개인의 셀프 매니지먼트까지 신경 쓰는 것이 꼭 필요한가 생각할 수 있다. 그러나 이는 장기적으로 사장의 고민과 직원 간의 간섭과 관리를 줄여 더 많은 자유를 제공하며, 직원들이 스스로 발전하고 회사에 애정을 가지게 할 수 있기 때문에 사장에게는 소위 일석이조, 일거양득의 이익이 될 수 있다.

🖉 **Note 1**
자기관리를 시작할 수 있게 도와라

모든 변화는 힘들고 혹독하다. 그럼에도 이를 가능케 하는 것은 인간의 본능이라고 할 수 있다. 직원이 혼자서 변하기를 기대하지 말고 회사에서 상담이나 사내 프로그램을 통해 이를 유도하고 이끌어줄 필요가 있다. 일단 '시작'하고 그것으로 인한 변화의 즐거움을 느끼기 시작하면, 그때부터는 누가 뭐라 해도 혼자서 진행해나갈 수 있다.

🖉 **Note 2**
자기관리를 잘하는 사람에게 작은 보상을 하라

모든 변화에는 '보상'이 따라야 한다. 열심히 운동하면 '건강'이라는 보상이 주어지고 이것이 동기부여에 큰 힘으로 작용한다. 직원이 셀프 매니지먼트를 열심히 한다면 작은 보상을 통해 그 열정이 꺼지지 않도록 돕는다.

學

자기효능감을 극대화하라

04

질문을 해야 답을 찾는다
회사에서 질문하기

회사에 문제가 발생했을 때 사장은 어떻게 해야 할까? 예를 들어 처음부터 화를 내며 직원을 몰아붙이는 사장이 있는가 하면, 자신이 알고 있는 정답을 제시하며 그것을 따르라는 사장도 있다. 또 직원에게 문제의 원인과 대안을 말하도록 질문하는 사장도 있다. 누구나 알다시피 마지막 사장의 대처가 바람직하다. 하지만 말처럼 실천하기가 쉽지는 않다. 일단 화를 내지 않고 차분하게 질문해야 하므로 참을성을 발휘해야 하고, 직원이 답을 내릴 때까지 기다려야 하므로 인내심도 필요하다. 당장 문제를 해결하고 싶은 사장으로서는 답답한 방식일 수 있다. 그러나 질문하기 방법은 직원들의 자발성과 창의성을 끌어내는 가장 현명한 방법이며, 근본적으로 문제를 해결하는 데 유용하다.

천재 과학자 아인슈타인이 즐겨 쓴 방법

소통은 사람의 마음을 속 시원하게 하기도 하고, 때로는 매우 답답하게 만들기도 한다. 그런데 속 시원해지는 경우가 또 하나 있으니, 바로 상대방의 감정은 아랑곳없이 화내며 소리 지를 때다. 사장은 원치 않는 결과가 나왔을 때 "이거 봐. 이러니 네가 문제 있다는 말을 듣지!"라면서 손쉽게 낙인을 찍거나 "자네는 늘 그 모양이니, 이제는 실망스럽지도 않네!" 하며 공격과 비난을 퍼붓는다. 또 타인과 비교하거나 원망을 쏟아내기도 하는데, 이럴 때 말하는 사람은 속이 시원해진다. 하지만 이런 속 시원함은 일시적이며 상대방과 교감에서 오는 것이 아니라 상대방에게 모욕감을 준 데서 나온다. 잠시 사장 마음은 후련해졌을지 몰라도 상대방의 자존감을 무너뜨려 더 이상 협조할 마음이나 회사가 잘되길 바라는 마음을 없애고 심지어 나쁜 감정마저 품게 한다. 이렇게 되면 문제 해결은 요원해지고 더 악화될 뿐이다. 이러한 심각한 상황을 막기 위해 '질문하기'라는 방법이 필요하다.

아인슈타인은 이런 이야기를 한 적이 있다.

> "새로운 질문이나 가능성을 제기하고, 오랜 문제들을 새로운 시각에서 다루는 것은 상상력이 필요하며, 과학에서 진정한 진보를 이루어낸다."

아인슈타인이 평소 연구를 하면서 중요하게 생각한 것이 바로 '질문하기'였다. 그는 어떤 질문을 하느냐에 따라 과학적 발견이 좌우된다고 확신했다.

'질문하기'의 중요성은 교육 현장에서도 증명되었다. 질문을 주고받으며 수업을 하면 문제의 난이도와 상관없이 학생들의 정답률이 높게 나타났다. 단지 '질문'을 했을 뿐인데, '정답률'이 높아진다는 것은 매우 흥미로운 일이 아닐 수 없다. 그런데 이러한 질문의 위력은 꼭 연구나 교육 현장에서만 발휘되는 것은 아니다. 직원들과 함께 사업을 해나가는 데도 질문하기는 놀라운 결과를 만들어낸다.

상 처 주 지 않 고 질 문 하 기

'질문하기' 방법을 본격적으로 알아보기 전에 우선 '분리하기'라는 소통 방법에 대해 먼저 알아야 한다. 분리하기 소통 방법을 익히면 질문하기를 수월하게 할 수 있는 태도를 가질 수 있고, 상대방의 감정을 다치게 하지 않으면서 소통을 이끌어갈 수 있기 때문이다. 여기에서 '분리하기'란 곧 '사람'과 '그 사람이 한 행동'을 분리하는 것을 말한다.

예를 들어 A라는 직원이 제시간에 업무를 끝내지 못했다고 해보자. '업무를 제시간에 끝내지 못한 것'은 잘못이라고 볼 수 있지만, 그렇다고 해서 A라는 사람 자체가 잘못된 것은 아니다. A라는 사람이 일의 우선순위를 정하지 않거나 잘못 정한 탓이 크다.

아버지가 자녀의 감정을 잘 이해하지 못하고 서운한 말을 했다고 해보자. '자녀의 감정을 상하게 하고 서운하게 한 것'은 안타깝지만 의도적으로 한 일이 아닌 이상 나쁜 아빠라고 볼 수는 없다. 우리는 일단 사람과 그 사람의 행동을 분리해서 바라볼 필요가 있다. 그래야만 감정을 배제할 수 있으며, 상대방에게 차분하게 질문할 마음의 여유가 생긴다.

가령 무더운 여름철 회사에서 사내 행사를 준비한다고 해보자. 실내 에어컨이 잘 작동되는 것은 필수다. 그런데 행사 하루 전날 에어컨이 고장 난 사실을 알게 됐다. 그때 사장이 "당장 행사가 내일인데 어떻게 할 거야!"라고 윽박지르거나 "도대체 넌 이런 것도 안 챙기고, 뭐 하는 녀석이야!"라고 야단칠 수 있다. 하지만 이런 이야기를 들은 직원은 정작 자신의 잘못으로 에어컨이 고장 난 것도 아니기에 감정만 상할 뿐이다. 그런데 이런 상황에서 사장이 만약 이렇게 질문한다고 해보자.

"아, 에어컨이 고장이면 행사에 참여한 사람이 꽤 불편할 텐데… 자네는 에어컨을 포함해서 내일 행사가 잘 진행되려면 뭐가 필요하다고 생각하나?"

이런 질문을 받은 직원은 그때부터 스스로 생각하며 온갖 대안을 찾아내기 시작한다. 에어컨을 빠르게 고치는 것은 물론이거니와 '내일 행사를 잘 진행하기 위해 필요한 것'을 전반적으로 검토하기 시작한다. '아, 혹시 마이크는 잘 작동되는 건가?', '화장실은 문제가 없겠지?', '참 간식은 김 대리에게 부탁했는데, 문제가 없는지 다시 한번 연락해봐야겠군' 생각하며 전방위로 행사 준비사항을 체크할 것이다. 사장이 시키지도 않은 일을 스스로 생각하고 행사 준비에 만전을 기한다.

커뮤니케이션 컨설턴트인 도로시 리즈[Dorothy Leeds]는 IBM을 비롯해 메릴린치, 머스사 등 수많은 대기업의 간부를 교육한 사람으로서 오랜 시간 질문을 연구한 뒤 질문의 7가지 힘을 다음과 같이 정리했다.

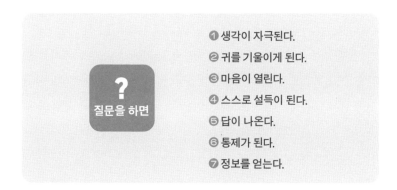

스스로 행동하게 만드는 힘

잘못을 지적하는 이유는 더 잘할 수 있도록, 더 나은 방법을 찾을 수 있도록 하기 위해서다. 그런데 사장이 일방적으로 잘못을 지적하며 비난만 한다면 마음은 잠시 속 시원할지 모르지만 해법을 찾기는 힘들다. 효과적인 방법은 직원에게 질문을 던져 스스로 해결책을 찾게 하는 것이다.

여기서 더 나아가 질문의 주체를 '너'가 아닌 '나'로 바꾸면 더 낫다. 다음 2가지 질문을 비교해보자.

- "너는 이 일을 잘하기 위해서 무엇이 필요하다고 생각하니?"
- "나는 이 일이 잘되었으면 하는데, 무엇이 필요할까?"

첫 번째 질문은 '너'에 대한 직접적인 질문으로서 다소 공격적인 뉘앙스를 내포하고 있다. 경우에 따라서는 '내가 보기에는 이게 아닌 것 같은데, 너는 도대체 뭘 알고 있는 거니? 어디 대답이나 한번 해봐'라는 느낌으로 들릴 수가 있다. 듣는 사람의 입장에서는 공격적인 질문에 위축될 수 있고 자신감이 떨어질 수 있다. 반면 두 번째 질문은 '나'를 중심에 놓으면서 자신의 희망, 소망을 드러내며 상대방에게 협조를 구하는 뉘앙스이다. 이렇게 하면 상대방은 누군가를 도와주고자 하는 마음이 들고 보다 협조적으로 변할 수 있다.

결과적으로 상대에게 비난이나 공격을 하지 않고 부드럽게 질문하는 것, 그리고 질문의 주체를 '너'가 아닌 '나'로 만드는 것은 직원이 스스로 사고하고, 업무의 기준을 만들고, 계획을 짜서 행동하도록 만드는 최고의 방법이다.

Note 1
일과 사람을 분리해서 생각하라

문제가 생겼을 때는 그 일을 맡았던 직원에 대한 '비난, 비교, 원망, 공격, 낙인찍기'를 하지 않는다. 사람과 일을 분리해서 생각해 질문할 여유를 찾는다. 진짜 문제가 무엇이었는지부터 분석해 들어가야 한다.

Note 2
질문을 던져 직원이 스스로 깨닫게 하라

사장은 직원의 문제를 빠르게 지적해 바로잡고 싶을 수 있다. 문제의 원인과 해결책이 뻔히 눈에 보이기 때문이다. 하지만 그렇게 일방적으로 지시하면 직원의 문제 해결력은 향상되지 않는다. "왜 이런 문제가 생겼고, 이를 해결하기 위해서는 무엇이 필요할까?"라고 질문을 함으로써 직원이 스스로 문제를 인식하고 해결책을 찾을 수 있게 도와야 한다.

學

Note 3
'너'가 아닌 '나'를 주어로 해서 질문하라

질문할 때는 '너'를 주어로 해서 책망하는 식으로 질문하지 않는다. '나'를 주어로 해서 도와달라는 식으로 질문하는 것이 직원의 마음을 움직이는 데 효과적이다.

05

부정적 감정 확산을 막아라
학습 조직을 위한 발판

인간의 감정은 매우 독특한 성질을 가지고 있다. 함께 있는 사람과 의식적이든 무의식적이든 '공유'가 된다는 점이다. 더 놀라운 사실은 이러한 공유가 결국에는 생각에도 영향을 미쳐 물리적인 현실을 바꾼다는 점이다. 또한 함께하는 사람들이 모이면 모일수록 이러한 힘은 더욱 강해지는 경향이 있다. '힘든 상황에서도 가족이 함께하면 두렵지 않다'거나 '친구와 함께라면 무서울 것이 없다'는 말 역시 바로 이러한 감정과 생각의 공유, 그리고 그것이 만들어내는 강한 힘 때문이다.

이러한 사실은 회사 내에서도 고스란히 적용된다. 조직 내에서 부정적 감정이 공유되고 퍼지면 성과에도 영향을 미칠 수밖에 없다. 따라서 사장이 이러한 힘을 어떻게 활용하느냐에 따라 집단의 경쟁력과 에너지가 증폭될 수 있다. 이는 사장이 억지로 만들 필요 없이, 그저 그 물꼬만 잘 터주면 된다. 나는 이를 '집단 증폭'과 '형태 공명'이라고 이름 붙이고 많은 사장들이 회사 경영에서 적극적으로 활용할 것을 권하고 있다. 무엇보다 이런 과정이 잘 진행된다면, 사장과 직원 모두가 자기효능감을 느끼면서 학습 조직으로 진화하는 주인공이 되어줄 수 있다.

감정은 전염된다

오랜 기간 심리학 연구를 통해 우리의 감정이 전염된다는 사실이 입증됐다. 와튼 스쿨의 시걸 바르세이드 $^{Sigal Barsade}$ 교수는 이렇게 말한다.

> "구성원들의 감정은 섬처럼 동떨어져 있는 것이 아니다. 구성원들은 '감정 유발자'로서 자신의 감정을 타인에게 끊임없이 퍼뜨리고, 타인의 감정에 영향을 받는다. 특히, 그룹으로 일할 때, 구성원들의 감정이 바이러스처럼 함께 일하는 동료들에게 전염되는 것을 볼 수 있다."

사실 이는 일상에서도 직관적으로 확인할 수 있다. 같이 일하는 사람의 표정이 나쁘거나 그가 불만을 끊임없이 말한다면, 함께 있는 사람 역시 기분이 좋을 수가 없다. 우울한 친구의 이야기를 듣다 보면 자연히 자신도 우울해지는 경험을 누구나 한 번쯤 해보았을 것이다. 그런데 이러한 현상은 생각보다 복잡한 인간의 심리와 관련되어 있다. 단순히 같은 공간에 있다고 해서 그 분위기에 영향을 받는다는 의미가 아니다. 예를 들어 감정은 코로나19와 같이 공기를 통해서 전파되는 물리적인 바이러스가 아니며, 또한 사람은 누군가 옆에 있는 사람의 감정에 무작정 동조하는 비주체적인 존재도 아니다. 그렇다면 왜 감정이 전염된다는 것일까?

사회심리학자인 스탠리 사쳐^{Stanley Schatcher} 교수는 '소속감 실험'이라는 연구를 했다. 실험의 참가자들은 실천 과정에서 자신들이 전기 충격을 받게 되리라는 사실을 알게 되는 상황을 꾸몄다. 이때 대부분의 참가자들은 혼자서 자신의 순서를 기다리는 것이 아니라, 같은 입장에 있는 다른 참가들과 함께 대기하는 상황을 선호했다. 그 이유는 다른 참가자들의 불안함과 상황에 대한 대처를 살펴보면서 자신이 느끼는 감정을 조절하기 위한 것이었다. 이후의 다른 후속 연구에서도 사람들은 특정한 상황에서 타인의 감정을 먼저 살펴보고, 그것을 토대로 자신의 감정을 조절한다는 점을 분명하게 확인할 수 있었다.●

물론 주변 사람들의 반응과는 상관없이 일방적으로 자신의 감정을 먼저 표출하는 사람도 있게 마련이다. 하지만 대다수는 자신의 감정을 직접적으로 드러내지 않고 일단 다른 사람의 감정을 관망하는 과정을 거친다. 이는 최초에 형성되는 감정들이 결국 나중에 확산되어 지배적인 감정이 된다는 사실을 알려준다. 어떤 면에서 인간의 감정이란, 매우 주체적이고 자기 주도적이며 타인과 상관없

● 송주헌, '구성원들의 부정적 감정, 전염성 높다', LG경영연구원, 2012.8.6.

이 형성된다고 생각할 수도 있지만 실제 다른 사람들의 감정과 매우 긴밀하게 연관되어 있음을 알 수 있다.

'감정의 전염'이란, 마치 바이러스처럼 일방적으로 다른 이의 감정이 나에게 침투하는 것이 아니라, 나 자신이 적극적으로 타인의 감정에 동조하는 것이라고 봐야 한다. 만약 이런 감정의 동조가 집단 내에서 발생하면, 이는 매우 강한 영향력과 에너지를 가진다. 사장들은 이런 사실에 입각해 회사를 지배하는 감정과 생각을 잘 관리하면 사내 분위기를 긍정적인 방향으로 이끌어갈 수 있다.

생각과 행동 패턴이 비슷해지는 직원들

나는 이러한 감정의 전염과 그것이 가지는 힘을 '집단 증폭'과 '형태 공명'이라는 말을 통해 설명하곤 한다. 감정의 전염이라는 것이 개인과 개인 사이의 전염, 혹은 일방적인 침투라는 뉘앙스가 강한 반면, 집단 증폭과 형태 공명은 회사라는 집단의 문제에 적용하는 정의라고 보면 된다.

우선 감정과 생각은 단순히 이 사람에서 저 사람으로 옮겨 가는 것에 그치는 것이 아니라 집단 내에 전파되는 과정에서 힘이 강해지는 '증폭'의 시간을 거친다. 집에서 혼자 한국 대표팀의 축구경기를 응원하는 것과 광장에서 붉은악마의 무리 속에서 응원하는 것은 차원이 다르다. 함께 외치는 그 웅장한 함성 소리 속에서 가슴은 더욱 뛰고 간절함은 더욱 강해진다. 이것은 개개인의 힘이 조직 안에서 합쳐져 시너지 효과를 낸다는 점에서 단순한 '전염'보다는 '집단 증폭'이라는 말이 좀 더 적합하다.

이런 증폭의 힘은 조직 안에서 사람들을 서로 닮아가는 '형태 공명'을 만들어낸다. 공명이란, 물리학적으로 특정한 고유 진동수를 가진 물체가 주변의 다른 물체에게 비슷한 진동수를 전달하는 것을 말한다. 그 결과 이들은 다른 물체임에도 마치 하나의 물체처럼 같은 진동수를 가지면서 외형이 닮아간다. 이는 사람 사이에서도 마찬가지다.

미국 사회심리학자 로버트 자욘스[Robert Zajonc]는 같은 공간에서 오래 함께 생활한 부부의 외모가 점차 닮아간다는 사실을 실험을 통해서 증명했다. 상호작용하는 과정에서 상대방의 정서에 대한 무의식적이고 자동적인 모방이 이뤄지고 이를 통해 표정과 행동이 서서히 비슷해진다는 이야기다. 조직 내에서도 이러한 결과가 발현된다. 물론 얼굴 생김새까지 닮지는 않겠지만, 사고방식과 판단의 과정, 위기에서의 대응 등 일련의 행동 패턴이 비슷해진다. 매일 만나서 대화하고 회의하고 업무 지시를 주고받다 보면 직원들 간의 이런 동질화는 피할 수 없는 과정이기도 하다.

자기효능감을 극대화하라

이제 사장으로서 조직의 긍정적인 분위기를 위해 무엇을 해야 할지 명확하다. 최대한 긍정적인 정서, 감성, 생각을 조직 내로 전파하고, 증폭시켜서 구성원 모두가 비슷하게 닮아가게 하면 그것만으로도 경쟁력을 갖춘 조직이 될 준비가 끝난다.

여기서 사장이 주목해야 할 감정은 바로 '긍정 정서'이다. 감정은 전염이 강한 만큼 이왕이면 긍정 정서를 전염시켜야 한다. 긍정 정서란 뭘까? 그저 '기분 좋은 상태, 밝은 기분, 활달한 분위기'를 말하는 걸까?

미국 노스캐롤라이나대학교 심리학과 바버라 프레드릭슨Barbara Fredrickson 교수는 〈긍정적 감정의 확장 및 구축 이론〉에서 이 긍정 정서를 총 10가지로 지목한다. 기쁨, 감사, 평온, 흥미, 희망, 자부심, 재미, 영감, 경이, 사랑이다. 프레드릭슨 교수는 이런 긍정적 감정을 강요할 수는 없지만 훈련을 통해 고양시킬 수 있다고 말한다. 프레드릭슨 교수는 행복의 선순환과 관련한 실험을 했다. 실험 참가자에게 공개 연설을 요청한 후 그들의 교감신경계가 최고조에 이르렀을 때 연설이 취소됐다고 알렸다. 한마디로 심각한 스트레스 상황에 몰아넣은 후 갑자기 그 요인을 제거해버리는 것이다. 그런 후 두 그룹으로 나누어 A그룹에는 긍정적인 기분을 느낄 수 있는 비디오를, B그룹에는 부정적인 기분을 유지하는 비디오를 각각 보여주고 스트레스를 회복하는 데 걸리는 시간을 측정했다. 그 결

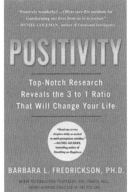

바버라 프레드릭슨 교수와 그녀의 저서 《POSITIVITY》. '긍정에 관한 최고의 연구'라고 불리는
이 책은 《내 안의 긍정을 춤추게 하라》로 국내에 번역 출간됐다.
＊출처: 노스캐롤라이나대학교 채플힐

과 A그룹이 훨씬 더 빠르게 안정적인 상태로 돌아왔다. 프레드릭
슨 교수는 긍정적인 정서를 자주 경험한 사람은 또 다른 긍정 정서
를 잘 느끼는 선순환이 이루어져 갈등이나 어려운 상황에 부닥쳐
도 수월하게 스트레스에서 빠져나온다고 말했다.

사장은 자신의 회사에서 직원들이 프레드릭슨 교수가 말한 10가지
긍정 정서를 느끼고 있는지 돌아보자. 예를 들면 사장들은 다음과
같은 질문을 해볼 필요가 있다.

- 우리 직원은 자신이 하는 일에 흥미를 느끼고 있는가?
  아니면 그냥 월급을 위해 억지로 일하고 있는가?

- 우리 직원은 회사에 자부심을 느끼고 있을까?
  아니면 회사가 작다는 이유로, 월급이 적다는 이유로 언제든 사표를 낼
  생각을 하고 있을까?

- 우리 직원은 회사에 다니면서 미래에 대한 희망을 꿈꾸고 있을까?
  아니면 그저 버티면서 다니고 있을까?

긍정 정서가 조직에 미치는 영향

위와 같은 질문에 바로 'yes'라는 대답이 나오지 않는다면 좀 더 세심하게 조직 내 분위기를 살펴본다. 프레드릭슨 교수는 긍정 정서가 조직 구성원들에게 얼마나 큰 영향을 미치는지에 대해 다음과 같이 말한다.

> "긍정 정서는 특히나 창의적인 해결책이 시급히 필요할 때 훌륭한 투자 대상이다. 실제로 학생들은 긍정적인 마음 자세로 시험을 치렀을 때 더 좋은 성적을 받는다. 그러나 더 이상 시험을 치르지 않는 일반 사람들은 어떨까? 학자들은 그들 역시 단순히 즐거운 기억을 상상하거나 작은 호의를 받았을 때 일상생활에서 부딪치는 문제들에서 최적의 창의적인 해결책을 보다 수월히 찾는다는 것을 알아냈다."

직원들만 영향을 받는 것이 아니라는 점에 주목해야 한다. 여러 연구를 종합해본다면, 긍정 정서가 넘치는 경영자들은 정확하고 신중한 판단을 하며 대인관계가 더 원활하다. 또한 자신의 긍정 정서를 구성원들에게 전파하고, 그들이 더 원활하게 업무를 수행하도록 하는 데 더 적은 수고를 들여 더 높은 성과를 달성하는 것으로 나타났다.

사장이라면 집단적 감정에 힘을 강화하는 '집단 증폭자'이자, 그들을 강력한 하나의 원팀으로 만드는 '형태 공명자'로서 역할을 충실히 한다. 사장이 이러한 역할을 잘 해낼 때 직원들을 내 편으로 만들 수 있고 그들의 사기를 높일 수 있다.

學

✎ Note 1
부정 정서의 확산을 막아라

"정말 지긋지긋해." "뭘 해도 잘 안 돼!" "하기 싫어." 이런 부정적 표현을 자주 한다든지, 짜증을 자주 내거나 무기력한 구성원이 있다면 스펀지에 물이 스며들 듯 서서히 부정 정서가 퍼져간다. 일단 부정 정서가 포착되면 사장은 지체없이 문제를 드러내 소통하고 그것을 차단한다. 부정 정서는 사기를 떨어뜨려 성과 저하를 불러오기 때문이다.

✎ Note 2
긍정 정서의 선순환을 일으키는 리더가 되라

대부분 사장은 회사의 자산을 수치나 가격으로 헤아릴 수 있는 것만으로 한정해 생각한다. 그러나 회사 발전에 더욱 도움이 되는 자산은 바로 직원들의 긍정 정서다. 특히 이 자산은 큰돈이 들지 않아도 계속해서 고양시켜갈 수 있다. 조직 내 감정의 형성과 확산에 리더의 역할이 중요하다는 사실을 인식하고 긍정 정서를 자주 표현하고 자신의 감정을 조절하고 타인의 감정을 이해하는 리더가 되라.

06

서로의 경험과 지혜를 공유하라
회사 내 집단지성

웹 2.0 이후 인터넷 세상에서 양방향 소통이 이루어지자 협업을 기반으로 한 집단지성集團知性, Collective Intelligence을 발휘하는 공간으로 발전했다. 집단지성이란 다양한 사람들이 모여 서로의 경험과 지혜를 공유하면서 문제를 해결하거나 의사결정을 내리는 것을 말한다.

〈뉴욕타임스〉, 〈월스트리트저널〉의 경영 칼럼니스트인 제임스 서로위키James Surowiecki는 이 집단지성에 대해 "특정 조건에서 형성된 집단은 집단 내부의 가장 우수한 개체보다 지능적이다"라고 설명했다. 한마디로 평범한 다수가 탁월한 개인보다 현명하다는 것이다. 서로위키는 현명한 사람들로만 구성된 집단과 그렇지 않은 사람들이 무작위로 섞인 집단 중 어느 집단이 통계적으로 좋은 결과를 내놓을지 실험했다. 그 결과 현명한 사람들로만 구성된 집단보다 그렇지 않은 집단이 좋은 결과를 낸다는 사실을 밝혀냈고 이를 책에 담았다.

그런데 이 집단지성이라는 말보다 더 오래됐으며, 또한 매우 구체적이고 정확한 프로세스가 있는 방법이 있다. 바로 '마스터 마인드Master Mind 그룹'이다. 한때 세계에서 가장 큰 부자였던 강철왕 카네기와 헨리포드의 성공 비법도 바로 이 마스터 마인드 그룹에 있었다. 만약 이 마스터 마인드 그룹을 회사에 적용해볼 수 있다면 어떨까? 아마도 훨씬 더 독보적이고 탁월한 경영을 기반으로 미래를 향해 질주하고 목표에 더 가까워질 수 있을 것이다. 더불어 이러한 그룹은 그 자체로 뛰어난 학습 조직으로 진화하면서 제가십본의 학問이 가진 애초의 목표를 충분히 달성해낼 수 있을 것이다.

마스터 마인드 그룹에서 찾은 성공 비결

처음으로 마스터 마인드 그룹의 실체가 알려진 것은 미국의 성공학 연구자인 나폴레온 힐Napoleon Hill이 1928년에 집필한《성공의 법칙The Law of Success》에 소개하면서다. 앤드루 카네기는 나폴레온 힐에게 자신이 성공한 진정한 비결을 알려주었는데, 그중 하나가 바로 '명확하고 주된 목적의식'이었으며, 또 하나가 바로 '마스터 마인드 그룹'이라고 밝혔다. 이를 통해 이 그룹의 실체에 접근하게 된 힐은 그것의 강력한 힘을 알게 되었고 자신의 책에 그 내용을 소상히 소개했다. 그는 이 그룹을 이렇게 정의한다.

> 두 사람 이상의 멤버가 완벽한 조화의 상태로 합심할 때 형성하게 되는 제3의 지성.

당시 힐은 이 그룹에서는 누구나 자신의 지식과 능력, 노력 이외에 다른 이들의 아이디어와 지식, 경험을 통해서 큰 성공의 원동력을 얻는다는 사실을 알게 됐다. 이로써 사람들은 자신의 한계를 훌쩍 뛰어넘고 조언을 얻으면서 인생의 큰 전환점을 맞았다. 또한 이 그룹에서는 앞에서 언급한 집단 증폭성과 형태 공명 역시 극대화하여 나타났다. 세계적인 베스트셀러 작가인 조 비테일^{Joe Vital}은 이러한 활동을 통해 얻을 수 있는 효과를 다음과 같이 말한다.

"서로 지지하는 한 그룹의 구성원에게는 마법이 있다. 나는 우리 마스터 마인드 그룹의 사람들을 사랑한다. 그들은 나를 지지해주고, 나의 아이디어의 폭을 넓혀준다. 작은 질문이나 긁적거림으로 시작된 것이 상쾌한 전략, 상품 아이디어로 거듭난다. 또한 나를 흥분시키는 것은 나의 작은 조언으로 상대방이 새로운 가능성을 꿈꾸는 비전으로 가득 차는 것을 보는 일이다."

마스터 마인드 그룹을 통해 삶의 목적을 이룬 사람들.
왼쪽부터 헨리포드, 토머스 에디슨, 본 버로스(추앙받는 자연주의자),
하비 파이어스톤(최초의 세계적 자동차 타이어 회사인 파이어스톤의 창업주),
이들은 일명 '베가본드(Vagabonds)'라고 불렸다.
＊출처: 헨리포드 박물관

다만 집단지성과 마스터 마인드 그룹은 얼핏 비슷해 보이는 부분이 있다. 일단 문제 해결을 위해 여러 사람이 모인다는 점, 함께 모인 그들이 다양한 아이디어를 내면서 그중에서 최적을 선택해 효율적으로 문제를 해결한다는 점이다. 그런데 집단지성은 사회적인 문제 해결에 다소 초점이 맞춰져 있고 그 구체적인 프로세스가 없다는 점이 마스터 마인드 그룹과 다르다.

예를 들어 집단지성의 대표적인 사례인 '위키피디아'를 보면 알 수 있다. 수많은 사람들이 참여해서 하나의 완성된 작업을 향해 가는 거대한 진화의 발걸음이라고 할 수 있다. 그런데 이러한 집단지성은 회사에 적용하기에는 다소 한계가 있다. 일단 개인 회사의 내부 사정을 수많은 대중에게 공개해서 그들에게 참여를 요구하기가 힘들다는 점이 있다. 또한 대체로 경영상의 문제는 회사가 매출을 일으키는 과정이기 때문에 다수 대중이 그러한 일에 선의로 참여하기도 쉽지 않다. 또한 지나치게 많은 사람이 동시에 참여하기 때문에 그 과정을 정확하게 제어하기가 쉽지 않고, 목표나 의지가 정확하게 일치하지 않아 중간에 시행착오가 발생할 우려가 있다. 더불어 집단지성에서는 파편화된 다수의 개인이 존재할 뿐, 서로에 대해서 신뢰와 교류, 철저한 믿음은 존재하지 않는다.

하지만 마스터 마인드 그룹에는 바로 이러한 덕목들이 매우 중요

자기효능감을 극대화하라

하다. 따라서 마스터 마인드 그룹은 집단지성보다 소수로 구성되어 있지만, 훨씬 강력한 연대의식, 단일한 목표 추구, 서로에 대한 깊은 호의와 배려에 기인한다고 볼 수 있다.

마스터 마인드 그룹을 회사에 적용하는 법

만약 직원들이 회사에서 이러한 마스터 마인드 그룹을 형성하고 그 안에서 서로에게 최선의 도움을 준다면 어떨까? 아마도 그들의 성장과 발전은 가히 상상하기 힘들 것이다.

우선 회사에는 이미 특정한 그룹들이 형성되어 있다. 바로 흔히 '팀'이라고 불리는 것들이다. 다만 이러한 팀은 직무 능력과 직접 연관이 있기 때문에 이 팀을 곧바로 마스터 마인드 그룹으로 전환하기는 어려움이 있다. 따라서 이와는 별도의 주제별 관심 분야, 혹은 자기계발을 하고 싶은 주제를 중심으로 따로 그룹을 묶는 방법이 있다.

예를 들면 앞서 '사내 단체의 설립'에서 언급됐던 집현전, 크림슨 칼리지, 인재개발원, 승정원, 영상수라간, 혜민서, 선도부, 특전사 등이 사실은 마스터 마인드 그룹의 초보적인 형태이다. 물론 이러한 주제 이외에도 얼마든지 마음 맞는 사람끼리 별도의 마스터 마인드 그룹을 만들 수 있다. 인원은 최소 2명에서 5~6명 이하가 적절하지만, 체계적인 규칙이 존재한다면 그 이상도 괜찮다. 그룹의 성격, 목표, 규칙 등을 명확하게 제시하고 지원자들을 중심으로 모이는 것이 향후 적극성을 발휘하게 하는 데에 큰 도움이 된다. 다음은 회사 내에서 마스터 마인드 그룹이 잘 운영되기 위한 각자의 마음가짐이나 활동 방향, 그리고 회사가 할 수 있는 지원들이다.

- **브레인스토밍** | 마스터 마인드 그룹의 시작과 끝은 브레인스토밍이다. 이 과정에서 얼마나 도전적이고 창의적인 것이 나오느냐가 향후 그룹의 미래와 회사의 미래를 좌우할 수 있다. 구성원 모두가 브레인스토밍이 중요하다는 사실을 알고 전력을 다해야 한다.

- **서로에 대한 책임감** | 브레인스토밍이 어쩔 수 없이 해야 하는 숙제나 고역이 되지 않기 위해서는 서로에 대한 책임감을 느끼고 이에 최선을 다해야 한다. 상대방의 상황, 고민 등이 곧 나의 것이라는 절박함으로 그룹에 임해야 한다. 이것은 또한 철저한 주인의식을 갖는 것이기도 하다.

- **더 나은 결정을 위한 자신감** | 그룹 내에서 더 나은 결정을 하기 위해서는 반드시 자신감을 갖추어야 한다. 자기 확신이 없는 상태에서 결정하면, 그 결정은 성공 가능성도 적고 추진력도 미약할 수밖에 없다. 늘 자신감을 잃지 않는 자신의 상태를 유지해야만 그룹에서의 활동도 원활할 수 있다.

- **창의성과 자기계발에 대한 열망** | 그룹 내에서 창의성이 발현되지 않는다면, 그 그룹은 죽은 것이나 마찬가지다. 따라서 끊임없는 자기계발을 통해 자신의 창의성을 높이려는 노력을 해야 하며, 그에 대한 열망을 멈춰서는 안 된다. 또한 이는 과거의 나, 어제의 나에 대한 끊임없는 도전의 연속임을 알아야 한다.

- **열린 마음으로 지원** | 회사는 그룹의 아이디어와 결정에 '열린 마음'으로 지원한다. 이 그룹에서의 결정은 때로는 매우 비현실적으로 보일 수도 있지만, 그 말은 곧 세상에 없는 혁신과 변화를 이끌어낼 수도 있다는 의미다. 따라서 실패가 예상되더라도 그 과정에서 성과를 얻어낼 것이라는 믿음으로 지원한다.

직원들이 성장하길 바란다면 이 마스터 마인드 그룹을 한번 운영해보자. 직원들은 이 그룹에서 회사 문제는 물론 개인적인 문제까지 해결할 수 있으며, 힘이 되는 든든한 동료를 얻을 수 있다. 그리고 여기에서 얻은 삶과 일의 동력은 그들이 앞으로 무슨 일을 하든 큰 도움이 될 것이다.

🖉 Note 1
자유로운 근무환경에서 집단지성이 나온다

집단지성이나 브레인스토밍 둘 다 집단의 아이디어를 끌어내는 데 효과적이다. 정보가 제한되고, 소통과 교류가 막혀 있는 폐쇄적이고 권위적인 분위기의 회사에서는 집단지성을 발휘하거나 브레인스토밍을 하기 힘들다. 또한 마스터 마인드 그룹을 운영하기에 최악의 상태다. 집단지성과 브레인스토밍, 마스터 마인드 그룹 운영을 하려면 투명하고 자유로운 회사 경영이 선결조건이다.

🖉 Note 2
마스터 마인드 그룹의 성과를 전체에 전파하라

마스터 마인드 그룹은 초기에는 매우 일부 직원들로부터 시작된다. 중요한 점은 그들이 만들어낸 성과를 회사 전반에 전파해서 그 활약을 알려야 한다는 점이다. 가능하면 '약간의', '악의적이지 않은' 과장도 필요하다. 그들의 놀라운 활약상을 본 일반 직원들 역시 마스터 마인드 그룹에 대한 열정과 의지를 품을 수 있기 때문이다.

🖉 Note 3
사일로를 허물어라

사일로(silo)란 조직 내에서 성이나 담을 쌓고 정보를 공유하지 않는 부서를 가리킨다. 이는 조직의 협업과 의사소통을 방해하며, 생산성과 효율성을 떨어뜨리는 요소 중 하나다. 협력하는 조직문화를 만들거나 정보를 투명하게 관리하는 등 사일로를 허무는 데 신경 쓴다.

學

法;

법法, 자발적으로 만들어가는 사내 매뉴얼

우리는 누군가와 갈등이 생길 경우 '법'을 언급하는데,
회사에도 일종의 법이 있다. 사규, 내규, 매뉴얼 등이다.
사람이 모인 곳에서는 법과 규칙이 필요하지만,
그것이 직원의 자율성과 창의성을 방해해선 곤란하다.
제가십본에서 법이란
최소화된 법과 자발적으로 만들어진 매뉴얼을 뜻한다.
회사에서 법은 가능한 한 최소화해야 하며,
나머지는 직원들이 현장에서 스스로 매뉴얼을 만들어갈 수 있도록 한다.

01

직원 스스로 만들어간다
회사 매뉴얼

회사 내부에는 업무 수행에 필요한 매뉴얼이 다양하다. 일반적으로 매뉴얼은 해당 업무의 특성에 따라 작성된다. 회사의 내규, 사규 등을 담고 있는 규정 매뉴얼, 수행하는 업무의 절차나 방법, 순서를 담고 있는 절차 매뉴얼, 안전 및 보안 매뉴얼, 품질 관리 매뉴얼 등이 있다. 이러한 다양한 매뉴얼은 장단점을 가지고 있다. 회사는 장단점을 고려하여 매뉴얼을 적절히 활용해야 한다.

장점	단점
• 회사의 업무 프로세스와 규정을 명확하게 정의하면서 일관성을 유지할 수 있다.	• 유연성이 떨어져 업무를 처리하면서 새로운 아이디어나 방법을 도입하기 어렵다.
• 일정한 기준과 절차를 따르면서 업무를 처리할 수 있어, 효율성이 올라간다.	• 매뉴얼이 지나치게 복잡하면, 업무 처리에 대한 이해도를 높이기 어렵고, 직원들이 불필요한 업무 부담을 느낄 수 있다.
• 새로 입사한 직원들이 빠르게 업무에 적응할 수 있어, 교육 비용이 절감된다.	• 모든 업무에 대한 매뉴얼을 제공하기 어려우므로 일부 매뉴얼이 미비하거나 없는 업무에 대해서 직원들이 혼란스러워할 수 있다.
• 정확하게 업무를 수행하면서 오류를 줄일 수 있어, 업무 품질을 향상시킬 수 있다.	

자발적으로 만들어가는 사내 매뉴얼

하지만 제가십본에서 법^{法}이 바라보는 매뉴얼은 일반적인 의미에서 사장들이 기대하는 매뉴얼과는 완전히 다른 차원이다. 기존의 매뉴얼은 조직의 발전을 가로막고 완전 자율 시스템을 만드는 데 방해물이 되기도 하기 때문이다.

넷플릭스의 '규칙 없음'에서 찾은 성공 비결

회사 매뉴얼과 관련해서 넷플릭스 사례가 주로 많이 언급된다. 《규칙 없음》이라는 책을 통해서 알려진 내부 문화는 많은 이들에게 놀라움과 영감을 주었다. 책에 따르면 넷플릭스에는 딱딱한 규칙, 혹은 매뉴얼 같은 것이 없다. 휴가 규정도 없고, 기간, 횟수도 제한이 없으며 더군다나 상사의 승인도 필요하지 않다. 여기에 경비에 대한 규정도 없으며, 심지어 많은 예산이 드는 프로젝트에서도 별도의 매뉴얼이 없다. 무척이나 파격적이고 놀랍다.

그런데 만약 한국 사장들에게 "넷플릭스와 같은 문화를 도입할 것인가?"라고 묻는다면 "네"라고 답하기 어렵다. 이는 회사의 문화가 한 국가나 민족의 개별 문화와도 관련이 있기 때문이다. 개인주의가 강하고 타인의 시선을 크게 신경 쓰지 않는 서양에서는 넷플릭스와 같은 '규칙 없음'이 가능할 수 있다. 하지만 한국에서는 오히려 직원에게 혼란을 주고, 불안감을 유도할 수 있다. 심지어 공동체 문화가 강한 한국 직장인들은 그 누구의 승인도 받지 않고 자기 마음껏 무엇인가를 하는 것에 거부감을 느낄 수도 있다.

그뿐만 아니라 넷플릭스의 문화가 정착되기 위해서는 하나의 전제가 필요하다. 그것은 바로 '탁월한 인재'를 최대한 많이 모아야 한다는 점이다. 넷플릭스의 관점에 따르면 탁월한 인재 5명에 평범한 인재 2명만 있어도 효율성은 확연히 떨어진다. 토의의 질을 낮춰 전반적인 팀의 IQ를 낮추고, 남보다 탁월한 능력을 갖춘 직원을 퇴사하게 만들고, 평범한 사람도 회사에서 받아준다는 사실을 보여줌으로써 문제를 매우 복잡하게 만든다고 지적한다. 따라서 넷플릭스를 따라 하기 위해서는 '최고의 인재'들을 모아야 한다. 하지만 한국에서 소규모 사업을 막 시작하려는 사람이 이런 인재들만 모아 팀을 꾸리는 것은 불가능에 가깝다. 특히 제가십본의 경우 애초에 완성된 인재를 데리고 사업을 이끌어가는 것이 아니라, 비록 처음에는 조금 부족하더라도 회사가 학교가 되어 함께 성장하는 것이 주요한 기조이다. 따라서 넷플릭스의 철학과는 다소 다른 부분이 있다.

그럼에도 넷플릭스를 언급한 것은 지나치게 딱딱한 매뉴얼로 인해 생길 수 있는 부작용을 말하기 위해서다. 법[法]의 관점에서 보면 매

法

뉴얼은 '회사의 동력을 떨어뜨리고, 직원으로부터 창의력과 열정, 추진력을 끌어내지 못하는, 지극히 수동적인 시스템'이다.

자동차 운전에 비유해보자. 수동 운전은 사람이 손으로 일일이 기어를 바꾸어주어야 한다. 무엇보다 RPM이 무려 5,000이 넘어서 엔진이 터질 것 같은 상황에 처해도 절대 알아서 변속을 하지 않는다. 말 그대로 '수동'이기 때문이다. 이는 곧 사장이 일일이 간섭하고 개입해야 움직이는 회사의 모습과 유사하다. 직원들은 회사의 문제와 발전 방향에 전혀 신경 쓰지 않고 그냥 사장이 시키는 일만 할 뿐이다. 사장의 닦달에 근면, 성실, 복종은 할 수 있지만, 그 이상의 잠재력을 끌어내기에는 역부족이다.

한걸음 더 나아간 오토매틱 시스템이라고 해도 상황은 크게 달라지지 않는다. 다소 순발력 있게 상황에 대응할 수 있다고는 하지만, 높은 수준의 자율주행에는 턱없이 부족하다. 자율주행차는 앞차와의 거리를 알아서 벌리고, 왜 브레이크를 밟아야 하는지를 알고, 언제 속도를 높이고 낮출지를 스스로 계산한다. 문제가 있으면 스스로 조율하고 밸런스를 맞춘다. 회사로 따지면 직원이 사장의 머리로 판단하고, 사장의 행동력으로 실천하는 것이다. 만약 직원들이 이러한 자율주행차처럼 일하면 사장은 자신의 인생을 바꿀 수 있는 큰 기회를 맞을 수 있다. 더 많은 시간을 확보해 또 다른 발전으로 도약해갈 수 있기 때문이다.

그렇다고 매뉴얼을 완전히 무시하기는 힘들다. 매뉴얼이 가진 장점 또한 크기 때문이다. 제가십본에서 다루는 매뉴얼은 다소 긍정적이고 적극적인 의미를 부여해, '극소화된 전체 법령과 자발적으로 만들어진 매뉴얼'이라고 할 수 있다. 즉 큰 틀에서 지켜야 할 내용을 제시한 후 나머지 세부사항은 넷플릭스처럼 자유롭고 창의적으로 각 개인이 대응할 수 있게 하는 방법이다.

직원을 통제하는 매뉴얼은 그만!

제가십본에서 다루는 매뉴얼이 가장 잘 구현되고 있는 곳이 세계 최초의 스타일 호텔이라고 불리는 W호텔이다. 이곳에서는 전체 4가지 기준안에서 직원들이 자율적으로 행동할 수 있도록 독려한다. 4가지 기준은 다음과 같다.

전 직원이 행동의 기준을 이 4가지 기준에 맞추되 그 안에서 고객

을 위한 진심 어린 서비스를 자유롭게 제공하면 된다. 이것은 한 개인에게 최대한 자율성을 주면서 직원 스스로 매뉴얼을 만들어 갈 수 있도록 만든다.

직원은 문제가 생겼을 때 전체 법령에 근거한 후 스스로 생각하고, 스스로 발언하고, 스스로 행동하면서 문제를 개선해나간다. 그리고 바로 이러한 개별적 행동 자체가 자발적으로 형성된 매뉴얼이라고 할 수 있다. 바로 여기에서 매뉴얼이 가진 단점을 극복하게 된다. 일부 매뉴얼은 직원들을 통제하기 위한 목적으로 사용되지만, 이렇게 각 개인이 전체 법령에 따라서 스스로 매뉴얼을 써 나가게 되면 이는 통제와는 전혀 다른 차원의 문제가 된다. 그 결과 매뉴얼은 모든 임직원에게 문제점을 발견하게 하고, 개선하는 자세를 갖게 한다.

특히 이 모든 과정은 단순한 업무 내용을 알려주는 것이 아닌, 전체 목적을 인식시켜주는 방법으로 진행될 수 있다. 예를 들어 호텔에서 청소하는 업무를 알려준다고 해보자. 기존의 매뉴얼 중심의 조직에서는 바닥 청소 방법, 화장실 청소 방법 등에 관한 세세한 행동 매뉴얼이 담겨 있다. 그리고 이를 직원에게 건네는 것은 단순한 '업무 내용을 주는 것'이라고 볼 수 있다. 반면 기본적인 청소 방법은 알려주지만, '고객이 최대한 깨끗한 환경에서 지낼 수 있도록 하는 것이 목적'이라고 하면 그때부터 직원은 스스로 생각하고 자발적으로 창의적인 방법을 만들어낼 수 있다. 즉, '업무 내용을 줄 것인가, 아니면 전체 목적을 알려줄 것인가'라는 부분을 차별화해서 생각해야 직원들이 스스로 매뉴얼을 쓸 수가 있다. 또 사장은 직원이 내 말을 그대로 따라 하도록 하는 것이 아니라 전체 상황을 이해함으로써 이러한 자발적 매뉴얼을 완성시켜갈 수 있다.

직원을 통제하는 매뉴얼은 회사에 전혀 필요가 없다. 그것은 회사가 오히려 직원에게 '욕먹지 않을 정도로 최소한만 하라'고 주문하는 것과 같다. 이런 환경에서 일하는 직원들은 스스로 수동적인 분위기에 적응할 뿐이다. 각자가 자신의 자리에서 최대한 자율주행을 할 수 있도록 해야만 회사 내에 제대로 된 '법法의 문화'를 만들어갈 수 있다.

法

자발적으로 만들어가는 사내 매뉴얼

📎 Note 1
목적을 알려주는 매뉴얼을 만들어라

일의 '목적'을 알려주면 직원이 스스로 순발력 있는 매뉴얼을 구상한다. 일방적인 지시에 따라 일하는 것이 아니라 스스로 '목적에 맞는 일인가?'를 점검하면서 훨씬 수월하게 대응하는 방법을 찾는다.

📎 Note 2
통제와 규정을 줄여라

세계에서 가장 유연한 기업으로 손꼽히는 넷플릭스의 성공 비결은 '자유와 책임의 문화'에 있다고 한다. 꼭 필요한 통제와 규정 외에 자유와 책임을 부여할수록 직원은 스스로 더 나은 의사결정을 하기 위해 노력한다.

02

삼사의 승인을 없애라
내부 결재 시스템

회사에서 상사의 한마디가 법으로 작용하기도 한다. 업계에 좀 더 오래 있었다는 이유로, 혹은 나이가 좀 더 많다는 이유로 권위를 갖는다. 또 상사는 승인의 권한을 가지고 있어 부하직원의 결정을 허락하거나 일방적으로 반려하기도 한다. 이것이 기업의 혁신을 가로막고 성장을 더디게 만든다.

앞서 살펴본 넷플릭스 사례에서 보았듯이 자유와 책임의 문화를 제대로 구축하면 상사의 승인이 필요 없다. 이런 부분은 한국의 작은 기업에서도 얼마든지 변형해서 적용할 수 있다. 예를 들어 투자가 필요한 업무라면 상사와 협의해야겠지만, 그보다 하위에 속하는 다양하는 프로젝트에 대해서는 얼마든지 상사의 승인 없이 일할 수 있다. 그렇게 했을 때 진정한 주체의식이 형성된다.

상사의 승인은 오히려 걸림돌이 된다

'상사의 승인 없이 일하게 하라'는 다소 과격한 주장처럼 느껴질 수 있다. 최소한 사장인 자신의 승인은 필요 없을지 몰라도 상사의 승인마저 없다면 일이 잘못되는 것은 아닌지 우려할 수 있다. 이렇게 상사의 승인이 매우 중요하다고 여기게 된 데는 나름의 이유가 있다. 예를 들어 과거 많은 산업에서 제1의 과제는 오류를 줄이고 위험을 예방하는 일이었다. 정해진 규칙과 정해진 퀄리티, 정해진 서비스에 오차가 없어야 사업이 승승장구할 수 있었다. 이때는 상사의 경험과 연륜이 매우 중요했다. 그들은 때로 감^感으로도 현 상태를 진단할 수 있고 오류를 줄이고 위험을 예방할 수 있었다. 따라서 상사의 승인은 필수적이었다.

지금 정보화 시대에 대부분 사업은 오류를 줄이고 위험을 예방하는 것만으로는 성공을 장담할 수 없다. 창의성과 혁신이 어느 때보다 중요한 시대를 살고 있다. 대체로 기존 사업의 틈새를 찾아 패러다임을 바꾸는 창조적인 사업의 영역이 많다. 이런 사업 영역에서는 차라리 오류에 의해서 새로운 기회가 탐색되기도 하고, 위험을 예방하는 것이 아니라 위험에 대처하면서 활로를 찾아 나가기도 한다. 이에 따라 연륜보다도 빠르게 도전하고, 베팅하고, 성과가 없으면 바로 접어야 하는 민첩성과 유연성이 중요하다.

창의성과 혁신을 요구하는 시대에 몇 단계를 거치는 상사의 승인은 오히려 일을 방해하는 꼴이다. 계속해서 경쟁우위를 유지하기 위해서는 새로운 기회를 꾸준히 추구해야 한다.

마이크로매니저^{Micromanager}라고 들어본 적이 있는가? 자신의 업무를 잘 위임하지 못하고 전부 자신이 하려고 들거나 업무를 맡기더라

法

도 팀원을 믿지 못하고 세세한 부분까지 간섭하고 지시하려는 상사를 일컫는 말이다. 이들은 자신이 마이크로매니저라는 사실을 깨닫지 못하고 '부하를 정성스럽게 지도하는 실무형 상사'라고 스스로 착각한다. 어떻게 보면 열정적이고 헌신적이라고 볼 수도 있지만 대체로 팀원을 믿지 못한다는 암묵적인 메시지를 전달해 오히려 팀의 사기를 떨어뜨리고 효율성이나 생산성에도 부정적인 영향을 미친다. 사장은 회사 내에 '마이크로매니저'가 없는지 수시로 살피고, 만약 그런 상사가 있다면 리더십 교육을 권해 관리자 역량을 갖출 수 있도록 돕는다.

상사의 비위가 아니라 회사의 이익에 초점을 둬라

결재 시스템을 바꿔 상사의 승인을 없애면 놀라운 일이 일어난다. 실험으로도 이미 그 효과가 증명되었다. 미국 최대의 전자제품 소매 판매회사인 '베스트 바이Best Buy'는 지금도 미국 시장 내에서 막강한 영향력을 행사하고 있다. 이 회사에서 독특한 실험을 한 적이 있다. '성과 집중력 업무환경'이라고 불리는 'ROWE'란 프로그램은 상사의 승인이나 반려가 없고, 직원들 스스로가 완전한 통제권을 가지고 직장생활을 영위하는 것이다. 이렇게 하면 직원들이 일을 방만하게 할지도 모른다고 생각하지만, 실험 결과는 정반대였다.

직원들은 자신이 설정한 업무 목표를 달성하기 위해 오히려 과도하게 일하는 '워커홀릭'이 되었고 더욱 창의적인 방식으로 일하기 시작했다. 이러한 결과는 곧 과거와 같은 일방적인 통제와 관리가 이제는 큰 의미가 없다는 사실을 보여준다.

이 ROWE 프로그램은 고객 응대가 많은 회사의 특성상 계속 유지되지는 못했지만, '통제가 없는 곳에서 직원들은 게을러지는 것이 아니라 더욱 스스로에 대한 통제를 강화한다'는 유의미한 결론을 얻기에 충분했다.

다만 상사의 승인이나 반려가 아닌 개인이 통제권을 가진다고 해서 상사와 아무런 상의도 하지 말라는 의미는 아니다. 자율적으로 일하되 진행 상황을 공유하고 소통을 강화하는 일은 필요하다. 이뿐만 아니라 사장은 전 직원들에게 '상사의 비위를 맞추지 말고, 회사에 가장 이득이 되게 행동하라'는 메시지를 꾸준하게 보내면서 이를 행동강령으로 받아들일 수 있도록 해야 한다.

사장의 일은 언제나 '회사가 잘 돌아가게 하는 것'에 초점이 맞춰져야 한다. 부하직원뿐만 아니라 상사가 각자의 위상과 역할에 맞게 자리 잡을 수 있도록 신경 써야 한다. 그리고 이것이 궁극적으로 회사 전체를 윤활유가 가득한 조직체로 만드는 비결이다.

法

Note 1
마이크로매니저를 막아라

사장이 모든 상사와 부하의 관계에 개입할 수는 없다. 그러나 최소한 '마이크로매니저'가 있는지 확인하고 상사로서 제 역할을 할 수 있도록 돕는다.

Note 2
일의 목적을 가지고 소통하게 하라

마이크로매니저는 일의 목적보다는 방법에 집착하는 경향이 있다. 방법이 아니라 그 일을 하는 목적을 리더와 직원 모두가 공유하고 소통하며 집중한다면 소통은 훨씬 원활해지고 충돌의 가능성도 줄어든다. 또한 명확한 역할과 책임 분담 시스템을 구축해 각자의 역할에 혼란과 중복을 방지해야 한다. 그래야 직원들이 서로 간섭하지 않고 책임감 있게 일할 수 있다.

03

규정이 많을수록 걸림돌이 되기 쉽다
사내 규정

회사마다 어느 정도의 규정은 있다. 이러한 규정에는 양면성이 있다. 회사가 정해준 바에 따라 업무를 진행하면서 마찰과 오류를 줄이고 규격을 지키는 긍정적인 면도 있지만, 반대로 규정에 얽매여 돌발 상황에 제대로 대응하지 못하거나 자율적으로 일을 진행하기 어려운 면도 있다. 사장의 입장에서 규정은 마치 안전판처럼 느껴질 수 있지만, 창의적이고 열정적인 직원에게는 답답한 틀처럼 느껴질 수 있다. 빠르게 변해가는 시장 상황과 경제 상황에 대처하기 위해서는 규정을 최소한으로 줄이면서도 안전판을 만들어 위험성을 낮추는 일이 요구된다.

직원들이 규정의 노예가 되어서는 안 된다

상사가 승인하는 프로세스를 없앤다고 해도 그것과 똑같은 역할을 하는 것이 규정이다. 사업 초기에는 혼란스러운 상황이 많다 보니 여러 규정을 소상히 정해야 할 것 같은 유혹을 느낀다. 고객의 온갖 불평불만, 거래처와의 잦은 마찰이 있을 때 "이게 우리 회사 규정이에요"라고 말할 수 있다면 회사를 운영하는 데 더 수월할 것 같은 생각이 든다.

하지만 그 규정은 과연 무엇을 위한 규정일까? 회사에 존재하는 모든 것은 바로 '회사를 발전시키기 위한 것'이다. 하다못해 공통된 문서 양식, 출퇴근 시간이라는 가장 간단한 규정 역시 회사의 발전에 복무하지 않으면 의미가 없다. 그 이외의 다양한 규정, 예를 들어 경비나 예산에 대한 규정, 혹은 사업에 대한 여러 가지 판단에 관한 규정도 마찬가지다. 만약 이러한 규정들이 회사 발전에 도움이 되지 않는다면, 차라리 없는 편이 낫다.

지금 현재 여러 규정이 회사의 성장에 방해가 되는지 알고 싶다면 다음과 같은 질문에 답해보자.

> ● 규정이 있다고 경비가 절감될까?
>   경비를 절감한다면 반드시 회사에 도움이 될까?
> ● 규정이 있다고 올바른 판단을 할 수 있을까?
>   규정에 따른 판단이라고 해서 회사에 도움이 될까?

선뜻 "네"라고 답하기 힘들 것이다. 여기에 규정이 가진 함정이 존재한다. 그뿐만 아니라 직원이 지나치게 규정에 의존하면 그 자체로 회사 발전에 도움이 되지 않는다. 예를 들어 회사의 발전을 위해서라면 충분히 감안해볼 사항임에도 불구하고 직원들이 "제 마음대로 결정했다가 징계를 받으면 아무도 책임져 주지 않기 때문에 그냥 규정대로 하겠습니다"라는 말을 남발한다. 이는 그 어떤 리스크도 감수하지 않고 도전도 하지 않겠다는 의미와 다름없다. 이러한

法

자발적으로 만들어가는 사내 매뉴얼

직원은 회사 발전보다 자신의 안전을 더 위한다고 봐야 한다.

특히 제가십본에 따른 경영의 목표는 모든 직원이 더 나은 성과를 내도록 하는 것이지, 그들을 특정한 평가의 틀에 가두기 위한 것이 아니다. 충분한 정보를 가지고 일을 이끌어가는 직원에게는 의사 결정의 자유가 있으며, 심지어 실무자의 이름으로 계약서에 사인할 수도 있는 권한을 주어야 한다.
따라서 규정은 규정일 뿐, 그것이 전부가 될 수 없다는 사실을 염두에 두어야 한다. 만약 직원이 모든 일을 규정대로만 처리한다면 굳이 인재를 양성할 필요도 없고 고급 인재를 확보하기 위해 노력할 필요도 없다.

그럼에도 불구하고 우리가 직원을 뽑아 교육하고, 자율성을 부여하는 것은 회사의 규정을 넘어서 신속하게 변화에 대응하고, 규정을 적용할지 적용하지 않을지를 검토하기 위해서다. 최적의 업무 효율을 내기 위해 직원들이 규정의 노예가 되지 않도록 사장은 직원들에게 자율성을 부여해야 한다.

규정은 없애고 업무 성과는 분류하라

물론 최소한의 규정도 무시하고 모든 것을 담당자가 알아서 처리하게 두면 된다는 얘기가 아니다. 자유와 책임을 직원에게 더 많이 보장하면서 혁신과 성과를 올리기 위해서는 업무 성과에 대한 분류가 필요하다.

우선 업무 성과에 대해서는 '횃불과 촛불'로 분류할 수 있다. 횃불이란 업무에 대한 실천으로 적지 않은 성과를 낸 경우다. 누군가의 노력이 횃불로 불타올랐다는 것을 상징적으로 비유하는 말이다. 그런데 실천을 했는데 큰 성과가 나지 않고 최소한의 성과만 나올 수도 있다. 이럴 때는 '촛불' 정도로 부를 수 있다. 그나마 촛불 정도만 되어도 실패라고 할 수는 없다.

정말로 실패에 이르렀을 때도 있다. 이때 필요한 것은 '디딤돌'이다. 그리고 이것은 '디딤돌 스피치'와 '디딤돌 아카이브'로 진행된다. 디딤돌 스피치는 실패를 디딤돌로 삼아 다음에는 성공으로 가자는 의미로, 함께 모여 자신이 했던 프로젝트를 공개하고 평가하는 단계이다. 매우 상세하게 자신의 실패와 성공에 대해 스피치해야 하며, 그 누구도 실패에 대해 화를 내거나 담당자에게 책임을 지워서는 안 된다. 그리고 이러한 디딤돌 스피치는 잘 보관하고 모든 직

法

장 구성원들이 언제든 열람할 수 있는 '디딤돌 아카이브'로 보관해 둔다. 이것은 다음 프로젝트의 도전을 위한 백서가 되어줄 것이며, 직원들이 지켜야 할 진정한 규정이 된다. 일의 진행 과정에서 느낀 점과 담당자의 대응 등 살아 있는 정보들이야말로 회사 내의 규정으로 살아 숨쉬는 활력을 제공할 것이다.

✐ Note 1
회사 발전에 도움 되지 않는 규정은 폐지하라

회사의 발전에 도움이 되지 않는 모든 규정은 쓸모없다. 커다란 방향 면에서 몇 가지 원칙만 세워놓고 세세한 매뉴얼과 규정으로 직원들을 옭아매지 않도록 주의한다. 특히 직원들이 책임을 회피하기 위해 규정을 악용한다면 그런 규정은 당장 없애야 한다.

✐ Note 2
각자의 프로젝트를 투명하게 공개하고 피드백하라

처음에는 규정이 없어서 직원들이 당황할 수도 있고 순발력을 발휘하지 못할 수 있다. 하지만 자신의 프로젝트를 투명하게 공개하고 서로 피드백을 받을 수 있도록 하면, 직원도 자신 있게 자신의 일에 임할 수 있으며 설사 실패했다고 하더라도 위축되지 않고 도약의 발판으로 삼을 수 있다.

✐ Note 3
모든 과정을 기록으로 남겨라

자신이 일을 진행한 전 과정을 '디딤돌 스피치'에서 말하고 기록하게 하고 이를 잘 보관해 다른 직원들도 언제든 볼 수 있게 한다.

法

자발적으로 만들어가는 사내 매뉴얼

04

직원에게 주인의 권리를!
주인의식

"당신이 만약 배를 만들고 싶다면 인부들에게 나무를 구해 오라고 지시하지 마세요. 그들에게 업무와 일을 할당하려고 하지도 마세요. 그보다는 그들에게 바다에 대한 끝없는 동경을 품게 하십시오."

생텍쥐페리의 《어린왕자》에는 '바다에 대한 동경'에 관한 이야기가 나온다. 이 이야기는 경영자들에게 많이 회자되었다. 직원들에게 무작정 일을 시키기 전에 미래에 대한 비전을 보여주고, 이를 통해 주인의식을 가질 수 있도록 영감을 주었기 때문이다. 이것은 직원들을 동기부여하는 데도 도움이 되는 매우 유용한 관점이다. 그런데 여기서 한 가지 놓친 점이 있다. 과연 '바다에 대한 동경'만으로 진정한 주인의식을 가질 수 있느냐 하는 점이다. 진정한 주인이 되기 위해서는 진짜 주인이 누리는 권리, 자유, 책임을 동시에 부여해야 한다. 내 것도 아닌데, 회사의 일을 내 일처럼, 회사의 물건을 내 물건처럼 아끼고 돌볼 수는 없는 노릇 아니겠는가.

직원에게 주인의 권한을 줘라

사람의 마음은 환경에 따라 좌우된다. 풍족하고 여유로운 환경에서는 좋은 품성과 인격을 갖출 가능성이 크다. 반면에 열악하고 늘

자발적으로 만들어가는 사내 매뉴얼

괴로움을 느낄 수밖에 없는 환경에서는 좋은 품성과 인격을 기대하기 힘들다. 이는 인간이 가진 '본능'의 영역에 해당하는데, 인간의 마음 역시 '공학적으로' 움직이기 때문이다.

사장은 으레 직원들에게 주인의식을 강조한다. 회사 일을 자기 일처럼 책임감 있게 해달라는 주문이다. 말로만 강조하면 직원들이 주인의식을 가지고 일을 할까? 어렵지 않게 우리는 '주인의 환경'이 필요하다는 결론에 이를 수 있다. 주인이 아닌 사람에게 주인의식을 가지라고 하는 것 자체가 인간의 본능과 마음의 공학에 어긋나는 일이니까 말이다.

'배를 만들기 위해서는 바다에 대한 동경을 가르쳐라'는 말의 허점은 바로 이 지점에서 드러난다. 바다에 대한 동경을 가득 품은 직원이 꿈을 안고 배를 만든다고 해보자. 하지만 막상 배를 다 만들어놨지만, 어느 순간 그 배는 자신의 배가 아닌 사장의 배일 뿐이라는 사실을 깨닫는다. 사장은 그 배로 많은 수익을 벌어들이지만, 자신이 받는 것은 그저 똑같은 월급일 뿐이다. 이럴 때 그들의 주인의식은 바닥을 치고 배신감마저 느낄 수 있다. 결국 자신의 처지는 '품삯 받는 조선소 직원'임을 알게 된다. 이런 상황에서 주인의식을 강조한다면 바다에 대한 동경마저 내팽개칠 수 있다. 진짜 주인은 승진이나 약간의 금전적 보상을 높여가며 연명해갈 수밖에 없다. 그러나 아무리 바다에 대한 동경을 강조해도 어느 순간 그것은 힘을 잃게 마련이다.

주인과 하인의 결정적인 차이는 바로 '권리'에 있다. 나의 노력으로 만들어낸 돈에 대한 일정한 권리, 회사 내부와 외부의 정보에 대한 권리, 회사의 미래를 좌우할 수 있는 권리가 대표적이다. 따라서 진짜 주인의식을 갖게 하기 위해서는 바로 이런 '진짜 주인의 권리'를 주어야 한다. 직원이 주인의 권리를 가지면 주인의식은 자연히 따라온다. 주인의 권리란 정보의 투명성, 매출의 투명성, 각 직원의 기여도에 대한 객관적 평가 등 직원이 정말 사장의 위치에 있다고 느낄 만한 여러 가지 제도적 보완으로도 가능하다. 사장이나 직원이나 접근할 수 있는 정보가 똑같고, 서로 동등한 입장에서 경영에 대해 논의하고 결정할 수 있다면, 그 자체가 바로 '진짜 주인의 권리'를 갖게 되는 것이라고 볼 수 있다.

이러한 권리와 관련해 일에서의 '직접 동기'와 '간접 동기'라는 것도 함께 살펴볼 필요가 있다. 직접 동기는 말 그대로 일과 직접적인 관련이 있는 동기로서 즐거움, 성장. 의미가 있다. 간접 동기란 일과 관련이 없는 것으로 보상이나 이익을 위한 경제적 압박감, 타인의 시선에 의한 정서적 압박감, 어제도 일했으니 오늘도 그냥 한다는 타성 등이 있다. 주인과 하인의 차이는 이러한 동기의 차이에 있다.

자발적으로 만들어가는 사내 매뉴얼

주인은 직접 동기가 충만한 상태에서 일하는 것을 말하고, 하인은 간접 동기에 휘둘릴 수밖에 없다. 이 둘의 결정적인 차이는 '돈'을 바라보는 관점이다. 주인에게 돈은 일의 결과일 뿐 그 자체가 동기가 되지 않는다. 하지만 하인에게는 오로지 돈 자체가 동기이자 결과이다.

일반 직원이어도 실질적인 권한은 왕

제가십본에서는 '주인'이라는 말보다 더 큰 역할을 할 수 있는 '왕'이라는 개념으로 구성원을 바라본다. 여기에서 '왕'이란, 회사에 대한 투자도 할 수 있는 사업부나 계열사의 대표가 되는 것을 말하지만, 좀 더 넓은 의미에서는 일반 직원이지만, 얼마든지 스스로 회사의 목표를 위해 프로젝트를 만들고, 팀원을 모으고, 자금을 마음껏 집행하여, 사업을 영위할 수 있는 사람이기도 하다. 직책은 일반 직원이어도 실질적인 권한은 '왕'이라는 의미다. 이들은 회사 내에서 자신의 사업을 하는 것이나 마찬가지며, 당연히 자신이 그 안에서 왕이 될 수밖에 없다.

물론 이러한 왕을 키우기 전에 일단 장수가 될 만한 사람을 발굴하고 그를 장군으로 키워가야 한다. 회사 내에서 왕이 될 수 있다는 열린 환경을 조성하고, 여기에 기꺼이 동참하려는 사람을 장수로 뽑아 훈련시킬 수 있다. 리더십과 직무 능력을 스스로 개발할 수 있는 사람이라면 이제 장군으로 승진시킬 수가 있다. 그리고 더 발전된 상태가 되면 비로소 왕이 된다.

왕이 된 직원이 단지 배만 만들고 있을까? 항구도 만들고 등대도 세우고 방파제도 쌓는다. 그때부터 굳이 무엇을 하라고 시키지 않아도 스스로 하게 마련이다. 그리고 이때 진정한 주인의식이 생겨난다.

어설프게 바다에 대한 동경만 심어주고 실질적인 주인의 권리를 나누지 않으면 '반쪽짜리 주인'이 되어 쓸데없는 기득권만 누리려고 한다. '이 배가 진짜 내 것은 아니지만 나는 진짜 주인처럼 만들었어!'라고 생각하는 순간, 자신도 그 배에 대한 지분이 있다고 여기고 주어지지도 않은 주인 행세를 하려고 한다. 이렇게 되면 오히려 사장에 대한 불만이 생기고 어줍잖게 우쭐되는 모양새로 연출될 수 있다.

法

사장은 실무를 잘하는 사람이 아니다. '직원을 잘 선발해서 적재적소에 배치해 그들에게 일할 환경을 주고 그 결과를 함께 나누는 사람'이다. 이 모든 과정이 하나하나 모두 중요하지만, 제일 중요한 것은 바로 결과를 함께 나누는 것이다. 이제는 더 이상 고루하게 직원을 '일 시키고 월급 주는 사람'으로 대해서는 안 된다. 직원들의 인식이 바뀌었고, 경영자들도 직원의 열정을 최대한 끌어내기 위해 사업의 파트너로서 대한다. 직원을 주인으로 키우고 왕처럼 대접하는 회사야말로 불확실한 경제 상황에서도 미래가 밝다.

Note 1
회사 수익에 대한 권한을 줘라

말뿐인 '주인의식'은 결국 모래성일 뿐이다. 돈과 정보에 대한 권리, 회사의 미래에 참여할 수 있는 진짜 권리를 주어야 주인이 된다. 사장과 동등한 입장을 부여할 수 있다면, 직원은 자신이 정말로 주인이 됐다는 사실을 실감할 수 있다. 무엇보다 회사의 수익이 어디에 어떻게 쓰이는지를 투명하게 공개한다. 회사가 번 돈을 어디에 어떻게 쓰는지를 알고, 직원들의 처우 개선과 복지 향상을 위해 어떻게 돈을 쓸 것인지의 결정 과정에 직접 참여시킨다면 직원들의 회사 만족도는 올라간다. 점차 수익이 늘어나고 회사 규모가 더욱 커진다면 스톡옵션, 우리사주조합, 지분 참여 등으로 회사 수익을 실질적으로 직원 개인에게 돌아가게 할 수 있다.

Note 2
자율적으로 일하게 하라

일에서도 스스로 프로젝트를 만들어 자율적으로 진행해나갈 수 있어야 한다. 한마디로 '회사 내에서 내 사업'이라는 개념을 심어준다면 직원들의 주인의식은 최고조에 달한다.

法

자발적으로 만들어가는 사내 매뉴얼

05

사명감, 의미 그리고 과정에 대하여
일하는 법, CMP

사람은 태어나서 죽을 때까지 끊임없이 일하는 존재다. 경제적 이익을 위해서도 그렇지만 일하면서 삶의 보람을 찾고 일상의 활력을 얻기 때문이다. 제가십본에서는 일하는 법을 '사명감^{Calling} - 의미^{Meaning} - 과정^{Process}'이라는 말로 압축한다. 영어의 머리글자를 따서 일명 'CMP'다. 이것은 일을 '성과와 결과'의 측면에서 바라보는 것이 아니라 일하는 당사자의 '내면과 신념' 측면에서 조명한다. 겉으로 잘 드러나지는 않지만, 매우 중요한 일의 동력이자 '일을 대하는 정석'이다.

사람을 '불타오르게' 하는 방법

유독 사명감이 자주 거론되는 직업이 있다. 경찰이나 소방관, 의사와 간호사 등 사람의 생명과 직접 관련 있는 직업이다. 더구나 육체적으로도 만만치 않을 정도로 힘들기 때문에 더욱 사명감이 요구된다. 하지만 다른 직업이라고 사명감이 부족해도 되는 것은 아니다. 결국 모든 직업이란 '다른 사람을 위해 일하는 것'이다. 청소도 사람을 위한 일이고, 음식을 만드는 것도 사람을 위한 일이고, 법적 판결도 사람을 위한 일이다. 세상에 존재하는 모든 직업 중 단 하나도 여기에서 예외인 일은 존재하지 않는다. 그래서 모든 일에는 다른 사람을 생각하는 정성과 열의, 그리고 사명감을 가져야만

法

자벌적으로 만들어가는 사내 매뉴얼

한다. 그리고 이러한 사명감을 가졌을 때, 비로소 일에 몰입할 수 있고 최고의 성과를 거둘 수 있다.

사명감이 중요한 이유는, 이나모리 가즈오의 표현처럼 자신을 '불타오르게' 만들기 때문이다. 자신이 설정한 목표를 반드시 이루고자 하는 간절함, 누구에게도 뒤지지 않겠다는 열의와 노력으로 '세상에 대한 정면도전'을 이뤄낼 수 있다. 비로소 이런 사람이 크게 성공할 수 있다. 애초 목표는 성공 그 자체가 아니었을지언정, 내면으로 향한 사명감이라는 강한 신념이 끝내 스스로에게 도움이 되는 결과를 만들어낸다는 점이다.

이러한 사명감이 자신의 신념을 벗어나 타인을 향할 때, 그것이 바로 의미가 된다. 지금 내가 하고 있는 일이 타인들에게 어떤 영향력을 미치고, 그들에게 어떤 가치를 주는가, 그리고 그들을 어떻게 행복하게 만드는가를 심사숙고한 후에 오는 깨달음이다. 그런데 '의미'는 인간에게 본능에 가까운 것이다. 정신과 의사이자 철학자이기도 한 빅터 프랭클^{Viktor Frankl}은 이렇게 말했다.

> "의미를 탐색하는 인간의 본능은 너무나 강력해서 아주 끔찍한 상황에서조차도 인간은 삶의 목적을 찾는다."

미국에서 출간되자마자 '아마존 비즈니스 부분 베스트셀러 1위'를 기록한 《직업의 종말》이라는 책이 있다. 저자 테일러 피어슨[Taylor Pearson]은 사업가이자 강연자, 비즈니스 컨설턴트이다. 그는 이 책에서 "인간의 핵심동기는 돈, 자유, 그리고 의미다"라는 말을 했다. 사람은 이 '의미'라는 그물망에서 거의 본능적으로 벗어날 수 없다. 따라서 일하는 과정에서도 이러한 본능을 일깨워서 사장 자신과 직원이 일의 의미를 찾을 수 있다면, 내적인 사명감이 외부로 표현될 수 있다.

막강한 효과를 내는 로고테라피

이를 위해서는 자신의 일이 타인에게 어떤 영향을 미치는지를 생각해볼 필요가 있다. 물리학자 리처드 파인만[Richard Feynman]이 제2차 세계대전을 끝내기 위해 원자폭탄을 개발하는 일을 하고 있을 때였다. 그는 수십 명의 엔지니어를 이끌고 있었지만, 정작 엔지니어들이 하는 일이라곤 지겨운 계산 업무에 불과했다. 그래도 나름 고도의 지식 작업자임을 자처했던 엔지니어들은 그 일이 따분하고 지겨워 실수를 남발했다. 그 상황을 더 방치해서는 안 되겠다고 결심한 파인만은 엔지니어들에게 "우리는 세계인의 목숨을 구할 수 있는 위대한 일을 하고 있다"라고 독려하며 일에 의미를 부여했다. 그 결과 생산성은 혁신적으로 향상됐고, 실수는 상당히 줄어들었다. '내가 하는 일이 타인에게 어떤 영향을 미치는가'라는 일의 의미가 일하는 자의 관점을 바꿔 태도를 개선하는 데 크게 기여한 것이다.

'의미'라는 것은 망가지고 지친 한 인간의 정신과 영혼을 되살릴 정도로 강력한 힘이 있다. 외국에는 이미 로고테라피Logotherapy, 한국어로는 '의미 치료'가 매우 유의미하게 실행되고 있다. 세상에서 받은 고통과 좌절을 치유하기 위해서 '내 삶의 의미는 무엇인가'를 찾을 수 있도록 도와주고, 그것으로 온전한 건강성을 회복할 수 있도록 하는 것이다. 그 결과 삶을 포기할 정도로 힘들었던 사람도 다시 정상적인 생활에 복귀하고, 과거보다 훨씬 더 활기차게 살아가는 경우가 많다. '의미'라는 것이 이 정도로 중요하다는 점을 알게 된다면, 일에 있어서의 의미 역시 얼마나 막강한 힘이 있을지 짐작할 수 있다.

마지막은 '과정이 곧 보상이다'라는 점이다. 인간은 보상이 존재하지 않는다면 일하지 않으려는 경향이 매우 강하다. 그런데 대부분 보상은 마지막에 주어지는 것으로 생각하고, 그것이 특별히 물질적인 형태를 띠고 있다고 여긴다. 하지만 결과에만 집중하면 중간 과정에 대한 중요성이 현저하게 떨어진다. 그 안에서 지속적인 흥미, 성장에 대한 행복감, 조금씩 전진해나가는 과정에 대한 가치가 사라지고 모든 것이 결과로만 평가된다. 이렇게 해서는 일에 대한 지속성을 가질 수 없고, 열정을 잃어버리기 쉽다. 그 이유는 사람은 언제나 매번 높은 성과를 만들어낼 수는 없기 때문이다. 따라서 결과만 생각하면 그것이 저하됐을 때 성취감을 느끼기 어렵고 좌절과 우울이 생길 수 있으며 그것을 이뤄내지 못한 자신을 자책할 수 있다. 그러면 결과마저 보상이 되지 않는 상황이 펼쳐진다.

반면 과정에 집중하면 항상 성공하는 방정식이 쓰여진다. 자신이 최선을 다했다는 사실 자체가 온전히 보상이 될 수 있기 때문이다. 세상을 바꾼 위대한 혁신가 스티브 잡스가 "과정이 보상이다^{The journey is the reward}"라고 말한 이유다. 그는 자신의 회사에서 쫓겨나는 수모를 당하면서도 결코 지치지 않았고, 생의 마지막 순간에 암이 그를 삼킬 때에도 멈추지 않을 수 있었다. 그것은 모두 결과가 아닌 과정 자체가 그에게 보상이었기 때문이다.

사람은 기계처럼 일할 수 없다. 매일 똑같이 하는 일이라고 해서 아무런 감정이나 기분 없이 일에 몰두하는 것 같지만, 실은 매 순간 사람은 일을 하면서 끊임없이 생각하고 감정을 느낀다. 그래서 힘들 때는 '때려치우고 싶다'는 생각도 들고, 보람이 있으면 '그래, 이 맛에 하는 거지'라고 여긴다. 매 순간 감정, 생각, 기분이 끊임없

法

자발적으로 만들어가는 사내 매뉴얼

이 요동치는 것이다. 이제까지 언급한 CMP, '사명감-의미-보상'은 일하는 모든 사람이 경험하는 매 순간을 최고조로 끌어올리는 역할을 하고, 결과에 상관없이 흥미를 유지하고 지치지 않을 수 있도록 도와준다. 일을 하면서 동시에 일을 시키는 사장도, 일을 하면서 동시에 그 일을 어떻게 해야 할지 고민하는 직원도 이 CMP의 자세만 굳건히 유지한다면, 일을 하는 가장 최적의 법法을 유지한다고 볼 수 있다.

✎ **Note 1**
일을 대하는 직원의 내면을 살펴보라

당장 눈 앞에서 땀흘리며 일하는 직원을 보는 것은 흐뭇한 일이다. 하지만 사장은 거기서 멈춰서는 안 된다. 그 내면에 진정한 사명감과 의미부여가 있는지, 과정을 정말로 보상으로 느끼는지에 대한 세심한 관찰이 필요하다.

✎ **Note 2**
항상 CMP를 생각하라

사장이 CMP를 중요하게 생각한다는 시그널을 보내지 않는 한, 직원은 주어진 업무를 처리하는 데만 급급할 뿐이다. 따라서 이 부분에 대해서 회사의 비전이나 사명, 목표로 설정하는 것은 물론 늘 회의 시간에 소통하여 강조한다.

法

賞;

상賞, 모두에게 열려 있는 동기부여 시스템

동기부여는 직원들의 성과와 조직의 성과를 높이는 데
중요한 역할을 한다. 직원들의 역량을 높이고 노력을 촉진하려면
어떻게 동기를 부여해야 할까? 많은 사장이 하는 고민이다.
여러 방법이 있겠지만 금전적인 보상으로 동기를 부여하면 문제가 생긴다.
상賞은 때로 벌罰이 되어 불만을 낳게 하고 사내 관계를 망치기도 한다.
사장은 이 상을 어떻게 인식해야 하고,
제대로 된 상의 효과를 보려면 무엇을 점검해야 하는지 살펴보자.

01

직원을 움직이게 하는 것

2가지 동기부여의 장단점

조직 내 동기부여는 크게 내재적 동기부여와 외재적 동기부여로 구분할 수 있다.

내재적 동기부여는 내적인 욕구나 만족감에 따라 직원들이 자발적으로 일을 수행하게 하는 것이다. 보상이나 혜택이 아니라 개인적인 가치, 성장, 자기계발 같은 것이 주요한 동기부여 요소다. 내재적 동기부여를 높이려면 조직에서 직원이 일할 때 자신감과 역량을 발휘할 수 있는 환경과 자원을 제공하고, 명확한 목표와 의미 있는 일을 부여하는 것이 중요하다.

반면, 외재적 동기부여는 외부적인 보상이나 혜택을 통해 직원들이 일을 수행하게 하는 것을 말한다. 이는 보너스, 인센티브, 스톡옵션 등의 형태로 이루어지며, 직원들에게 직접적인 금전 이득이나 혜택을 제공한다.

내재적 동기부여 vs. 외재적 동기부여

미국 심리학자인 해리 할로 ^{Harry Harlow}는 원숭이를 대상으로 학습 능력에 관한 실험을 했다. 원숭이에게 퍼즐 기계를 주고 풀게 했는데, 퍼즐을 푸는 방식은 수직으로 꼽힌 핀을 뽑은 다음에 경첩으로 된 덮개를 들어 올리면 된다. 연구자들은 원숭이들을 우리에 넣고 퍼즐을 풀게 했다. 원숭이들은 처음에는 어려워했지만, 시간이 흐를수록 더욱 능숙하게 퍼즐을 풀어냈다. 외부 자극이 전혀 없고 퍼즐을 풀라고 하지도 않았지만 원숭이들은 흥미를 보이며 퍼즐을 가지고 놀았고 연구자들은 원숭이들의 문제 해결력이 올라간 것을 측정할 수 있었다.

연구자들은 2주 정도 반응을 지켜본 뒤 새로운 방식으로 실험을 진행했다. 이번에는 원숭이가 퍼즐을 풀면 그때부터 건포도를 주기 시작했다. 그러자 원숭이들은 보상을 줄 때 더 많은 실수를 했다. 아예 관심사가 떨어져 시도조차 하지 않는 모습도 보였다. 동기부여 이론에 따르면 처음에 원숭이는 외부 자극 없이도 스스로 호기심이라는 '내재적 동기'에 따라 퍼즐을 풀었다. 하지만 이후 건포도라는 외재적 보상이 개입하면서 내재적 동기가 소멸한 것이다.

보상이 없을 때는 퍼즐에 몰입했던 원숭이들.
하지만 건포도가 주어지기 시작하자
이내 흥미를 잃어버리고,
실수도 자주 하곤 했다.
＊출처 onlinelibrary.wiley.com

물론 내재적 동기부여와 외재적 동기부여는 적절한 균형을 이루어야 하지만, 한 가지 오해하지 말아야 할 게 있다. 그것은 서로가 완전히 대체하지는 못한다는 점이다. 예를 들어 인간의 동기 전체를 100으로 본다면, '내적동기 20+외적동기 80'이 만들어낸 100이라는 전체 동기와 '내적동기 80+외적동기 20'이 만들어내는 100이라는 동기는 그 차원이 완전히 다르다는 점이다. 수치상으로는 100으로 동일해 보이겠지만, 그것이 만들어낸 결과와 그 결과의 퀄리티는 하늘과 땅 차이다. 그 이유는 2가지 동기가 작용하는 차원이 완전히 다르기 때문이다.

미국 로체스터대학교 사회심리학과 에드워드 데시^Edward Deci 교수는 내적 동기는 '자율성, 관계, 능력의 확장'과 관련이 깊다고 말한다.

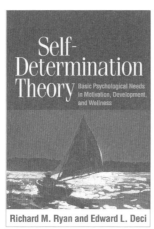

에드워드 데시 교수와 그의 저서.
＊출처: 위키피디아

이는 창의적인 도전, 용기, 의지와 힘, 활력과 연결된다. 특히 내적 동기가 충족될 때 인간의 뇌는 균형 있게 활성화된다. 또 내적 동기는 자신감과 연결되고 매우 강력한 선순환의 구조를 만든다고 말한다. 반면 외적 동기는 이러한 것과는 관련이 없으며 단순히 'A를 하면 B가 주어진다'는 계산적인 원리에 의존할 뿐이다.

물론 그렇다고 해서 외적 동기가 중요하지 않다는 이야기는 전혀 아니며 이 2가지가 완전히 따로따로 분리되어 있다고 보기도 힘들다. 특히 자신의 생활을 꾸리고 가족을 돌봐야 하는 입장에 있는 직원들을 오로지 내적 동기만으로 일하게 할 수도 없는 법이다. 따라서 월급, 보너스, 인센티브 등 그 이외의 보상도 따라야 한다.

문제는 이러한 외적 동기부여인 보상은 매우 미묘한 성격을 가지고 있기 때문에 주의해서 다루어야만 한다는 것이다. 특히 '보상'이라는 이름으로 자주 돈을 주거나 혹은 한 번에 통 크게 보상해야 직원들에게 동기부여가 된다는 생각을 주의해야 한다.

예를 들어 한 달 단위, 혹은 분기 단위로 금전적 보상을 하면 직원들이 당근을 쫓는 말처럼 전력을 다해 경주할 수 있으리라고 생각하거나 한꺼번에 매우 큰 보상을 하면 직원의 동기부여도 그 크기만큼 커질 거로 예상하는 것이다. 하지만 이러한 분배는 직원들의 동기부여와 전혀 상관없으며, 오히려 부정적 결과를 낳고, 회사에 대한 고마움도 느끼지 않는다.

동기부여 방식도 진화한다

인간은 사회적이고 문화적인 존재다. 시대가 변하고 환경이 달라짐에 따라 인간적인 속성과 심리, 성향, 심지어 본능적인 요소마저도 그 표출 방법이 조금씩 달라진다. 예를 들어 중세 시대에 사람들이 하는 생각이나 예의, 타인과의 관계와 2020년대 오늘날 사람들이 하는 것과는 현저하게 다르다. 비슷한 욕구와 욕망을 가진 사람이지만, 시대에 따라 다른 모습을 보인다.

보상의 측면에서도 그렇다. 인류의 초창기인 원시 시대에는 외적인 보상만으로도 충분했지만, 지금은 그것만으로 부족하다.

세계적인 미래학자 다니엘 핑크^{Daniel Pink}는 저서 《드라이브》에서 동기부여를 일종의 '운영체계'에 비유한다. 그는 원시 시대의 초기 동기부여를 '동기부여 1.0'이라고 부른다. 이때는 동물들과 거의 다를 바 없는 수준으로, 음식이라는 외적 동기부여만 있다면 얼마든지 행동하는 단계다. 오로지 생존 그 자체만이 목표였기 때문이다.

賞

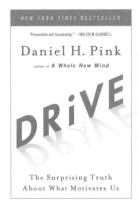

다니엘 핑크와 그의 저서 《드라이브》.
＊인물사진 출처= 다니엘핑크 홈페이지

이러한 운영체계는 근대사회에 들어서면서 '동기부여 2.0'으로 발전하게 된다. 인간은 기계에 매달려 생산을 해내야 했으며, 이른바 '당근과 채찍'에 익숙해진다. 즉, 보상에는 매우 민감하고, 처벌을 피하려는 성향을 가지게 됐다. 자신에게 할당된 양을 채우지 못하면 처벌을 받는 공장 환경이 조성되자, 인간은 처벌을 피하기 위해서라도 스스로 동기를 부여하게 된다는 이야기다. 그리고 당시의 경영방식은 이러한 운영체계만으로도 충분했다. 그런데 지금은 동기부여 1.0~2.0 시대와는 완전히 다른 시대가 펼쳐졌다.

시간이 흐르면서 단순한 사냥이나 공장 작업대에서의 일이 아닌 자율성에 기반한 창의적인 일을 하기 시작했다. 그러자 동기부여 방식도 완전히 달라졌다. 과거의 동기부여 방식은 통하지 않고 새로운 형태의 동기가 필요해졌다.

미국 하버드대학교 경영대학원 테레사 아마빌레[Teresa Amabile] 교수는 3년간 전문직 직장인 238명의 일기를 분석한 결과 '전진의 원리[Progress of Principle]'라는 것이 존재한다는 사실을 밝혀냈다.

그녀는 무려 1만 2천 일에 가까운 일기를 분석한 결과 전문직 종사자들은 자신의 업무가 '전진'한다고 판단했을 때 최고의 동기부여가 되었던 것으로 나타났다. 그들은 감정이 고양되었고 열정이 샘솟았으며 일에 더욱 파고들고자 하는 마음이 들었다. 그리고 이러한 '전진'의 성과들은 더 높은 성과로 이어지는 중요한 계기가 되었다. 물론 여기에서 전진이란 바로 자신의 내적 성숙, 발전 등을 의미하는 '내재적 동기부여'라고 할 수 있다. 이것은 과거 '동기부여 1.0~2.0의 시대'와는 전혀 다른 동기라는 사실을 의미한다.

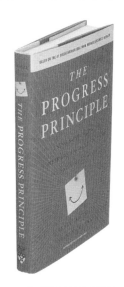

아마빌레 교수가 집필한
《전진의 원리》.

賞

다니엘 핑크와 테레사 아마빌레 교수의 연구를 종합해보면, 결국 인간은 '단순한 외적 동기의 시대에서 점차 진화해 복잡한 내적 동기의 시대'로 진화했다고 볼 수 있다.

직원은 무엇에 반응하는가?

영국이 인도를 식민지로 지배하던 시대의 일이다. 인도의 수도 델리에 코브라가 창궐했다. 당시 영국 총독부는 코브라를 퇴치하기 위해 인도인들에게 코브라의 머리를 잘라오면 이에 포상금을 지급하기로 했다. 그런데 매일 코브라 머리는 쌓여갔는데, 몇 년이 지나도 도대체 코브라의 숫자는 줄어들지 않았다. 그 이유를 알아보니, 놀랍게도 인도인들이 코브라 농장을 만들어 꾸준하게 코브라를 키워 포상금을 받아왔던 것이다. 결국 영국 총독부는 코브라 머리

식민지 시절, 인도에서 지나치게 많은 코브라 때문에 골치를 썩은 영국 총독부는 현금 보상이라는 특단의 조치를 마련했지만, 모든 것은 수포로 돌아갔다.
＊ 출처: steemit.com

를 잡아와도 더는 포상금을 지급하지 않았다. 그러자 농장주들은 코브라 농장을 폐쇄해버리고 남은 코브라를 방출해버렸다.

그간 영국 총독부가 지급한 포상금이 전혀 효과가 없었다는 것을 의미했다. 이 이야기는 '코브라의 역설'이라고 불리며 오랜 기간 회자되었다.

실제 회사에서도 이와 비슷한 일이 일어난다. 한 회사에서 제품 10개를 팔면 100만 원의 보너스를 준다고 했다. 하지만 10개를 팔기가 말처럼 쉬운 일이 아니었다. 결국 A, B 두 직원은 공모를 했다. A가 5개, B가 6개를 팔았으니 둘이 합치면 11개. 따라서 둘은 한 명에게 몰아주고, 보너스 100만 원을 받으면 반반 나누기로 했다. 사실 이는 거의 '횡령'에 가깝다. 돈으로 직원들의 열정을 독려하고자 했으나 뜻밖에도 부작용이 발생한 것이다.

비슷한 사례는 또 있다. 미국 캘리포니아대학교 경제학 및 전략학과 그니지Gneezy와 러스티치니Rustichini는 실험집단을 두 그룹으로 나누어 자원봉사를 위한 모금을 하게 했다. A그룹에게는 이 모금이 장애아동에게 얼마나 중요한지를 설명했고, 또 자원봉사의 노력이 매우 소중하다는 사실을 몇 번이나 강조했다. 반면 B그룹에게는 "모금해 온 돈의 1%를 수당으로 지급하겠다"고 약속했다.

단순히 결과를 예상하면 '장애아동도 돕고 자신도 돈을 버는' B그룹이 훨씬 더 모금을 많이 할 것 같다. 하지만 실제로 모금한 결과, B그룹은 A그룹이 모금한 돈의 64%에 불과했다. 결국 내재적 동기를 부여한 A그룹이 인센티브라는 외재적 동기부여를 받은 B그룹보다 훨씬 성과가 좋았다는 얘기다. 인센티브는 동기부여에 도움이 되는 것이 아니라 오히려 방해 요소로 작용했다.

보상이란 당연히 더 많은 동기부여를 하기 위한 일이다. 하지만 사장이 금전 보상을 하는 순간, 동기부여에 대한 애초 의도는 완전히 사라진다. 초기의 보상은 큰 에너지를 만들어내지만, 결국에는 부정적으로 작용할 수밖에 없다. 금전 보상에 익숙해진 직원은 '차라리 보상도 별 볼 일 없는 회사에서 일하느니 시간을 아껴서 부업이나 투자를 하는 게 낫지!'라는 생각을 한다. 사장 스스로 회사를 망치는 지름길을 제시한 셈이다.

따라서 내재적 동기부여와 외재적 동기부여를 적절히 조화시켜 직원들의 열정과 참여도를 높이는 것이 중요하다. 이를 위해 명확한 목표와 의미를 부여하고, 직원에게 최대한 자율성을 보장하여 스스로 책임지고 권한 안에서 결정할 수 있게 해야 한다. 직원들의 성장과 발전을 지원하는 프로그램을 제공하는 것도 도움이 된다. 또한 적절한 보상과 인정을 통해 성과를 누리게 하고, 피드백을 제공하여 직원들의 능력 향상과 발전을 이끈다.

즉각적인 보상이 아니라 회사가 성장함에 따라 수익을 배분하는 방식을 제안하는 것도 좋은 방법이다. 회사도 일정 수익을 보장받고, 직원도 한 만큼 더 많은 돈을 벌 수 있다. 이것이 현명한 방법이 되기 위해서는 회사에서 개인의 성장이 갖는 가치와 미래의 발전 방향에 대해 서로의 합의가 전제되어야 한다. 이러한 기본적 합의 없이 단순히 수익을 나누는 관계가 되어버리면 이 또한 부작용을 낳는다. 회사와 동반 성장 그리고 회사 안에서 자신의 발전에 대한 관심은 사라지고 오로지 돈이라는 보상이 모든 것을 결정하는 상황에 부닥친다. 사장이라면 이 말을 꼭 기억하자.

"돈으로 보상하면 빠르게 성과가 나지만 같은 속도로 빠르게 문제가 발생한다."

어떻게 직원을 동기부여할 것인가는 영원한 숙제와 같다. 내재적 동기부여와 외재적 동기부여를 조직의 특성, 직원의 성향 등을 고려하여 적절하게 활용해야 한다.

賞

Note 1
명확한 목표를 설정하라

회사가 가지고 있는 명확하고 구체적인 목표를 설정해 공유한다. 이때 목표는 개인적인 성취감과 조직의 목표가 서로 연결되어 있어야 한다.

Note 2
자율성을 부여하라

직원 각자가 어느 정도 권한과 책임을 가지고 맡은 일을 할 수 있게 자율성을 부여한다. 스스로 더 나은 방법을 찾아 나가게 하여 자신의 역량과 능력을 발휘할 수 있는 기회를 제공한다.

Note 3
적절한 보상을 하라

금전적 보상에만 집착하는 것은 문제다. 또 보상에 꼭 금전적 보상만 있는 것은 아니다. 상징적 의미나 특별한 경험도 보상이 될 수 있다. 해외 연수를 보내준다든지, 휴가를 며칠 더 쓸 수 있게 한다든지 등의 방법으로 말이다.

Note 4
수익 배분은 신중하게 접근하라

일정한 성과 이상의 수익 배분은 그나마 지혜로운 방법이긴 하지만 이 역시 금전적 보상과 마찬가지의 부작용이 있을 수 있다. 수익의 일정 부분을 인센티브로 주는 식보다는 기본급을 올린다든지, 복지를 좀 더 확대하는 방향이 더욱 바람직하다. 궁극적으로 중요한 점은 직원에게 회사가 성장하면 당연히 업계 평균 이상의 대우를 해준다는 믿음을 심어주는 것이다.

02

똑똑하게 보상하는 방법을 찾아라
보상 시스템 만들기

'보상'이라는 말만큼 사람을 짜릿하게 유혹하는 말이 있을까? 어떤 면에서 우리가 하는 모든 행동은 이러한 보상을 염두에 두고 있다고 봐도 무방하다. 업무는 물론 운동을 하는 것도 '내 몸의 건강'이라는 보상을 염두에 두고 있고, 사랑이나 결혼 등 감정에 관련된 사회 활동 역시 그에 걸맞은 보상을 생각하지 않을 수 없다.

우리는 보상을 기대하며 그 모든 수고로움을 감내한다. 그래서 이러한 보상은 크면 클수록, 자주 이루어질수록 동기가 강화될 것이라고 여긴다. 과연 그럴까?

보상은 많을수록 좋을까?

듀크대학교 행동경제학 교수 댄 애리얼리$^{Dan\ Ariely}$는 금전적 인센티브가 단순하고 기계적인 업무에서는 생산성을 끌어올리는 데 도움이 되지만, 복합적인 사고로 문제 해결을 해야 하는 업무에서는 오히려 방해가 된다는 것을 실험을 통해 증명했다. 또한 많은 보상이 얼마나 많은 노력을 불러일으키는지에 관해 실험한 후 그 결과를 〈많은 보상과 큰 실수$^{Large\ Stakes\ and\ Big\ Mistakes}$〉라는 논문으로 발표했다.

인도 노동자들을 대상으로 연구한 논문과 댄 애리얼리 박사.
＊출처: 위키피디아

연구자들은 인도인들에게 특정 게임을 하게 하고, 그 목표를 달성할 경우 다음과 같은 보상을 제시했다. 아래 조건에서 4루피는 인도 노동자의 하루 평균 일당이다.

1. 목표를 달성하면 4루피의 보상을 준다.

2. 목표를 달성하면 40루피의 보상을 준다.

3. 목표를 달성하면 400루피의 보상을 준다.

조건만 본다면 당연히 하루 일당의 10배, 더 나아가 100배를 받는 사람들이 훨씬 더 공을 들여 일할 것이라고 예상된다. 그런데 실험 결과는 정반대였다. 여러 번 게임을 진행할수록 성과는 오히려 계속 떨어졌다. 이유가 뭘까? 보상이 클수록 외적 동기만 급격하게

賞

모두에게 열려 있는 동기부여 시스템

작동해 주의력, 창의력, 몰입도가 현저히 떨어져 성과가 낮아졌다.

물론 보상이 클수록 효과적인 분야도 있었다. 단순하고 기계적인 업무에서는 효과가 높게 나타났다. 이러한 연구결과는 보상에 대한 매우 의미 있는 결과이지만, 실제 경영 활동에서 단순하고 익숙한 일에 보상을 크게 하는 일은 드물다. 사장은 새로운 이익을 창출하는 도전적이고 창의적인 일에 보상하길 원하지, 단순 업무에 보상하려고 하지 않기 때문이다. 결과적으로 회사에서 '보상은 많을수록 좋다'는 말을 적용하기가 힘들다.

또 지나치게 큰 보상은 상대방에게 부채의식을 안겨서 오히려 불편하게 만들기도 한다. 이를 전문적인 용어로는 '호혜불안^{Reciprocation} ^{Anxiety}'이라고 표현한다. 과도한 친절이나 이유 없는 무료 혜택은 오히려 상대방에게 불편감을 주고, 그것을 갚아야 한다는 압박감을 느끼게 한다.

이처럼 모든 친절과 보상이 긍정적인 결과를 낳지는 않는다. 그리고 여기에서 더 중요한 사실은 큰 보상이나 선물은 '행동과 호감'을 함께 움직이지 못하고 '행동'만을 움직이는 경향이 있다. 예를 들어 작은 선물을 하면 상대방에 대한 고마움과 함께 그것을 갚고자 하는 긍정적인 행동을 유도하는 반면, 너무 큰 선물을 받으면 호감보다는 '이걸 어떻게 갚아야 하지? 빨리 갚아야 할 텐데'라는 압박감을 주어 호감은 온데간데없고 그 부채의식을 빠르게 해결하려는 행동만 부른다는 이야기다.

보상은 단기적 효과에 그친다

직원들은 자신이 해낸 성과에 따라서 보상을 받으면 처음에는 매우 열광한다. 사장도 신명 나게 일하는 직원을 보며 활력을 얻을 수 있다. 월급과 상을 동시에 받은 직원은 열심히 일하기 때문이다. 문제는 이러한 성과가 단기간에 그친다는 것이다. 앞 장에서 소개한 원숭이 실험에서 더 이상 건포도가 없으면 퍼즐을 풀지 않듯이 금전적 보상에 집착하면서 보상이 없으면 일할 맛을 잃어버린다.

또한 금전으로 주어진 보상은 하나의 기득권이 되어버리는 현상도 불러온다. 한 번 했을 때 큰 이득이 되었으니 이제는 기대하는 바가 커지고, 기대에 미치지 못하면 곧바로 불만이 생겨난다. 심지어 기대에 맞지 않는 상을 받으면 마치 벌을 받은 것처럼 느낀다. 자신이 통제당하는 것 같고, 조종당하는 것 같아 모욕감을 느끼기도 한다.

그뿐만 아니라 금전적 보상은 직장 내 인간관계에도 부정적인 영

賞

모두에게 열려 있는 동기부여 시스템

향을 미친다. 보상을 받는다는 것은 경쟁을 기본 전제로 하기에 거기서 승리했다는 것을 의미한다. 따라서 상으로 직원을 움직이기 시작하면, 그 직원은 동료와 경쟁하려는 마음을 먹게 되고 그때부터는 원활한 협업이 잘 이루어지지 않는다. 내가 상을 받으려면 상대방보다 우위에 서야 하기 때문이다. 동료와 더는 좋은 관계를 맺을 이유가 없어진다. 다른 직원이 상을 받으면 '쟤는 왜 저렇게 보상이 크지? 나도 열심히 했는데 고작 이렇다고?'라며 질투심마저 느끼게 된다.

보상 시스템을 구축할 때 주의할 점

보상이 너무 일상화되면 직원들은 '권리'로 인식하는 일이 생길 수 있다. 가장 단적인 예로 재능 기부를 들 수 있다. 한때 예술가들의 재능 기부가 한창 유행한 적이 있다. 당시 일부 몰지각한 사람들은 예술가들에게 대놓고 재능 기부를 해달라고 요청하며, 혹시라도 거절하면 "이런 좋은 일을 어떻게 거절할 수 있나요?"라고 반문한다는 내용이 기사에 실리기도 했다. 이것은 선한 의도가 오히려 악용당하는 사례라고 볼 수 있다.●

● 엄보운, '[Why] "공짜로 해달라"… 재능 기부 강요하는 사회', 〈조선일보〉, 2014.2.15.

회사에서도 얼마든지 이런 일이 발생할 수 있다. 사장은 선한 의도로 보상해주었지만, 정작 직원들은 '뭐 이런 건 당연한 거 아니야?'라든가 '이번에는 왜 이렇게 적어?'라는 반응을 보일 수도 있다. 이는 '호의가 권리로 변질되는' 사태라고 볼 수 있다.

기대가 당연해질 때 주는 보상 역시 부정적인 결과를 보인다. 사회심리학자인 미국 애리조나대학교 심리마케팅학과 석좌교수인 로버트 치알디니$^{Robert Cialdini}$는 '선물의 효과를 증폭시키는 3가지 조건'에 관해 이야기한다. 그중 하나가 바로 '상대방이 기대하지 않았을 때의 선물'이다. 당연히 선물을 줄 것 같은 명절에 선물을 주기보다는 그렇지 않은 평상시에 갑작스럽게 받는 선물이 더 '서프라이즈'한 효과를 거둘 수 있다는 것. 늘 기대되는 잦은 선물은 효과가 크게 없다는 사실을 말해준다.

사장이 흔히 하는 착각이 '보상이 많은 회사에 더 많은 인재가 몰릴 것'라거나 '보상이 많으면 직원이 만족감을 느끼며 일에 몰입할 것'이라는 생각이다. 그러나 사람이란, 그렇게 단순하게 인풋이 많다고 아웃풋도 많아지는 존재가 아니다. 때로는 너무 많은 인풋을 의아하게 생각하거나 혹은 하찮게 여기기도 하는 복잡한 존재이다. 따라서 이러한 진정한 동기부여를 위한 보상 시스템을 설계할 때는 이 부분에 대한 면밀한 검토가 있어야 한다. 회사의 목표

賞

모두에게 열려 있는 동기부여 시스템

를 달성하는 것과 동시에 직원들의 동기부여를 고려해야 한다. 아래는 보상 시스템을 구축할 때 주의사항이다.

- **목표 설정** | 보상 시스템은 목표를 달성하는 데 도움이 되어야 한다. 목표는 명확하고 현실적이며 측정 가능해야 한다.
- **성과 평가** | 보상 시스템은 성과를 정확하게 평가할 수 있어야 한다. 성과 평가를 위한 적절한 지표를 선택하고, 측정하는 방법을 결정해야 한다.
- **공정성** | 보상 시스템은 공정해야 한다. 구성원들은 보상이 일관되고, 성과에 따라 공정하게 지급된다는 믿음이 있어야 한다.
- **다양성** | 보상의 종류를 다양화한다. 모든 직원이 동일한 보상을 받을 필요는 없으며, 직무와 성과에 따라 보상을 구성할 수 있다.

이런 점을 고려하여 보상 시스템을 구축하면, 직원들이 더욱 열심히 일하고, 조직의 성과 향상에 기여할 가능성이 커진다.

✏ Note 1
보상의 부작용을 인지하고 제대로 보상하라

누군가에게 보상을 주면 사장으로서 흐뭇함을 느낄 수 있다. 하지만 보상은 약이면서도 동시에 독이라는 사실을 잊어서는 안 된다.

✏ Note 2
과도한 보상보다는 적절한 보상을 하라

누구나 '적절하게 기대하는 보상'이 있다. 그런데 기대했던 수준을 갑자기 넘어가면 혼란을 느낄 수 있다. 상식에서 벗어나 욕심이 커질 수 있다. 이는 보상이 주는 최대의 폐해라고 할 수 있다. 늘 업계에서의 평균적인 보상에 관심을 두고, 그에 걸맞게 하는 것도 하나의 방법이다.

✏ Note 3
회사의 보상 시스템을 구축하라

직원들에게 동기를 유발할 만한 보상이 무엇인지 항상 고민하며 회사에 보상 시스템을 구축한다. 이러한 보상체계는 지속성이 중요하다. 장기적으로 유지해야 회사의 목표 달성에 도움이 된다.

賞

03

보상보다 중요한 근무환경
외적인 보상 없는 보상 시스템

회사 업무를 효율적으로 하여 생산성을 높이는 방법이 시스템화하는 것이다. 시스템화는 회사의 규모나 업종에 상관없이 중요하다. 예를 들어, 업무 프로세스를 디지털화하거나, 자동화된 작업흐름을 만들거나, 팀 간의 업무 협업을 촉진하는 협업 도구를 사용하는 등의 방식이 모두 시스템화에 속한다.

상황에 따라 맞춤 전략을 구사하는 것도 필요하지만, 이는 회사의 자원이 낭비되는 측면이 있다. 따라서 맞춤 전략의 가능성을 충분히 열어놓으면서도 한편으로는 자동화된 시스템을 구축하면 매우 효율적이다. 그리고 이러한 시스템화에서 이제까지 보상에 대해 이야기한 부분까지 녹아 있다면 말 그대로 금상첨화가 아닐 수 없다. 그런데 여기서 모순이 발생한다. 우리는 '외적(금전적) 보상이 없는 보상 시스템'을 추구하기 때문이다. '보상이 없는데 보상이 있다'라고 하니 두 개의 논리가 충돌할 수밖에 없다. 하지만 얼핏 봤을 때 모순 같지만 실제로 이러한 시스템을 정착시킬 수 있다. 2가지 전제조건만 충족되면 말이다.

월급, 많다고 무조건 좋을까?

'보상이 없는데 보상이 있다'는 이 모순된 말은 2가지 해석이 가능

모두에게 열려 있는 동기부여 시스템

하다. 실제로는 보상이 없지만, 직원들에게 보상이 있다고 착각하게 만드는 것이라고 해석할 수 있다. 다른 해석으론, 직접적인 보상은 없지만, 평소 눈에 보이지 않는 여러 지원 때문에 직원들이 '이 정도면 충분히 만족해'라는 상태라고 볼 수도 있다.

전자는 하나의 '느낌'에 불과하지만, 후자는 느낌이 아닌, 실질적인 만족의 상태라서 별도의 보상을 굳이 요구하지 않는다. 우리가 지향하고자 하는 시스템은 바로 후자다.

이를 위해서는 2가지 조건이 전제되어야 한다. 1)월급에 대한 직원의 정서적 만족 상태, 2)굳이 더 많은 보상을 원하지 않아도 되는 회사의 상태이다. 만약 이 2가지가 만족된다면 겉으로는 외적 보상이 없지만, 실질적으로 직원은 충분히 보상을 받으면서 만족감을 느끼는 시스템을 만들 수 있다.

예를 들어보자. 만약 'A라는 직장인이 100이라는 자신의 월급 수준에 충분히 만족하고, 직원도 더 많은 보상을 회사에 원하지 않는다'면 어떨까? 그렇다면 직원은 별도의 외적 보상이 없어도 스스로 만들어내는 내적 보상만으로 업무에 최선을 다할 수 있다. 그러면 이것 자체를 '시스템화'라고 볼 수 있다. 사장은 매번 보상을 위해 골머리를 앓을 필요가 없고, 직원 역시 안정감 속에서 별도의 보상 없이도 계속해서 만족한 상태를 유지할 수 있기 때문이다.

우선 '1)월급에 대한 직원의 정서적 만족 상태'에 대해 살펴보자. "직원들은 어느 정도 월급을 받으면 만족할까?" 이런 질문에 대해 어떤 이들은 "월급이야 많으면 많을수록 좋은 거 아냐?"라고 답할 수도 있다. 200만 원보다 500만 원이 좋고, 500만 원보다 1,000만 원의 월급에 훨씬 만족하지 않겠냐는 것이다. 하지만 그것은 실제 과도한 월급을 받아보지 못한 사람의 말일 뿐, 현실적으로 진지하게 생각해보면 꼭 그렇지만도 않다. 가장 단적인 비유를 들어본다면, 누가 봐도 월급 200만 원이면 충분한데, 만약 그 사람에게 500만 원을 준다고 해보자. 처음에는 '와~!'라는 탄성이 나올지 모르겠지만 시간이 흐를수록 내가 이렇게 받아도 되나 싶어 마음이 불편해진다. 실제 현실에서도 증명된다.

《네이키드 애자일》이라는 책을 출간한 경영연구집단인 상효이재(공동대표 상효·이재)는 자신들이 했던 실제 설문조사 결과를 언급한 바 있다. 그들은 핀테크 기업에 근무하는 120명의 직원을 대상으로 조직 건강도를 진단한 적이 있다.[*] 그 결과, 조직 구성원 대부분이 지금보다 훨씬 좋은 외적 보상 조건이 주어진다고 하더라도 자신이 제대로 조직에 기여할 수 있을지 의심되거나, 자신의 성장에 도움이 되지 않는다면 이를 거부하는 경향이 있었다. 그와 동시에 직원

● 상효이재, '인재는 무엇으로 일하는가?', brunch.co.kr/@workplays/39, 다음브런치, 2020.6.

들은 최소한 자신의 월급이 시장에서 경쟁력 있는 수준이길 원했고 만약 그것이 이뤄지지 않으면 강력한 외적 보상을 요구했다.

- 자신의 월급이 회사나 자신의 성장보다 지나치게 많을 때: 거부
- 자신의 월급이 회사나 자신의 성장보다 지나치게 적을 때: 외적 보상에 대한 강력한 요구

결국, 직원은 월급이 많다고 무작정 좋아하지 않고, '적정한 상태'에 만족한다는 이야기다. 반대로 지나치게 낮아도 만족하지 못한다. 따라서 직장인에게 '만족할 만한 월급'의 상한선은 분명 존재한다. 동종 업종, 동일 나이에 비해 조금 더 나은 상태, 혹은 가능한 한 최상의 상태를 유지해주면 직원들은 충분히 자신의 월급에 만족한다.

외적인 보상이 없는 보상 시스템을 위한 2가지 조건

앞에서 '외적(금전적) 보상이 없는 보상 시스템'을 위해서는 두 번째 조건이 필요하다고 했다. 바로 '2)굳이 더 많은 보상을 원하지 않아도 되는 회사의 상태'이다. 이것을 쉽게 이해할 수 있도록 널리 알려진 '마시멜로 실험'에 대한 반전의 결과를 통해서 알아보자.

아이들이 마시멜로가 놓인 책상 앞에 앉아 있다. 그리고 실험자는

"마시멜로가 먹고 싶으면 하나를 먹을 수 있지만, 내가 돌아올 때까지 먹지 않은 사람은 두 개를 먹을 수 있다"고 말했다. 그리고 실험자는 15분 뒤에 다시 그 방을 찾았다. 그 결과 3분의 1은 실험자가 방을 떠난 즉시 마실멜로를 먹었지만, 3분의 2는 먹지 않았다. 중요한 것은 그로부터 10년 후에 마시멜로를 곧장 먹은 아이와 그렇지 않은 아이를 비교했을 때 전자는 학교 성적이 떨어지고 충동적인 성격을 지니고 있으며 다양한 싸움에 휘말리는 불운을 겪었다. 반대로 마시멜로를 먹지 않고 참은 아이는 SAT의 평균 점수가 높았으며, 문제 해결 능력이 우수했고, 직업적인 성취도도 성공적이었다.

연구진은 마시멜로 실험을 통해 즉각적인 욕구의 충족을 지연시킬 수 있는 능력이 성공적인 삶에 큰 도움이 된다는 결론을 내렸다. 그런데 이 실험은 그 이후 적지 않은 학자들로부터 반박당했다.

2013년 예일대학교 리처드 애슬린[Richard Aslin]과 홀리 팔메리[Holly Palmeri]는 학술지 《코그니션[Cognition]》에 게재한 〈합리적 간식 먹기[Rational Snacking]〉라는 제목의 논문에서 "첫 번째 마시멜로를 빨리 먹은 아이들 중 일부는 참을성이 부족했던 것이 아니라 '나중에 돌아오면 하나를 더 주겠다'는 실험자의 말을 의심했기 때문이다"라고 결론 내렸다. 또 그들은 "불안정한 환경에서 자란 아이들은 '먹는 것이 남는 것'이라고 생각할 수 있으며, 안정적인 환경에서 자란 아이들일

賞

Contents lists available at SciVerse ScienceDirect

Cognition

journal homepage: www.elsevier.com/locate/COGNIT

ELSEVIER

COGNITION

Brief article

Rational snacking: Young children's decision-making on the marshmallow task is moderated by beliefs about environmental reliability

Celeste Kidd [a,*], Holly Palmeri [a], Richard N. Aslin [a,b]

[a] Brain & Cognitive Sciences, University of Rochester, Meliora Hall, Rochester, NY 14627-0268, United States
[b] Center for Visual Science, University of Rochester, Meliora Hall, Rochester, NY 14627-0268, United States

ARTICLE INFO

Article history:
Received 3 March 2012
Revised 27 June 2012
Accepted 15 August 2012
Available online 9 October 2012

Keywords:
Child learning
Decision-making
Rational analysis
Delay of gratification
Marshmallow task

ABSTRACT

Children are notoriously bad at delaying gratification to achieve later, greater rewards (e.g., Piaget, 1970)—and some are worse at waiting than others. Individual differences in children's ability-to-wait have been attributed to self-control, in part because of evidence that long-delayers are more successful in later life (e.g., Shoda, Mischel, & Peake, 1990). Here we provide evidence that, in addition to self-control, children's wait-times are modulated by an implicit, rational decision-making process that considers environmental reliability. We tested children (M = 4:6, N = 28) using a classic paradigm—the marshmallow task (Mischel, 1974)—in an environment demonstrated to be either unreliable or reliable. Children in the reliable condition waited significantly longer than those in the unreliable condition (p < 0.0005), suggesting that children's wait-times reflected reasoned beliefs about whether waiting would ultimately pay off. Thus, wait-times on sustained delay-of-gratification tasks (e.g., the marshmallow task) may not only reflect differences in self-control abilities, but also beliefs about the stability of the world.

© 2012 Elsevier B.V. All rights

일명 '마시멜로 실험'을 반박한 논문 〈합리적 간식 먹기〉와
저자 중 한 명인 리처드 애슬린.
*인물 사진 출처: University of Rochester

수록 약속이 지켜질 것이라고 기대하며 좀 더 오래 기다리는 경향이 있다고 말했다. 이 말은 곧 마시멜로를 먹거나 먹지 않는 것은 아이들의 품성이나 인성의 문제가 아니라, 그들이 자라온 환경의 문제일 가능성이 크다는 이야기다.

2018년 미국 버지니아대학교 첼시 듀란[Chelsea Duran] 교수 등도 비슷한 실험을 통해서 같은 결론을 내렸다. 즉 '척박하고 불안정한 환경에서 자라난 아이들은 보상이 존재할 때 즉각적으로 취하는 반면, 부유하고 안정적인 가정에서 태어난 아이는 주어진 보상을 뒤로

미루는 능력이 있다"고 했다. 결론적으로 마시멜로를 즉각적으로 먹은 아이와 그렇지 않은 아이들의 차이점은 '참을성의 여부'가 아니라 '환경의 여부'라는 점이 다시 한번 드러났다.

이 마시멜로 실험의 새로운 결론을 직장인의 보상 차원에 적용해 보자. 직원들이 회사에서 불안한 상태라면 어떨까? 사장이 하는 말이나 미래의 약속을 의심하고, 앞으로 자신들에게 다가올 희망이 없다면 어떨까? 직원들은 당연히 즉각적인 보상을 원하게 된다. 당장 눈에 보이는 성과급, 인센티브 등에 눈독을 들일 수밖에 없고 만약 그것이 없다면 당연히 불만이 커질 것이다. 마치 불우한 환경에서 자란 아이들처럼 말이다.

하지만 회사가 매우 안정적인 근무환경을 제시하고 적절한 월급을 준다면 어떨까? 직원들은 먼 미래에 대한 희망을 품게 되고, 현재의 보상이 있든 없든 자신의 일에 몰입한다. 결국 이를 통해서 이제 '외적 보상 없는 보상 시스템'이 완성될 수 있다. 물론 바로 앞의 글에서 언급했듯이 보상이 필요한 업무 영역에 대해서는 적당한 보상을 해준다. 이러한 시스템은 사장에게도 매우 편리한 일이다. 보상을 줄 때마다 적절한 보상인지 아닌지, 보상을 해줘야 할지 말아야 할지 고민할 필요가 없어진다.

賞

안정적인 회사 시스템이 마련되면 직원들은 안심하고 일에 전념할 수 있다. 안정적인 회사 시스템을 만들려면 무엇이 필요할까?

- 업무 분장이 명확하게 설정되어 있어서 불필요한 혼란과 일의 중복을 방지하고, 의사소통 채널이 있어 부서 간에 자유롭게 정보를 주고받을 수 있도록 해야 한다.
- 성과가 공정하게 평가되고 보상 제도가 명확하게 운영된다는 믿음을 직원들에게 줘야 한다. 직원들은 자신의 노력이 공정하게 인정된다는 것을 느낄 수 있을 때 안정적으로 열심히 일한다.
- 안정적인 조직문화를 유지하기 위해 사장이 지속해서 노력해야 한다. 예를 들어, 조직 구성원들의 의견을 수렴하고, 문제가 생겼을 때 적극적으로 대처하는 등의 방법이 있다.

안정적인 분위기를 만드는 것은 시간과 노력이 필요한 일이다. 그러나 한번 안정적인 회사 시스템이 구축되면 직원들은 회사를 신뢰하며 적극적으로 일에 임하게 된다.

✎ Note 1
회사의 성장에 걸맞은 보상을 하라

별도의 보상을 줄이면 그 돈을 회사의 성장에 투자할 수 있다. 그리고 든든한 자산 아래 회사는 좀 더 미래지향적인 전략을 시행할 수 있다. 중요한 점은 이런 성장 아래 차근차근 월급을 최상위로 맞춰주고 직원들의 '돈 걱정'을 없애줄 수 있다. '보상의 시스템화'는 직원과 사장 모두에게 이익이 되는 구조다.

✎ Note 2
원하는 월급에서 조금 더 좋은 조건을 맞춰줘라

직원은 최소한 자신의 월급이 시장에서 경쟁력을 갖길 원한다. 최소한 이것만은 필수적으로 맞춰주어야 한다. 여기에서 조금 더 높여준다면 직원은 월급에 만족하며 열심히 일할 수 있다.

✎ Note 3
안정적인 회사 시스템을 만들어라

안정적인 분위기와 적절한 보상체계를 시스템화하여 직원들이 안심하고 일할 수 있는 분위기를 조성한다. 명확한 업무 분장, 확실한 의사소통 채널, 성과에 대한 공정한 평가와 보상 제도, 안정적인 조직문화 등을 구축하는 데 사장이 적극적으로 노력한다.

賞

04

칭찬은 직원을 춤추게 한다
끊임없이 노력하는 조직 만들기

직원들의 마음을 움직이게 하는 데 가장 효과가 뛰어난 방법은 무엇일까? 동기 유발에 효과적인 것이 바로 칭찬이다. 칭찬은 사람의 성장에 대한 본능을 자극하여 스스로를 채찍질할 수 있는 훌륭한 방법이다. 심리학 교수 헨크 아츠^{Henk Aarts}는 어떤 임무를 맡으면서 격려의 말을 들으면 어떤 변화가 있는지를 연구했다. 한 실험에서 피실험자에게 '최선을 다하다' 같은 노력과 관련된 단어를 보여주고 그들의 악력을 측정했다. 그 결과 격려와 관련된 단어와 노력과 관련된 단어를 함께 본 피실험자는 노력과 관련된 단어만 본 사람보다 더 큰 악력을 기록했다. 격려하면 더 열심히 일하게 만든다는 사실을 보여주는 실험이다.

물론, 연봉 상승이나 더 좋은 복지를 통해서도 동기부여를 할 수 있으나 이러한 동기부여는 언제나 한계가 있으며, 작은 회사에서는 충분히 활용할 수 없는 부분이 많다. 반면 칭찬은 비용이 들지 않는다. 중요한 점은 칭찬에도 종류가 있으며, 어떤 것을 어떻게 칭찬하느냐에 따라 효과가 완전히 달라진다는 것이다. 때로는 아예 칭찬하지 않는 편이 더 나은 선택일 때도 있다.

모두에게 열려 있는 동기부여 시스템

능력과 노력, 어디에 칭찬하면 좋을까?

자신감은 자신의 능력에 대한 믿음이다. 어려움과 좌절을 겪더라도 자신감이 높은 사람은 이를 빨리 극복하고, 원래 자리로 돌아온다. 운동선수들에게 중요한 것 역시 이러한 자신감이다. 만약 자신감이 떨어진다면 경기는 해보나 마나이다. 이러한 자신감은 직원들에게도 절대적으로 필요하다. 업무라는 것이 결국은 수많은 변수와 난관을 헤쳐나가는 일이라는 점에서 자신감이 부족한 직원은 양과 질적인 면에서 낮은 상태를 보여줄 수밖에 없다. 그럼 자신감은 어떻게 키울 수 있을까?

● 자신이 직접 행한 크고 작은 성취에 대한 경험
● 칭찬 섞인 긍정적인 피드백

첫 번째는 사장이 딱히 해줄 수 있는 부분이 없다. 없던 경험을 만들 수도 없고, 이미 부정적으로 각인된 경험을 몇 마디 말로 긍정적으로 바꾸기는 힘들다. 하지만 후자의 칭찬은 얼마든지 사장이 쓸 수 있는 방법이다.

칭찬도 효과적이려면 몇 가지 알아야 할 점이 있다. 일단 칭찬에는 두 종류가 있다. 하나는 '능력'에 대한 칭찬이며, 또 하나는 '노력'에 대한 칭찬이다. 능력에 대한 칭찬은 그 사람이 이뤄낸 결과를 높이 평가하는 것이다. 이런 칭찬을 하려면 누가 봐도 뛰어난 성과가 있어야 한다. 반면 노력에 대한 칭찬은 뛰어난 성과와는 별로 관련이 없다. 성과가 별로 좋지 않더라도 그 일을 수행하는 과정에서 보여준 모습을 칭찬하는 것이기 때문이다. 능력과 노력에 대한 칭찬은 각각 다른 결과를 가져온다.

한 학교에서 이와 관련해 실험한 적이 있다. 두 그룹에게 각자 어려운 문제를 풀게 한 뒤, 두 그룹 모두에게 '80점이라는 높은 점수를 받았다'는 사실을 알려주고 한 그룹에는 "너희들의 실력이 대단하다"는 식으로 능력에 대해 칭찬했다. 또 다른 그룹에게는 "그렇게 어려운 문제를 끝까지 풀려고 노력하는 모습에 감동했다"는 식으로 칭찬했다. 그런 후 두 번째 문제를 선택하라고 했다. 그런데 그때부터 이 두 그룹의 행동은 완전히 달라졌다.
능력에 대한 칭찬을 받은 그룹은 비교적 풀기 쉬워 보이는 문제를 선택했고, 노력에 대한 칭찬을 받은 그룹은 풀기 어려워 보이는 문제를 선택했다. 이는 사장들에게 시사하는 바가 크다.
회사에서 능력에 대한 칭찬은 직원의 도전의식을 떨어뜨릴 수 있다. 사실 회사에서의 업무란 끊임없이 어려운 업무에 도전하는 일이다. 그래야 성취감과 성과도 커지기 때문이다. 결과보다는 과정을 칭찬하는 것이 그래서 중요하다.

賞

효과적으로 칭찬하는 방법

위의 실험은 '보다 더 어려운 문제'를 내는 것으로 이어졌다. 실험을 끝낸 후 점수가 50점이라는 사실을 알려준 후 그 원인이 무엇인지 물어보았다. 능력을 칭찬했던 그룹은 "제 능력이 부족했어요"라며 급좌절하는 모습을 보여주었지만, 노력을 칭찬했던 그룹은 "제 노력이 부족했어요"라며 더 노력하는 모습을 보여주었다.

여기에서도 사장이 어떻게 칭찬해야 하는지를 알 수 있다. 직원이 계속해서 노력하며 스스로 동기를 부여하기 위해서는 당연히 결과보다는 과정을 칭찬해야 한다는 점이다.

여기에서 더 흥미로운 실험 결과가 있다. 위의 두 그룹 이외에 '아무런 칭찬도 하지 않은 그룹'의 성적이다. 이들은 비록 성적이 낮기는 했지만, 결국에는 꾸준하게 스스로 발전시켜 능력을 칭찬했던 그룹보다 더 성적이 좋아졌다는 점이다. 이러한 사실은 능력을 칭찬하려거든 아예 칭찬하지 않는 편이 나을 수도 있다는 것을 보여준다.

칭찬할 때는 구체적으로 하는 것도 필요하다. 두루뭉술하게 하는 것보다 구체적으로 어떤 부분이 칭찬받을 만한지 언급하는 것이 효과적이다. 어떤 일에서 뛰어난 성과를 보였다면 그 부분을 콕 짚어서 이야기하며 칭찬한다. 예를 들어 "수고했어", "열심히 했구나"

라는 일반적인 칭찬의 말은 마음에 와닿지 않는다. 이러한 칭찬은 그저 단순한 아침 인사와 크게 다를 바가 없다. "이번 프로젝트가 매우 어려웠다는 것은 처음부터 예상되었는데도, 김 대리가 끈질기게 임하는 모습을 보여줘서 고마워. 나라면 그렇게까지는 못했을 것 같은데…… 그리고 일에 몰두하기 위해 아침 일찍 출근하는 모습도 대단해 보이던데. 앞으로도 계속 그렇게 해주면 다른 팀원들도 무척 고마워할 것 같아"라고 칭찬하면 상대방은 인정받는 느낌을 받고 더욱 열심히 하게 된다.

무엇을, 어떻게 했는지를 구체적으로 언급하는 칭찬이야말로 상대방의 머리에 각인되는 법이다. 효과적으로 칭찬하는 방법을 정리하면 다음과 같다.

- **구체적으로 칭찬하기** | 일반적인 칭찬보다 구체적인 내용을 언급한다. 어떤 일에서 뛰어난 성과를 보였다면, 그것에 대한 구체적인 이유와 함께 칭찬해준다.

- **적시에 칭찬하기** | 칭찬은 가능한 한 빨리 해주는 것이 좋다. 그래야 칭찬받은 사람의 기억에 남아 긍정적 효과를 낸다.

- **진심 어린 칭찬하기** | 상대방이 진심으로 노력하고 일을 잘했다는 점을 인정해주면 상대방의 자신감을 높여줄 수 있다.

- **과도한 칭찬은 피하기** | 칭찬을 해주는 것은 좋지만, 과도한 칭찬은 오히려 상대방의 신뢰를 잃을 수 있다. 또한 다른 직원의 불만을 살 수도 있다. 게다가 과도한 칭찬은 더 이상 노력하지 않아도 된다는 오해를 불러일으켜 업무 효율성이 떨어질 수 있다. 적절한 칭찬을 해주는 것이 중요하다.

賞

칭찬은 일상에서 할 수 있는 최고의 가성비를 가진 동기부여 방법이다. 하지만 해보지 않으면 익숙해지기 힘든 것이 칭찬이기도 하다. 이제 직원의 모습을 관찰하고 칭찬 전후의 모습을 비교하면서 점점 더 노하우를 키워나가는 프로 사장으로 성장해보자.

✐ **Note 1**
효과적인 칭찬 방법을 익혀 실천하라

'칭찬은 고래도 춤추게 한다'는 말 때문인지, 모든 칭찬이 다 효과가 있다고 오해할 수 있다. 하지만 능력에 대한 칭찬과 노력에 대한 칭찬은 확연히 다른 결과를 낳는다. 효과적으로 칭찬하는 방법을 익혀 실천한다.

✐ **Note 2**
'이유→느낌→칭찬→앞으로의 부탁' 순으로 칭찬하라

칭찬은 구체적인 프로세스가 있다. 그저 스쳐 지나가듯이 한마디 해서는 별 소용이 없다. 잘했다고 생각하는 이유, 사장의 느낌을 구체적으로 칭찬해야 효과가 있으며 "앞으로도 잘 부탁해"라는 말로 끝맺어야 효과적인 칭찬이 완성된다.

賞

罰;

벌罰, 실패를 대하는 자세

제가십본에서 말하는 벌은 잘못에 대한 책임과 처벌이 아닌
잘못과 실패를 뛰어넘어 더 나은 상태로 가기 위한 대책이다.
회사 내에서 실패를 어떻게 다루고,
그것을 어떤 방식으로 소통하느냐는 매우 중요한 문제다.
창의적인 도전과 실패가 없는 회사는 결국 정체되고
미래가 어두워지기 때문이다.
이제 벌에 대한 개념을 완전히 바꾸고,
직원의 잘못과 실패를 회사의 도약을 위한 기회로 삼아야만 한다.

01

벌의 개념을 재정의하라
직원이 잘못했을 때

조직에서 상과 벌은 일반적으로 성과에 대한 보상과 업무상의 실수나 규칙 위반에 대한 처벌을 의미한다. 대체로 상과 벌은 성과와 성취를 고무시키는 데 사용된다. 직원들이 조직의 목표 달성에 더 나은 역할을 할 수 있도록 독려하기 위해 필요하기도 한다. 그러나 상과 벌이 너무 형식적이거나 불명확하거나 무관심하면 직원들의 동기부여와 조직 성과에 부정적인 영향을 미칠 수 있다. 따라서 조직에서 상과 벌을 구성하고 관리하는 것은 중요한 경영 전략의 한 부분이다. 최근 일부 조직에서는 실패를 기회로 삼고 직원들이 자신의 실수를 학습하는 것을 도모하기 위해 벌의 개념을 재정의하고 있다.

회사에 '상과 벌'의 체계가 동시에 존재하는 것은 상식적으로 매우 타당해 보일 수 있다. 직원 입장에서도 '내가 잘하면 상을 받고, 못하면 벌을 받는 건 당연한 거 아닌가?'라고 생각할 수 있다. 사장도 상과 벌이 있어야 조직을 균형 있게 관리할 수 있다고 여긴다.

그러나 제가십본의 철학에 비추어보면 '벌'의 개념은 완전히 달라진다. 실수나 실패에 대한 처벌 개념이 아니라 상황을 개선하기 위한 발전적인 대처 방법에 가깝다.

실패를 대하는 자세

회사의 성장에 별 도움이 되지 않는 벌

부모는 아이에게 "너 잘못하면 혼난다!"라는 말을 가끔 하곤 한다. 그런데 정작 아이가 잘못했을 때 부모는 "그래, 너 잘 걸렸다. 한번 호되게 맞아봐라!"라고 하지 않는다. 혼을 낸다고 엄포를 했지만 정작 아이가 잘못을 했을 때 그 이유를 살피고 좀 더 잘 성장할 수 있도록 지도한다.

회사에서의 '벌'도 마찬가지다. 벌의 본질은 단순히 잘못을 처벌하기 위한 것이 아니라 '앞으로 벌을 받지 않는 상황을 만들기 위한 최소한의 규정'이다. 직원이 실수나 실패했을 때 비난하거나 처벌하는 대신 상황을 개선하기 위한 대안적인 방안을 모색하고 문제가 재발하지 않게 예방하는 방법을 찾는 데 초점을 맞춰야 한다. 특히 1인 사업자에서 이제 조금 더 큰 회사로 나아가려는 상황에서 사장이라고 해서 소위 말하는 '갑'처럼 직원을 대해서는 안 된다. 아르바이트생도 구하기 힘든 세상에서 '갑을 관계'가 뒤바뀐 경우도 허다하다. 힘들게 구한 직원인 만큼 잘못이나 실수했다고 벌을 줘서 실패를 두려워하고 죄책감을 느끼게 하기보다 다른 대안을 찾는 것이 올바르다.

벌을 주는 것은 회사 운영에 불필요하고 오히려 부정적인 영향을 미친다. 벌의 체계를 잡으려고 하면 일단 '하지 말아야 할 것들'의 목록부터 만드는데 시간이 갈수록 그 내용이 점점 늘어간다. 직원들은 일일이 인지조차 하기 힘들 지경에 이르기도 한다. 무엇을 해야 하고, 무엇을 하지 말아야 하는지 애매할 때도 많다.

강력한 벌이 존재하면서 생기는 더 큰 문제는 직원을 수동적으로 만든다는 점이다. 나무와 풀이 빽빽한 밀림을 헤쳐가려는 사람에게 "절대 다치면 안 돼"라고 말한다면 그 발걸음의 속도는 느려지게 마련이고, 어디도 다치지 않으려고 계속해서 주위를 두리번거릴 수밖에 없다. 혹여 웅덩이라도 발견하면 단숨에 뛰어넘겠다는 의지를 불태우기보다는 '어떻게 하면 다치지 않을까?' 하는 부분부터 신경 쓰게 된다.

이와 마찬가지로 회사에 벌에 관한 규정이 난무하면, 직원의 창의적인 도전을 가로막고 무사안일주의에 빠지게 한다. '잘못해서 벌을 받느니, 차라리 아무것도 안 하고 말지!'라는 지경에 이르는 것이다. 뭔가를 하고자 하는 의욕을 꺾고 대신에 하지 말아야 할 것을 찾는 데 초점을 맞춘다. 그러다 보면 자연히 직원은 자율성을 점차 잃어가는데도 그것이 회사의 시스템이라고 착각한다. 이 정도라면 벌은 회사와 직원의 긍정적인 발전을 위한 것이 아니라 부정적인 후퇴를 위한 것이라고 볼 수 있다.

罰

실패를 대하는 자세

벌금이 만들어내는 역설

벌은 사람의 행동을 통제하기 위해 계획되었다. 우리가 활동하는 곳곳에 이러한 벌이 존재한다. 함께 살아가는 사회에서는 구속, 징역, 벌금 등으로 나타나며, 학교에서는 정학, 퇴학 등이 있다. 이외에 가정에서도 벌이 있고 회사에서도 현실적으로 벌이 존재한다. 문제는 이러한 벌이 얼마만큼의 효과를 내느냐는 점이다.

그런데 조금만 현상의 이면을 살펴본다면, 이러한 벌이 애초에 원했던 목표를 달성하지 못하고 있다는 사실을 쉽게 알 수 있다. 극악한 범죄에는 최대 무기징역이나 사형에 처할 수 있지만 사회는 여전히 범죄를 뿌리 뽑지 못하고 있다.

여기에는 하나의 심리가 작동하는데, 아무리 벌이 강력하더라도 자신의 범죄를 숨길 수 있다고 생각하거나, 혹은 벌이 존재해도 자신의 범죄를 멈추지 못하는 심리이다. 왜 인간에게는 벌이 엄연히 존재함에도 불구하고 그와 관련해 엉뚱한 심리가 작동하는 것일까? 이러한 현상은 우리 주변의 일상에서도 늘 일어날 수 있는 일이며, 이것을 살펴보는 것은 벌이 현실적인 효력을 가질 수 없다는 사실을 또 한 번 알려준다.

자신의 잘못을 돈으로 배상하는 벌금은 현실적으로 직접적이면서 적절한 처벌의 한 방법이다. 특히 사람들이 돈에 갖는 욕망을 고려하면 이보다 더 확실한 처벌 방법도 없을 것 같다. 그런데 정말로 벌금은 그 나름의 효과가 있을까? 실험에 따르면 벌이 오히려 사람들의 심리를 왜곡하고, 애초에 벌을 줌으로써 목표했던 바를 전혀 이루지 못하는 것으로 나타났다.

미국 캘리포니아대학교 경제학 및 전략학과 유리 그니지[Uri Gneezy] 교수는 탁아소에 아이를 맡기고 특정 시간대에 아이를 찾으러 오는 부모들을 대상으로 실험을 진행했다. 그들은 이스라엘에 있는 총 11개의 사설 탁아소 중 7곳에서 정해진 시간에 아이를 데려가지 않고 10분 이상 늦는 부모에게 약 3달러의 벌금을 부과한다고 공지했다. 그리고 비교를 위해서 나머지 4곳은 별도의 벌금을 부과하지 않았다. 상식적으로 벌금을 부과하면 당연히 지각하는 부모가 줄어들 것이라고 생각할 수 있지만 예상은 완전히 빗나갔다. 벌금을 부과하기 전에는 1주에 7~8명의 부모가 늦었지만, 벌금을 부과한 이후에는 약 2배인 14~18건으로 늘어났다. 왜 이런 정반대의 결과가 나타났을까?

그 이유는 벌금이 부모의 마음을 자유롭게 만들었기 때문이었다. 과거 벌금이 없었을 때는 탁아소 선생님에게 미안한 마음이 있었지만, 벌금이라는 '합당한 요금'을 내기 때문에 더 이상 미안한 마

罰

이스라엘 탁아소를 대상으로 했던
실험 내용이 담긴
유리 그니지 교수의 논문,
〈Pay Enough or Don't Pay at All〉.
＊인물 사진출처: 위키피디아

음이 사라지고 '늦으면 벌금 내면 되지 뭐!'라며 오히려 더 많은 사람이 늦게 아이를 데리러 오는 결과가 발생한 것이다.

문제는 이러한 벌금제도를 폐지한 이후였다. 그러면 비용을 지불하지 않으니 다시 늦는 부모가 줄어들 줄 알았지만, 그 역시 생각대로 되지 않았다. 부모들은 여전히 과거보다 더 늦는 경우가 많았고, 상황은 전혀 개선되지 않았다. 한 번 지각에 대한 인식이 바뀌고, 더군다나 '예전에는 벌금만 내면 됐잖아!'라는 인식이 형성된 이후에는 과거로 돌아가기가 쉽지 않았기 때문이다. 특히 '탁아소 선생님들은 돈을 받고 내 아이를 돌보는 사람'이라는 인식이 좀 더 확고해졌다. 따라서 '어느 정도 부모들이 늦어도 그 정도는 감내해야 하는 노동자'로 바라보기 시작한 것이다. 이때부터는 미안함을 더 이상 느낄 필요가 없었다. 이는 벌과 관련된 사람들만의 독특한 심리임이 틀림없으며, 때로는 벌이 전혀 효과가 없음을 입증한다. 오히려 과거로 돌아가지 못하게 막는 장애물이 되었다.

벌과 관련해 사람들의 이해하지 못할 심리는 이뿐만이 아니다. 범죄를 저지른 후 오랜 세월 도피한 후 검거된 범인들은 흔히 "오히려 속 시원하다"라고 말하기도 한다. 검거된 후 가혹한 형벌이 기다리고 있음에도 속 시원하다니! 이는 사람이라면 으레 느끼는 죄책감, 그리고 도피 생활에서의 불안감이 해소되면서 차라리 벌을 더 달갑게 받는다는 사실을 알려준다.

이렇듯 벌을 둘러싼 예상을 벗어나는 심리는 직장생활에서도 얼마든지 발생한다. 잘못했을 때 벌칙을 받으면 반성을 하고 다음에는 실수를 줄이고 실패하지 않겠지 기대하지만, 그렇지 않다. 오히려 처벌을 받은 후 반항심이 생기는 일이 흔하다. 머리로는 이해하면서도 반항하고 싶은 마음이 들 때도 있다.

결국 외부에서 주어지는 강압적인 벌은 사람의 행동을 수정하는 데 한계가 있을 수밖에 없다. 그렇다고 모든 벌이 아무런 쓸모가 없

罰

는 것은 아니다. 그렇다면 '효과가 있는 벌'과 '효과가 없는 벌'에는 분명 차이가 있을 것이고, 이 둘을 결정적으로 다르게 만드는 독특한 요인이 있음을 짐작할 수 있다. 그것은 바로 사람과 사람 사이에 존재하는 신뢰와 믿음, 그리고 친밀감과 같은 벌과는 전혀 관련 없는 요인들이다. 벌의 본질적이고 궁극적인 목적이 '더 나은 성과' 혹은 '더 나은 상태'를 지향하는 것이라면 여기에 가장 어울리는 것은 오히려 벌이 아닌, 사람과 사람 사이에 오가는 긍정적인 마음 상태라고 할 수 있다.

명확한 퇴사의 기준을 세워라

사실상 회사에서 가능한 벌은 딱 한 가지, '퇴사'이다. 도저히 지금 상태로는 함께 일할 수 없는 최악의 지경에 이르렀을 때 서로 헤어지는 것이다. 이 말은 곧 그 정도가 아니라면 어떻게든 회사와 직원은 서로 공생하고 도우며 함께 살길을 도모해야 한다는 의미다.

회사에서 어떤 경우 퇴사하게 되는지 명확한 기준을 세우는 것은 여러모로 도움이 된다. 퇴사 기준이 명확하면 직원들이 회사의 기대치를 이해하고 어떤 행동이나 성과를 달성해야 하는지 알게 되므로 목표 달성에 집중할 수 있다.

법적인 퇴사 기준을 따지면 횡령, 배임, 성희롱, 그리고 비밀유지계약 위반이 확실한 해고 사유에 해당한다. 이를 지킬 수 없는 사람이라면 회사와 운명을 같이할 수 없는 것은 당연하다. 한국비즈니스협회에서는 퇴사 기준으로 '3불즉사三不卽死'라는 것이 있다. '3가지를 하지 않으면 죽는다'라는 의미로, 명확한 퇴사 기준 3가지를 제시하고 있다.

- 개선하지 않으면 죽는다.
- 소통하지 않으면 죽는다.
- 돈과 시간에 떳떳하지 않으면 죽는다.

개선과 성장, 그리고 소통은 제가십본에서도 가장 중요하게 생각하는 회사 운영의 철칙이다. 이것을 지향하지 않는 사람이라면 함께하기 힘들다.

회사에 여러 가지 벌의 기준이 있다면, 그것의 개념부터 바꾸어야 할 필요가 있다. 경중에 따라서 단계별로 그에 상응하는 불이익을 주는 것으로서 벌은 큰 의미가 없다. 차라리 정 함께할 수 없다면, 단번에 퇴사를 시키는 것이 오히려 남은 직원들의 화합에 좋은 작용을 한다. 퇴사도 하지 않은 상태에서 벌을 주는 것은 오히려 직원에게 죄의식을 심어주고, '회사에서 벌이나 받는 존재'라는 열등감을 증폭시킬 뿐이다.

罰

⊕⊗제가십본 핵심 노트⊗⊕

✎ Note 1
회사 내 벌칙을 재정의하라

직원이 실수하고 잘못을 저질렀다면 벌을 주어 더 힘 빠지게 하고 자존감을 무너뜨릴 것이 아니라, 왜 무엇이 잘못되었는지를 함께 생각해보려는 기회로 삼아야 한다. 회사의 벌에 대한 관념을 사장 스스로 새롭게 인식하고 실천해나가야 한다. 그것이야말로 직원의 성장을 바라는 사장의 자세이다. 또한 제가십본에서 강조하는 가족 같은 회사를 만드는 길이기도 하다.

✎ Note 2
직원의 실수를 성장의 기회로 삼아라

물론 명확하게 퇴사를 시켜야 할 사유는 존재한다. 이에 해당하면 가차 없이 퇴사를 시키되, 그것이 아니라면 사장이 무엇을 신경 쓰지 못했는지, 왜 직원이 잘못을 저질렀는지 반성하는 편이 회사의 발전에 도움이 된다. 어떤 면에서 사장은 직원의 실수와 잘못을 자기반성의 계기로 삼아야 한다.

✎ Note 3
직원이 실수나 잘못했을 때의 대처법

직원이 실수나 잘못을 범한 경우, 사장은 일단 직원의 실수나 잘못을 바로 알리고 그 원인을 파악한다. 함께 원인을 찾아 해결할 방법을 찾고 비슷한 문제가 발생하지 않도록 예방한다. 그리고 부족한 교육이나 훈련 때문에 잘못이 발생했다면 사장은 이를 보완하는 훈련을 제공해 직원이 더 나은 역량을 갖출 수 있게 도와준다. 만약 의도적으로 실수나 잘못을 범했다면 직위 강등, 보상 차감, 사유서 작성 등의 제재를 가한다. 이때도 상황을 먼저 파악한 후에 제재를 검토한다.

02

두려움이 회사를 좀먹는다
처벌의 무의미성과 그 대안

매우 오랜 시간 동안 '처벌과 보상'은 매우 합리적으로 인간의 행동을 변화시킬 수 있는 방법이라고 인정받아왔다. 그저 상식적으로 생각해봐도 어려운 내용은 아니다. 해서는 안 될 행동을 했을 때 그에 따른 정신적·육체적 고통과 불이익을 안겨주는 처벌을 하면 더는 그 같은 행동을 하지 않을 것이다. 상대를 행복하게 하는 보상을 준다면 당연히 올바른 행동을 계속할 것이다. 무엇보다 고통은 피하고 행복을 추구하려는 것은 인간의 본능이기 때문에 당연히 이러한 '처벌과 보상'의 원리는 매우 타당하다고 여겼다.

그런데 과학자들의 연구가 진행되고, 경영 현장에서 여러 사례들이 연구되면서 이러한 생각에 의문이 던져졌다. 그 결과 처벌은 긍정적인 효과가 없을뿐더러 오히려 부작용을 양산한다는 사실이 밝혀졌다. 회사는 처벌을 통해서 직원들을 통제, 관리하려고 하지만 그것만으로는 결코 직장 내에 긍정적인 에너지를 전파할 수 없다는 사실을 분명히 알아야 한다.

처벌에 대한 두려움은 은폐로 이어진다

반려견을 키워본 사람이라면 '식분증'이라는 말을 한 번쯤 들어봤을 것이다. 여러 가지 이유로 반려견이 자신의 변을 먹는 행위를 일

컨는다. 흔하게 생길 수 있는 증상이기에 쉽게 교정될 수도 있지만, 문제는 그 원인이다. 다양한 원인 가운데 '엄격한 배변훈련'도 그 원인으로 손꼽힌다. 배변훈련을 하는 과정에서 주인이 과격하게 체벌하거나 야단을 치면 반려견은 자신이 배변한 것 자체를 잘못으로 인지하고 주인에게 들키지 않기 위해 그것을 먹어치우는 것이다. 또는 아예 주인에게 들키지 않기 위해서 구석지고 어두운 곳을 찾아 숨어서 배변하기도 한다. 주인의 관점에서 볼 때는 '배변 자체가 아무런 잘못이 없는 자연스러운 일인데 왜 그것을 먹어서 감추려고 할까?' 하는 의문이 들 수밖에 없다. 하지만 반려견 입장에서는 충분히 이해가 가는 행위이다.

조직생활에서의 처벌도 이러한 식분증과 같은 메커니즘을 작동시킨다. 무엇인가 잘못을 저지르거나 혹은 실패에 이르렀을 때 상사나 관리자가 과도하게 질책하는 분위기라고 치자. 이런 상태에서 어떤 직원이 실수나 실패를 했을 때 자연스럽게 자신의 과오를 인정하고, 다른 사람과 공유하고, 앞으로 더 나은 행동을 할 수 있을까? 그는 처벌이 두려워 그와 같은 행동을 극히 꺼릴 것이다. 심리적으로 불안감이 생기고 방어기제가 작동하면서 상황을 숨기고자 하는 강력한 유혹에 시달린다.

더 큰 문제는 이러한 불안감과 실수와 실패에 대한 은폐는 직장인

罰

에게 가장 요구되는 덕목인 '도전과 창의성, 열정'의 불씨를 꺼뜨린다는 점이다. 그들은 일이 잘못될 기미가 있으면 곧바로 처벌이 떠오르고 그것을 피하기 위해 아예 시도 자체를 하지 않으려고 한다. 처벌에 가위가 눌려서 매우 소극적인 직장생활을 하게 된다는 이야기다. 이뿐만 아니라 처벌이 난무하는 조직에서는 단결의 분위기, 팀워크가 극도로 저하된다. 처벌의 과정이 아무리 공명정대하다 한들, 일단 불이익과 불명예를 얻은 당사자는 억울한 마음이 들고 불만이 쌓인다. 그리고 이에 대한 강한 복수심이 조금씩 자라날 수 있다. 물론 이것이 특정한 인물에 대한 복수심이라기보다는 자신을 곤란한 상황에 처하게 한 조직 자체에 협조하지 않으면서 소극적인 복수를 한다. 남들은 잘 모르지만, 은밀하게 일을 게으르게 한다거나 혹은 심지어 방해할 수도 있다.

특히 잘못과 실패를 은폐하려는 시도는 처벌이 가져오는 최악의 시나리오가 될 수 있다. 은폐는 처음에는 문제를 잠잠하게 만드는 수단이 될 수 있지만, 종국에는 더 큰 문제를 일으키는 주요 원인이 된다. 이는 흥망성쇠의 기업사에서 흔히 볼 수 있는 일이다.

투명한 피드백 구조를 정착하라

가장 대표적인 경우가 바로 일본의 미쓰비시 자동차이다. 이 회사는 어떤 면에는 '은폐 전문 회사'라고 불러도 무방할 정도다. 2000년도와 2004년에 차량의 심각한 결함을 은폐했고, 뒤늦게 탄로가 나서 회사가 문 닫을 지경에 이르렀다. 그런데 놀랍게도 이러한 일이 2016년에 또 발생했다. 경차 60만 대의 연비를 조작하고 은폐해왔던 것이다. 이 사실이 밝혀지자 임원들이 무더기로 해임됐고 CEO도 사직하고 체포를 당했다. 해당 차량은 거의 판매가 되지 않아 공장도 멈출 지경이었다. 당시만 해도 미쓰비시는 도요타-닛산과 함께 일본 3대 완성차 메이커였다. 중요한 점은 은폐를 한 이유다. 이 부분에서 '처벌에 대한 공포'가 어김없이 작동했다. 당시 연비를 높이기 위한 핵심 담당부서 부장 두 명은 기술개발이 지연되고 있음에도 상사에게 전혀 보고하지 않았다. "목표를 달성할 수 없습니다"라고 보고하는 순간, 그 이유를 막론하고 경질될 것이 너무나 뻔한 일이었기 때문이다. 이러한 처벌을 눈앞에 두고 스스로 실패를 인정하기는 무척 힘든 일임이 틀림없다. 회사 관계자들은 그 이전의 사건에서도 자신들이 더 큰 책임을 질까 봐 두려워하면서 계속 결함을 은폐하고 일을 더 키웠다.

이러한 문제가 미쓰비시 같은 대기업에서만 일어나는 일은 결코 아

罰

니다. 조그만 회사에서도 잘못이 은폐되고 반복되면 결국 소비자 신뢰를 잃고 나중에 큰 후폭풍으로 다가와 기업의 존립을 위협한다. 따라서 사장은 이러한 문제를 해결하기 위해서 전심전력을 다해야 한다. 사장이 늘 현장의 모든 것을 확인할 수 없기 때문에 직원들이 스스로 투명하게 밝히지 않을 경우 사장은 완전히 고립되어 상황을 전혀 인지하지 못할 수 있다. 이러한 문제에서 벗어나기 위해 무엇보다 '실수와 실패에 대한 정직한 의견이 오갈 수 있는 구조와 그것을 처벌로만 해결하지 않는다는 인식'을 확고하게 심어줘야 한다. 회사 내의 모든 문제는 투명한 피드백을 통해서 해결할 수 있다는 믿음을 구성원들에게 주어야 한다.

사실 처벌은 실수나 실패를 대하는 사장의 마음속에 생겨난 화를 풀 수는 있어도 현실을 바꾸는 데는 극히 무용하다. 도덕의 발달 단계를 연구했던 로렌스 콜버그Lawrence Kohlberg는 "처벌을 통해서 가해자를 후회하게 할 수 있을지 몰라도, 뉘우치게 하는 것은 무척 어려운 일이다"라고 결론을 내렸다.

또 우리는 '보상과 처벌'이라면서 이 둘을 하나로 묶어서 사용한다. 그래서 그 둘이 서로 대등한 것처럼 착각하기도 한다. 하지만 보상과 처벌은 다른 차원의 문제다. 과거 신경과학자들은 인간이 긍정적인 자극, 혹은 부정적인 자극 모두에 반응한다고 생각해왔다. 따라서 보상은 물론이고 처벌을 한다고 해도 뇌의 '보상회로'가 작동해서 사람이 자신의 행동을 수정한다고 여겼다. 하지만 연구가 진행되면서 이러한 결과는 완전히 뒤집혔다. 사람은 보상이 있으면 보상회로가 작동해서 '다음에도 더 잘해야지'라는 생각이 들지만, 처벌을 한다고 해서 '처벌을 피하기 위해 다음부터는 더 잘해야지'라는 회로가 작동하지 않는다는 이야기다. 따라서 보상과 처벌은 전혀 다른 영역에 속하며 이 둘이 동일한 방식으로 작동한다고 생각해서는 안 된다는 결론을 내리고 있다.

결국 사장은 처벌이라는 수단을 버리고 직원들과 투명하고 신뢰성 있는 피드백을 통해서 스스로 온전하게 문제를 책임지는 조직문화를 만들어야 하며, 누군가에게 발각되지 않아도 스스로 기꺼이 문제와 실패를 토로하고 이에 대해 책임질 수 있는 구조를 구축해야 한다. 이럴 때 비로소 회사에는 처벌의 두려움과 공포가 없는 긍정적인 에너지가 확산될 수 있다.

罰

실패를 대하는 자세

🖊 Note 1
직원들에게 실패를 허하라

그 어떤 일이든 100%의 실패란 존재하지 않는다. 분명 실패와 함께 성과라고 말할 수 있는 부분도 분명히 존재하기 때문이다. 따라서 실패했다는 사실에 주목하기보다 실패에서 교훈이나 배움을 찾고 어떻게 보완할지에 대해 초점을 맞춰라.

🖊 Note 2
책임을 나누는 사장이 되라

직원의 일방적인 잘못으로 문제가 생길 수도 있지만, 대개는 사장이 관여된 경우가 많다. 설사 그렇지 않더라도 사장은 '모든 것은 내 책임'이라는 태도를 유지한다. 그러면 처벌보다는 실패를 도약의 발판으로 삼아 성장할 수 있는 기회를 찾아낼 수 있다.

03

실패를 대하는 태도가 중요하다
회사에서 실패를 다루는 방식

일반적인 사회에서 '벌'이란 누군가에게 고의적인 피해를 주었을 때, 혹은 고의가 아니라도 돌이킬 수 없는 피해가 발생했을 때 주어진다. 이런 면에서 봤을 때도 회사에서 행해지는 '벌'과는 차이가 있다. 일반적이고 상식적인 직장인이라면 고의적으로 피해를 입히지도 않을뿐더러, 사기와 횡령 등 퇴사의 이유가 아니라면 '돌이킬 수 없는 피해'를 입히는 경우도 드물다. 오히려 직원들이 벌을 받는 가장 큰 이유는 '실패'했을 때다.

아무것도 하지 않으면 아무 일도 일어나지 않는다는 말이 있다. 실패란 뭔가를 시도했을 때 생기는 결과물이다. 실패한 직원은 벌을 받아야 할 사람이 아니라 오히려 시도하려는 의지를 칭찬받아야 할 사람이다. 그러나 시도한 점을 격려하기 이전에 도전의 종류를 구분하고 그 안에서 '왜 그의 도전은 실패했는가'를 분석하는 것이 현명하다.

실패를 대하는 직원과 사장의 태도

누가 됐든 실패했을 때 기분이 좋을 리 없다. 하물며 직원이 업무에서 실패하면 회사에 부정적 영향을 미치는 만큼 사장은 당연히 화가 난다. 그리고 회사가 받은 피해만큼 직원에게 벌을 주고 싶은 마음이 굴뚝같다. 하지만 감정대로 행동하면 앞서 말한 대로 후회할 일이 생긴다. 냉정한 이성으로 실패를 왜, 어떻게 하게 됐는지 분석해보자.

실패에는 4가지 종류가 있다.

- 단순한 실패
- 환경적 실패
- 도전적 실패
- 게으른 실패

단순한 실패란 주의를 집중하지 못하거나 사소한 실수, 일정이나 일에 대한 계산 착오 등에서 비롯한 실패다. 이런 실패에는 단호하게 경고하는 것만으로도 충분하다.

환경적 실패는 소통의 부재, 협업의 부재로 인해 발생하고 책임 소재가 정확하지 않을 때 생기는 환경적 요인으로 인한 실패다. 이런 경우 역시 고의적이지 않은 이상 소속감과 일에서 정체성을 강화하는 방향으로 소통하면 쉽게 해결된다.

도전적 실패는 뚜렷한 목표와 방향, 그리고 전략적 방법을 동원해 기존에 없던 새로운 일에 도전했지만, 여러 변수와 시행착오 때문에 발생하는 실패다. 실패 중에서도 가장 긍정적이고 칭찬할 만하다.

罰

실패를 대하는 자세

이런 경우에는 실패에 대해 오히려 격려하며 필요한 교육을 추가로 지원하거나 실패에서 얻은 교훈을 조직 전체와 공유한다.

게으른 실패는 '전혀 도전하지 않다가 실패했을 때'를 일컫는다. 이런 경우는 개선의 여지가 있다는 가정하에 경고가 필요한데, 이때 사장의 개인적인 판단이나 질책보다 조직 차원에서 문제를 함께 나누고 소통하여 스스로 잘못을 깨닫게 하는 것이 필요하다. 이러한 집단 대화 속에서 자신의 잘못을 스스로 깨달으면 수긍하기가 비교적 쉽고, 온전히 반성하면서 자신을 개선하려고 노력할 수 있다는 장점이 있다.

어떠한 실패를 하든 중요한 점은 실패를 대하는 직원과 사장의 태도이다. 만약 직원들이 실패했음에도 이를 숨기려고 하고, 들켜도 인정하지 않고 계속해서 남의 탓으로만 돌리면 결국 실패에 대한 개선은 전혀 이루어지지 않는다. 또한 실패를 징계한다고 해도 이에 대해 불만만 가질 뿐이다. 심지어 드러나지도 않고 적발되지도 않은 실패는 어디선가 반복해서 일어날 수 있다. 결과적으로 '실패는 더욱 음지에서 활성화된다'는 이야기다.

실패를 성장의 기회로 바라보는 조직문화를 추구해야 하는 이유가 여기에 있다. 실패를 받아들이고 그로부터 배울 점을 찾는다면 더 크게 성장해나갈 수 있다. 직원들은 실패를 두려워하지 않고 적극적으로 도전하며, 혁신적인 아이디어를 제시할 수 있다. 혁신과 창의를 강조하고 도전을 장려한다면 당연히 직원들은 실패를 두려워하지 않고 도전하는 자세를 갖는다. 실패를 두려워하지 않는 회사의 대표적인 특징을 살펴보자.

- 실패 경험을 존중하며 실패한 직원들에게도 성장할 수 있는 기회를 제공한다. 이를 통해 직원들은 실패를 두려워하지 않고 새로운 시도를 할 수 있다.

- 실패를 공유하고 피드백을 제공한다. 이를 통해 조직 전체가 실패를 함께 공유하고, 그로부터 배울 점을 찾아낸다.

- 적극적인 도전을 장려하는 문화를 추구한다. 직원들은 새로운 아이디어를 제시하고, 혁신적인 제품이나 서비스를 개발할 수 있다.

실패를 두려워하지 않는 문화를 구축한 회사는 직원들의 창의성과 역량을 높이며, 망설임 없이 도전해 혁신을 이룰 가능성이 크다.

罰

✎ **Note 1**
실패의 종류에 따라 대처 방법을 달리하라

직원의 실패에 감정적으로 대응하기보다 어떤 형태의 실패인지부터 면밀히 살펴야 한다. 단순-복잡-창조적 실패를 구분하고, 여기에 '도전 이전과 이후, 그리고 실패했을 때'까지를 종합적으로 살피면 지금 해당 직원에게 무엇이 필요한지 알 수 있다.

✎ **Note 2**
사장이 경고하기보다 집단적 소통을 통해 깨닫게 하라

직원의 실수나 잘못을 지적할 때 야단치기보다 직원 스스로 깨닫게 하는 것이 더 효과적이다. 사장이 밀실에서 혼내는 것보다 동료들끼리 소통을 통해 자신의 실수를 스스로 깨닫게 하면 직원은 더 적극적으로 개선의 의지를 다지게 되고, 반발심도 덜 생긴다.

04

별보다 더 중요한 신뢰
기업의 성장

회사에서 규정을 위반한 직원을 벌하기 위해 필요한 것이 있다. 바로 '근로계약서'이다. 여기에는 임금과 근로시간, 휴일에 관한 각종 사항이 규정되어 있다. 이는 분쟁 없는 근로를 위한 최소한의 내용이며 만약 이를 어겼을 때 사업주는 법적 처벌을 받을 수 있고, 근로자는 해고를 당할 수 있는 근거가 된다.

근로계약서는 기본적인 법적 장치이지만, 사장은 이외에도 더 많은 회사 규정으로 직원들이 규칙을 어겼을 때나 업무에 과실이 있을 때 벌할 수 있는 장치를 마련하고 싶어 한다. 사장들은 이를 '최소한의 안전장치'라고 생각한다. 업무의 특성상 별도의 계약서를 작성하기도 한다. 그런데 문제는 이를 대하는 사장의 태도다. 계약서를 다그치거나 벌하기 위한 무기로 생각하면 오산이다.

'완전한 계약서'는 존재할 수 있을까?

경제학의 계약이론에 따르면, 계약서에는 두 종류가 있다. '완전한 계약서'와 '불완전한 계약서'. 댄 애리얼리는 완전한 계약서가 시장 측면에서 지켜야 할 의무와 교환의 법칙을 강조한다고 말한다. 따라서 상대방에 대한 신뢰를 전제하지 않으며 가능한 최대한의 돌발 상황을 염두에 두고 주도면밀하게 작성하게 된다. 반면 불완전한 계약서는 거래할 때 발생하는 일반적인 조건만을 적는다. 따라서 특정한 문제가 생겼을 때 '양쪽이 모두 선의에 의해 노력한다'는 정도로만 적어둔다. 이렇게만 보면 불완전한 계약서는 말 그대로 대충, 모호하게, 불성실하게 작성된 계약서라는 인상을 준다. 특히 사람은 계약이라는 중대한 행위를 앞두고 불안한 심리에 최대한 완전한 계약서를 쓰려는 경향이 있다. 그러나 이미 학문적으로 모든 계약은 불완전한 계약이라는 사실이 중론이다. 이는 예측 불가능성, 미래의 정보에 대한 부족, 심지어는 언어의 한계에 의해서도 완전한 계약서는 상상 속에서나 가능한 일이다.

예를 들어 어떤 부모가 베이비시터를 채용하면서 아이에게 음식을 주는 시간, TV 시청 제한 시간 등은 규정할 수 있지만, '아이의 모범이 되어주세요', '아이의 호기심을 자극해주세요' 같은 내용을 넣을 수는 없다.● 이런 상황에서 어떤 문제가 발생했을 때 어디까지 어떻게 책임을 물을지는 애매할 수밖에 없다.

중요한 점은 이렇게 상대방을 신뢰하지 못할 때 생기는 여러 가지 부정적인 여파다. 상대방을 신뢰하지 못함으로 인해서 경제적인 비용까지 발생할 수 있다. 이러한 비용을 '불신의 비용'이라고 부른다. 예를 들어 거시적으로는 국가와 국가가 서로 믿지 못하고 '혹시

● 댄 애리얼리, 『만화로 보는 댄 애리얼리 최고의 선택』, 청림출판, 2020.8.

罰

우리나라를 침략하지 않을까?'라는 불신에서 국방비를 늘린다. 전세계적으로 소모되는 엄청난 국방비는 일종의 '불신의 비용'이다.

회사에서도 동일하게 적용된다. 직원들이 모두 정직하게 한 치의 거짓도 없이 일하고, 잘못을 저질렀을 때 솔직히 밝힌다면 상당한 비용을 절약할 수 있다. 직원이 했던 업무를 감사監査할 필요도 없을 것이며, 영수증 처리한 비용은 다시 재검토할 필요도 없고, 혹시나 업무비가 부정하게 쓰였는지 들춰볼 필요도 없다. 그러나 신뢰가 부족할 때 회사에서도 큰 비용이 들어가므로 이 역시 불신의 비용이라고 할 수 있다.

이러한 신뢰와 불신에 따른 비용을 계산하고 신뢰가 한 사회와 조직의 '경제적 자산'이 된다고 간파한 이가 있다. 바로 세계적인 정치경제학자였던 미국 스탠퍼드대학교 프랜시스 후쿠야마Francis Fukuyama 교수였다. 그는 자신의 저서 『트러스트』에서 이러한 통찰을 제시한 바 있다. 후쿠야마 교수는 국가가 번영하는 데 중요한 요소로 '신뢰'를 꼽았다. "선진국과 후진국의 차이는 '신뢰 자본'의 차이다. 신뢰 기반이 없는 나라는 사회적 비용 증가로 선진국 문턱에서 좌절하고 말 것이다"라고 말했다. 회사에서도 불신이 사라지면 비용이 줄어들 뿐만 아니라, 직원을 벌할 일도 없고 그만큼 단결력과 경쟁력을 높일 수 있다.

회사가 성장하는 데 꼭 필요한 '신뢰'

불신의 비용을 줄이기 위해 무엇을 할 수 있을까? 앞에서 언급했듯이 사람이 정직하다고 무조건 믿을 수도 없으며, '완전한 계약서'도 작성하기 힘들다. 이때 필요한 것이 바로 사회적 규범이다.

댄 애리얼리 교수는 '시장적 규범과 사회적 규범'이라는 틀을 제시하고 이 둘 사이의 긴장관계, 그리고 상황과 맥락에 따라 무엇이 더 효과가 있는지에 대해서 설파했다. 여기에서 시장적 규범이란, 말 그대로 시장에서 돈과 관련해서 행해지는 여러 가지 원리인 교환, 비용 대비 편익, 자기 이익의 극대화와 효율성을 말한다. 사회적 규범이란, 돈과 큰 관련이 없는 상대방에 대한 호의와 배려, 인간으로서 도리와 도움을 의미한다. 완전한 계약서란 시장적 규범에 의거한 계약서를 의미하고, 불완전한 계약서란 사회적 규범에 의거한 계약서이다. 마찬가지로 사람과 사람 사이, 특히 직장 내에서 사장과 직원의 관계는 시장적 규범이 지배한다고 생각할 수 있지만 그렇지 않다. 완전한 계약서와 비슷하게 현실적으로 큰 힘을 발휘하지 못한다.

예를 들어서 어떤 선택을 하고 그에 따른 결과에 대해 시장적 규범에 따라 돈으로 보상할 수도 있고 사회적 규범에 따라 칭찬이나 편

罰

지 등을 써서 보상할 수도 있다. 이때 시장적 규범이 사람들의 동기에 더 큰 영향을 준다고 생각하기 쉽지만 칭찬이 더 좋은 선택과 결과를 이끌어낼 수도 있다.

앞서 설명한 탁아소 예시(515쪽)를 살펴보자. 시장적 규범에 따라 돈으로 해결해보려고 했을 때 사람들 행동이 어떻게 바뀌는지를 잘 보여주는 예시다. 사람들이 사회적 규범(=인간으로서 도리, 배려, 호의)을 매우 중요하게 생각한다는 점을 알 수 있다. 이것을 직장생활에 적용한다면 이제 우리에게 필요한 것은 직원을 처벌할 상세하고 두툼한 계약서와 세세한 규칙이 아니라 직원들이 공동체의 일원으로서 스스로 공동체에 자신의 도리를 다하려는 정성스러운 마음, 교감하는 상태, 그리고 함께하고자 하는 의지를 북돋는 것이라는 사실을 깨달을 수 있다.

이러한 경향은 단지 몇몇 실험 사례에서만 나타나는 것이 아니라, 회사 내 인사와 관련된 세계적 흐름이기도 하다. 인사정책 분야에서 '시장 규범적 인사경영'과 '사회 규범적 인사경영'에 대한 논의가 있다. 후자는 사장과 직원을 경제적 거래 관계가 아닌, 연대감과 자발성, 호혜성, 신뢰와 존중의 관계로 파악하고 인사 원칙의 토대로 삼는 것이다. 과거 한국 기업들은 IMF를 비롯한 몇몇 경제위기를 거치면서 시장 규범적 인사경영을 확산시켜왔다. 그러나 실제 미국 실리콘밸리에서 큰 성공을 거둔 첨단 IT 기업들은 대체로 '사회 규범적 인사경영'을 해왔던 것으로 밝혀졌다.

스탠퍼드대학교 교수인 제임스 배런[James Baron]과 마이클 한난[Michael Hannan]은 과거 7년간 실리콘밸리 IT 기업의 인사 원칙이 어땠는지를 분석한 후 그 결과를 학술지인 《캘리포니아 매니지먼트 리뷰 California Management Review》(2002)에 발표했다.

그들이 쓴 논문 〈첨단 기술 스타트업에서 조직의 성공을 위한 청사진: 스탠퍼드대학교의 교훈, 신흥 기업에 대한 프로젝트〉에 따르면 연구자들은 스타트업 설립자들을 대상으로 매우 유의미한 5가지 인사 모델을 도출했다. 그런데 그중에서 기업의 생존 가능성과 상대적으로 탁월한 성과를 보여준 모델이 '헌신 모델[Commitment model]'임을 밝혀냈다.

스탠퍼드대학교 제임스 배런(좌)과 마이클 한난(우) 교수.
＊인물사진 출처_제임스배런 : Yale school of Management
마이클한난 : USC Bovard College

이 모델은 시장적인 규범, 즉 금전적인 모델이나 벌을 통해서 인재를 관리하는 방식이 아니라 '사랑의 공동체'를 기반으로 한다. 여기에 헌신 모델이 성공한 이유가 숨어 있다. 이는 구성원 사이에 신뢰감이 형성되었기 때문이다. 신뢰감이 형성된 팀이나 기업은 구성원들이 열심히 노력한다. 이 공동체에서의 '사랑'은 그저 비유적이거나 문학적인 표현이 아닌, 정말로 'Love'를 의미한다. 헌신 모델은 두 명 이상의 사람이 상호작용할 때, 이들이 서로를 이해하고, 협력하고, 신뢰하기 위해서는 서로 간에 일정한 약속이 필요하다는 것을 강조한다. 이러한 약속은 상대방에 대한 신뢰를 쌓고, 상호작용을 지속할 수 있도록 한다. 이 모델은 상호작용이 지속될 것을 전제로 하고, 서로 간에 약속을 지키고 서로를 이해하고 협력하며, 신뢰를 쌓아가는 것이 중요하다는 것을 강조한다.

결국 가혹한 처벌이나 냉정한 규칙이 지배하는 회사가 아닌, 가족 공동체에 가까운 따뜻한 조직 운영이 훨씬 탁월한 성과를 이룬다는 사실을 보여준다.

✎ Note 1
인사정책을 명확하게 수립하라

서로 간에 약속과 신뢰가 중요한 만큼 이를 위해 회사는 인재들을 공정하게 대우해야 한다. 그러기 위해 인사정책이 명확하게 수립되어야 하며, 각 구성원들이 자신의 역할과 책임을 명확히 이해하고 그들의 노력과 성과가 공정하게 평가받을 수 있도록 해야 한다.

✎ Note 2
팀워크를 강조하라

서로를 이해하고 협력할수록 신뢰 관계가 구축되는 만큼 팀워크가 중요하다. 서로 존중하며 돕는 조직문화를 만드는 데 힘쓴다. 다양한 팀 활동을 통해 서로 이해하고 함께 문제를 해결해나가는 경험을 할 수 있도록 지원한다.

罰

05

별보다 더 강한 스맥의 효과
새로운 의사소통 방법

회사에서 실패를 다루는 방식을 보면 그 회사의 미래가 보인다고 해도 과언이 아니다. 문제가 생겼다고 직원에게 불이익을 줘봐야 결국 그 결과는 열등감, 패배감 그리고 조직 분위기의 저하일 뿐이다. 벌을 받고 즐거워할 사람은 없으니까 말이다. 그런 점에서 조직에서 실패를 다룰 때 중요하게 접근해야 하는 것이 사내 커뮤니케이션이다. 실패를 두고 의견이 충돌할 수도 있고, 혹은 아예 회피함으로써 문제를 방치할 수도 있다. 따라서 실패를 비롯한 그 어떤 문제에 대해서 충분히 협의할 의지를 가져야 하고, 이를 가장 효과적으로 달성할 수 있는 방법을 활용해야 한다. 한국비즈니스협회에서는 여러 가지 피드백 방법을 개발해 적용하고 있다. 예를 들면 다음과 같은 것이 있다.

광합성

광합성은 식물이나 일부 원생 생물들이 태양에너지를 이용하여 탄소와 물로부터 유기물인 포도당을 합성하는 과정이다. 광합성을 하듯이 직원끼리 서로 피드백해주는 것을 '광합성'이라 이름을 붙였다. "하세요, 마세요, 개선하세요"를 외치고 의견을 뒷받침하는 내용을 설명해주는 회의나 행위를 일컫는다.

잘했데이

매월 첫 주가 되면 지난달에 대한 리뷰를 진행한다. 지난달의 목표와 계획이 어떻게 수행되었지는지를 살펴보고 이번 달 목표와 계획을 점검하고 분기 진행 상황을 발표하는 자리다. 예를 들어 자신이 돈을 어디에 어떻게 썼으며, 그 결과 어떤 성과가 있었는지를 발표한다. 자신이 맡은 프로젝트를 위해 돈을 자율적으로 쓸 수 있기 때문에 이런 자리를 통해 지출 규모와 내용의 적정성을 검토받는 것이다.

분기에 한 번은 긴 시간을 들여서 발표하고 끝나면 회식을 한다. 매달 진행하는 '잘했데이'는 짧게 끝내는 것이 특징이다.

주간회의 때 횃불, 촛불, 디딤돌 발표

횃불 - 성과로 연결된 실천, 도전 등

촛불 - 아직 성과는 안 났으나, 실천한 내용

디딤돌 - 실패했으나 거기서 배운 교훈 공유

디딤돌 아카이브

많은 직원이 경험한 다양한 교훈과 실패를 한곳에 모아서 모두가 한 눈에 찾아볼 수 있게 한다. 실패는 우리에게 중요한 학습과 성장의 기회를 제공한다. 후임들이 선임들의 시행착오를 학습할 수 있도록 깔끔하게 정리해놓는다.

봉고파직문

퇴사한 사람들의 정확한 이유와 진행 경과, 회사 및 관련 사람들의 대처 등을 정리해놓고, 누가 퇴사하더라도 임의에 의하지 않고, 공정하고 납득할 만한 상황에서 진행되었음을 모두에게 알리는 공지 게시판이다.

실패한 원인과 해결책을 찾는 스맥 소통법

'방 안의 코끼리'Elephant in the Room'에 관한 이야기가 있다. 비즈니스 회의나 토론에서 자주 사용되는 용어다. 회의에서는 대개 중요한 주제나 문제가 있지만, 참석자들이 회피하거나 감추기를 시도하며 논의하지 않는 경우가 종종 있다. 이때 '방 안의 코끼리'라는 표현을 사용한다.

방에 코끼리가 있어 누구나 불편하고 두렵지만, 그 누구도 그 코끼리에 관한 이야기를 꺼내지 않는다. 아랫사람은 '내가 그런 이야기 해봐야 무슨 소용 있겠어?'라고 생각하고, 윗사람은 '내가 괜히 먼저 이야기해봐야 책임질 일만 생기는 게 아닐까?'라며 회피한다. 모두가 알고 있지만, 아무도 이야기하지 않으니까 그에 대한 문제 제기도 없고 그 해법에 대한 의견충돌도 일어나지 않는다. 그냥 서로가 버티고 있을 뿐이니 문제가 해결될 리 만무하다. 그러다 문제가

실패를 대하는 자세

터지고 그로 인한 후폭풍으로 회사가 후유증을 앓을 때 그제야 직원들은 한두 마디씩 한다.

"그렇게 아무도 문제를 제기하지 않더라니…."
"사람들이 아무 말도 안 하길래 나는 큰 문제가 아닌 줄 알았지."

정작 자신도 그 문제의 해결에 아무런 힘을 보태지 않았으면서도 남 탓 하기 바쁜 모습이다.

이런 문제를 해결하기 위해 새로운 의사소통 방법인 '스맥^{SMAAC}'이라는 원칙을 활용해보자. 이는 서로가 피드백할 때 반드시 지켜야 할 원칙과 태도로서 여기에는 문제점을 구체적으로 드러냄과 동시에 그것을 효과적으로 해결하는 방법이 담겨 있다. 특히 실패를 다룰 때 매우 유용한 방법이기도 하다.
스맥은 아래의 5가지 항목에서 첫 번째 글자만 따서 만든 신조어이다. 이 중에서 앞부분의 3가지인 'Specific, Meta state, Asist'는 피드백하는 사람의 입장에서 가져야 할 태도이며, 뒷부분의 2가지인 'Appreciate, Choice'는 피드백 받는 사람의 입장에서 가져야 할 태도이다.

● Specific(구체적인, 명확한, 분명한)

누군가와 이야기하거나 피드백할 때는 '구체적으로' 해야 한다. 비록 '방 안의 코끼리'와 같은 불편한 이야기가 있다고 하더라도 반드시 문제를 꺼내 말해야 한다. 괜히 딴지를 걸기 위한 말이 아니라면, 모든 것을 솔직하게 드러내고 하나하나 세세한 부분까지 이야기할 수 있어야 한다.

● Meta state(객관화하여 바라보는 상태)

단순히 눈에 보이는 현상에 관해서만 이야기하지 말고 그것이 야기하는 근본적인 원인을 가감 없이 지적해야 한다. 따라서 서로가 말하기 회피하는 '방 안의 코끼리'에 관해 이야기해야 하며 이때 객관적으로, 제삼자의 입장에서 정확한 정보와 근거를 가지고 스맥을 듣는 상대방에게 피드백한다. 여기에 주관적인 감정이나 생각을 섞지 않도록 주의한다.

● Asist(도움, 지원)

도와주려는 마음으로 접근한다. 단순한 지적질, 비판을 위한 비판으로는 올바른 피드백을 할 수 없다.

● Appreciate(인정, 감사)

일단은 누군가가 자신에게 쓴소리든, 듣기 좋은 소리든 말을 해주는 것 자체에 감사하고 고맙게 생각해야 한다. 같은 직장 상사이자 동료이지만, 그러한 피드백을 해주는 것 자체가 감사한 일임은 분명하다.

● Choice(선택)

다만 최종 선택은 피드백을 듣는 본인 스스로 해야 할 몫이다. 상대의 말을 반드시 따라야 할 필요는 없다. 일하는 실무자인 당신이 곧 실권자이다. 따라서 다른 이의 말에 휘둘릴 필요는 없다.

한마디로 요약하면 '직설적으로 이야기하고, 가감 없이 대화하며, 이러한 소통에 감사하면서 선택적으로 받아들여라'이다. 이렇게 하

罰

면 갈등이 여지없이 드러날 수 있지만, 그 갈등을 완화하는 장치가 생기고 또한 선택권까지 있으니 강요나 압박으로 인한 불쾌감은 없다. 스맥^{SMAAC}의 5가지 원칙은 회사 내에서의 실패는 물론이고 모든 문제에 적용할 수 있다.

이러한 스맥의 원리는 회사나 정치권에 흔히 등장하는 용어인 '레드팀$^{Red\ Team}$'이 작동되는 방식과 비슷하다. 레드팀은 한마디로 쓴소리를 전문적으로 하는 팀을 뜻한다. 따라서 누군가에게는 미움을 받을 수 있는 조직이다. 그럼에도 불구하고 이런 레드팀이 존재해야 하는 이유는 오히려 충돌을 적극적으로 권장하면서 내부에서 문제를 새로운 방향으로 올바르게 진행하기 위해서다.

스맥 또한 직장 내에서 서로를 위한 레드팀이 되고, 서로의 말을 잘 받아들여서 문제를 해결하는 방법이라고 볼 수 있다.
벌은 상대방이 만들어낸 결과물에 대한 처분일 뿐, 그 자체로 긍정적인 부분이 적다. 벌을 받으면 기분이 나쁘고, 다음에는 벌 받을 일을 만들지 않겠다고 다짐하는 것이 전부다. 그러나 스맥은 원인을 파악하고, 대처하는 방법을 알 수 있고, 자신이 더 성장하기 위해서 무엇을 해야 하는지 파악하게 한다. 그런 점에서 스맥은 벌보다 효과가 강하고 회사의 발전에 기여한다.

🖉 Note 1
대화하기 전에 "스맥입니다!"라고 외쳐라

상대의 감정을 상하게 할 수 있는 문제가 있다면 서로에게 "이건 스맥입니다!"라고 먼저 말하고 대화를 시작한다. 조직문화로서 스맥의 원칙을 공유하고 자리가 잡히면 감정보다는 문제 해결에 초점을 맞춰 대화해 나갈 수 있다. 이렇게 스맥에 입각한 대화라는 점을 알면 상대방의 마음도 다소 편해지고 피드백을 잘 받아들일 자세가 된다.

🖉 Note 2
의견충돌로 퇴사하는 직원이 있어도 두려워하지 마라

특히 이 가운데에서 '절대 함께할 수 없는 사람'도 나오게 마련이다. 그러나 이를 두려워할 필요는 없다. 충돌 과정에서 모난 돌은 부드러워질 것이며, 절대로 부드러워질 수 없는 직원은 어떤 방식으로든 정리될 수밖에 없다. 그 어떤 경우든 회사에 도움이 된다.

실패를 대하는 자세

擴；

확擴, 조직을 키우는 인재의 조건

상황이 힘들고 어렵더라도 그것을 뚫고 나갈
도전정신과 지혜는 사람에게서 나온다.
그래서 인재 채용은 회사 발전을 위한 첫걸음이자 거의 모든 것이다.
인재를 잘 채용하면 회사는 확장성과 속도감 있게 발전할 수 있다.
이제 제가십본의 마지막 덕목, '회사와 함께할 인재상'을 알아보는
확擴에 관한 내용이다.

01

기업의 성패는 사람에게 달려 있다

인재를 찾는 방법

파나소닉 그룹의 창업자 마쓰시타 고노스케는 "사업은 사람이 전부다"라고 말한다. 자신의 성공 비결을 묻는 질문에 "사업은 사람을 중심으로 발전해가며, 그 성패는 적절한 사람을 얻고 쓰는 것과 밀접하게 연관되어 있다"라고 답했다.

여행업계의 스타트업인 마이리얼트립의 이동건 대표 또한 기업의 성패를 가르는 요소는 '인재'라고 강조한다. 창업 초기부터 지금까지 사업에서 가장 중요한 부분은 '인재'라고 단언했다. 한 언론사 인터뷰에서 이동건 대표가 한 말이다.

> "스타트업에서 가장 중요한 부분이요? 좋은 인재죠. 전 지금도 좋은 인재에 늘 갈증을 느껴요. 우리 회사가 성장할 수 있었던 가장 큰 이유도 좋은 인재에 있다고 생각하고요. 참 그리고 좋은 인재가 무엇보다 중요하다는 걸 제가 늦지 않게 깨달았다는 점도 감사해요."

회사를 운영하면서 '사람이 전부다'라는 말을 실감할 때가 많을 것이다. 그런데 이 말을 달리 표현하면 '채용이 전부다'라고 할 수 있다. 회사에 필요한 사람을 잘 뽑는 일은 그 무엇보다 중요해서 온 신경을 쏟아야 한다. 하지만 일반적인 채용 방법으로는 한계가 있을 수밖에 없다. 몇 장의 서류와 자기소개서 그리고 비록 3차 면접까지 보는 곳까지 있다고 한들, 앞으로 함께할 회사생활에 대한 가치와 비전을 소개하고 공유하며 확신을 주기는 쉽지 않다. 이렇게 피상적이고 짧은 채용 방식으로는 결국 회사가 직원을 마음에 들어 하지 않든, 반대로 직원이 회사를 마음에 들어 하지 않든 결별할 가능성이 크다. 좋은 인재를 뽑을 혁신적인 방법은 없을까?

기존의 채용 방법이 가진 한계

현재 채용 방식은 불합격자를 가리기 위한 선발 방식이라는 지적이 적지 않다. 불합격자를 배제한다고 해서 합격자가 우리 회사에서 필요로 하는 인재인지는 알 수 없다. 학벌, 토익점수, 필기시험 같은 스펙을 중심으로 채용하는 방법도 마찬가지다. 그것은 그저 '시험'을 잘 보는 것일 뿐, '업무'를 잘한다는 것과는 사실상 관련이 없다. 시험은 이미 공부한 내용을 다시 검증하는 일이지만, 업무는 생각지도 못한 돌발 변수와 순발력이 필요하고 도전의식, 문제 해결력, 창의력 등이 필요한 일이다. 시험을 잘 본다고 일을 잘한다고 볼 수는 없다. 면접도 마찬가지다. 입사라는 목표가 확실한 사람의 의욕적이고 활기찬 모습이 입사 후에도 계속 이어질지는 알 수 없다. 인·적성 검사 역시 신뢰하기 힘들다. 인·적성 검사는 1900년대 초반에 2차 세계대전 당시 '어떤 군인이 신경쇠약에 걸리기 쉬운가?'를 알아보고자 한 것이 그 기원이다. 물론 그 후 끊임없이 고도화되었지만, 종이에 쓰인 몇 가지 질문에 답을 한다고 정말 온갖 악재와 열악한 환경에서도 훌륭한 인성을 발휘한다고 보기 어렵다.

결론적으로 지금의 '채용 포털사이트 공고-지원자 모집-서류 1차 합격자-면접-2차 합격자-인·적성 검사 및 임원 면접-최종합격자'라는 시스템은 꽤 여러 단계를 거쳐서 엄정해 보이기는 하지만, '채용이 전부다'라는 절대적인 명제를 만족시키기에는 부족해 보인다.

이런 문제를 해결하려는 시도가 주변의 '추천'이다. 주변에서 오래 봐온 사람들이 특정인을 추천하는 것이다. 이 역시 '사장이 보는 눈'과 '과연 우리 회사에 적합한가' 사이에 틈새가 있기 마련이다.

이러한 2가지 단점을 최소화하는 방법이 있다. 바로 '인재풀'이 있는 곳에서 사람을 선택하는 것이다. 여기에서 '인재풀'이란 해당 분야에 관심이 있고 일할 열정이 있는 사람의 집단군을 뜻한다. 여러 가지 공부나 세미나 모임, 혹은 온라인 카페의 전문인 모임 등이 여기에 해당한다. 회사의 직원을 이곳에 파견해서 함께 공부하도록 하고 그 과정에서 괜찮은 사람을 뽑는 방법이다.

이 방법 역시 단점이 있다. 이렇게 하면 최소한의 검증을 거칠 수 있지만, 엄격하게 변별력을 갖는 채용을 하기가 쉽지 않고 또 인

擴

재풀을 운용하는 사람에게 "사람을 빼간다"는 말을 들을 수도 있다. 또 이렇게 채용하고 나서 관계의 문제가 생기거나 취직 이후에도 과거 인재풀과 연결되어 있어서 서로 불편한 상황이 조성될 수 있다.

획기적인 새로운 인재채용 방법

사장들은 직원을 뽑는다고 하면 으레 다음과 같은 일반적인 채용 방법을 떠올린다.

❶ 인재 채용 계획 수립
❷ 취업박람회, 구인 사이트, 소셜미디어, 인재 추천 등 적절한 채용 채널 선택
❸ 지원서 및 이력서 심사
❹ 면접 및 검증
❺ 최종 선발 및 제안

이런 방법이 가진 비효율성을 인지하고 이제부터는 새로운 방법인 인재풀을 직접 운영해서 인재를 뽑아보자. 특별한 능력을 지닌 인재를 뽑는다면 단순히 구인구직 플랫폼을 이용하는 것이 아니라 직접 랜딩페이지를 만들어 타깃 광고를 하며 회사에서 운영하는

교육기관에 참여를 유도한다. 교육기관을 통해 시간을 두고 세심히 관찰하여 적합한 인재를 찾아 개별 면담을 거쳐 취업을 권유한다.

제가십본에서 말하는 인재풀을 마련하고 확장하는 방식을 살펴보자. 사내 교육기관을 만들어 외부 강사를 초빙해 교육한다. 예비 구직자들을 확보해 학습과 훈련으로 성장시켜 그중에서 적합한 인재를 선발한다. 다만 이 방식은 당장 도입하기에는 어려움이 있다. 지금 바로 사람을 뽑아야 하는 상황에서는 써먹을 수가 없다. 장기적 관점에서 제대로 된 교육 프로그램을 만들어 인재를 채용하는 방식이다. 처음에는 회사에 스터디 그룹을 만들어 외부인을 참여시키고, 어느 정도 인력 확보와 충분한 공부가 된 다음에는 스터디 자체를 사업화하는 방법도 있다. SNS 등을 통해 사장의 경영철학을 알리며 함께할 사람을 찾는다. 사장이나 팀장이 외부 모임을 다니면서 괜찮은 사람을 스카우트하는 방법도 있다. 내부 직원의 소개를 받거나 구인구직 플랫폼을 활용하는 방법도 있다. 이렇게 충분한 인력들이 학습과 현장에서 단련되다 보면 그 안에서 최적의 인력을 채용할 수 있다. 다음과 같이 순서를 정리할 수 있다.

❶ 홈페이지 랜딩페이지 기획하기
❷ 타깃 광고
❸ 유튜브, SNS 등 다양한 채널을 통해 사장의 경영철학을 알리고 함께할 사람 찾기

조직을 키우는 인재의 조건

擴

❹ 고객에게 필요한 정보, 체험, 할인, 샘플 등 로볼^{Low Ball} 제공

❺-1 설명회 이후 지원자 중 면접 보고 바로 신입 교육

❺-2 프로젝트를 제공해 채용 전 교육 프로그램 진행

일반 업무를 할 인재를 뽑는다면 아래 방법으로 한다.

❶ 사회생활 직장인 교육 프로그램을 기획해 수강생 중에서 구인

❷ 홈페이지 랜딩페이지 기획

❸ 타깃 광고

❹ 유튜브, SNS 등 다양한 채널을 통해 사장의 경영철학을 알리고 함께할 사람 찾기

❺ 고객에게 필요한 정보, 체험, 할인, 샘플 등 로볼 제공

❻ 1:1 컨설팅 판매 및 교육 판매

❼ 교육 진행

❽ 괜찮은 사람 골라서 면접 권유

채용 방법을 채용의 비효율성 순으로 정리해보면 다음과 같다.

채용 사이트 〉 주변의 소개 〉 외부 인재풀 활용: 외부 모임 다니기, 외부 모임장의 추천, 외부 모임에 직원을 참여시켜 추천받기 〉 직접 인재풀 만들기: 교육기관을 설립해서 운영하기

한 달 정도 OJT 기간 갖기

어떤 방법으로 사람을 구하든 바로 채용하기보다는 일정 기간을 정해 회사는 물론 새로 들어온 사람이 서로 적응할 수 있는 시간을 갖는다. 구성원들과 충분한 대화 시간을 마련해주어 서로 알아갈 기회를 제공한다. 또한 회사마다 각기 다른 조직문화를 파악할 수 있도록 교육 시간도 마련한다. 자칫 바로 채용했다가 조직문화에 적응하지 못해 얼마 일하지도 못하고 떠나갈 경우 회사와 개인둘 다에게 손실이 크다.

최소한 한 달 정도 OJ$^{\text{On-the-job Training}}$(직장 내 교육훈련) 기간을 만들어 조직 안에서 자신의 역할을 이해하고 구성원들과 원활한 소통을 해나갈 수 있는 기회를 만든다. 직장 내 교육훈련으로 CMP(459쪽), 참참참(333쪽), 업무의 다다익선(333쪽), 5통5문(52쪽), 공동체 정신(237쪽) 등을 활용할 수 있는데, 이러한 내용을 접하고 몸에 익힐 수 있도록 교육한다.

OJT의 개념으로 30시간 정도 함께 일해볼 것을 제안할 수도 있다. 입사가 확정된 것은 아니지만, 함께 대화도 나누고 업무도 해보면서 서로를 알아가는 기회를 가질 수 있다. 이렇게 일주일 정도 일하지만, 실제 한 달 치의 월급을 준다면 지원자도 마다할 이유가 없

擴

다. 더 중요한 사실은 함께 일하면서 지원자 또한 회사를 더 깊이 알아본 후 판단할 수 있다.

대기업의 경우 직원이 회사에 불만이 있어도 기업의 명성 때문에 순응하며 버티는 반면에, 중소기업의 경우 회사가 마음에 들지 않으면 바로 퇴사해버리는 일이 흔하다. 이는 힘들게 뽑아서 가르쳐 온 회사 입장에서 손실이 크다. 함께 일하는 동료들의 사기도 떨어뜨리는 일이다. 하지만 30시간의 OJT는 바로 이러한 문제점을 해결해준다. 말로만 "우리는 가족 같은 회사야. 함께 일해볼래?"가 아니라 '여긴 정말 가족 같은 회사구나. 함께 일하고 싶다'는 마음을 끌어낼 수 있다.

요즘은 법적인 해고 절차가 매우 까다롭다. 함부로 채용했다가는 후회하는 일이 생길 수 있다. 기껏 뽑았는데 사내 분위기를 흐리거나 수시로 실수를 저질러 회사에 피해를 끼치는데도 해고하기 어려워 어려움을 호소하는 사장들도 있다. 그래서 인재를 뽑을 때 신중해야 하고 회사에 필요한 사람인지 다방면에서 평가할 필요가 있다. 위에 제시한 공부 모임에서 지원자를 물색하고 30시간의 OJT 방식을 통해 긴 시간 함께 일해본다면 좀 더 마음 편하게 직원을 채용할 수 있을 것이다.

◇ **Note 1**
직접 인재풀을 만들어라

꾸준하게 인력을 채용해야 한다면 장기적 관점에서 공부 모임을 꾸린다든지, 교육 프로그램을 운영해 차후 교육기관으로 발전시킨다든지 인재풀을 직접 구축할 필요가 있다. 그렇지 않다면 기존의 공부 모임에 직원이 참여하여 자기계발을 도모함과 동시에 함께 일할 직원을 찾아보게 하는 미션을 주는 방법도 있다.

◇ **Note 2**
30시간의 OJT를 활용하라

원하는 인재가 있다면 OJT를 활용해 좀 더 면밀히 평가해볼 수 있다. 적절한 보상을 해준다면 비록 입사가 결정되지 않은 상황에서도 충분히 장시간의 OJT에 참여시킬 수 있다. 하루에 6시간 정도 5일만 일해봐도 상당히 많은 부분을 파악할 수 있다.

擴

02

면접은 상호 평가이다

회사가 면접을 준비하는 요령

'면접' 하면 떠오르는 이미지가 있다. 날카로운 인상의 면접관이 질문하고, 구직자는 사뭇 긴장하며 대답에 응하는 모습이다. 한때는 '압박면접'이라는 것이 유행한 적도 있다. 구직자를 최대한 긴장시키고, 대답하기 힘든 질문을 하면서 그때의 행동과 대답을 유심히 살폈다. 당시에는 이런 면접을 통해 인재를 뽑을 수 있다고 생각했지만, 지금 돌이켜보면 과연 그런 면접이 필요했는지 의문이 든다. 어차피 그 정도의 강경한 질문이라면 심지어 면접관조차도 제대로 된 대답을 하지 못하기 때문이다. 어떤 면에서 보면 '권위주의적 갑질'이라고 평가할 수도 있을 법하다.

제가십본에서는 기존의 면접과는 완전히 새로운 면접을 제안한다. 면접은 어떤 면에서 '회사의 브랜딩'이자 '구직자가 회사를 사랑하게 하는 과정'이며, 그들을 안심시키는 기회이기도 하다. 면접이 이러한 장^場이 될 때 인재를 회사로 끌어당길 수 있고, 그들과 화합을 이루며 한 팀으로 나아갈 수 있다.

면접을 앞두고 회사는 무엇을 준비해야 할까?

면접관들은 면접을 통해서 일방적으로 구직자를 선발한다고 생각하지만, 사실 요즘에는 이러한 생각 자체가 구태의연하다고 말한다. 그렇지 않아도 입사 후에 퇴사자가 줄줄이 생길 뿐만 아니라,

擴

이제는 누구라도 자신의 면접 후기를 인터넷에 올리며 회사 면접관들에 대한 호불호를 평가하는 시대다. 어떤 면에서는 면접관이 구직자를 면접하는 것이 아니라, 구직자가 면접관을 면접한다고 봐도 결코 과언이 아니다. 더 나아가 면접장에서 매우 황당한 질문을 하거나, 혹은 인권침해, 성[#]적 문제가 있는 발언을 하면 그 자체로 회사의 이미지에 치명상을 주기도 한다. 그리고 구직자들은 이러한 면접 경험을 토대로 앞으로의 회사생활을 상상하고 '정말로 가고 싶지 않은 회사'라고 판단을 내리기도 한다. 설사 채용이 확정된다고 하더라도 입사하지 않거나, 혹은 '여의치 않으면 곧 퇴사할 마음'을 품은 채 입사한다. 따라서 면접은 정확히 상호 평가의 자리라고 봐야 한다.

인재 채용 과정 중 면접을 앞두고 있을 때 회사는 무엇을 준비해야 할까? 회사가 직원을 채용할 때, 면접은 매우 중요한 역할을 한다. 면접은 신입직원의 역량, 경험, 인성, 열정, 성격 등을 평가할 수 있는 기회이기 때문이다. 회사는 일단 다음과 같은 준비를 철저히 한다.

- **질문 목록 작성** | 회사는 미리 직무에 필요한 역량, 경험, 성격 등을 고려하여 질문 목록을 작성한다. 면접에 참여할 면접관들이 미리 질문을 준비한다.
- **면접관 교육** | 면접관들은 적극적으로 면접에 참여하여 지원자를 평가할 수 있도록 교육을 받아야 한다. 회사는 면접관에게 질문 방법, 지원자 평가 방법, 상황 처리 방법 등에 대한 교육을 제공한다.

- **인성 검사, 역량 검사 등 활용** | 면접 이외에도 회사는 인성 검사, 역량 검사 등의 도구를 활용하여 지원자의 역량을 더욱 정확하게 파악할 수 있다.
- **기타 준비사항** | 면접 장소의 준비, 시간 관리, 지원자와의 연락 등 기타 준비사항도 미리 체크하여 면접이 원활하게 진행될 수 있게 한다.

면접이 상호 평가라는 점에서 면접관의 교육에 신경 써야 한다. 일방적으로 면접관이 지원자를 면접하는 것만이 아니라 지원자 또한 면접관을 통해 회사를 면접하는 것이기 때문이다.

구글은 이제까지 다방면의 경영방식에서 놀라울 만한 혁신을 이뤄낸 회사다. 그들은 면접도 전례 없는 새로운 방식으로 바꿨다. 구글의 몇 가지 주요한 면접의 태도와 노하우는 기존과는 완전히 다르다. 우선 면접을 경험한 사람들은 "면접이 마치 토론회를 하는 것 같았다"라고 표현한다. 이는 곧 구직자와 면접자가 일방적으로 묻고 답하고, 누군가를 평가하는 것이 아니라 자연스러운 토론 과정에서 서로를 좀 더 깊이 알아갔다는 의미다. 특히 구직자들은 구글 면접관들의 태도를 보면서 구글이라는 회사가 완전히 달리 보였다고 말한다. 생각보다 훨씬 합리적이며, 불필요한 구태가 없으며, 매우 진취적인 회사라는 사실을 체감했다는 이야기다. 이는 곧 면접 자체가 한 회사의 브랜딩이 되었다는 의미이기도 하다. 실제 구글에서 면접관 훈련을 위한 체크리스트에는 이런 내용이 들어 있다.

擴

'합격 여부와 관계 없이 지원자에게 회사에 대한 좋은 감정을 줄 수 있는 인터뷰 수행 스킬을 가지고 있는가?'

이는 과거에는 전혀 볼 수 없었던 완전히 색다른 접근법이다. 그리고 이러한 면접관의 태도는 면접이라는 상호 평가, 상호작용의 공간에서 회사를 브랜딩하는 한 요소로 작용한다. 물론 처음부터 구글이 회사 브랜딩을 염두에 두고 면접을 활용했다는 의미는 아니다. 근본적으로 내재된 구글의 태도가 자연스럽게 면접장에서 발산되면서 브랜딩이라는 부가적인 이익을 얻었다고 보는 것이 타당하다. 중요한 점은 채용 과정에서 면접을 바라보는 관점에 변화가 생겼다는 것이다.

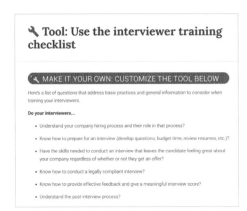

구글의 면접관 교육훈련 도구인
'툴: 면접관 교육 체크리스트 사용하기(Tool : Use the interviewer training checklist)'.

면접에서 느낀 심리적 안정감이 끝까지 간다

구글의 면접에서 우리는 앞으로 회사가 면접을 어떻게 대해야 하는지를 엿볼 수 있다. 따지고 보면 면접이란 예비 근무자와 회사의 '첫 만남'이라고 할 수 있다. 일상생활에서도 첫 만남, 첫인상의 중요성은 두말할 필요가 없다. 먼저 제시된 정보가 추후 제시된 정보보다 더 강력한 영향을 미친다. 심리학에서는 이를 '초두 효과'라고 부른다. 우리는 누군가를 만났을 때 3초 만에 상대에 대한 스캔을 완료한다. 이를 '첫인상 효과'라고 하는데, 이렇게 처음 받은 인상이 단단하게 굳어버린다고 하여 '콘크리트 법칙'이라고도 부른다.

그런 점에서 구직자를 채용하든, 채용하지 않든 회사에서 진행하는 면접은 구직자의 진심을 알아가고, 회사의 진정성을 보여주는 자리가 되어야 한다. 이러한 태도는 인사를 담당하는 부서의 명칭에서도 드러난다. 보통의 회사에서 인사팀은 'HR부서'라고 불린다. 이 말은 HRM$^{\text{Human Resource Management}}$의 줄인 말로, '인적 자원 관리'라는 의미다. 그런데 구글에서는 이 말을 쓰지 않고 피플 오퍼레이션$^{\text{People Operation}}$, 즉 '사람 운영'이라는 말을 쓴다. 여기서 'Operation'은 일련의 활동과 절차를 의미하고, 'People'은 인적 자원을 뜻한다. 따라서 피플 오퍼레이션은 기업의 인적 자원 관리 및 발전을 위해 다양한 제도와 프로세스를 개발하고, 구현하며 지속적으로 개선해나가는 일련의 활동을 의미한다. 일단 그 명칭에서부터 태도가

조직을 키우는 인재의 조건

擴

완전히 다르다고 할 수 있다. 사람을 단순히 관리의 대상으로 보는 것이 아니라 경영의 중심으로 보는 것이다. 그런 점에서 면접은 회사를 이끌어갈 핵심적인 동력, 가장 소중한 주체를 모시는 단계다.

면접에서 또 하나 중요한 점은 바로 그 과정을 통해서 구직자에게 '회사에 대한 희망과 비전의 전달'이 이뤄져야 한다는 점이다. 누군가는 "채용할지 말지도 모르는 사람에게 그럴 필요까지 있는가?"라고 의문을 제기할 수 있다. 하지만 10명 중에 단 한 명만을 채용한다고 하더라도 이는 필요한 일이다. 그 한 사람이 입사해 앞으로 수많은 성과를 낸다는 점을 상상한다면, 첫 만남의 중요성을 다시 한 번 강조하지 않을 수 없다.

예를 들어 이성 간에 처음으로 데이트하는 자리를 상상해보자. 그 자리에서 일단 좋지 않은 감정, 심지어 싫다는 마음이 들면 어떨까? 면접에서도 마찬가지다. 이러한 첫인상은 꽤 오래가는 것은 물론이고 이미 그 자체로 회사를 판단하는 기준이 되어버린다. 그렇다면 회사는 면접자에게 무엇을 전달해야 할까? 바로 회사가 면접자 자신에게 관심이 많다는 사실과 자신이 좋아하는 것, 하고 싶어 하는 것, 잘하는 것을 질문하는 일이다. 그리고 회사의 경영방식과 시스템, 비전을 전달해서 충분히 이해시키는 일이다. 그 결과 면접자는 '와~ 내가 정말로 하고 싶은 일을 하는데, 이 회사에서는 나에게 월급까지 준다는 이야기구나!' 하는 희망과 비전을 가질 수 있다. 그리고 이것은 일종의 심리적 안정감을 준다.

사실 면접자 역시 회사에 입사를 지원하고 면접을 보는 과정에서 다양한 불안감이 든다. '과연 이 회사에서 실제 생활은 어떨까? 선배들과 나랑 맞지 않으면 어쩌지? 앞으로 정말로 미래가 있는 회사일까?'라는 걱정이 들 수밖에 없다. 하지만 면접 과정에서부터 심리적 안정감을 느끼면 채용된 후에도 그는 빠른 시간에 회사에 적응해 자신의 비전과 회사의 비전을 일치시키면서 하나가 되어 일하게 된다. 또 이러한 심리적 안정감은 향후 회사생활에서도 매우 결정적인 작용을 한다.

구글에서 직원 200명을 인터뷰해서 성과가 높은 팀의 비결을 분석한 적이 있다. 그 결과 ▲팀 내에서 불안하고 당혹감을 느끼지 않는 심리적 안정감 ▲팀원들이 서로 믿을 수 있는지에 대한 의존감 ▲일을 하면서 보람을 느낄 수 있는 일의 의미 ▲팀의 목표와 역할, 실제 계획의 명확한 공유 등을 비결로 꼽았다. 그런데 이 중에서 가장 중요한 것으로 평가된 것이 바로 '심리적 안정감'이었다. 결국 면접에서부터 회사에 대한 희망과 비전을 느끼면서 심리적 안정감을 가진다면, 그 신입사원은 성공적인 회사생활을 할 가능성이 매우 크다.

擴

물론 면접을 잘 본다고 모든 것이 해결될 리는 없다. 실제 입사 후 적응의 성패는 이후에 수행하게 될 수많은 과제에 따라 결정되기 때문이다. 또한 신입사원을 교육하고 조직문화에 정착시키는 과정은 그리 쉽지 않다. 그러나 직장에서 인재 수혈이 얼마나 중요한지, 이 중요한 과정이 면접자와 구직자의 첫 만남에서 많은 것이 결정된다는 사실을 안다면, 결코 소홀히 할 수 없는 것이 바로 면접이다.

✎ Note 1
면접에서 권위주의를 버려라

소통은 양방향으로 이루어져야 한다. 면접도 결국에는 소통의 하나다. 이제는 구직자가 면접관에게 일방적으로 판단받고, 수동적으로 입사가 결정되는 시대가 아니다. 수많은 기업들이 구직난을 겪고 있는 요즘 더욱 그렇다. 권위주의를 포기하고, 면접에 새로운 의미를 부여해야 한다.

✎ Note 2
희망과 비전, 심리적 안정감이 출발점이다

이제는 면접의 과정을 '소통과 상호 이해의 과정'이라고 인식해야 한다. 그리고 이 과정에서 충분히 회사의 입장을 어필하고 이해시켜야만, 구직자들도 이에 동의하고 향후 회사생활에 대한 희망을 느끼고 비전을 맞춰갈 수가 있다.

擴

03

연봉과 성장 사이에서 균형을 잡아라
채용 원칙

채용할 때 가장 신경 쓰이는 부분이 연봉이다. 경력직이면 전 직장 월급을 유지할지, 아니면 더 높여줄지가 관건이다. 신입이라고 해서 무조건 최저임금만 제안하기도 쉽지 않다. 하지만 임금이 낮을 경우 입사하는 직원의 사기도 감안해야 하고, 혹 일에 열심을 다하지 않을까 걱정되기도 한다. 제가십본의 경영철학에 따라 회사에서의 성장과 발전을 강조할 수도 있지만, "저는 그런 거 필요 없고 연봉이나 올려주세요"라는 자세를 가진 구직자라면, 초반부터 궁합이 맞지 않아 삐거덕거릴 염려도 있다.

직원을 채용하면서 사장은 '연봉과 성장'이라는 가치 사이에서 고민하지 않을 수 없다. 그러나 명쾌한 해답이 없는 것은 아니다. 어차피 연봉을 깎아봐야 수백만 원씩 깎을 수 있는 것도 아니라면 업계 최고의 대우를 하거나 혹은 당장 부담이 된다면 분명히 약속해주어야 한다. 결국 최소한 업계 평균치 이상으로 대우해주는 것으로 시작해야 하고, 성장보다 오로지 월급에만 관심 있는 구직자라면 아예 채용하지 않는 것이 정답이라고 할 수 있다.

구직자와 연봉 조율하기

연봉 협상은 한마디로 '밀당' 그 자체다. 상대의 마음과 기분 그리

擴

고 회사가 지급할 수 있는 여력 사이에서 치열한 눈치싸움이다. 우선 구직자의 입장에서 살펴보자. 그들은 당연히 '더 좋은 환경'에서 일하고 싶어 한다. 충분하게 '대접'을 받고 싶어 하고, 기꺼이 자신의 가치를 '인정'받기를 원한다.

사장의 입장에서는 어떨까? 물론 지급해야 할 연봉이 적을수록 좋겠지만, 결국 새로운 직원을 채용한다는 것은 회사에 활력을 불어넣고 더 나은 인재를 채용해 발전을 도모하기 위해서다. 연봉을 깎는다고 해봐야 절반으로 줄일 수도 없는 노릇이고, 한 달에 월급으로 돈이 더 나간다고 해봐야 20~30만 원 차이일 수도 있다. 만약 구직자의 능력이 정말 매력적이라면, 차라리 구직자가 원하는 업계 최고의 대우로 시작하는 것이 좋다. 월급은 생계유지와도 관련이 있지만, 개인의 자부심과 직결된다. 자부심을 느끼면서 회사에 다니는 직원과 어쩔 수 없이 회사에 다니며 또 다른 회사에 지원하려는 마음을 품고 있는 직원. 과연 어떤 직원이 회사 일에 더 열심히 몰입할지는 불을 보듯 뻔하다. 연봉을 낮추고 억지로 끌고 가느니, 차라리 원하는 월급을 충분히 주고 그와 함께 성장의 길로 가는 것이 회사로서는 그 높아진 연봉 이상의 수익을 얻는 현명한 방법이다.

물론 당장 회사 사정상 연봉을 맞추지 못할 수도 있다. 그럴 때는 적절한 계획을 세워주고 약속을 분명히 하고, 그에 걸맞게 실천하려는 노력을 보여준다. 예를 들어 "지금은 상황이 여유롭지 못하니 일단 기존의 월급을 주고, 6개월 뒤에 원하는 인상분의 50%를 올리고, 다시 6개월 뒤에 나머지 50%를 올려주겠다"고 약속한다. 분명하게 약속하고 그것을 지키고자 하는 의지를 피력하면 구직자는 신뢰를 가지고 입사할 수 있다. 그리고 입사 이후 직원의 성장을 위해 노력을 쏟아붓는다면 구직자는 연봉 인상과 더불어 자신의 가치가 올라가는 것을 보며 애사심을 느낄 수 있다.

커피머신이 뭐라고 회사에 뼈를 묻겠는가?

일반적으로 연봉은 개개인의 능력에 따라 상승한다. 제가십본에서는 개인의 능력과 성과보다는 오히려 '성장'에 초점을 맞춘다. 그래서 연봉 상승의 기준도 다소 다르다. 한국비즈니스협회에서는 '얼마나 많은 프로젝트를 성공시켰는가?', '다른 프로젝트의 코칭에 참여하면서 타인을 얼마나 성장시켰는가?', 그리고 '회사 전체에 기여하는 행동으로 얼마나 크림슨을 많이 받았는가?'를 기준으로 삼아 협상을 통해 연봉을 조율한다.

경영을 하는 목표와 이유가 무엇인가? 우리는 더 큰 비전과 미래를 바라보면서 회사를 학교로 만들고, 사장은 스승이 되어 한 가족처

擴

럼 일치단결해서 전진하고자 한다. 여기서 서로 생각이 다르다면 함께하기가 어렵다. 그런 점에서 회사의 목표에 맞는 인재 채용, 그리고 그에 걸맞은 연봉 협상 시스템을 만들어야 한다.

또 인재를 영입하겠다며 복지에 지나치게 치우쳐 다른 것을 소홀히한다면 위험하다. 직원 입장에서도 자신의 능력을 향상시키고, 그렇게 성장한 사람끼리 더 큰 일을 도모하며, 새로운 경험을 쌓고 함께 성공을 누리는 것이 최고의 복지가 아니겠는가. 사장을 믿고 따르고 존경하며, 직원은 자신의 환경에서 안정감을 느끼는 데 신경 쓰는 것이 중요하지, 사장이 들여놓은 비싼 커피머신으로 커피를 뽑아 마시면서 회사를 욕하고 사장을 흉본다면 무슨 소용이 있겠는가.

제십십본에서 확^擴은 처음부터 궁극적인 경쟁력을 위해 필요한 인재 수혈에 관한 내용이다. 회사의 모든 관계자가 돈을 중심으로 생각하고 활동할 수는 있겠지만, 궁극적으로 그것만 목적으로 해서는 장기적인 발전을 도모할 수 없다.

🖉 **Note 1**

연봉은 최대한 원하는 수준에 맞춰줘라

입사는 새로운 출발이며, 그 첫 기억은 회사생활 전반을 지배할 수 있다. 크지 않은 금액으로 밀당하고 기분 상하기보다 최대한 구직자의 요구에 맞춰주고 그때부터 회사의 가치와 비전에 동의할 수 있도록 이끄는 것이 현명하다.

🖉 **Note 2**

가치가 맞지 않으면 채용을 포기하라

가능한 한 회사의 모든 구성원이 한 방향을 바라보아야 한다. 이를 방해하는 사람이 있다면 오히려 없느니만 못하다. 따라서 채용 과정에서 이를 충분히 걸러내야 하며, 서로 지향하는 바가 맞지 않는 사람이라면 애초에 배에 태워서는 안 된다.

擴

04

잡 크래프팅을 적용하라
신입사원 교육 방향

신입직원을 채용할 때 우리는 흔히 의학 용어를 빌려 '수혈輸血'이라는 표현을 쓰곤 한다. 혈액이 인간의 생명에 미치는 매우 중요한 역할을 하듯 어떤 신입직원을 채용하느냐에 따라 기업의 사활이 달려 있다는 것을 의미한다. 그런데 문제는 수혈 자체가 아니라, 수혈 이후에 얼마나 그 혈액과 같은 신입사원이 회사에 잘 적응하느냐 하는 점이다.

취업정보 전문업체인 잡코리아에서 2021년 하반기에 조사한 결과에 따르면, 신입사원 1년 차 퇴사율은 37.5%, 2년 차 퇴사율은 25%이다. 총 2년 안에 10명 중에 6명이 퇴사한다는 것이다. 중소기업의 상황은 더욱 힘들다. 어렵게 2~3년간 교육을 시켰지만, 대기업 입사 기회가 생기면 10명 중 9명은 이직을 한다는 푸념을 늘어놓는다. 이 정도면 '수혈 작전 대참사'라고 해도 과언이 아니다. 왜 이런 일이 일어날까?

신입이라고 퇴사가 쉬운 일은 아니다

요즘 세대에게 '회사에 대한 충성심'은 두말할 것 없이 '꼰대의 언어'다. 그러나 '충성忠誠'은 진정에서 우러나오는 마음을 뜻한다. 신입사원이라고 이러한 마음이 없는 것이 아니다. 오히려 회사에 충성할

擴

이유를 못 찾았다고 하는 것이 더 정확하다.

퇴사율이 높은 신입사원들에게도 퇴사는 무척 힘든 결정임이 틀림 없다. 그들 역시 통장 잔고는 충분하지 않을뿐더러, 퇴사 이후 가족과 친구들에게 보여지는 부분도 걱정되고, 다른 곳에 입사할 수 있을지에 대한 고민이 만만치 않다. 흔히 말하는 'MZ세대'라고 해서 아무 개념도 없고, 참을성도 없어서 무작정 사표를 던지는 것이 아니라는 이야기다. 단지 그들에게 퇴사는 결국 '더 행복한 삶을 위한 몸부림'일 뿐이다.

그런데 그들에게도 '회사에 충성할 이유'가 있다면 누가 요구하지 않아도 당연히 회사를 온 마음을 다해 사랑하고, 열심히 일한다. 회사에 충성할 이유를 찾는 것은 사원의 몫이라 해도 제공하는 것은 회사의 몫이다. 회사 분위기가 너무 권위적이고 집단주의적이며, 신입사원의 성장 욕구를 채워주지 못하는 환경이라면 사원들은 언제든 등을 돌릴 수 밖에 없다.

그렇다고 전적으로 회사 탓을 한다고 해서 문제가 해결되는 것은 아니다. 특히 중소기업의 경우 이런 문제에서는 더 취약할 수밖에 없으며, 결국 다수의 사장들은 딜레마에 빠질 수밖에 없다. 젊은 세대를 탓할 수도 없고, 그렇다고 내 회사의 문제점만 생각하며 개선할 수도 없는 입장이기 때문이다. 어떻게 이 문제를 풀어나가야 할까?

미국 조직심리학자인 에이미 브르제스니에프스키$^{Amy\ Wrzesniewski}$는 논문 〈잡 크래프팅$^{Crafting\ a\ Job:\ Revisioning\ Employees\ as\ Active\ Crafters\ of\ Their\ Work}$〉을 통해서 기존의 작업자들과는 전혀 다른 종류의 작업자들이 존재한다는 사실을 밝혔다. 그들의 업무는 비교적 간단한 것들이었지만, 수동성에서 완전히 탈피하며 온전히 자기 업무의 주인으로서 임했다. 논문에서 이것을 '업무 재설계'를 의미하는 '잡 크래프팅$^{Job\ Crafting}$'이라고 명명한다. 좀 더 자세히 말하면 자신에게 주어진 일을 좀 더 의미 있는 일로 만드는 일련의 활동을 말한다. 하향식$^{Top-down}$ 업무 재설계가 아니라 스스로 직무 내용에 능동적인 변화를 만들어낸다는 점이 특징적이다. 에이미 브르제스니에프스키는 잡 크래프팅의 효과를 다음과 같이 제시한다.

- 자신의 업무를 매우 중요한 것이라고 생각하고 자부심을 느낀다.
- 누군가 업무 지시를 내리지 않아도 필요한 일이라고 생각하고 자발적으로 일한다.
- 자신의 방식대로 업무를 재창조하고 구성한다.
- 일의 의미를 스스로 만들어내고 함께 근무하는 사람과 관계의 질이나 범위를 스스로 의도적으로 변화시킨다.
- 궁극적으로 그들은 톱다운(Top-down)이 아닌 보텀업(Bottom-up) 방식으로 일한다.

擴

잡 크래프팅은 조직 내에서 개인이 자신의 업무를 조정하고 변경하여 좀 더 의미 있는 경험을 얻을 수 있도록 하는 일종의 역량 개발 방법론이다. 개인이 자신의 업무를 구성하고 조율해 업무와 직무를 더욱 적극적으로 수행하다 보면 자연히 성과가 올라가고 개인과 조직의 목표를 더 효과적으로 달성하게 된다. 잡 크래프팅은 대개 3가지 차원으로 이루어진다.

- **업무 범위 조정(Duties)** | 자신의 업무 범위를 바꾸거나 새로운 업무를 추가하거나 업무를 다양화함으로써 보다 의미 있는 경험을 얻는다.

- **업무 역할 조정(Roles)** | 자신이 맡은 업무의 역할을 변경하거나, 업무 수행에 필요한 역량을 보완하여, 보다 효과적으로 업무를 수행한다.

- **인간관계 조정(Relationships)** | 조직 내에서 다른 사람들과 관계를 형성하고 협력하면서 업무를 수행해 보다 적극적으로 임한다.

에이미 브르제스니에프스키 논문이 실린 학술지 《Academy of Management Review》.
* 인물 사진 출처: 개인 트위터

이러한 방식으로 개인이 업무를 조정하고 조율하면서 보다 높은 업무 수행 효율성과 성과를 얻을 수 있으며, 조직 내에서 개인의 역량과 창의성을 발휘할 기회를 가질 수 있다. 만약 신입직원이 입사 후 다양한 교육을 통해서 잡 크래프팅을 할 수 있다면 어떨까? 아마도 앞에서 언급했던 퇴사의 문제는 상당수 해결되고 그에 따라 인재 수혈에 늘 실패하던 사장의 스트레스도 해소될 것이다.

자발적으로 일을 의미 있게 만드는 법

우선 신입사원을 잡 크래프팅의 세계로 인도하기 위해서는 전담 팀이 존재해야 한다. 단지 사장 개인의 힘만으로는 부족하며, 아예 회사 내에 전담 팀을 만들거나, 이를 전담하는 직원을 두는 시스템이 있어야 한다. 대기업에는 보통 '인재개발원'이라는 인력 전담 부서가 존재하지만, 현실적으로 중소기업에서 이러한 조직을 운영하기는 부담될 수 있다. 하지만 굳이 여러 명의 구성원이 아니라 단 한 명이라도 이러한 업무를 맡으면 충분히 대처할 수 있다. 중요한 점은 채용에서부터 연수-교육-관리를 하나의 일관된 흐름에 따라 전담 인력이 담당해야 한다는 점이다. 또한 이 인재개발부가 회사의 중요한 성장 동력이라는 사실을 염두에 두고 사장이 충분히 지원해주어야 한다. 이곳에서 진행하는 업무에는 일반적인 신입직원

擴

교육을 할 때 하는 회사에 대한 설명이나 현장 방문, 부서별 안내, 상견례, 환영식도 포함한다.

인재개발부에서 해야 할 근본적인 일은 바로 신입사원이 '회사와 같은 신념을 갖춘 완전한 전사'로 성장하기까지 총괄적인 관리와 직원의 성장을 책임지는 것이다. 여기에서 가장 중요한 것은 '신입직원을 교육해서 현장에 투입하기 위한 것'이 아니라는 점이다. 회사와 신입직원이 아무런 일체감도 갖지 못한 채 단순히 기술적인 업무 실력만 늘려서 투입하면 직원은 그것을 온전히 자신의 것으로 받아들이지 못하고, 한마디로 '그냥 일을 떠안는 상태'가 된다. 신입직원의 퇴사에 관한 모든 문제는 바로 여기서 시작된다.

언제나 일이 먼저가 아니다. 정서적으로 심리적으로 회사의 사업모델을 충분히 인식하고 그 비전을 납득할 수 있게 해야 한다. 이를 위해서는 멘토-멘티의 관계를 형성하고, 그것으로도 부족할 때는 코칭 컨설턴트를 양성할 필요도 있다. 더불어 앞으로 회사 일에서 있을 수 있는 희생과 헌신, 도전과 실패에 관한 부분을 충분히 알려주어야 한다. 그리고 이 과정에서 회사는 직원에게 충분한 보상과 안전감을 준다는 믿음도 심어주어야 한다. 물론 '직원의 희생을 발판으로 성장하는 회사'가 아닌, '직원의 성장이 회사의 성장'이라는 점도 분명하게 알려주어야 한다. 그리고 이 부분은 이제까지 이 책에서 제안한 수많은 회사 내 시스템을 알려주는 것만으로도 충분하리라 생각한다.

더 중요한 것은 '친위세력으로의 성장'을 이루어내야 한다는 점이다. 회사에서 친위세력이 된다는 것은 곧 회사의 핵심 인재로 성장한다는 것을 말한다. 이는 더 이상 퇴사를 할지 말지가 아니라 회사의 성장을 위해 자신이 가진 역량과 능력을 바치는 진정한 충성의 단계에 진입하는 것을 말한다. 만약 이런 상태가 된다면 사장역시 보다 당당하게 리더로서 권한을 확립하는 것은 물론이고, 권력자로서 갑의 위치를 확보하며, 직원들에 대한 통제력을 키울 수있다. 여기에서 '갑의 위치'나 '통제력'이 절대 부정적인 의미가 아니라는 사실은 이미 앞에서 충분히 설명했기에 잘 알고 있으리라. 이를 달리 말하면 회사와 사장이 단단한 합일체가 되어 너 나 할 것없이 주인의식으로 똘똘 뭉쳐 회사를 함께 이끌어가는 관계라고보면 된다.

신입사원을 친위세력으로 발전시켜가는 과정에서 필요한 일은 이들을 하나로 통합하기다. 회사 내에서의 호칭, 인사법, 명칭, 구호, 노래, 율동, 구호로 신입사원을 하나로 만들면 그들의 정서와 생각역시 보다 정확하게 회사의 방향과 일치시킬 수 있다. 물론 여기에서 공통의 목표를 끊임없이 강조하면서 훈장, 보상, 처벌, 경쟁, 혹

擴

은 더 이상 함께할 수 없을 때의 파문까지도 함께해야 할 것이다.

결과적으로 신입직원의 퇴사를 막고 그들을 잘 적응하게 하는 데는 그들 스스로 업무를 재설계하고 자신이 회사와 하나가 되는 잡크래프팅의 과정이 필요하다. 만약 이것이 정조준되어 잘 이뤄지면 직원은 더 이상 방황하지 않아도 되고 사장은 그들의 퇴사를 불안한 마음으로 걱정하지 않아도 된다.

이제 우리는 신입사원 교육의 의미를 다시 설계해야 한다. 아무것도 모르는 신입사원을 입사시켜 회사형 인간으로 개조시키는 것이 아니라, 그들 스스로의 눈으로 자신의 업무를 다시 짜고 계획하는 잡 크래프팅의 과정임을 분명히 한다. 이러한 교육을 받은 사원이라면 분명 과거보다 훨씬 더 효율적이고 단단하게 출발할 수 있을 것이다.

Note 1
신입사원의 교육을 재설정하라

신입사원은 수동적이지도, 회사의 지시에 일방적으로 따르는 사람도 아니다. 그들이 가진 자율성, 계획성, 주체성을 충분히 살려서 스스로 알아서 업무를 해나갈 수 있게 교육의 방향을 재설정한다. 이들이 그렇게 할 수 있도록 지원하는 것이 사장의 역할이다.

Note 2
잡 크래프팅을 할 수 있도록 도와라

잡 크래프팅이 대단히 어렵고 복잡한 것이 아니다. 회사의 목표를 설명하고, 시스템을 알려주며 비전을 제시하는 것만으로도 충분하다.

擴

05

A급 인재, B급 인재가 따로 있을까?

사람을 키우는 법

'인재'를 강조하다 보면 빠지게 되는 한 가지 오류가 있다. 그것은 인재를 A급 인재와 B급 인재로 나눈 후, 능력에서 우열과 차이가 있다고 여기는 것이다. 또한 A급 인재는 회사에 충성스러울 것이라 여겨 특별한 보상을 해주어도 전혀 아까워하지 않는다. 반면에 B급 인재는 성과도 매우 작고 따라서 특별한 보상을 해줄 필요가 없다고 여긴다.

이러한 오류는 인재에 대한 편견과 착각에서 생겨난다. A급과 B급이라는 구분은 사실 상황에 따라 매우 달라질 수 있으며, 또 단순한 기질적 차이일 수도 있다. 더 나아가 실제 회사를 안정적으로 이끌고 가는 직원들은 B급 인재일 수도 있는데 이 부분을 간과한다.

따라서 직원을 등급으로 나누기보다 사람의 성향을 간파하고, 그에 적절한 일을 맡기고 얼마나 정성스럽게 인재의 성장을 돕느냐가 더 중요하다. 나아가 특히 '능력에 따른 인재 분류'에 대해서 지나치게 민감할 필요가 없다. 대체로 1인 사업자가 본격적인 시스템을 잡아가는 상황에서 '고도의 능력이 필요한 인재'가 필요한 경우는 매우 드물기 때문이다.

내부 사람을 키워라

한때 삼성그룹 고^故 이건희 회장의 '천재론'이 회자된 적이 있었다.

擴

그것은 바로 "천재 한 명이 10만 명, 20만 명을 먹여 살린다"는 말이었다. 다른 사람도 아닌 '삼성의 이건희'가 한 말이기에 많은 경영자들은 이 말에서 깊은 영감을 얻었으며 A급 인재를 찾기 위해 고군분투했다. 하지만 천재론은 삼성 같은 막강한 자금력을 가지고 인재를 키울 수 있는 기업에 적합하며, 또한 당시의 시대적 배경도 투영되어 있다. 후진국에서 중진국을 향해 달려가던 당시 한국 사회에서는 '천재'로 불릴 만한 사람이 나타나서 진두지휘를 해야 했기 때문이다. 그리고 이러한 논의는 곧 직원을 A급, B급 인재로 나누는 풍토를 불러왔다.

하지만 이제 막 1인 사업자에서 날개를 달고자 하는 사장에게 적용하기는 다소 어려움이 있다. 무엇보다 이런 회사에서 엄청난 능력을 발휘하는 '하이테크놀로지 A급 인재'는 전혀 필요하지 않다. 오히려 그보다는 B급 인재라도 얼마든지 회사에서 잘 서포트하면 A급 인재가 될 수 있다는 점, 그리고 외부로부터 영입한 A급 인재보다는 내부에서 성장한 B급 인재가 더욱 회사에 유용하다는 점을 명심하자.

A급 인재는 흠결이 없는 인재라고 여길 수도 있겠지만, 사실 그들은 오히려 회사의 성장에 방해가 될 수도 있다. 그들은 자신들이 매우 뛰어난 능력이 있다고 여기기 때문에 사장의 말이라고 하더라도 반발할 가능성이 있다. 그 결과 회사에 불만을 쉽게 품을 수 있

다. 그리고 회사에서 인정받지 못하면 성급하게 위기감을 느끼고 자신의 진로를 고민하기도 한다. 이뿐만 아니라 자신이 생각하는 만큼 연봉이 빠르게 오르지 않으면 회사에 실망할 가능성이 크다. 만약 그들이 빠르게 이직하면 회사로서는 큰 공백이 생겨 위기에 빠질 수 있다. 이러한 상태의 A급 인재란, 사실 진정한 A급 인재라고 보기 힘들다.

반대로 비록 사장의 눈에는 B급 인재로 보인다고 하더라도 그들은 사장의 잘못과 회사의 불안정성도 흔쾌히 받아들이고 오히려 조금 더 노력하려는 자세를 보일 수 있다. 더구나 그들은 빠른 연봉 상승을 기대하지 않기 때문에 회사로서도 큰 부담이 없다. 그런 점에서 차라리 외부에서 영입해 중책을 맡긴 A급 인재보다는 내부에서 착실하게 성장한 B급 인재가 훨씬 더 유용한 인재라고 볼 수도 있다. GE의 전 회장인 잭 웰치는 이런 말을 했다.

> "5%의 우수 인재가 95%의 직원들을 선도하는 것은 사실이다. 그러나 95%를 차지하는 B급 인재 없이는 5%의 우수 인재는 물론, 기업 그 자체가 존재할 수 없다는 것을 알아야 한다."

그는 우리가 앞에서 살펴본 A급 인재와 B급 인재의 장단점을 그 누구보다 잘 파악하고 있었던 것이다.

擴

직원의 장단점을 파악해 적재적소에 배치하라

사실 A급과 B급 인재를 구분하는 것 자체가 유동적인 면이 있다. 우리 회사의 실패자가 다른 회사에서는 보물이 될 수 있고, 다른 회사에서 실패자가 우리 회사에서는 보물이 될 수 있기 때문이다. 즉 A급과 B급은 얼마든지 바뀔 수 있다. 예를 들어 능력은 충분하지만 회사에서 동기부여가 되지 않은 경우 얼마든지 A급도 B급이 될 수 있고, 그 반대도 가능하다. 또 상황과 재능의 조화가 맞지 않는 경우에도 이런 일이 생겨난다. 사장은 이 점을 염두에 둬야 한다.

오히려 자기 일에 사명감을 갖고 조직에 동질감을 느껴 회사에 열정과 헌신, 추진력을 보여주는 B급 인재가 사실상 A급 인재보다 훨씬 더 나은 역할을 한다. 이러한 인재는 'B급 인재'가 아니라 'S급 인재'라고 불러도 무방하다. 특히 이들은 회사의 '진정한 목표'를 구체적으로 알고 있으며 그에 맞서 스스로 발전해가는 '성장형 B급'이며, 이런 인재야말로 회사에 도움이 된다.

사장은 직원들의 성향을 파악해 최적의 업무에 배치한다. 특히 제가십본의 관점에서 직원은 점점 성장해야만 한다. 기준에 맞는 최소한의 채용 조건만 갖추었다면, 그 성장 가능성을 바라보고 언제든지 지원해줄 준비가 되어 있어야 한다. 다만 사장에게 필요한 것은 직원을 분석하고 그 장단점을 잘 구분해내는 능력이다.

이러한 능력을 키우고 싶다면《인물지》를 읽어보라. 이 책은 수많은 왕에게 '인사 교과서' 역할을 한 고전이다. 수천 년이 흘러도 인간의 성향을 파악하는 방법은 바뀌지 않았다. 그 내용을 모두 열거할 수는 없지만, 기본적인 인물 분석의 패턴을 살펴보면 어떻게 직원을 파악하고 관리해야 하는지를 알 수 있다.

예를 들어《인물지》는 '강직한 사람'에 대해, 지나칠 정도로 고집스러워서 다른 사람과 화합하지 못함을 지적한다. 따라서 일 진행이 순조롭지 못하고 다른 사람과 많이 부딪힌다고 한다. 또한 상대의 유순한 태도를 무조건 비굴하다고 밀어붙이기도 한다. 이런 사람은 디테일한 일을 함께하기는 힘들지만 법^{法}을 세우는 일에는 장점이 있다.

'유순한 사람'에 대해서는 마음이 느슨하고 결단력이 부족할 뿐만 아니라 남에게 상처를 줄까 봐 자기주장을 제대로 하지 못한다고 평가한다. 따라서 결단 내리는 일을 맡기기는 어렵지만, 그 대신 주어진 일을 따라가는 일은 매우 잘한다고 말한다.

'행동이 대범하고 진취적인 사람'은 차분함보다는 과감함에 가까운 성향이라고 분석하고, 뒤에서 일을 받쳐주거나 마무리하는 일은 취약하다고 말한다. 다만 앞장서서 일을 추진하는 능력은 높이 평가할 만하다.

擴

《인물지》의 이러한 인물 분석은 현대를 살아가는 모든 사장에게 필요한 능력이다. 특히 다양한 인물의 장단점을 적절히 취할 수 있는 지혜를 준다. '대범하고 진취적인 사람'이라고 해서 무조건 좋은 것이 아니며, '유순한 사람'이라고 해서 무조건 나쁜 것도 아니다. 어차피 100%의 능력을 지닌 사람은 없다. 모든 분야에 두루두루 실력을 발휘하는 사람도 없다. 그런 점에서 어떤 직원이더라도 장단점을 분석해 적절하게 일을 맡기면 모두가 인재로 거듭날 수 있다.

✎ Note 1
사장 생각에 'B급 인재'라고 해도 무시하지 마라

소수의 A급 인재들이 제대로 일하기 위해서도 필요한 사람들이 바로 B급 인재들이다. 그들은 겉으로 튀지 않을 수 있지만, 회사 업무의 허리를 든든하게 담당하는 중요한 역할을 한다. 쉽게 흔들리지도 않고, 섣불리 퇴사도 결정하지 않기 때문에 오히려 회사에 큰 도움이 된다.

✎ Note 2
각자의 장단점을 파악해 적재적소에 배치하라

회사에서 업무와 역할이 맞지 않는 경우 제대로 능력을 발휘하기 힘들다. 충분한 상담을 통해서 자신에게 맞는 길을 찾을 수 있도록 도와주는 것이 필요하다. 능력에 따라 적재적소에 배치하는 것은 조직 내에서 성과를 극대화하고 생산성을 높이는 데 매우 중요하다. 이는 조직의 전반적인 효율성을 향상시키고, 직원들의 성장과 만족도를 높이며, 조직의 경쟁력을 강화시킨다.

擴

심길후의 인재론
사람을 판단하는 법

☑ 맡은 분야에서의 전문성을 꼼꼼히 살펴본다.

☑ 꾸준한 대화를 통해 큰 꿈을 그릴 수 있는 시야와
  그것을 수용할 수 있는 능력을 따져본다.

☑ 큰 방향에 맞게 세부적인 계획 수립과 실천에 대한 연결성을
  살펴본다.

☑ 해보지 않았던 영역에 대한 도전정신과 위험성에 맞서는 용기가
  있는지 살펴본다.

☑ 잘 안 될 일을 맡겨본 후 어떤 핑계를 대는지 지켜본다.

☑ 회계를 맡겨 얼마나 꼼꼼한지 평가해본다.

☑ 큰 예산을 주고 얼마나 가성비 있게 집행하는지를 보며
  주인의식을 살펴본다.

☑ 마감 기한이 촉박한 일을 맡겨 책임감을 살펴본다.

☑ 간단하며 반복적인 일을 시켜 성실함을 살펴본다.

☑ 규칙을 정해주고 자기관리 능력을 살펴본다.

☑ 팀원을 붙여주어 리더십을 살펴본다.

☑ 엉뚱한 지시를 내려 지시 수용성을 살펴본다.

- ☑ 어려운 상황을 맞닥뜨렸을 때 어떤 판단을 내리는지 살펴본다.
- ☑ 능력이 부족한 부분의 업무를 진행할 때 그 수행 태도를 살펴본다.
- ☑ 계획, 목표, 로드맵을 작성 및 관리하게 하여 전체적인 시야를 살펴본다.
- ☑ 팀의 사업 상황 파악을 잘하고 있는지 장악력을 살펴본다.
- ☑ 자신이 한 말에 대한 진위를 꼼꼼히 체크하여 정직함을 살펴본다.
- ☑ 여러 가지 변수가 발생했을 때 판단력을 살펴본다.
- ☑ 큰돈을 주고 물건을 사게 한 후 거스름돈을 돌려주는지 살펴 도덕성을 판단해본다.
- ☑ 팀을 결성했을 때 시너지를 내는지, 분란을 만드는지 지켜본다.
- ☑ 일의 마무리를 지켜보며 유종의 미를 거두는지 살펴본다.
- ☑ 정확히 합류시키고 싶다면 시간, 기회, 비용 면에서 투자하게 하라.
- ☑ 한동안 무관심하게 대하면서 그때 어떤 마음으로 일하는지 지켜본다.
- ☑ 술을 마셨을 때 인성이 어떠한지 파악한다.
- ☑ 동료들의 평가를 통해 사장이 없는 곳에서의 모습이 어떠한지 파악한다.
- ☑ 남녀를 고루 배치하여 이성 관계에서 문제가 없는지 살펴본다.

●참참참

참목표, 참업무, 참계획을 이르는 말이다. 각자가 어떤 업무를 맡았든 자신의 업무에 대한 진짜 의미를 파악하고 목표를 세워야 그에 맞는 목표 달성 계획을 세울 수 있고 맡은 업무를 제대로 수행할 수 있다. 예를 들어 비서가 사장을 찾아온 손님을 접대하기 위해 차를 준비하고 있다고 하자. 비서에게 왜 차를 끓이는지를 물었더니 업무차 찾아온 손님을 잘 대접해 회사 일이 원활하게 돌아갈 수 있도록 하기 위해서라고 답했다. 목표가 분명하기 때문에 자신이 이 일을 왜, 어떻게 해야 하는지를 잘 알고 있다.

●CMP

사명감(Calling)-의미(Meaning)-과정(Process)의 머리글자다. 여기서 과정에는 일하면서 느끼는 보상감도 포함된다.

●업무의 다다익선

많은 직장인이 받는 월급만큼 일하겠다고 생각한다. 하지만 이렇게 생각하는 순간 개인의 발전은 물론 회사의 성장도 힘들어진다. 최대한 업무를 많이 소화해야 자신의 능력을 발전시킬 뿐만 아니라 잘 몰랐던 업계 분위기를 파악할 수 있고, 정교한 협상 능력이나 비즈니스 관계를 맺는 능력이 훨씬 출중해질 수 있다. 하지만 '어차피 월급이 나오니 대충 시간을 때우자'라고 생각하는 직원이라면 시간이 아무리 지나도 형편없는 실력을 보여줄 뿐이다. 어떻게 하면 '일을 많이 할수록 성장할 수 있다'는 직장인들의 인식 전환을 가져올 수 있을까? 개인의 노력도 필요하지만 무엇보다 이러한 회사 분위기 조성이 중요하다.

●FEL

'Follower is Equals to Leader'의 약자로 '실무자는 실권자다'라는 의미다. 사장이 지시한 대로만 일하는 실무자가 아니라 결정의 권한까지 있는 실권자로서 직원을 일하게 하라는 뜻이다. 즉 직원 자신의 판단으로 일할 수 있도록 권한을 부여해야 한다. 실권이 생기면 일에 재미를 느끼고, 스스로 일의 의미도 찾는다. 의미를 찾으면 재미가 붙고, 재미를 느끼면 스스로 계획하고, 실천하며, 피드백하는 등 선순환이 일어난다.

●5통5문

직원들이 회사에 느끼는 '소속감과 동질감'이라는 감정뿐만 아니라 각자의 성과와 책임감 같은 냉철한 이성이 함께 결합될 수 있게 돕는다.

○5통

1. 나에게 일이 갖는 의미
2. 동료를 향한 내 일의 의미
3. 고객을 향한 일의 의미
4. 내 일에 대한 시야
5. 회사의 목표와 계획에 관한 내 목표

○5문

1. 이 일은 옳은 일인가?
2. 어떤 사명감으로 일하고 있는가?
3. 내가 하는 일이 사회와 회사에 긍정적 영향을 미치는가?
4. 현재 하는 일이 자랑스러운가?
5. 우리 회사에 자부심을 갖고 있는가?

●보상감

당장 직접적이고 눈에 보이는 보상은 아니지만 오히려 내적·외적 동기부여를 확실히 할 수 있는 방법을 말한다. 당장의 현금이 아닌 권한 확대, 프로젝트 운영, 명예와 자존감, 더 나은 미래 비전 제시 등으로 회사와 함께 나아가겠다는 희망을 품을 수 있게 하는 것! 이것이 '보상'이 아닌 '보상감'이다.

● 스맥(SMAAC)

서로가 피드백할 때 반드시 지켜야 할 원칙과 태도로서 갈등을 의도적으로 드러내고, 동시에 그것을 효과적으로 해결하는 소통법이다.

1. Specific(구체적인, 명확한, 분명한): 누군가와 이야기하거나 피드백할 때는 '구체적으로' 해야 한다. 불편한 이야기가 있다고 하더라도 반드시 문제를 꺼내 말해야 한다. 괜히 딴지를 걸기 위한 말이 아니라면, 모든 것을 솔직히 드러내고 하나하나 세세한 부분까지 이야기할 수 있어야 한다.

2. Meta State(객관화하여 바라보는 상태): 단순히 눈에 보이는 현상에 관해서만 이야기하지 말고 그것이 야기하는 근본적인 원인을 가감 없이 지적해야 한다. 따라서 서로가 말하기를 회피하는 '방 안의 코끼리'에 관해 이야기해야 하며 이때 객관적으로, 제삼자의 입장에서 정확한 정보와 근거를 가지고 스맥을 듣는 상대방에게 피드백한다. 여기에 주관적인 감정이나 생각을 섞지 않도록 주의한다.

3. Asist(도움, 지원): 도와주려는 마음으로 접근한다. 단순한 지적, 비판을 위한 비판으로는 올바른 피드백을 할 수 없다.

4. Appreciate(인정, 감사): 일단은 누군가가 자신에게 쓴소리든, 듣기 좋은 소리든 말을 해주는 것 자체에 감사하고 고맙게 생각한다. 같은 직장 상사이자 동료이지만, 그러한 피드백을 해주는 것 자체는 감사한 일이 분명하다.

5. Choice(선택): 다만 최종 선택은 피드백을 듣는 본인 스스로 해야 할 몫이다. 상대의 말을 반드시 따라야 할 필요는 없다. 일하는 실무자인 당신이 곧 실권자이다. 따라서 다른 이의 말에 휘둘릴 필요는 없다.

●광합성 모임(회식)

사내 행사도 공동체 의식을 강화하는 기회가 된다. 예를 들어 목표를 성공적으로 달성했을 때 마치 식물이 광합성을 통해 생명을 유지하고 활력을 되찾듯이 전 직원이 오전에 시간을 내서 함께 식사를 하러 간다. 광합성은 '그냥 일반적인 친목을 위한 회식'이라고 볼 수도 있지만, 특정한 목표를 달성했을 때 주어지는 구체적인 보상이라는 의미를 담고 있다. 무엇보다 '함께 이룬 성과를 다 같이 나누자'라는 의미가 강하다는 점에서 단순한 회식과는 차이가 있다.

●광합성 피드백(하세요, 마세요, 개선하세요)

광합성은 식물이나 일부 원생 생물들이 태양에너지를 이용해 탄소와 물로부터 유기물인 포도당을 합성하는 과정이다. 피드백을 통해 서로 성장 에너지를 받는 것이 식물의 광합성과 비슷하여 '광합성'이라 이름 붙였다. "하세요, 마세요, 개선하세요"를 외치고 의견을 뒷받침하는 내용을 설명해주는 회의나 행위를 하는 것을 '광합성'이라 일컫는다.

●횃불, 촛불, 디딤돌

횃불 - 성과로 연결된 실천, 도전 등
촛불 - 아직 성과는 안 났으나, 실천한 내용
디딤돌 - 실패했으나 거기서 배운 교훈 공유

●디딤돌 환경

나와 타인의 실패와 성공이 타산지석 혹은 도전정신으로 삼을 수 있는 환경을 말한다. 도전한 사람의 실패를 탓하고 걸림돌로 취급하는 것이 아닌, 격려와 지지 및 응원을 해주며 서로 신뢰하는 환경을 기반으로 다음 프로젝트의 교훈으로 삼는 분위기를 뜻한다.

●디딤돌 아카이브

교훈과 실패를 한곳에 모아 모두가 한 눈에 참고 혹은 학습할 수 있도록 정리해놓은 것을 말한다.

●잘했데이

매월 첫 주가 되면 지난달에 대한 리뷰를 진행한다. 지난달의 목표와 계획이 어떻게 수행되었는지를 살펴보고 이번 달 목표와 계획을 점검하고 분기 진행 상황을 발표하는 자리다. 예를 들어 자신이 돈을 어디에 어떻게 썼으며, 그 결과 어떤 성과가 있었는지를 발표한다. 자신이 맡은 프로젝트를 위해 돈을 자율적으로 쓸 수 있기 때문에 이런 자리를 통해 지출 규모와 내용의 적정성을 검토받는 것이다. 업무 소통 외에 공동체 의식 상승, 수용성 강화의 목적이 강하며, 발표 후 최소 3인에게 적극적인 칭찬과 격려를 받아 화합하는 분위기를 만든다.

●사랑한데이(워크숍)

극도의 지지와 격려를 하는 시간이다. 업무에 대한 브리핑을 포함하지 않는다는 점에서 '잘했데이'와 구분된다.

●미래 일주

직원들이 모여서 3~6개월 후의 각자의 업무를 구체적으로, 세세하게 그려보는 시간을 가지면서 서로의 업무 방향이 일치하고 있는지 혹은 조화롭지 못한 부분은 없는지 확인하며 방향성을 점검한다. 미래 일주를 통해 서로 생각하는 프로젝트의 참참참을 다시 되짚고 일치시킨 뒤, 다시 3개월 뒤를 그려보고 현재의 할 일을 검수하는 시간이다.

●미래 명함

직원이 일에서 의미를 찾고 자신의 정체성을 확립할 수 있도록 도와주는 구체적인 방법이다. 내가 운영하는 한국비즈니스협회에서는 미래에 능력을 펼치고 싶은 사업부가 적힌 명함을 만들어주거나 '한영인의 친정아빠', '한영인의 나폴레옹'처럼 사내에서 개인의 정체성이 담긴 별칭을 지어 부르면서 각자의 지향점을 명확히 할 수 있도록 도움을 주고 있다.

●삼불즉사

'3가지 중 하나만 하지 않아도 퇴사 요건이 된다'라는 뜻이다. 3가지는 바로 ❶개선
❷소통 ❸횡령 및 법인 자금 남용, 근무 태만이다. 피드백을 줘도 개선할 의지가 없
고, 업무 소통에 불편함을 주고, 돈과 시간 앞에 떳떳하지 못하다면 퇴사 요건이 충
분하다는 뜻이다.

●봉고파직문

퇴사한 사람들의 정확한 이유와 진행 경과, 회사 및 관련 사람들의 대처 등을 정리
해놓고, 누가 퇴사하더라도 임의에 의하지 않고, 공정하고 납득할 만한 상황에서 진
행되었음을 모두에게 알리는 공지 게시판을 말한다.

부록

/

제가십본
참고 양식

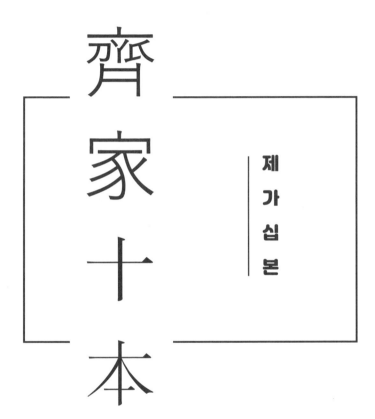

齊家十本

제가십본

· 선 언 문 ·

(회장님 선창) 역경과 고난을 딛고 소중한 꿈을 키워온 영업인이 있어

(전원 합창) 너 여기에 열정의 횃불을 들고 실천의 길을 달리며
성공의 깃발을 드높이나니 지축을 박차고 포효하거라
우리의 뜨거운 함성과 힘찬 기백이 메아리되어
온누리에 울려 퍼질 때
우리 모두는 한국을 대표하는 영업인이 되리라

학우회 선언문

(선창) 하나,
(후창) 우리 한영인 학우회는 열정과 실천으로 함께 성공한다.

(선창) 둘,
(후창) 우리 한영인 학우회는 나눔과 배움으로 함께 성공한다.

(선창) 셋,
(후창) 우리 한영인 학우회는 초심과 뚝심으로 함께 성공한다.

홍익 한영인 선언문

(선창) 나 OOO은(는)

(전원 합창) 나 OOO은(는)
성공을 향해 나아감에 있어
나눔, 배움, 이끎의 홍익 한영인 정신을 마음에 품고
서로 도와가며 우리 모두 다 함께 성공한다.

· 한영인 교육사명 ·

우리는 지식을 넘어 성장을 익힌다.

한영인 문화 헌장

한영인 문화는 **한영인 개인의 성공, 한영인 상호 간의 이익 증진,
한영인 전체의 성장과 발전, 즉 홍익 한영인**을 위하여 존재하며
4개의 제도적 접근을 통해 4개의 성품을 함양하고
3개의 행동을 실천하는 것으로 구성된다.

· 한영인 문화 개요 ·

1. 지덕체교 4성

지성, 덕성, 체성, 교성 등 지덕체교 4가지 성품을 골고루 개발하여 성장한다.

2. 홍익 한영인 3행 - 나눔,배움,이끎

한영인들의 상호 이익 증진과 성장을 위해 행동한다.

3. 4성 3행을 위한 4제

즉, 4가지 제도적 측면은 아래와 같다.

- **도구적 측면**   지덕체교 플래너, 미르, 한영인 굿즈
- **조직적 측면**   동문회, 학우회, 학우조, 실천회, 학회, 동호회, 합동 학우회
- **학습적 측면**   정규 세미나, 동문회, 교양강좌, 비즈 모임, 특별보강, 명사초청, 등용문
- **교류적 측면**   한영인 행사(체육, 박람회 등), 재능기부 특강, 고객 공유 모임, 동호회

· 한영인 교육 훈련의 성과 ·

1) 형태 공명장과 집단 증폭성을 통한 긍정적 에너지 공유로 인해
   뜻하지 않게 발생하는 **기반적 성과**

2) 멘트와 제스처 등 체화 훈련을 통한 **실천적 성과**

3) 프로세스 도입과 효율성 상승을 통한 **전략적 성과**

· 한영인 권리와 의무 ·

한영인의 3대 권리

1. 평등권

평등권이란,

누구나 한영인 문화 안에서 평등하며, 신분이나 성별, 종교, 지역 등에 따라
차별받지 않을 권리를 말한다.

2. 학우회 활동권

학우회 활동권이란,

한영인 개인이 학우회에 참여 및 운영에 동참할 수 있는 권리로,
한영인은 누구나 일반 학우회원 및 임원이 되어 운영할 수 있는 권리를 말한다.

3. 한영인 문화권

한영인 문화권이란,

한영인 문화 안에서 제공되는 모든 편의와 혜택 사항을 누릴 수 있는 권리를 말한다.

1. 학습과 나눔의 의무

한영인 모두가 교육받은 내용을 수시로 익혀야 하며
그 깨달음들을 주위 한영인과 나누며 상호 발전하는 의무를 말한다.

2. 한영인 문화 실천과 지도의 의무

꾸준한 문화 실천을 통해 한영인 생태계를 유지시키고 주위의 신입
한영인들을 지도하는 의무를 말한다.

3. 신의와 정직의 의무

한영인 간의 연대감과 공생을 극대화하기 위하여 서로를 신의와 정직으로
대하는 의무를 말한다.

· IM(아이엠) ·

예시

안녕하십니까? (야)
한국을 대표하는 영업인 (야)

04년 12월 학번 (야)   • 본인의 한영인 입회 학번
최고경영자 1기 (야)   • 본인의 교육 및 기수
한영인의 친정 코치 학우회 (야)   • 본인의 학우회명
100만 한영인의 친정 아빠 (야)   • 본인만의 소개말
심! (야)
길! (야)
후! (야)   • 본인 이름

여러분 앞에 당차게 인사드립니다!

· 한영인 구호 ·

승리호

| (회장님 선창) | 승리호 준비! |
| (전원 합창) | 야! |

| (회장님 선창) | 승리호 시작! |
| (전원 합창) | 우리는 한영인! 나가자 싸우자 이기자 헤이! 한영인 야! |

| (회장님 선창) | 좀 더 빠르게 시작! |
| (전원 합창) | 우리는 한영인! 나가자 싸우자 이기자 헤이! 한영인 야! |

| (회장님 선창) | 가장 빠르게! |
| (전원 합창) | 야! |

한영인 집중구호

| (회장님 선창) | 한영인! |
| (전원 합창) | 야! |

뜰채

(선창)	뜰채롭다!
(전원 합창)	(뜰채로 보이는 학우를 가리키며) 뜰채! 뜰채! 뜰채!
(뜰채 본인)	(털어버리는 동작을 하며) 뜰채여 잘 가거라!

한영인 교육사명

| (회장님 선창) | 한영인 교육 사명! |
| (전원 합창) | 우리는 지식을 넘어 성장을 익힌다! |

한영인 모드

(회장님 선창)　　한영인 모드!

(전원 행동)　　　책장 위 정리 후, 학우회 구호를 외침

홍익 한영인

(회장님 선창)　　홍익 한영인

(전원 합창)　　　나눔, 배움, 이끎

한영인 교육 훈련의 성과

(회장님 선창)　　한영인 교육 훈련의 성과

(전원 합창)　　　기반적 성과, 실천적 성과, 전략적 성과

드림 샤우팅

(회장님 선창)　　아이캔

(전원 합창)　　　두잇! 두잇!

구호 준비

(회장님 선창)　　구호 준비!

(전원 합창)　　　항상 감사, 절대 긍정, 오직 초심, 뚝심 일관

종료 구호

(회장님 선창) 한국을 대표하는 영업인!　　**(전원 합창)** 우리는 한영인!

(팡파레 음악이 나오며 타이밍 맞춰서)　한영인! 한영인! 한영인!

1) 한영인 아리아

타오르는 열정, 나아가는 실천, 함께하는 성공
우리는 한영인 (함성 5초간 발사)

자~ 지축을 박차~고! 자~ 포효하라 그~대!
한~국을 대표하~는 영~업인이 되리라!

자~ 지축을 박차~고! 자~ 포효하라 그~대!
한~국을 대표하~는 영~업인이 되리라!

2) 들어라 보아라 그리고 기억하라!

기억하라(기억하라) 우리의(우리의)
붉은(붉은) 함성을(함성을)
들어라(들어라) 보아라(보아라)
그리고(그리고) 기억하라(기억하라)

① 들어라 그대여(들어라 그대여)
보아라 그대여(보아라 그대여)
기억하라 우리의 붉은 함성을 X 2

② 아아아 - 외쳐라 하늘이 듣도록
아아아 - 뛰어라 땅이 울리도록

※ 구성 : 전주-1-2-1-2-2

3) 포에버

1 우리의 함성은 신화가 되리라
울려라 이곳에 Forever
(ever, ever, ever, ever)

2 우리의 함성은 신화 되리라

* 울려라 이곳에 Forever
(ever, ever, ever, ever)

※ 구성 : 전주-구음-1-1-간주-1-1-2-*-*

4) 뱃노래

1 즐거운 영업 현장에 한영인 웃음소리
훨훨 나는 한영인이 자랑스럽구나
어기야 디여차 (어기여차~)
어기야 디여~ 어기~ 여차!
뱃놀이 가잔다

2 어기여차 에헤헤~ 어기여차 쿵 (하나)
어기여차 에헤헤~ 어기여차 쿵 (둘)
어기여차 에헤헤~ 어기여차 쿵 (셋)
어기여차 에헤헤~ 어기여차 쿵 (넷)
(왼쪽~~)빰빰 빠밤빰~~~
(오른쪽~)빰빰 빠밤빰~~~
(왼쪽~~)빰빰 빠밤 빠~밤빠밤
(오른쪽~)빠빰 빠밤빰~~~

※ 구성 : 전주-1-2-1-1

5) 사랑한다 한영인

1 사랑한다 한영인 사랑한다 한영인

* 내 가슴속에 영원히 남을 사랑이로다

※ 구성 : 전주-1-1-간주-1-1-*

6) 춥

1
춥춥춥춥춥춥춥 하!
춥춥춥춥춥춥춥 하!

2
뜰채 뜰채 뜰채가 뭐야
뜰채 뜰채(먹는 거야?)
뜰채 뜰채 뜰채가 뭐야
뜰채 뜰채(그런 거야?)

3
잘났다 정말 정말 잘났다
잘났다 정말 정말 잘났다
잘났다 정말 정말 잘났다
한영인은 잘났다

3
한영인 없인 못 살아 정말 못 살아
나는 나는 너를 사랑해
얼굴로 보나 몸매로 보나 빠질 수 없지
나는 나는 너를 사랑해

※ 구성 : 1-2-1-3-1-2-1-3-4

7) 우리는 하나

1 빰 빰빠밤 빰빠밤 빰빰빰

2 한영인~ 한영인 한영인 ~ 우리는 하나다
한영인~ 한영인 한영인 ~ 우리는 뭉쳤다
한영인~ 한영인 한영인 ~ 우리는 하나다
한영인~ 한영인 한영인 ~ 우리는 뭉쳤다

3 짝짝 짜자작 짜자자작 열정!
짝짝 짜자작 짜자자작 성공!

※ 구성 : 1-2-3-간주-1-2-3-3

8) 깨워라 네 자신을

빰! 빰! 달려간다 달려간다 한영인이 달려간다!
(함성 5초간 발사) (와~~~~~~하나, 둘, 셋, 넷!)

1 가슴속에 터지는 힘~으로! 힘~으로!
열정을 불태워서 깨~워라! 네 자신을!

2 지성의 힘으로
야성의 힘으로
열정을 불태워서 깨~워라! 네 자신을!
열정을 불태워서 깨~워라! 네 자신을!

※ 구성 : 전주-1-2-1-2

올해 나의 10대 목표

1.

2.

3.

4.

5.

6.

7.

8.

9.

10.

_____ 대 목표 :

▶ 기간별 세부 할 일

___ 대 목표 :

▶ 기간별 세부 할 일

___ 대 목표 :

▶ 기간별 세부 할 일

____ 대 목표 :

▶ 기간별 세부 할 일

___ 대 목표 :

▶ 기간별 세부 할 일

___ 대 목표 : _____

▶ 기간별 세부 할 일

___ 대 목표 :

▶ 기간별 세부 할 일

___ 대 목표 :

▶ 기간별 세부 할 일

___ 대 목표 :

▶ 기간별 세부 할 일

___ 대 목표 :

▶ 기간별 세부 할 일

10대 목표 1년 계획

10대 목표	1월	2월	3월	4월

5월	6월	7월	8월	9월	10월	11월	12월

1분기	2분기

1월

-
-
-
-
-

4월

-
-
-
-

2월

-
-
-
-
-

5월

-
-

3월

-
-
-
-
-

6월

-
-
-
-

7월

10월

8월

11월

9월

12월

왜 일하는가?

		최종	올해
비젼	협회		
	개인		
_____ 년 협회 10대 목표		1.	6.
		2.	7.
		3.	8.
		4.	9.
		5.	10.

10대 목표 중 집중 기여 할 항목 체크하기

비젼	

기여할 목표	참목표	참업무	참계획

5통 5문

5통	5문
1. 나를 향한 일의 의미 나는 일을 통해 어떻게 자아실현이 이루어지며, 인생을 보람차게 만들 것인가?	**1. 현재 하는 일이 옳은 일인가?**
2. 동료를 향한 일의 의미 동료들에게 어떠한 의미를 주고, 상호의 업무에 어떠한 영향을 미치는가?	**2. 어떤 사명감으로 현재 일을 하는가?**
3. 고객을 향한 일의 의미 고객에게 어떠한 가치를 주고, 사회에 아름다운 헌신을 하는가?	**3. 내가 하는 일이 전체에 긍정적 영향을 미치는가?**
4. 일에 대한 시야 내 일이 미래에 어떤 형태로 발전될 것인지 알고 있는가?	**4. 내가 현재 하는 일이 자랑스러운가?**
5. 내 일에 대한 목표 회사의 계획과 목표, 나의 역할을 명확히 인지하고 이에 관해 주위와 소통하고 있는가?	**5. 우리 회사에 자랑스러움과 자부심을 갖고 있는가?**

3대 목표 점검

	목표	햇불	촛불	디딤돌	진행 상황
1					초과 달성 미달
2					초과 달성 미달
3					초과 달성 미달

다음 분기 3대 목표

1		참목표	
		참업무	
		참계획	
2		참목표	
		참업무	
		참계획	
3		참목표	
		참업무	
		참계획	

▶ **미래일주 작성법과 의도**

우리의 뇌는 주의를 기울일 만한 것을 찾아내는 성향이 있습니다. 앞서 생각한 것에 영향을 받는 것이지요.
미래 일주는 우리의 목표를 이루기 위해 적는 것이므로 업무 보고서처럼 작성하는 것이 아닌, 미래 날짜에
설정한 목표와 그때 일어났으면 하는 상황을 구체적으로 작성합니다.
우리의 목표를 현실화시키기 위해 실천방향을 다시 정립하고, 서로 다른 미래를 생각한 것인지, 같은 미래를
생각함에도 방향성과 방식에 오류가 있는지 점검하는 시간입니다. 우리의 목표와 방향을 더 정확하고
현실가능하게 만들기 위함이니 상세히 적어주세요! 이미 일어난 일을 묘사하듯 작성해주시면 됩니다.

• 미래일주를 통한 목표 점검 •

미래일주 제목 :

현재 날짜 :   미래 날짜 :

미래일주 내용 구체적으로 작성해보기

회사의 현황과 분위기는?

회사의 매출은?

회사의 실제 순이익은?

회사의 조직도는?

회사의 인원은?

미래일주 내용 구체적으로 작성해보기

당시 집중하고 있는 프로젝트는?

주된 업무 회의 내용은?

더 투자해야 할 곳은?

더 보완되어야 할 점은?

당시 가장 집중하고 있는 업무는?

그 당시 우리는 어떤 미래일주를 하고 있었나?

나의 하루 일과를 구체적으로 작성해보기

디딤돌

▶ **디딤돌이란?**

기존 프로젝트 혹은 비슷한 프로젝트를 수행할 나와 동료를 위해 남겨놓는 촛불 기록!

협회는 실패도 위대한 성장이라고 여깁니다. 결과가 두려워 아무것도 시도하지 않아서 동료에게 남겨줄 디딤돌이 없는 것만이 유일한 실패입니다. 여러분이 직접 부딪혀 생생히 깨달은 교훈은 협회의 앞길을 환히 밝히고 고객과 동료의 성장에 없어선 안 될 탄탄한 디딤돌이 될 것입니다.

프로젝트명 :

해야 할 업무 배경과 내용 설명

▷ 프로젝트에 실제 투입된 인원과 디딤돌로 깨달은 적정 필요 인원은?

▷ 프로젝트 준비 기간과 디딤돌로 깨달은 적정 기간은?

▷ 실제 진행된 프로젝트 기간과 디딤돌 후 예상되는 진행 기간은?

▷ 프로젝트에 실제 투입된 비용과 디딤돌 후 투입되어야 할 비용은?

▷ 비용이 더 집중적으로 쓰여야 할 부분과 줄일 수 있는 부분은?

▷ 프로젝트 진행하면서 진행을 가장 더디게 만든 요소는?

목표 및 프로젝트를 수행하면서 접한 문제점에 대해 작성해주세요.

위 문제가 일어난 주된 원인은 무엇일까요?
프로젝트를 진행하며 보완되었으면 하는 부분을 모두 작성해주세요.

다음 프로젝트에서 적용할 디딤돌을 모두 작성해주세요.

▷ 아이디어, 실천방안, 하면 안 되는 실수, 업무 순서, 기간, 비용 면에서 어떤 게 있나요?

▷ 다음 프로젝트를 수행할 사람이 꼭 익혀뒀으면 하는 교수법이나 도구가 있나요?

▷ 더 근본적인 문제와 해결 방안이 있다면 남겨주세요.

스 맥

▶ **스맥 피드백**

같이 만들어나가는 협회입니다. [SMA] 지금 진행 예정인 혹은 진행 중인 프로젝트에 대한 피드백을
요청 혹은 제공해주세요. [AC] 실무자가 실권자라는 사실도 잊지 마세요!

이름 :   요청한 스맥 주제 :

▷ **피드백 요청의 목적과 목표**

▷ **피드백하는 내용**

S (Specific)

정확하고 구체적으로 어떤 점이 좋은지, 어떤 점을 개선해보는 것이 좋을지 말해주세요.

M (Meta-state)

주관적인 생각이 아닌 객관적인 증거와 근거를 바탕으로 말해주세요.

A (Assist)

개선을 위해 어떠한 도움을 줄 수 있나요?

▷ 받은 피드백을 종합해 도움 되는 피드백 순으로 작성해보세요.

▷ 받은 피드백에 대한 내 의견

A (Appreciate)

내 현황에 대한 관심과 고민을 공유해준 것에 감사를 표현하고 상대의 의견을 인정해주세요.

C (Choice)

상대방의 피드백을 수용할지는 나의 선택입니다. 충분히 타당한지, 옳은지를 고민하고 결정해보세요.

▶ 생각주간이 펼쳐질 장소

▶ 생각주간 주제는?

▶ 생각주간 목표 및 얻고 싶은 결과는?

▶ 생각주간에 필요한 준비물 및 도구는?

▶ 무슨 생각을 했나요?

▶ 무슨 생각을 했나요?

▶ 무슨 생각을 했나요?

▶ 무슨 생각을 했나요?

▶ 무슨 생각을 했나요?

▶ 무슨 생각을 했나요?

▶ 무슨 생각을 했나요?

▶ 이번 생각주간에서 가장 도움이 된 것은 무엇인가요?

▶ 이번 생각주간을 마친 소감은?

▶ 이후 계획은?

▶ 오늘 생각할 주제는?

▶ 오늘 생각한 데이에서 얻고 싶은 결과는?

▶ 무슨 생각을 했나요?

데일리 촛불 일지   작성자 :

올해 나의 10대 목표 적기

1.	6.
2.	7.
3.	8.
4.	9.
5.	10.

(   )분기 3대 목표 적기

1.

2.

3.

어떻게 하면 _____ 를 이룰 수 있을까?

1.	11.
2.	12.
3.	13.
4.	14.
5.	15.
6.	16.
7.	17.
8.	18.
9.	19.
10.	20.

▷ 횃불로 만들기 위한 10분 공부 내용은 무엇이었나요?

오늘의 실천할 점	
오늘의 개선할 점	
오늘의 성찰	

▶ **작성법과 의도**

오늘 일어났으면 하는 일을 아침에 씁니다. 오늘의 날짜를 적습니다. 오늘 일어났으면 하는 일의
주제를 적습니다. 오늘 업무적 성과를 내고 싶은 내용을 이미 일어난 과거형으로 적습니다.

주제 혹은 마인드 문장

오늘 일어난 일

습관 성공 체크표

	습관 목록	점 수
1		
2		
3		
4		
5		
6		
7		
8		
9		
10		
	합 계	

하루 목표 달성 보상	한 주 목표 달성 보상	한 달 목표 달성 보상

| | | | | | | | 월 주차 |
월	화	수	목	금	토	일	평균

피드백

직원의 정체성 별명은 무엇인가?

어떤 사건, 일 등을 통해 해당 정체성이 강화되었는가?

어떤 사건, 일 등을 통해 실패나 좌절을 겪었는가?

그 어려움을 극복하고 성장하는 데에 나는 어떤 도움을 주었는가?

직원이 소중하게 여기는 핵심 가치는 무엇인가?

내가 그 핵심 가치를 존중하고, 인정, 표현한 일은 어떤 것인가?

나는 직원의 성장을 위해서 어떠한 투자를 해왔는가?

공동체 의식을 표출하는 어떤 행동들이 있었는가?

이름		지원부서		
면접일		면접관		
희망직위		희망연봉	회사까지 이동시간	

• 각 항목별 1~5점

1) 꿈에 관한 질문

어릴 때 나의 꿈은 무엇이었는가?
현재에 이르기까지 꿈을 이뤄가는 과정은 어떠했는가?
역경이 닥쳤을 때 어떻게 대처했는가? 그 사례는 무엇인가?
현재 나의 꿈은 무엇인가?
앞으로 어떻게 살아가고 싶은가?

2) 일과 성장에 관한 질문

왜 함께 일하는가?
왜 리더로 성장해야 할까?
일은 나에게 어떤 의미를 주는가?
우리 일은 옳은가? 옳다면 왜 옳은가?
어떤 마음으로 일에 매진하겠는가?
동료들과 어떻게 소통하고, 교류하고, 시너지를 내겠는가?
내 일이 자랑스러우려면 어떻게 되어야 할까?
우리 회사에 대한 자부심을 느끼려면 어떻게 되어야 할까?

3) 동료 관계에 관한 질문

동료들과 어떤 관계를 쌓아가는 것이 바람직하겠는가?
동료와의 소통이 중요한 이유는 무엇인가?
동료와의 소통을 좀 더 원활히 하려면 어떻게 해야 하는가?
소통이 어려운 동료의 마음을 여는 방법은 무엇인가?
동료와 트러블이 발생하면 어떻게 대처해야 할까?
잘못된 사건이나, 틀린 판단, 문제 상황이 발견되면 어떻게 하겠는가?
과거에 자신이 겪은 동료와의 트러블 사례와 그 해결책을 설명해본다면?

4) 회사 이해도에 관한 질문

- 우리 회사는 어떤 회사인가?
- 우리 회사는 어떤 마음으로 사업을 수행하는가?
- 우리 회사는 어떤 업무와 아이템으로 수익을 창출하는가?
- 우리 회사가 발전하여 규모가 커진다면 어떤 모습으로 성장하게 될까?
- 이상적인 회사란 어떤 회사인가?
- 회사의 이상적인 미래를 만들기 위해 어떻게 기여할 수 있는가?
- 우리 회사의 경쟁사나, 대체 아이템이 있다면 어떤 것인가?
- 그 경쟁사나 대체 아이템과 비교해서 독특한 차별점은 무엇인가?

5) 스스로에 대한 소개 질문

- 과거 어떤 업무를 맡아왔는가?
- 그동안 어떤 업적을 쌓아왔는가?
- 그중 가장 자랑스러운 성과, 실적은 무엇인가?
- 스스로 어떤 능력이 있다고 생각하는가?
- 앞으로 어떤 성과를 도출해내고 싶은가?
- 어떤 업무 혹은 프로젝트를 맡으면 좋겠는가?
- 우리 회사에 내가 어울리는 이유는 무엇인가?
- 회사의 성장과 변화를 위해 어떤 기여를 하고 싶은가?
- 희망 연봉과 그 이유는 무엇인가?

6) 도덕성에 관한 질문

- 왜 솔직해야 하는가?
- 솔직하지 않은 분위기가 느껴지면 어떻게 하겠는가?
- 동료들의 부정행위를 발견하면 어떻게 할 것인가?
- 부끄럽지 않은 회사를 만들기 위해 어떻게 노력할 것인가?
- 결과와 과정! 어떤 것이, 왜 중요하다고 생각하는가?

7) 업무 능력에 관한 질문

- 내 업무 능력에 대해서 어필해 주세요.
- 내 업무 능력은 언제 가장 크게 발휘되는가?
- 앞으로 어떻게 큰 일을 이뤄낼 수 있겠는가?
- 하기 싫은 업무를 해야 하는 상황이 생기면 어떻게 하겠는가?
- 예측하지 못한 문제가 발생하면 어떻게 대처하겠는가?
- 어떤 동료, 상사, 부하 직원들과 합을 맞추면 더 능력이 극대화될 것인가?
- 전혀 다른 업무를 시작한다면, 어떤 업무 혹은 어떤 능력을 요하는 일이 어울리겠는가?
- 나는 어떤 환경과 업무 분위기가 갖춰진다면 가장 최상의 능력을 발휘하는가?

8) 자기관리에 관한 질문

- 내 성격을 간단히 요약해서 발표한다면?
- 내 성격의 장단점은 무엇인가?
- 열정이 얼마나 꾸준히 오래 지속되는가?
- 나는 언제 스트레스를 받는가?
- 스트레스는 어떻게 관리하는가?
- 주위의 의견이 다르고, 반대에 시달리면 어떤 선택을 하는가?
- 힘든 일을 겪게 되면 회복하는 데 얼마나 걸리는가?
- 약속이 있을 때 약속 시간 얼마 전에 도착하는가?
- 퇴근 시간 및 주말을 어떻게 활용하는가?
- 지식 습득을 위해 하는 일에 어떤 것들이 있는가?
- 자신의 열정을 지수로 표현해본다면?

9) 리더십에 관한 질문

- 과거 리더로서 활동했던 경험이 있는가?
- 업무 능력이 떨어지는 직원들을 어떻게 이끌어야 하는가?
- 소통 능력이 떨어지는 직원들을 어떻게 이끌어야 하는가?
- 부정적 마음이 많은 직원들을 어떻게 이끌어야 하는가?
- 매사에 소극적, 수동적인 직원들을 어떻게 이끌어야 하는가?
- 직원으로부터 요청, 지적 등을 받는다면 어떻게 반응하는가?
- (공통) 왜 그렇게 해야 하는가?